Architekturpsychologie als Erfolgsfaktor!

Sandra Gauer

Architekturpsychologie als Erfolgsfaktor!

Wie Räume Produktivität, Gesundheit und Unternehmenserfolg steuern

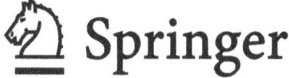

Sandra Gauer
Neue Arbeitswelten
Gauer Consulting
Bern, Schweiz

ISBN 978-3-662-72369-2   ISBN 978-3-662-72370-8 (eBook)
https://doi.org/10.1007/978-3-662-72370-8

Die Deutsche Nationalbibliothek verzeichnet diese Publikation in der Deutschen Nationalbibliografie; detaillierte bibliografische Daten sind im Internet über https://portal.dnb.de abrufbar.

Springer ist ein Imprint der eingetragenen Gesellschaft Springer-Verlag GmbH, DE und ist ein Teil von Springer Nature.
Die Anschrift der Gesellschaft ist: Heidelberger Platz 3, 14197 Berlin, Germany

Wenn Sie dieses Produkt entsorgen, geben Sie das Papier bitte zum Recycling.

Interessenkonflikt Der/die Autor*in hat keine für den Inhalt dieses Manuskripts relevanten Interessenkonflikte.

Inhaltsverzeichnis

1

Arbeitswelten – Wie weiter?

1 Warum sich die Arbeitswelt verändern muss

Die Arbeitswelt ist in Bewegung. Unternehmen stehen vor großen Herausforderungen: Der Fachkräftemangel nimmt zu, Krankheitsraten steigen, viele Büroflächen werden nicht mehr effizient genutzt, und gleichzeitig haben Mitarbeitende immer höhere Erwartungen an ihre Arbeitsumgebung.

Wir sehen in der Praxis, dass sich Unternehmen zunehmend mit der Frage beschäftigen, wie sie Arbeitswelten gestalten müssen, um produktiv, wirtschaftlich sinnvoll und gleichzeitig gesundheitsfördernd zu sein. Denn klar ist: Die Gestaltung von Arbeitsumgebungen hat direkte Auswirkungen auf das Verhalten, die Produktivität und das Wohlbefinden der Mitarbeitenden.

Genau hier setzt die Architekturpsychologie an. Sie untersucht, wie Räume auf Menschen wirken, welche Faktoren zu einer positiven Arbeitsatmosphäre beitragen und warum ein schlecht gestaltetes Büro nicht nur ineffizient, sondern auch gesundheitlich belastend sein kann.

Wenn wir über moderne Arbeitswelten sprechen, geht es deshalb nicht nur um technologische Entwicklungen oder neue Organisationsmodelle, sondern immer auch um die Frage: Wie muss ein Büro aussehen und funktionieren, damit Menschen dort gerne arbeiten, kreativ sein und sich entfalten können?

Räume prägen unser Verhalten – das Churchill-Prinzip
Winston Churchill (englischer Staatsmann, 1874–1965) soll einmal gesagt haben:

> **„Zuerst prägen wir den Raum, dann prägt der Raum uns."**

© Der/die Autor(en), exklusiv lizenziert an Springer-Verlag GmbH, DE, ein Teil von
Springer Nature 2026
S. Gauer, *Architekturpsychologie als Erfolgsfaktor!*,
https://doi.org/10.1007/978-3-662-72370-8_1

Dieses Zitat wird oft mit einer Rede von 1943 in Verbindung gebracht, als das britische House of Commons nach einem Bombenangriff wiederaufgebaut werden musste. Churchill betonte, dass die räumliche Gestaltung des Plenarsaals nicht nur eine architektonische Frage sei, sondern auch direkte Auswirkungen auf die politische Kultur habe. Die enge Sitzordnung und die Anordnung des Raumes würden das Debattenverhalten der Abgeordneten beeinflussen und damit die politische Entscheidungsfindung prägen.

Seine Aussage verdeutlicht eine wechselseitige Beziehung zwischen Menschen und ihrer gebauten Umgebung:

1. Zunächst entwerfen und gestalten wir Gebäude und Räume nach unseren Vorstellungen, Bedürfnissen und kulturellen Normen.
2. Sobald diese Räume geschaffen sind, beginnen sie, unser Verhalten, unsere Gewohnheiten und unsere Denkweisen zu beeinflussen.

Dieses Prinzip ist nicht nur in der Politik und im Plenarsaal relevant, sondern in jedem Bereich, in dem Raumgestaltung das menschliche Verhalten prägt. Besonders in der Gestaltung von Arbeitswelten spielt es eine zentrale Rolle.

Wir können dieses Wissen nutzen, um Räume gezielt so zu gestalten, dass sie gewünschte Verhaltensweisen fördern und unerwünschte reduzieren. Die bewusste Gestaltung von Arbeitsräumen ist daher nicht nur eine ästhetische oder funktionale Entscheidung, sondern ein strategisches Mittel, um das Verhalten von Menschen in eine bestimmte Richtung zu lenken. Wer versteht, wie Räume wirken, kann sie gezielt so gestalten, dass sie nicht nur den aktuellen Anforderungen gerecht werden, sondern langfristig positive Effekte auf Produktivität, Zusammenarbeit und Wohlbefinden haben.

Architekturpsychologie als Schlüssel zur Gestaltung produktiver Arbeitswelten
Die Architekturpsychologie bietet wissenschaftlich fundierte Methoden, um Räume so zu gestalten, dass sie nicht nur funktional, sondern auch psychologisch wirksam sind. Sie hilft zu verstehen, welche räumlichen Strukturen sich positiv auf Konzentration, Kollaboration und Wohlbefinden auswirken. Studien zeigen, dass Faktoren wie Raumhöhe, Farbgestaltung, Lichtverhältnisse und akustische Bedingungen maßgeblich darüber entscheiden, ob Menschen produktiv arbeiten können oder nicht (Buether, 2023; Krüger, 2003; Vollmer & Koppen, 2023). Farben können beispielsweise über Warm-Kalt-Kontraste das Temperaturempfinden sowie physiologische Parameter wie den Herz-

schlag beeinflussen (Krüger, 2003, zit. nach Richter, 2016). Auch Licht und Akustik spielen eine bedeutende Rolle für die Wahrnehmung von Atmosphäre und Belastung im Raum (Buether, 2023).

Ein Beispiel aus der Praxis: Untersuchungen haben gezeigt, dass eine durchdachte Raumaufteilung und die bewusste Integration von Ruhezonen in Großraumbüros die Stressbelastung signifikant reduzieren können (Richter, 2016; Fischer, 1990). In Großraumbüros führen fehlende Rückzugsräume häufig zu Konzentrationsproblemen, akustischer Überlastung und verminderter Selbstbestimmung, was sich negativ auf Wohlbefinden und Leistungsfähigkeit auswirken kann (Richter, 2016). Unternehmen, die ihre Arbeitsumgebung auf Basis architekturpsychologischer Erkenntnisse gestalten, profitieren nicht nur von höherer Zufriedenheit und Motivation ihrer Mitarbeitenden, sondern auch von gesteigerter Produktivität und geringerer Fluktuation (Vollmer & Koppen, 2023).

1.1   Herausforderungen in modernen Büros

Gleichzeitig steigen Stress- und Krankheitsraten, während die emotionale Bindung der Mitarbeitenden zum Unternehmen abnimmt. Aktuelle Studien belegen, dass über ein Viertel der Erwerbstätigen in der Schweiz unter einem kritischen Ungleichgewicht von Stress und verfügbaren Ressourcen leidet – mit steigender Tendenz (Gesundheitsförderung Schweiz, 2022). Auch architekturpsychologische Analysen zeigen, dass Umweltfaktoren wie mangelnde Rückzugsorte, hohe akustische Belastung und fehlende Orientierungselemente signifikant zur psycho-emotionalen Überforderung beitragen (Vollmer & Koppen, 2023).

Parallel dazu nimmt die emotionale Bindung der Mitarbeitenden an Unternehmen spürbar ab. Laut dem globalen Gallup Engagement Index (2024) sind nur 9 % der Beschäftigten in Deutschalnd emotional stark an ihren Arbeitgeber gebunden (Gallup, 2024). Dass räumliche Faktoren diese Bindung beeinflussen können, zeigt ein Praxisbeispiel aus dem Gesundheitswesen: Dort verbesserte sich nach einer gezielten Umgestaltung der Arbeitsumgebung die Identifikation mit dem Arbeitsplatz um mehr als 50 %, während der Krankenstand um 30 % zurückging (Buether & Wöbker, 2020).

Drei zentrale Herausforderungen prägen die moderne Arbeitswelt:

- Sinkendes Commitment & geringere Produktivität
- Steigende Krankheitsrate & Fachkräftemangel
- Unausgelastete Büroflächen & ineffiziente Nutzung

Diese Entwicklungen sind keine isolierten Probleme einzelner Unternehmen, sondern Ausdruck eines strukturellen Wandels, der langfristig über den wirtschaftlichen Erfolg von Organisationen entscheidet.

Architekturpsychologische Lösungen für moderne Herausforderungen
Jede dieser Herausforderungen lässt sich durch architekturpsychologisch fundierte Gestaltungskonzepte gezielt adressieren:

Sinkendes Commitment & geringere Produktivität: Durch psychologisch optimierte Arbeitsräume, die Identifikation und Zugehörigkeit fördern, kann die emotionale Bindung der Mitarbeitenden gestärkt werden. Die Gestaltung von Begegnungszonen und kollaborativen Bereichen kann informellen Austausch und Innovationskraft steigern.

Steigende Krankheitsrate & Fachkräftemangel: Eine ergonomische Arbeitsplatzgestaltung, die Reduktion von Reizüberflutung und die Schaffung von Rückzugsräumen tragen dazu bei, Stress zu reduzieren und die Gesundheit der Mitarbeitenden zu fördern.

Unausgelastete Büroflächen & ineffiziente Nutzung: Eine anpassungsfähige Raumgestaltung, die sowohl individuelle als auch teamorientierte Arbeit unterstützt, kann helfen, hybride Arbeitsmodelle sinnvoll in die räumliche Planung zu integrieren.

Ich beobachte diese Probleme in meinen Projekten weitläufig – obwohl Unternehmen ihren Mitarbeitenden heute mehr bieten denn je. Freiheit, Selbstbestimmung, moderne Büros, flexible Arbeitszeiten, attraktive Kantinen – all das ist mittlerweile Standard. Und dennoch sehen wir: Die Probleme bleiben oder haben sich sogar verschärft.

Ursprünglich sollte New Work genau hier ansetzen. Die Bewegung, die von Frithjof Bergmann geprägt wurde, hatte das Ziel, den Menschen ins Zentrum der Arbeit zu stellen und eine Arbeitswelt zu schaffen, die sinnstiftend, motivierend und selbstbestimmt ist.

Doch die Realität zeigt: Die Probleme sind nicht verschwunden.

Warum? Weil sich viele Unternehmen zwar auf oberflächliche Veränderungen konzentriert haben, ohne die eigentlichen Ursachen anzugehen. Ein modernes Büro macht noch keine moderne Arbeitskultur.

Herausforderung 1: Sinkendes Commitment & geringere Produktivität

Die emotionale Bindung von Mitarbeitenden an ihre Unternehmen hat einen Tiefpunkt erreicht. Während Unternehmen von ihren Beschäftigten Engagement, Eigenverantwortung und Innovationskraft erwarten, zeigt sich in aktuellen Studien ein anderes Bild: Die Identifikation mit dem Arbeitsplatz nimmt kontinuierlich ab, die Wechselbereitschaft steigt und die Motivation sinkt.

Laut dem Gallup Engagement Index 2024 haben in Deutschland nur noch 9 % der Arbeitnehmer eine hohe Bindung zu ihrem Arbeitgeber. Die Zufriedenheit mit direkter Führung ist ebenfalls auf einem niedrigen Niveau: Lediglich 16 % der Beschäftigten sind uneingeschränkt mit ihrer direkten Führungskraft zufrieden, und mehr als die Hälfte der Arbeitnehmer glaubt nicht, in einem Jahr noch bei ihrem derzeitigen Arbeitgeber zu sein.

Diese Entwicklung setzt sich seit Jahren fort. Noch 2017 fühlte sich laut der Ernst & Young Jobstudie (2023) jeder dritte Mitarbeitende mit seinem Unternehmen stark verbunden – heute ist es nur noch jeder achte.

Die Folgen sind weitreichend:
Fehlende Motivation führt zu sinkender Produktivität. Nur noch ungefähr 50 % der Beschäftigten geben laut der Work Reimagined Studie von Ernst und Young an, ihr Bestes bei der Arbeit zu geben.

Eine schwache emotionale Bindung erhöht die Fluktuation. Studien zeigen, dass sich immer mehr Fachkräfte aktiv nach neuen Jobs umsehen. Laut der Ernst & Young Jobstudie (2023) haben 63 % der Beschäftigten Interesse an einem Arbeitgeberwechsel oder suchen bereits aktiv nach einer neuen Stelle – ein Trend, der sich nun zum dritten Mal in Folge deutlich verstärkt hat.

Geringe Identifikation mit dem Unternehmen hemmt die Innovationskraft. Mitarbeitende, die sich nicht mit ihrem Unternehmen verbunden fühlen, bringen sich weniger aktiv in Veränderungsprozesse ein und sind weniger bereit, neue Arbeitsweisen oder Technologien zu adaptieren.

Unternehmenskultur und Arbeitsumgebung als ungenutzte Potenziale
Ein zentraler Grund für diese Entwicklung liegt in der Unternehmenskultur und der Arbeitsumgebung. Viele Unternehmen haben es in den vergangenen Jahren versäumt, Strukturen zu schaffen, die Identifikation und Motivation fördern. In meinen Projekten erlebe ich immer wieder, dass sich Unternehmen stark auf monetäre Anreize und Benefits konzentrieren, dabei aber übersehen, dass die physische und soziale Arbeitsumgebung eine entscheidende Rolle für die emotionale Bindung spielt.

Studien zeigen: Schlecht gestaltete Arbeitsplätze beeinträchtigen die Produktivität erheblich. Mitarbeitende, die sich im Büro nicht wohlfühlen, suchen sich entweder alternative Arbeitsorte – oder gleich einen neuen Arbeitgeber. Architekturpsychologische Studien zeigen, dass sich Raumgestaltung unmittelbar auf Motivation, Konzentrationsfähigkeit und Bindung an den Arbeitsplatz auswirkt (Vollmer & Koppen, 2023). Wird das physische Umfeld als unpassend, überfordernd oder wenig wertschätzend erlebt, sinkt nicht nur die Leistungsbereitschaft, sondern langfristig auch die emotionale Identifikation mit dem Unternehmen (Buether, 2023). Dennoch wird dieser Faktor in vielen Organisationen unterschätzt – obwohl Arbeitsplatzqualität zunehmend als Indikator für Arbeitgeberattraktivität wahrgenommen wird (Flade, 2020).

Zudem spielen Führung und Unternehmenskultur eine große Rolle. Laut der Ernst & Young Jobstudie (2023) ist das Führungsverhalten der Vorgesetzten mit 29 % der zweithäufigste Grund für einen Arbeitgeberwechsel, direkt nach einer zu niedrigen Bezahlung (34 %). Auch eine schlechte Unternehmenskultur (23 %), eine hohe Arbeitsbelastung (18 %) und unsichere Karrierechancen (14 %) zählen zu den häufigsten Kündigungsgründen.

In meiner Beratungspraxis sehe ich häufig, dass Unternehmen hohe Summen in neue Technologien investieren, um Produktivität und Zusammenarbeit zu steigern, ohne jedoch die zugrunde liegenden kulturellen und räumlichen und menschlichen Herausforderungen zu adressieren.

Digitalisierung als verstärkender Faktor: Wenn Technologie zur Belastung wird
Moderne Technologien sollten die Zusammenarbeit erleichtern und hybride Arbeitsmodelle unterstützen – doch oft passiert genau das Gegenteil. Die Deloitte Digital Transformation Survey (2024) zeigt, dass 60 % der Digitalisierungsprojekte nur teilweise oder gar nicht erfolgreich sind. Trotz großer Investitionen in digitale Infrastrukturen scheitern Unternehmen häufig an der Integration neuer Tools und Prozesse.

Wie sich diese Herausforderungen in der Praxis äussern
Die genannten Probleme sind nicht nur abstrakte Trends – sie wirken sich ganz konkret auf den Arbeitsalltag vieler Beschäftigter aus. In der Praxis zeigt sich das unter anderem in den folgenden drei Bereichen:

Digitale Überlastung
Moderne Arbeitsumgebungen sind zunehmend von einer Vielzahl an digitalen Tools und Plattformen geprägt. Mitarbeitende müssen sich täglich zwischen verschiedenen Kommunikationskanälen, Projektmanagement-Tools und Videokonferenzsystemen bewegen. Statt die Arbeit zu erleichtern, führt dies oft zu Stress, Informationsüberflutung und ineffizienten Prozessen. Statt konzentriert zu arbeiten, verbringen viele Beschäftigte einen Großteil ihrer

Zeit damit, zwischen Tools zu wechseln und sich in unterschiedliche Systeme einzuloggen.

Hybride Unklarheit

Hybride Arbeitsmodelle werden in vielen Unternehmen eingeführt – allerdings oft ohne klare Strukturen oder unterstützende Maßnahmen. Viele Mitarbeitende wissen nicht genau, wann und wo sie arbeiten sollen, und es fehlt an abgestimmten Büroflächen, die hybrides Arbeiten sinnvoll unterstützen. Fehlende digitale Lösungen für eine nahtlose Zusammenarbeit zwischen Büro- und Remote-Mitarbeitenden führen zusätzlich zu Unsicherheiten und Frustration.

Technologie als Ersatz für Kultur

Anstatt die Zusammenarbeit durch eine starke Unternehmenskultur zu fördern, setzen viele Unternehmen auf immer mehr digitale Tools als vermeintliche Lösung. Doch Technologie allein kann keine Kultur ersetzen. Fehlt es an klaren Werten, gemeinsamer Identität und einer verbindenden Arbeitsweise, verstärken digitale Plattformen oft nur die Isolation und Frustration der Mitarbeitenden.

Zusätzlich stehen Unternehmen unter immer größerem Innovationsdruck. Der globale Wettbewerb verschärft sich, Geschäftsmodelle müssen sich schneller anpassen als je zuvor. Doch steigende Erwartungen an Mitarbeitende, ohne ihnen gleichzeitig die nötige Unterstützung oder eine gut gestaltete Arbeitsumgebung zu bieten, führen nur zu noch mehr Unsicherheit und Stress.

Damit Unternehmen diesen Herausforderungen erfolgreich begegnen können, braucht es nicht nur neue Technologien oder flexible Arbeitsmodelle – sondern ein umfassendes Verständnis dafür, wie Arbeitsräume und Unternehmenskultur gestaltet sein müssen, damit Menschen produktiv, gesund und motiviert bleiben.

Während also immer mehr Unternehmen auf hybride Modelle setzen und Digitalisierungsinitiativen vorantreiben, bleibt die Frage offen: Wie kann die Arbeitswelt gestaltet werden, damit Mitarbeitende sich nicht nur als Ressource, sondern als wertvoller Teil des Unternehmens wahrnehmen?

Herausforderung 2: Steigende Krankheitsrate & Fachkräftemangel

Neben der sinkenden emotionalen Bindung an Unternehmen nehmen krankheitsbedingte Ausfälle stark zu. Stress, Überlastung und ungünstige Arbeitsbedingungen hinterlassen messbare Spuren in der Arbeitswelt – und die Zahlen sprechen eine deutliche Sprache:

75 % der Erwerbstätigen in der Schweiz sind psychisch belastet (Gesundheitsförderung Schweiz, 2023).

Laut dem TELUS Mental Health Index (2024) haben 38 % der europäischen Arbeitnehmer ein hohes Risiko für schlechte psychische Gesundheit.

30 % der Erwerbstätigen stehen unter einem kritischen Stressniveau (Gesundheitsförderung Schweiz, 2022).

Der Arbeitsalltag vieler Beschäftigter ist geprägt von dauerhafter Überlastung, unklaren Strukturen und fehlenden Rückzugsmöglichkeiten. Unternehmen unterschätzen dabei oft die langfristigen Folgen einer schlecht gestalteten Arbeitsumgebung auf das Wohlbefinden ihrer Mitarbeitenden (Vollmer & Koppen, 2023; Flade, 2020). Stressbedingte Erkrankungen gehören mittlerweile zu den häufigsten Ursachen für Arbeitsausfälle – mit erheblichen Kosten für Unternehmen (TELUS Health, 2024).

Doch nicht nur die steigende Krankheitsrate setzt Organisationen unter Druck. Parallel dazu verschärft sich der Fachkräftemangel. Immer mehr Unternehmen kämpfen damit, qualifizierte Mitarbeitende zu finden und langfristig zu halten:

Fast zwei Drittel (63 %) der kleinen und mittleren Unternehmen in Europa haben Schwierigkeiten, qualifizierte Arbeitskräfte zu rekrutieren (European Commission, 2023).

84 % der HR-Manager geben an, dass sie Probleme haben, offene Stellen mit geeigneten Talenten zu besetzen (XING, 2024).

Bis 2030 müssen sich 59 % der Beschäftigten neue Kompetenzen aneignen, um wettbewerbsfähig zu bleiben (World Economic Forum, 2025).

Das bedeutet: Unternehmen stehen nicht nur vor der Herausforderung, Fachkräfte zu gewinnen, sondern auch ihre bestehenden Mitarbeitenden weiterzuentwickeln, um den technologischen Wandel zu bewältigen. Gleichzeitig müssen sie Arbeitsbedingungen schaffen, die nicht zu gesundheitlichen Belastungen führen, sondern Wohlbefinden und Leistungsfähigkeit fördern.

Arbeitsumgebung als unterschätzter Einflussfaktor
Trotz dieser Entwicklungen bleibt die Gestaltung von Arbeitsumgebungen in vielen Organisationen ein vernachlässigter strategischer Hebel. In meiner Beratungspraxis zeigt sich immer wieder, dass Unternehmen versuchen, den Fachkräftemangel durch höhere Gehälter oder zusätzliche Benefits auszugleichen – doch wenn die tägliche Arbeitssituation durch Lärm, Stress und schlechte Arbeitsplatzbedingungen geprägt ist, verpuffen diese Anreize schnell.

Gerade die Verbindung zwischen einer unpassenden Arbeitsumgebung und steigenden Krankheitsraten wird häufig unterschätzt. Wer täglich in einer

Umgebung arbeitet, die keine Rückzugsorte für konzentriertes Arbeiten bietet, zu wenig natürliche Lichtverhältnisse hat oder durch eine schlechte Akustik geprägt ist, erlebt eine deutlich höhere Stressbelastung (Vollmer & Koppen, 2023; Flade, 2020). Studien zeigen, dass solche Umgebungen das Risiko für psychische Belastungen und stressbedingte Erkrankungen signifikant erhöhen – mit messbaren Auswirkungen auf Fehlzeiten und das allgemeine Wohlbefinden (TELUS Health, 2024). Viele Unternehmen realisieren erst spät, dass sich die Produktivität nicht nur durch digitale Tools oder agile Prozesse verbessern lässt, sondern dass auch die physische Gestaltung des Arbeitsplatzes eine entscheidende Rolle spielt (Buether & Wöbker, 2020).

Die wachsende Kluft zwischen den Anforderungen der modernen Arbeitswelt und den tatsächlichen Arbeitsbedingungen führt dazu, dass immer mehr Unternehmen sich in einem Teufelskreis aus steigenden Krankheitsraten, wachsendem Fachkräftemangel und zunehmender Fluktuation befinden. Die Frage ist nicht mehr, ob sich Unternehmen mit der Gestaltung gesunder und zukunftsfähiger Arbeitswelten auseinandersetzen sollten – sondern wie lange sie es sich leisten können, es nicht zu tun.

Herausforderung 3: Unausgelastete Büroflächen & ineffiziente Nutzung

Seit der Pandemie stehen viele Büroflächen leer oder werden nur noch teilweise genutzt. Unternehmen haben in den letzten Jahren enorme Summen in neue Arbeitswelten investiert, doch viele dieser Flächen bleiben ungenutzt – sei es durch unpassende Konzepte, mangelnde Steuerung oder eine veränderte Nutzungskultur. Die Diskrepanz zwischen den ursprünglich geplanten und den tatsächlich genutzten Büroflächen wird immer größer.

Die aktuellen Zahlen zeigen, wie dramatisch diese Entwicklung ist:

Die durchschnittliche Büroauslastung in Europa liegt nur noch bei 60 %. (Savills Research, 2024).

Im DACH-Raum sind Büros sogar nur noch zu 45 % genutzt – montags und freitags stehen sie oft nahezu leer. (Gauer Consulting, 2024)

Spezialisierte New-Work-Flächen wie Kreativräume oder Austauschzonen werden oft ineffizient genutzt: Viele dieser Flächen sind nur zu 20 % der Zeit tatsächlich in Gebrauch. (Gauer Consulting, 2024)

Laut der Homeoffice-Studie von PwC Deutschland (2023) liegt die durchschnittliche Flächenauslastung vieler Unternehmen nur noch bei 40 bis 50 %.

Diese Zahlen belegen eine grundlegende Problematik: Unternehmen zahlen weiterhin hohe Fixkosten für Flächen, die nicht mehr den tatsächlichen

Arbeitsweisen entsprechen. Gleichzeitig sind hybride Arbeitsmodelle längst zum Standard geworden, aber viele Unternehmen haben ihre Büroumgebungen nicht an diese Realität angepasst.

Die Folgen: Unwirtschaftlichkeit, Identitätsverlust und hybride Herausforderungen

Die ineffiziente Nutzung von Büroflächen ist nicht nur eine wirtschaftliche Belastung, sondern hat weitreichende Auswirkungen auf die Unternehmenskultur:

Hohe Fixkosten für ungenutzte Flächen: Viele Unternehmen zahlen nach wie vor Mieten und Betriebskosten für Flächen, die oft nur an zwei bis drei Tagen pro Woche wirklich genutzt werden.

Hybride Arbeitsmodelle werden nicht optimal unterstützt: Büros sind oft nicht mehr so gestaltet, dass sie als produktiver Arbeitsort für hybride Teams funktionieren – sie sind entweder zu leer oder nicht flexibel genug für unterschiedliche Nutzungsanforderungen.

Mitarbeitende fühlen sich nicht mehr an Bürostandorte gebunden: Je weniger sinnvoll das Büro genutzt wird, desto mehr verliert es an Bedeutung für die Mitarbeitenden. Viele kommen nur noch ins Büro, weil sie es müssen – nicht, weil sie darin einen echten Mehrwert sehen.

Ein Beispiel aus meiner Beratungspraxis: Ein Unternehmen mit über 1000 Mitarbeitenden hatte während der Pandemie seine Büroflächen kaum angepasst. Als die Beschäftigten ins Büro zurückkehren sollten, blieben die meisten Plätze unbesetzt – schlichtweg, weil die Flächen nicht mehr zu den neuen Arbeitsweisen passten. Ein Großraumbüro mit fixen Schreibtischen machte für ein hybrides Team keinen Sinn mehr. Gleichzeitig standen moderne Kollaborationszonen oft leer, weil die Teams keine festen Routinen für ihre Nutzung entwickelt hatten. Die Folge: Die Geschäftsleitung zweifelte am Sinn hybrider Modelle, während die Mitarbeitenden kaum noch eine Verbindung zum Büro hatten.

Flächenüberangebot und der War for Talent – Der Druck auf Unternehmen wächst

Die Ineffizienz in der Flächennutzung kommt zu einem Zeitpunkt, an dem Unternehmen ohnehin unter starkem Druck stehen, ihre Attraktivität als Arbeitgeber zu steigern. Die Ernst & Young Jobstudie (2023) zeigt, dass sich der War for Talent weiter verschärft. Während Fachkräfte zunehmend auf die Qualität ihrer Arbeitsumgebung achten, verharren viele Unternehmen in alten Flächenkonzepten, die weder die Bedürfnisse der Beschäftigten noch die wirtschaftlichen Anforderungen der Organisation erfüllen.

Die klassischen, starren Arbeitsplatzkonzepte gehören der Vergangenheit an. Unternehmen stehen vor der Herausforderung, ihre Büros nicht nur wirtschaftlicher, sondern auch attraktiver zu gestalten. Die Zukunft gehört flexiblen, datenbasierten Arbeitswelten, die sich dynamisch an die Bedürfnisse der Teams anpassen. Doch wer diesen Wandel nicht aktiv gestaltet, riskiert:

• Steigende Unzufriedenheit der Mitarbeitenden, weil das Büro keinen erkennbaren Mehrwert mehr bietet.
• Erhöhte Fluktuation, da Talente gezielt nach Arbeitgebern suchen, die attraktive und flexible Arbeitsmodelle bieten.
• Den Verlust von Fachkräften an innovativere Wettbewerber, die moderne Arbeitsplatzkonzepte als strategischen Vorteil nutzen.

Während einige Unternehmen bereits in intelligente Flächensteuerung, modulare Arbeitsplatzkonzepte und hybride Strategien investieren, stehen viele noch immer vor der Frage, welche Rolle das Büro in einer veränderten Arbeitswelt tatsächlich spielen soll. Die aktuellen Entwicklungen zeigen: Wer sich dieser Herausforderung nicht stellt, riskiert langfristig nicht nur wirtschaftliche Ineffizienz, sondern auch den Verlust seiner besten Mitarbeitenden

1.2 Warum Workplace Change notwendig ist

Arbeitswelten sind interdisziplinär – doch Raum bleibt oft ungenutzt
In meinen Projekten sehe ich immer wieder, dass Unternehmen enorme Anstrengungen in digitale Transformation, Prozessoptimierung und Automatisierung stecken, während die physische Arbeitsumgebung oft nur als Randthema behandelt wird. Doch der Raum ist nicht neutral – er ist ein entscheidender Faktor für Produktivität, Zusammenarbeit und Wohlbefinden
Obwohl viele Organisationen mittlerweile flexible Arbeitsmodelle eingeführt haben, sind ihre Büroumgebungen häufig nicht darauf abgestimmt. Mitarbeitende sollen kreativ, effizient und motiviert arbeiten, doch die räumlichen Bedingungen unterstützen dies oft nicht:

• Großraumbüros mit hoher Geräuschkulisse hemmen konzentriertes Arbeiten und führen nachweislich zu mehr Fehlern und höherem Stress.

- Fehlende oder falsch gestaltete Kollaborationszonen erschweren den spontanen Austausch, obwohl interdisziplinäre Zusammenarbeit ein zentraler Erfolgsfaktor ist.
- Mangelhafte ergonomische Bedingungen (schlechte Lichtverhältnisse, unpassende Möbel, falsche Akustik, ungünstige Zonierungen, etc.) führen langfristig zu gesundheitlichen Beschwerden, Krankheitsausfällen und verminderter Leistungsfähigkeit.

Diese Missverhältnisse wirken sich direkt auf wirtschaftliche Kennzahlen aus. Produktivität, Krankenstände und Mitarbeiterbindung sind keine „weichen" Faktoren – sie haben unmittelbare betriebswirtschaftliche Folgen.

Ein Rechenbeispiel: Der wirtschaftliche Einfluss von Arbeitsplatzgestaltung

Wie stark sich suboptimale Arbeitsumgebungen wirtschaftlich auswirken können, zeigt folgendes Beispiel: Eine um nur 10 % reduzierte Produktivität infolge mangelhafter Raumgestaltung verursacht bei einem Unternehmen mit 500 Mitarbeitenden und durchschnittlichen Personalkosten von 80.000 CHF pro Jahr einen jährlichen Verlust von über 4 Mio. CHF.

Doch damit nicht genug: Auch die Gesundheit der Mitarbeitenden leidet unter schlechten Arbeitsbedingungen. Bereits ein zusätzlicher Krankheitstag pro Jahr und Person führt zu direkten Ausfallkosten von rund 500.000 CHF – exklusive der Folgekosten durch Demotivation, Leistungsabfall oder gestiegene Fluktuation. Diese verdeckten Effekte werden in klassischen Kostenrechnungen selten berücksichtigt – sind aber real und messbar.

Die Zahlen belegen: Raumgestaltung ist kein Nice-to-have, sondern ein wirtschaftlich relevanter Wirkfaktor. Unternehmen, die ihre Arbeitswelten strategisch optimieren, senken nicht nur Kosten – sie steigern die Performance, fördern die Gesundheit, erhöhen die emotionale Bindung und verbessern ihre Arbeitgeberattraktivität.

Kap. 5 zeigt anhand konkreter Fallstudien und Berechnungen, wie Architekturpsychologie zur wirtschaftlichen Wertschöpfung beiträgt – und warum es sich lohnt, Raum nicht nur zu verwalten, sondern gezielt zu gestalten.

Warum Designermöbel keine strukturellen Probleme lösen

In meiner Beratungspraxis begegnen mir immer wieder Unternehmen, die in teure Designermöbel, schicke Lounges oder architektonisch beeindruckende Büros investieren. Der Gedanke dahinter ist klar: Eine ästhetisch ansprechende

Umgebung soll die Attraktivität des Arbeitsplatzes steigern. Doch ein schöner Raum allein löst keine strukturellen Probleme.

Ich habe mehrfach erlebt, dass Unternehmen auf moderne Bürotrends setzen – sei es Open Space, Collaboration Hubs oder modulare Möbel – nur um dann festzustellen, dass sich die erhoffte Wirkung nicht einstellt. Mitarbeitende nutzen die neuen Flächen nicht wie geplant, Rückzugsorte fehlen, und hybride Teams finden keine passende Infrastruktur für ihre Arbeitsweise.

Der Grund: Die Kernprobleme liegen nicht in der Ästhetik, sondern in der Funktionalität und Anpassungsfähigkeit von Arbeitswelten. Ein Büro muss nicht nur gut aussehen, sondern den Arbeitsalltag der Beschäftigten tatsächlich erleichtern. Ergonomie, Akustik, Lichtverhältnisse, Raumstrukturen und intuitive Nutzungskonzepte sind oft wichtiger als das teuerste Mobiliar.

Ich gehe sogar noch weiter und sage, dass es unwesentlich ist welche Möbel im Büro stehen, welcher Brand dahintersteht und ob es sich um namhafte Designer handelt oder nicht. Wesentlich ist wie gut diese Elemente funktionieren und mit dem Menschen harmonieren. Mitarbeitende wissen oftmals überhaupt nicht von welcher Marke das Mobiliar ist, weil es nicht wesentlich ist für Ihre Zufriedenheit – es muss in ihre Bedürfniswelt passen.

Erst wenn Architektur, Organisationsentwicklung und Psychologie zusammenwirken, entsteht eine Umgebung, die echten Mehrwert bietet.

Workplace Change als strategischer Hebel

Die Unternehmen, die Workplace Change erfolgreich umsetzen, gehen weit über rein gestalterische Maßnahmen hinaus. Sie betrachten ihre Arbeitsumgebung als einen strategischen Hebel, um Produktivität, Innovation und Mitarbeiterbindung nachhaltig zu verbessern.

Ein wirklich professionelles Workplace Change Management ist weit mehr als nur eine unterstützende Maßnahme – in seiner reinsten Form kann es den Erfolg eines Veränderungsprojekts nahezu garantieren. Doch nach wie vor wird sein Wert massiv unterschätzt. Oftmals wird es als „nice to have" abgetan, als etwas, das sich nebenbei erledigen lässt. Besonders in größeren Unternehmen geht man fälschlicherweise davon aus, dass die interne Change-, Organisationsentwicklungs- oder HR-Abteilung das schon irgendwie mitbetreuen kann. Doch genau hier liegt der entscheidende Trugschluss.

Denn Workplace Change ist mit Abstand eine der emotionalsten Transformationen, die ein Unternehmen durchlaufen kann. Warum? Weil es nicht nur um neue Möbel, modernere Büros oder effizientere Flächen geht. Es geht um das, was uns nach unserem Privatleben am meisten betrifft – den Ort, an dem wir einen Großteil unseres Lebens verbringen, unsere Arbeitsumgebung. Und wenn in genau diesen Raum eingegriffen wird, dann passiert etwas mit uns Menschen.

Sicherheit und Glaubwürdigkeit sind Grundbedürfnisse, die in Zeiten der Veränderung – und insbesondere in den aktuell unsicheren Zeiten – stärker denn je gefordert sind. Ein solches Change-Projekt ist kein reines Design- oder Effizienzthema. Es ist ein Eingriff in das emotionale Gefüge eines Unternehmens, in die Beziehungen zwischen Menschen, in eingespielte Gewohnheiten und tief verankerte Identitäten.

In meinen Projekten habe ich immer wieder erlebt, wie stark diese Prozesse die Menschen berühren. Immer wieder stoße ich auf dieselbe Ausgangshaltung: „Ach, das ist doch ein cooles Projekt mit neuen Möbeln und einem schicken Office." Doch wer so denkt, übersieht die wahre Dimension. In Wirklichkeit geht es um weit mehr.

Es geht um Zugehörigkeit, um Vertrautheit, um das Gefühl, sich an einem Ort aufgehoben zu fühlen. Es geht darum, was wir mit unserem Arbeitsplatz verbinden – die Menschen, die uns umgeben, die Kultur, die uns prägt, die Sicherheit, die wir dort empfinden. Und genau deshalb darf Workplace Change Management niemals unterschätzt werden. Denn wer es richtig macht, gestaltet nicht nur Räume – sondern auch Vertrauen, Identität und eine Zukunft, die von den Menschen mitgetragen wird.

Was sind aber nun die drei übergeordneten Prinzipien hinter einem erfolgreichen Workplace Change Management?

Ganzheitliche Betrachtung der Arbeitswelt

Unternehmen, die in neue Arbeitsmodelle investieren, stehen vor einer essenziellen Herausforderung: Sie müssen ihre räumlichen Strukturen anpassen, um den veränderten Anforderungen gerecht zu werden. Hybride Arbeit ist längst nicht mehr nur ein Trend, sondern eine tiefgreifende Veränderung unserer Arbeitskultur. Doch sie erfordert weit mehr als nur flexible Schreibtischlösungen oder moderne Meetingräume. Sie verlangt eine durchdachte, strategische Verzahnung von Raum, Organisation, Technologie und – vor allem – den Menschen, die darin arbeiten.

Ein häufig unterschätzter Fehler besteht darin, die Arbeitswelt als bloßes Raumgefüge zu begreifen, das sich mit neuen Möbeln, offenen Flächen oder Telefonboxen gestalten lässt. Doch die physische Umgebung ist nur ein Baustein in einem weit komplexeren System. Wirklich zukunftsfähige Arbeitswelten entstehen erst, wenn sie tief mit der Unternehmenskultur, der Führung, der Historie, den Visionen, den Zielen sowie den Erwartungen und Möglichkeiten der Mitarbeitenden verwoben sind. Nur wer all diese Faktoren zusammenführt und daraus die richtigen Schlüsse zieht, schafft eine Umgebung, die nicht nur funktioniert, sondern auch inspiriert und trägt.

Das erfordert ein konsequent interdisziplinäres Denken. Architektur, Organisationsentwicklung, Technologie und Change Management müssen ineinandergreifen, um eine kohärente und nachhaltige Arbeitswelt zu gestalten. Die Gestaltung von Büroumgebungen ist kein isoliertes Designprojekt – sie ist ein tiefgreifender Transformationsprozess. Es geht darum, die Wechselwirkungen zwischen Menschen, Raum und digitaler Infrastruktur zu erkennen und gezielt zu steuern.

Hybride Arbeit bedeutet, dass Mitarbeitende je nach Aufgabe und Bedürfnis unterschiedliche räumliche Möglichkeiten brauchen: Orte für konzentriertes Arbeiten, inspirierende Begegnungszonen, Räume für kreative Zusammenarbeit sowie Rückzugsorte für ungestörte Reflexion. Doch all diese Zonen bleiben wirkungslos, wenn sie nicht in eine durchdachte Unternehmenskultur eingebettet sind, die Klarheit über Arbeitsweisen, Führung und Kommunikation schafft.

Deshalb ist es entscheidend, Arbeitswelten nicht als statische Gebilde zu betrachten, sondern als dynamische, adaptive Systeme. Systeme, die sich verändern und weiterentwickeln dürfen – im Einklang mit den Menschen, die sie nutzen. Wer heute in neue Arbeitsmodelle investiert, muss über den Tellerrand der reinen Raumgestaltung hinausblicken und erkennen, dass eine ganzheitliche Betrachtung der Schlüssel für nachhaltigen Erfolg ist.

Datenbasierte Gestaltung – wenn Zahlen und Bauchgefühl zusammenwirken

Arbeitsplatzentscheidungen dürfen nicht allein auf subjektiven Vorlieben oder ästhetischen Präferenzen basieren. Eine wirklich zukunftsfähige Gestaltung von Arbeitswelten erfordert eine fundierte Grundlage aus analysierten Nutzungsmustern, Mitarbeiterfeedback und wissenschaftlichen Erkenntnissen. Natürlich spielt das Bauchgefühl, besonders im Change-Prozess, eine wichtige Rolle – schließlich geht es um Menschen, Emotionen und Unternehmenskultur. Doch Bauchgefühl allein reicht nicht aus. Erst wenn es mit belastbaren Daten hinterlegt wird, entsteht eine strategische Planung, die nachhaltigen Erfolg sichert.

Ohne diese datenbasierte Grundlage droht ein Arbeitsplatzprojekt schnell in eine von Designern geprägte Gestaltungsübung zu kippen – ein ästhetisch beeindruckendes, aber nicht funktionales Büro. In solchen Fällen stehen die kreativen Visionen im Vordergrund, nicht die effektive Nutzung durch die Mitarbeitenden. Räume werden dann nach Trends gestaltet, ohne zu hinterfragen, ob sie tatsächlich den Arbeitsweisen und Bedürfnissen der Menschen entsprechen.

Ebenso gefährlich ist die andere Extremrichtung: ein reines Flächeneffizienz-Projekt, bei dem mit dem Rotstift Flächen reduziert werden, nur weil es sich theoretisch in Zahlen rechnet. Solche Maßnahmen mögen auf den ersten Blick wirtschaftlich sinnvoll erscheinen, führen aber oft zu unzufriedenen Mitarbeitenden, sinkender Produktivität und langfristig zu höheren Kosten – sei es durch verstärkte Homeoffice-Nutzung oder erhöhte Fluktuation.

Die wahre Kunst liegt in der Balance: Flächeneffizienz darf nicht auf Kosten der Nutzerfreundlichkeit gehen, und Design darf nicht die Funktion verdrängen. Erst wenn Unternehmen beide Seiten der Medaille betrachten – also Zahlen mit dem Verhalten und den Bedürfnissen der Menschen verbinden – lassen sich sinnvolle Schlüsse ziehen. Erfolgreiche Arbeitsplatzgestaltung entsteht aus einem Zusammenspiel von Daten, psychologischem Feingefühl und strategischer Voraussicht. Wer hier klug handelt, schafft Arbeitswelten, die nicht nur effizient, sondern auch inspirierend und nachhaltig sind.

Psychologische und wirtschaftliche Faktoren verbinden

Psychologie trifft Wirtschaft – warum echte Workplace-Gestaltung tiefer gehen muss

Eine wirklich kluge Bürogestaltung ist weit mehr als eine Balance zwischen Effizienz und Kosten. Sie berücksichtigt, wie Menschen ticken – ihre Bedürfnisse nach Identifikation, Zugehörigkeit und Wohlbefinden. Doch genau hier liegt eine der größten Herausforderungen bei Workplace-Initiativen: Es wird oft behauptet, der Mensch stehe im Mittelpunkt, doch in Wahrheit konzentriert sich der Fokus meist auf einzelne, oberflächliche Mitarbeiterbedürfnisse – oft nur, um das eigene Gewissen zu beruhigen.

Meine Erfahrung zeigt, dass Unternehmen häufig zu stark auf individuelle Wünsche eingehen, weil es schnelle Erfolge („Quick Wins") verspricht. Der klassische Ablauf ist immer derselbe: Man fragt die Mitarbeitenden, was sie brauchen. Die Antworten sind in der Regel vorhersehbar – bessere Akustik, Rückzugsorte, ergonomische Stühle, flexiblere Arbeitsplätze. Diese Aspekte lassen sich natürlich problemlos integrieren, doch sie allein schaffen noch keine nachhaltige Veränderung.

Viel entscheidender ist es, den Menschen mit all seinen psychologischen Mechanismen wirklich zu verstehen. Warum fühlen sich Menschen in bestimmten Räumen sicher? Welche Umgebungen lösen Stress aus? Was triggert unser Unterbewusstsein, und was beruhigt uns? Diese Fragen reichen bis tief in die Evolutionsbiologie und Neuropsychologie hinein. Unser Gehirn reagiert auf bestimmte Raumkonzepte instinktiv – ob wir wollen oder nicht. Deshalb sollten wir nicht nur fragen, was Menschen vermeintlich wollen, sondern gezielt analysieren, was sie wirklich brauchen, um sich langfristig wohlzufühlen und produktiv zu arbeiten.

Mit diesem Wissen lässt sich Workplace Change völlig neu denken. Anstatt endlose Pseudo-Umfragen durchzuführen, in denen Mitarbeitende immer wieder dieselben Bedürfnisse formulieren, sollte man die richtigen Fragen zur richtigen Zeit in der richtigen Tiefe stellen. Der Fokus muss auf tiefere psychologische und soziale Zusammenhänge gelegt werden. Denn wenn wir verstehen, wie unser Gehirn Räume wahrnimmt, wie Menschen auf Veränderung reagieren und welche Faktoren tatsächlich zu Akzeptanz und Wohlbefinden beitragen, können wir Arbeitsumgebungen schaffen, die Menschen nicht nur mitnehmen – sondern wirklich begeistern.

So entstehen nicht nur funktionale Büros, sondern lebendige Arbeitswelten, die psychologische und wirtschaftliche Faktoren intelligent verbinden. Orte, an denen Menschen nicht nur arbeiten, sondern sich auch entwickeln, entfalten und mit ihrer Umgebung identifizieren können. Das ist der wahre Kern einer erfolgreichen Workplace-Transformation.

Architekturpsychologie als Grundlage für erfolgreichen Workplace Change

Ein Unternehmen, das Arbeitsplatzgestaltung strategisch angeht, darf sich nicht allein auf visuelle oder funktionale Aspekte konzentrieren. Vielmehr muss es die tiefgreifenden psychologischen Mechanismen verstehen, die Räume auf Menschen ausüben. Architekturpsychologie liefert hier entscheidende Erkenntnisse: Sie untersucht systematisch, wie gebaute Umwelten auf Wahrnehmung, Emotionen, Verhalten und Wohlbefinden wirken (Flade, 2020). Diese Disziplin ermöglicht es, Arbeitswelten zu schaffen, die nicht nur gut aussehen, sondern auch die Gesundheit, die Identifikation sowie die Produktivität der Mitarbeitenden nachhaltig fördern (Koppen, 2023).

Raumpsychologie und Identifikation – Räume schaffen Zugehörigkeit

Die Gestaltung eines Büros beeinflusst weit mehr als nur das Arbeitsklima – sie wirkt auf tieferliegende psychologische Ebenen ein. Räume können das Zugehörigkeitsgefühl und die Identifikation mit dem Unternehmen wesentlich stärken. Wenn Mitarbeitende ihre Umgebung als stimmig und bedeutungsvoll erleben, steigt ihre emotionale Bindung an den Arbeitsplatz. Wie Richter (2016) betont, wird über die Personalisierung räumlicher Umgebungen ein „zu-eigen-Werden" möglich, das emotionale Identifikation fördert und soziale Integration unterstützt. Räume, die Wertschätzung ausdrücken, Individualität zulassen und symbolische Anschlussfähigkeit bieten, stärken damit Engagement, Loyalität und Bindung. Eine rein funktionale Optimierung genügt nicht – entscheidend ist die Gestaltung von Arbeitswelten, die psychologische Bedürfnisse adressieren und ein Gefühl von Sinn und Zugehörigkeit ermöglichen (Richter, 2016).

Licht und Produktivität – ein unterschätzter Einflussfaktor

Licht hat einen erheblichen Einfluss auf unsere kognitive Leistungsfähigkeit, unser Wohlbefinden und den zirkadianen Rhythmus. Forschungen zeigen, dass insbesondere Tageslicht eine stimulierende Wirkung entfaltet, die Konzentrationsfähigkeit verbessert und Müdigkeit reduziert (Buether, 2023). Auch die psychophysiologischen Mechanismen der Lichtaufnahme – etwa über die Melanopsin-Zellen in der Netzhaut – spielen hierbei eine entscheidende Rolle (Breiner, 2019).

Ist der Zugang zu natürlichem Licht begrenzt, bieten Human Centric Lighting-Systeme eine effektive Alternative. Diese orientieren sich am Verlauf des natürlichen Tageslichts und können so den Biorhythmus stabilisieren und die mentale Leistungsfähigkeit steigern. Licht wirkt dabei nicht nur visuell, sondern auch emotional: Helle, gut ausgeleuchtete Räume fördern eine positive Grundstimmung und erhöhen nachweislich die subjektive Wachheit sowie die Arbeitsmotivation (Vollmer & Koppen, 2023).

Akustik und mentale Gesundheit – Ruhe als Produktivitätsfaktor
Lärm gehört zu den bedeutendsten Stressfaktoren in modernen Arbeitsumgebungen. Insbesondere in Großraumbüros führt eine hohe Geräuschbelastung nachweislich zu einer erhöhten Cortisolausschüttung, beeinträchtigt

die Konzentrationsfähigkeit und kann langfristig psychische sowie körperliche Gesundheitsprobleme nach sich ziehen (Zwicker, 1982).

Die akustische Gestaltung von Arbeitsräumen sollte deshalb nicht rein funktional, sondern architekturpsychologisch fundiert erfolgen. Dies umfasst den gezielten Einsatz schallabsorbierender Materialien, eine durchdachte Zonierung sowie das Angebot von Rückzugsorten, die kognitive Entlastung ermöglichen (Richter, 2016) Studien belegen, dass eine Reduktion von Störgeräuschen mit einer höheren Arbeitszufriedenheit, einer geringeren Fehlerquote und einer gesteigerten mentalen Resilienz einhergeht (Flade, 2020).

Farben und Stimmung – unbewusste Beeinflussung des Arbeitsklimas
Farben haben einen nachgewiesenen Einfluss auf unsere emotionale Befindlichkeit und das Arbeitsverhalten. Warme Farben wie Rot oder Orange können aktivierend wirken, Kreativität und soziale Interaktion fördern, während kühle Töne wie Blau oder Grün beruhigend sind und Konzentration sowie kognitive Leistung unterstützen (Breiner, 2019). Doch Farbwirkungen sind nicht universell: Sie hängen vom räumlichen Kontext, von Lichtverhältnissen, kulturellen Assoziationen und individuellen Präferenzen ab (Richter, 2016). Eine bewusste und zielgerichtete Farbgestaltung – etwa zur Trennung von Zonen, zur Orientierung oder zur Förderung bestimmter Arbeitsstimmungen – kann somit einen relevanten Beitrag zur architekturpsychologisch fundierten Arbeitsumgebung leisten.

Raumsoziologie und Gruppenverhalten – Architektur als unsichtbarer Regisseur
Wie sich Menschen in einem Raum verhalten, ist kein Zufall. Die Architektur steuert unbewusst soziale Dynamiken. Offene Raumstrukturen fördern Kommunikation und Kollaboration, können aber auch Unsicherheiten auslösen. Umgekehrt ermöglichen geschlossene Räume Konzentration, können jedoch die soziale Interaktion hemmen. Die Kunst liegt darin, Räume so zu gestalten, dass sie genau die Dynamik unterstützen, die für eine bestimmte Aufgabe oder Unternehmenskultur gewünscht ist. (Vollmer, 2023)

Neurowissenschaft und Empfinden – wie unser Gehirn Räume interpretiert
Unser Gehirn verarbeitet unzählige sensorische Reize aus der Umgebung – oft unterbewusst. Symmetrische Strukturen werden als harmonisch empfunden, unübersichtliche Räume können Stress auslösen. Die Raumwahrnehmung beeinflusst nicht nur unser Sicherheitsgefühl, sondern auch unsere Fähigkeit, kreativ oder fokussiert zu arbeiten. Neurowissenschaftliche Erkenntnisse hel-

fen, Räume so zu gestalten, dass sie instinktiv Wohlbefinden und Produktivität fördern. (Bear et al., 2018)

Duft und Gesundheit – unterschätzte Sinneswahrnehmung
Während Licht, Akustik und Raumstruktur häufig Beachtung finden, wird ein ebenso wichtiger Sinn oft vernachlässigt: der Geruchssinn. Düfte haben eine enorme Wirkung auf unser Wohlbefinden, unsere Stimmung und sogar unsere Leistungsfähigkeit. Frische, natürliche Düfte wie Zitrusnoten können anregend wirken, während holzige oder lavendelartige Düfte entspannend sind. Gezielte Duftkonzepte können Arbeitsräume unbewusst angenehmer machen und sogar Stress reduzieren. (Dalichow, 2014)

1.3 Architekturpsychologische Modelle für nachhaltige Veränderung

Ein erfolgreicher Wandel in der Gestaltung von Arbeitswelten erfordert eine durchdachte Strategie, die alle relevanten Dimensionen einbezieht. In vielen Unternehmen wird die Bürogestaltung jedoch immer noch isoliert betrachtet, ohne sie mit den organisatorischen und kulturellen Aspekten zu verknüpfen. Das Ergebnis sind oft gut gemeinte, aber wenig wirksame Veränderungen: Neue Bürokonzepte werden eingeführt, doch die erhoffte Wirkung bleibt aus. Mitarbeitende nutzen die neuen Flächen nicht wie geplant, Arbeitsprozesse laufen ineffizient weiter, und die Unternehmensführung erkennt nicht, warum der gewünschte Wandel ausbleibt.

Um zu verstehen, warum manche Workplace-Transformationen scheitern und andere langfristig erfolgreich sind, lohnt sich ein Blick auf zwei von uns entwickelte Modelle, die wir in unserer Beratungspraxis regelmäßig einsetzen: das Office Performance Modell (siehe Abb. 1) und das Eisbergmodell (siehe Abb. 2) der Arbeitsplatzgestaltung. Diese Modelle helfen, die interdisziplinäre Natur von Arbeitswelten zu erfassen und verdeutlichen, dass Raumgestaltung, Unternehmenskultur, Technologie und Arbeitsorganisation immer in einem systemischen Zusammenhang stehen.

Das Office Performance Modell beschreibt, wie Unternehmen, Mitarbeitende, Technologie und Raum als vernetztes System funktionieren. Eine gut durchdachte Arbeitsplatzstrategie beginnt nicht mit der Auswahl von Möbeln oder dem Umbau eines Büros, sondern mit einer klaren Definition der Arbeitsweise eines Unternehmens. Erst wenn die Anforderungen an Zusammenarbeit, Kommunikation und hybride Arbeitsmodelle verstanden sind, kann die Gestaltung der Räume so erfolgen, dass sie die gewünschte Arbeits-

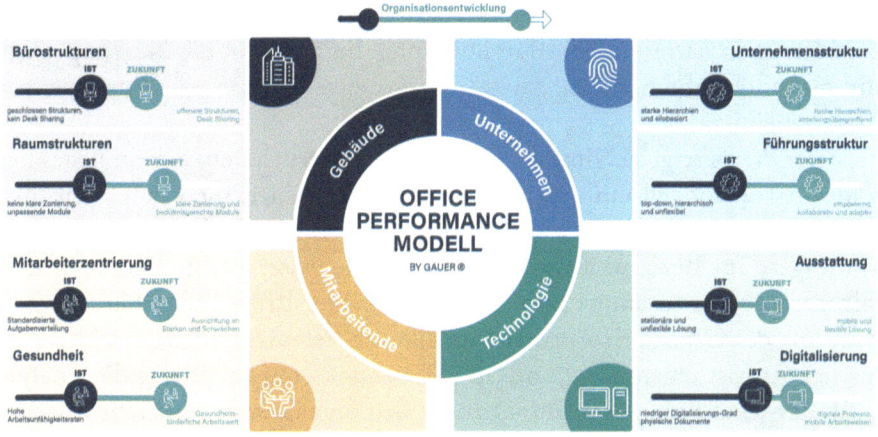

Abb. 1 Office Performance Model by Gauer Consulting. (Quelle: Eigenes Modell)

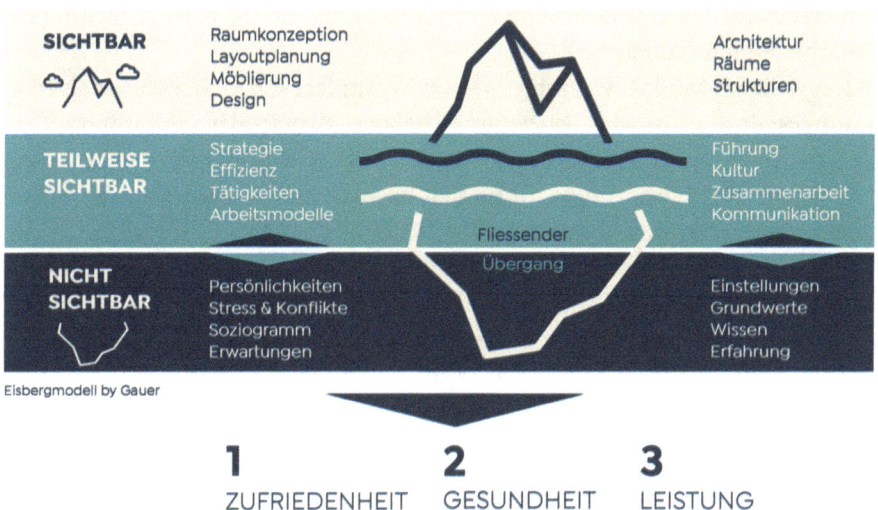

Abb. 2: Eisberg Modell by Gauer Consulting. (Quelle: Eigenes Modell)

kultur unterstützen. In der Praxis bedeutet das, dass sich Unternehmen nicht nur mit der physischen Umgebung befassen dürfen, sondern auch mit der Art und Weise, wie ihre Teams arbeiten. Die Mitarbeitenden stehen im Zentrum dieses Veränderungsprozesses – ihre Werte, Bedürfnisse und Tätigkeiten bestimmen, welche Umgebungen wirklich funktionieren. Gleichzeitig spielen digitale Technologien eine entscheidende Rolle. Sie ermöglichen hybride Arbeitsmodelle, vereinfachen die Zusammenarbeit und steigern die Effizienz – aber nur, wenn sie sinnvoll in die Arbeitsumgebung integriert sind. Der

Raum selbst muss schließlich mit den Anforderungen des Unternehmens und der Menschen harmonieren. Bürokonzepte, die nicht auf die Nutzung abgestimmt sind, führen häufig zu unausgelasteten Flächen und ineffizienten Arbeitsabläufen.

In der Praxis zeigt sich immer wieder, dass Unternehmen, die ein neues hybrides Arbeitsmodell einführen, aber ihre Büroflächen nicht anpassen, mit unerwarteten Herausforderungen konfrontiert sind. Mitarbeitende kommen nur ungern ins Büro, weil sie dort weder konzentriert arbeiten noch effektiv mit ihren Teams zusammenarbeiten können. In solchen Fällen hilft die Anwendung des Office Performance Modells, um herauszufinden, welche strukturellen Anpassungen nötig sind. In einem konkreten Fall führte die Analyse dazu, dass eine Firma ihre Büronutzung neu organisierte: Statt traditioneller Einzelbüros entstanden flexible Desk- und Meeting-Zonen, es wurden bessere Akustiklösungen implementiert und durch eine klar definierte Flächenstrategie wurde die Büroauslastung um 35 % gesteigert. Gleichzeitig sank der Krankenstand, da ergonomische Arbeitsplätze die körperliche Belastung der Mitarbeitenden reduzierten.

Ein weiteres Modell, das zeigt, warum Workplace Change mehr ist als reine Raumgestaltung, ist das Eisbergmodell der Arbeitsplatzgestaltung. Viele Unternehmen investieren in optisch ansprechende Büros, moderne Möbel oder offene Flächenkonzepte, ohne sich bewusst zu machen, dass die eigentlichen Erfolgsfaktoren unter der Oberfläche liegen. Das Eisbergmodell verdeutlicht, dass die sichtbare Bürogestaltung – also Architektur, Raumaufteilung und Möblierung – nur die Spitze des Eisbergs ist. Wesentlich entscheidender für den Erfolg einer Arbeitswelt sind jedoch die Faktoren, die nicht auf den ersten Blick erkennbar sind. Die Unternehmenskultur, die Art der Führung, die Kommunikationsstruktur und die Erwartungshaltungen der Mitarbeitenden haben einen mindestens ebenso großen Einfluss darauf, ob eine Bürogestaltung wirklich funktioniert.

Wenn Führungskräfte an traditionellen Präsenzmodellen festhalten, wenn es keine klaren Regeln für hybride Zusammenarbeit gibt oder wenn Misstrauen gegenüber neuen Arbeitsweisen besteht, dann wird auch das modernste Büro nicht dazu führen, dass sich die Arbeitskultur verändert. In einem Unternehmen, das seine Büroflächen in ein agiles Open-Space-Konzept umwandelte, zeigte sich genau dieses Problem. Die Mitarbeitenden vermieden die neuen Bereiche und wichen lieber ins Homeoffice aus, weil sie sich in den offenen Flächen nicht wohlfühlten und die Kommunikation im Team nicht an die neue Umgebung angepasst wurde. Erst durch gezielte Maßnahmen zur Kulturveränderung, neue Regelungen zur Nutzung der Räume und eine Anpassung der Meeting-Strukturen konnten die gewünschten Effekte erzielt werden.

Diese beiden Modelle machen deutlich, dass Workplace Change nicht nur eine architektonische oder technische Frage ist, sondern eine tiefgreifende Veränderung in der Organisation und im Mindset der Mitarbeitenden erfordert. Unternehmen, die langfristig erfolgreiche Arbeitswelten schaffen wollen, müssen daher interdisziplinär denken. Es reicht nicht aus, schöne Büros zu gestalten, wenn die dahinterliegenden Strukturen nicht mitentwickelt werden. Entscheidend ist das Zusammenspiel aus Unternehmenskultur, Technologie, Arbeitsorganisation und räumlicher Gestaltung.

Die Erkenntnisse aus diesen Modellen fließen direkt in die praktische Umsetzung von Workplace-Transformationen ein. In den folgenden Kapiteln werden wir tiefer darauf eingehen, wie Unternehmen ihre Arbeitswelten mit architekturpsychologischen Ansätzen strategisch gestalten können, welche wirtschaftlichen Vorteile sich daraus ergeben und wie Organisationen langfristig von einer optimalen Flächennutzung profitieren.

1.4   Warum Unternehmen Workplace Change als Chance sehen sollten

Der Wandel der Arbeitswelt ist nicht aufzuhalten – und Unternehmen, die ihn aktiv gestalten, werden langfristig erfolgreicher sein. Die vergangenen Jahre haben deutlich gemacht, dass traditionelle Arbeitsplatzkonzepte nicht mehr den Anforderungen moderner Organisationen gerecht werden. Veränderungen in der Arbeitskultur, die zunehmende Bedeutung hybrider Modelle, die Herausforderungen durch Fachkräftemangel und steigende Krankenstände – all diese Entwicklungen erfordern ein radikales Umdenken. Unternehmen, die weiterhin an veralteten Strukturen festhalten, riskieren nicht nur wirtschaftliche Ineffizienz, sondern auch den Verlust ihrer Attraktivität als Arbeitgeber.

Gleichzeitig liegt in dieser Transformation eine große Chance. Eine durchdachte Neugestaltung der Arbeitsumgebung ist kein reiner Kostenfaktor, sondern ein strategischer Hebel für Produktivität, Innovation und Mitarbeiterzufriedenheit. Unternehmen, die ihre Arbeitswelt aktiv weiterentwickeln, profitieren von einer stärkeren Identifikation der Mitarbeitenden mit ihrem Arbeitsplatz, einer gesünderen Belegschaft und einer effizienteren Nutzung von Ressourcen. Sie schaffen Umgebungen, die Kreativität fördern, konzentrierte Arbeit ermöglichen und Kollaboration erleichtern – und damit genau die Bedingungen, die in einer wissensbasierten, digitalisierten Arbeitswelt entscheidend sind.

Trotz dieser offensichtlichen Vorteile wird der physische Arbeitsplatz in vielen Unternehmen noch immer als statisches Element betrachtet. Während große Budgets in Technologie, Prozessoptimierung und Automatisierung fließen, bleibt die Gestaltung der Arbeitsumgebung oft eine nachgelagerte Maßnahme. Doch diese Denkweise verkennt das enorme Potenzial, das in einer architekturpsychologisch optimierten Arbeitswelt liegt. Die Art und Weise, wie Räume gestaltet sind, beeinflusst nicht nur die Effizienz und Zusammenarbeit, sondern auch das Wohlbefinden, die Gesundheit und die emotionale Bindung der Mitarbeitenden an das Unternehmen. Studien zeigen immer wieder, dass schlecht gestaltete Arbeitsplätze zu Stress, Konzentrationsproblemen und sogar körperlichen Beschwerden führen. Umgekehrt können durchdachte Bürokonzepte nachweislich die Leistungsfähigkeit steigern und Fehlzeiten reduzieren.

Daher sollte Workplace Change als Investition in die Zukunft verstanden werden – als eine Möglichkeit, nicht nur wirtschaftliche, sondern auch menschliche Potenziale zu entfalten. Unternehmen, die erkennen, dass ihre Arbeitsumgebung mehr ist als ein bloßer Kostenfaktor, sondern ein aktiver Treiber für Unternehmenskultur, Innovation und wirtschaftlichen Erfolg, werden langfristig resilienter sein.

Architekturpsychologie ist dabei ein zentraler, aber oft übersehener Erfolgsfaktor. Während sich viele Diskussionen um Homeoffice-Quoten oder digitale Tools drehen, bleibt die Frage, wie der physische Raum als produktives und gesundheitsförderndes Umfeld gestaltet werden kann, oft unbeantwortet. Dabei zeigt sich immer wieder, dass der Raum eine Schlüsselrolle dabei spielt, ob moderne Arbeitsweisen funktionieren oder nicht.

Die nächsten Kapitel werden zeigen, wie Architekturpsychologie diesen Prozess gezielt unterstützen kann. Sie beleuchten, welche wissenschaftlichen Erkenntnisse in die Gestaltung von Arbeitswelten einfließen sollten, wie psychologische Mechanismen gezielt genutzt werden können, um Akzeptanz und Engagement zu fördern, und wie Unternehmen durch eine strategische Herangehensweise an ihre Arbeitsumgebung wirtschaftlich profitieren.

Die Probleme sind erkannt, der Handlungsbedarf ist offensichtlich – nun geht es darum, die richtigen Hebel zu betätigen, um Arbeitswelten so zu gestalten, dass sie nicht nur schön aussehen, sondern messbare Erfolge erzielen.

Architekturpsychologie als Wettbewerbsvorteil

Die strategische Nutzung architekturpsychologischer Erkenntnisse ermöglicht es Unternehmen, sich nicht nur als attraktive Arbeitgeber zu positionieren, sondern auch ihre Produktivität nachhaltig zu steigern. Architekturpsychologie hilft dabei, Räume bewusst so zu gestalten, dass sie Verhaltensweisen fördern, die für den Unternehmenserfolg entscheidend sind – sei es durch die Unterstützung hybrider Arbeitsmodelle, die Förderung von Kreativität oder die Verbesserung der mentalen Gesundheit.

Literatur

Bear, M.F., Connors, B.W., & Paradiso, M.A. (2018). Neurowissenschaften: Ein grundlegendes Lehrbuch für Biologie, Medizin und Psychologie (A. K. Engel, Hrsg., A. Held & M. Niehaus, Übers., 4. Aufl.). Springer Spektrum. https://doi.org/10.1007/978-3-662-57263-4.

Breiner, T.C. (2019). Farb- und Formpsychologie. Springer. https://doi.org/https://doi.org/10.1007/978-3-662-57870-4.

Buether, A. (2023). Farbe als Entwurfswerkzeug: Die Gestaltung der Wirkungen von Licht- und Oberflächenfarben in Bezug auf das Erleben und Verhalten des Menschen im gebauten Raum. In M. Guhl (Hrsg.), *Architekturpsychologie. Perspektiven* (S. 43–61). Springer. https://doi.org/10.1007/978-3-658-40929-6_6.

Buether, A., & Wöbker, B. (2020). Farbkonzepte und Arbeitszufriedenheit: Wirkung architektonischer Maßnahmen auf Personalbindung und Gesundheit. In M. Guhl (Hrsg.), *Architekturpsychologie. Perspektiven* (Bd. 3, S. 56). Springer.

Dalichow, I. (2014). *Die Heilkraft ätherischer Öle: Natürlich heilend – Wohltat für Körper, Geist und Seele*. Mit Rezepten (eBook-Ausg.). F. A. Herbig Verlagsbuchhandlung.

Deloitte. (2024). *Digital Transformation Survey 2024*. Deloitte Insights.

Ernst & Young GmbH. (2023). *EY Jobstudie 2023: Karriere und Wechselbereitschaft. Ergebnisse einer Befragung von 1.555 Beschäftigten in Deutschland*. https://www.ey.com/de_de.

European Commission. (2023). SMEs and skills shortages: Flash Eurobarometer 537. Ipsos European Public Affairs. https://europa.eu/eurobarometer.

Fischer, W. (1990). Aneignung von Arbeitsräumen in einer Fabrik [Studie]. In P. G. Richter (Hrsg.), *Architekturpsychologie* (S. 396–399). Pabst Science Publishers.

Flade, A. (2020). *Kompendium der Architekturpsychologie*. Springer VS.

Gallup. (2024). *Gallup Engagement Index Deutschland 2024*. Gallup Press.

Gauer Consulting. (2024). Interne Auswertung von Projektdaten zur Büroflächennutzung im DACH-Raum *[Unveröffentlichte Erhebung]*.

Gesundheitsförderung Schweiz. (2022). *Job-Stress-Index 2022*.

Koppen, G. (2023). Architekturpsychologie als Mitgestalterin: Ein neuer Ansatz in der Architektur. In M. Guhl (Hrsg.), Architekturpsychologie Perspektiven (S. 1–20). Springer Vieweg. https://doi.org/10.1007/978-3-658-40929-6_1.

Krüger, U. (2003). Farbwirkungen auf den menschlichen Organismus. In P. G. Richter (Hrsg.), *Architekturpsychologie* (S. 2218–2220). Pabst Science Publishers.

PwC Deutschland. (2023). *Home sweet Homeoffice: Dritte Auflage der PwC-Studie zum ortsunabhängigen Arbeiten.*

Richter, P. G. (Hrsg.). (2016). *Architekturpsychologie: Eine Einführung* (3., überarb. Aufl.). Pabst Science Publishers.

Savills Research. (2024, March 14). *Office fit: The link between employee experience and office design.* https://www.savills.com/research_articles/255800/368699–0.

TELUS Health. (2024). Mental Health Index: Special Report on Physical Health – Pan-Europe, September 2024. TELUS Communications Inc. https://go.telushealth.com/hubfs/MHI%202024/pan_europe_mhi_september_2024.pdf.

Vollmer, T.C. (2023). Architekturpsychologie. Perspektiven. In T.C. Vollmer (Hrsg.), Architekturpsychologie Perspektiven (S. 1–6). Springer Vieweg. https://doi.org/10.1007/978-3-658-40607-3_1.

Vollmer, T. C., & Koppen, G. (2023). Vom Bedürfnis zum Beweis: Architekturpsychologie als Schlüsselkonzept der Heilenden Architektur und Evidence Based Design Forschung. In T. C. Vollmer (Hrsg.), *Architekturpsychologie. Perspektiven. Band 1: Forschung und Lehre* (S. 9–29). Springer Vieweg.

World Economic Forum. (2025). *Future of Jobs Report 2025.*

XING. (2024). *Future Work Report 2024.*

Zwicker, E. (1982). *Psychoakustik.* Springer-Verlag.

2

Architekturpsychologie – Die Wissenschaft hinter der Raumwirkung

1 Einführung: Wie Architekturpsychologie unsere Arbeitswelten prägt

Wir alle bewegen uns tagtäglich durch Räume, doch nur selten machen wir uns bewusst, welchen Einfluss sie auf uns haben. Räume prägen unsere Wahrnehmung, unsere Entscheidungen und sogar unsere körperlichen Reaktionen. Sie beeinflussen unser Verhalten, steuern unsere Emotionen und können unser Wohlbefinden entweder fördern oder beeinträchtigen (Richter, 2016).

1.1 Die unsichtbare Macht des Raumes

Stellen wir uns einen Abend in einem Restaurant vor. Die Speisekarte ist exquisit, das Essen hervorragend, der Wein von höchster Qualität. Alles scheint perfekt. Und doch verlässt man das Lokal mit einem unbestimmten Gefühl der Unzufriedenheit. Die Atmosphäre war wie Abb. 1 zeigt, steril, das Licht zu grell, die Akustik unangenehm. Trotz der exzellenten Kulinarik wollte keine richtige Wohlfühlstimmung aufkommen.

Nun denken wir an ein anderes Restaurant. Das Essen ist solide, aber nichts Besonderes, die Weinauswahl überschaubar. Doch die Beleuchtung ist, wie Abb. 2 zeigt, warm, die Materialien wirken hochwertig, die Raumakustik lässt Gespräche zu, ohne störenden Hall. Hier bleibt man sitzen, fühlt sich wohl, genießt den Moment – selbst wenn das Essen vielleicht nicht mit dem ersten Restaurant mithalten kann.

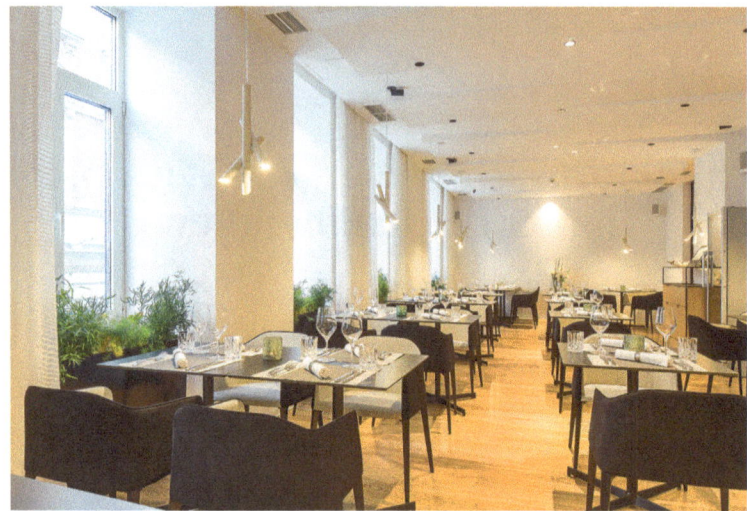

Abb. 1   Beispielrestaurant 1. (© rilueda/stock.adobe.com)

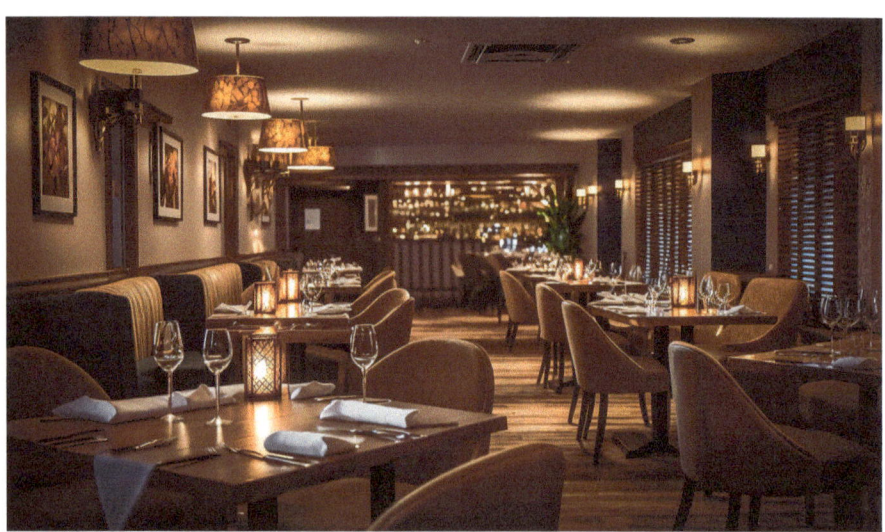

Abb. 2   Beispielrestaurant 2 (© BPawesome/stock.adobe.com)

Es sind nicht nur Geschmack und Qualität, die unser Erleben bestimmen, sondern auch der Raum, in dem dieses Erleben stattfindet. Architektur ist eine stille Regisseurin, die mit Licht, Materialien, Farben und Strukturen unsere Wahrnehmung lenkt. Wir spüren es in Restaurants, wir erleben es in Hotels, wir merken es in Arbeitswelten (Buether, 2023).

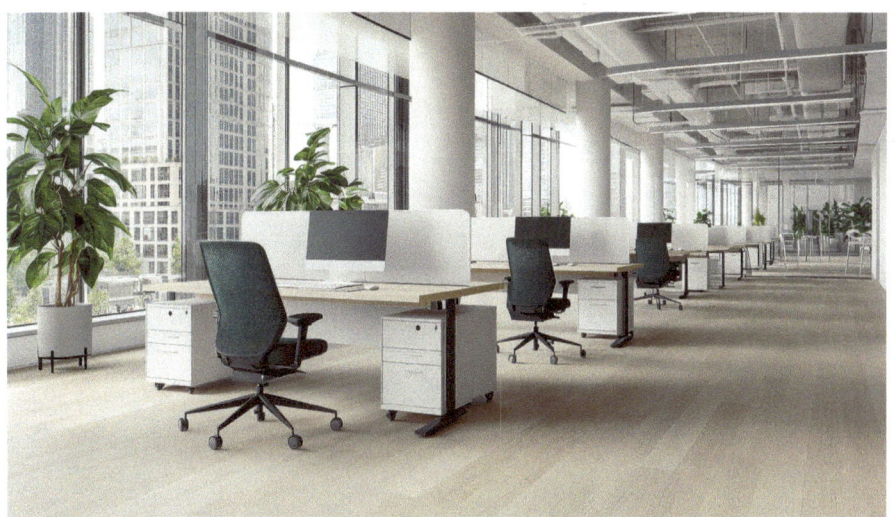

Abb. 3 Modernes Großraumbüro mit Schreibtischen. (© Exnoi/stock. adobe.com)

Ein weiteres Beispiel zeigt Abb. 3: Ein hochmodernes Großraumbüro mit modernster Technologie, ergonomischen Stühlen und besten digitalen Tools. Alles wurde durchdacht, um den perfekten Arbeitsplatz zu schaffen. Und doch fühlen sich die Menschen gestresst, die Gespräche sind oberflächlich, die Konzentration fällt schwer. Der Raum hallt unangenehm, die Lichtstimmung ist kühl, es gibt keinen Ort für Rückzug.

Nun wechseln wir zu Abb. 4: Ein Büro mit klarer Struktur, sanfter Akustik, durchdachter Beleuchtung. Hier entstehen echte Gespräche, kreative Gedanken fließen leichter. Der Raum wird nicht als Belastung, sondern als Unterstützung empfunden.

Noch deutlicher zeigt sich die Macht der Architektur in einem anderen Szenario (siehe Abb. 5): Ein Krankenhaus, dessen Flure lang und kalt wirken, in dem Patienten sich verloren fühlen. Obwohl die medizinische Versorgung exzellent ist, leiden viele unter Stress, Unruhe und Schlafproblemen.

Nun stellen wir uns ein Krankenhaus (siehe Abb. 6) vor, das mit warmen Materialien, natürlichem Licht und einer durchdachten Raumführung gestaltet wurde. Patienten fühlen sich hier nicht ausgeliefert, sondern geborgen. Ihre Genesung verläuft messbar besser – nicht, weil die Medizin anders ist, sondern weil die Umgebung sie unterstützt (Vollmer & Koppen, 2023; Flade, 2020).

Diese Beispiele zeigen, dass Räume nicht nur Kulisse unseres Lebens sind. Sie formen unsere Stimmungen, beeinflussen unsere Entscheidungen und

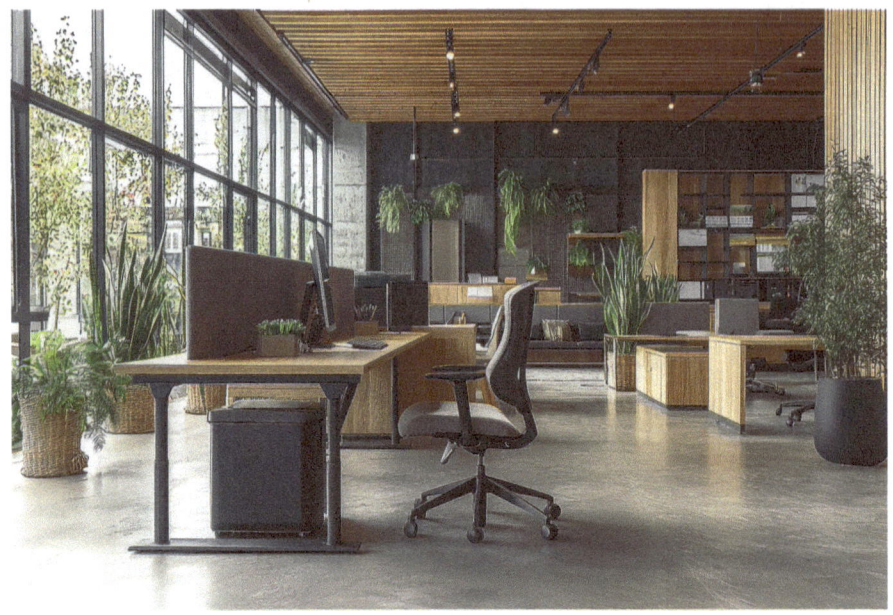

Abb. 4 Durchdachtes Büro. (© Kitta Studio/stock.adobe.com)

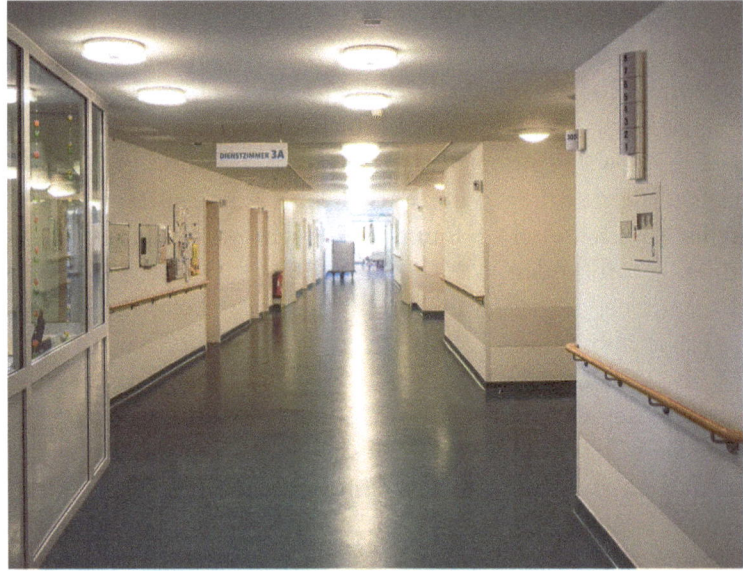

Abb. 5 Krankenhaus mit langem Flur und kalter Gestaltung. (© rdnzl/stock.adobe)

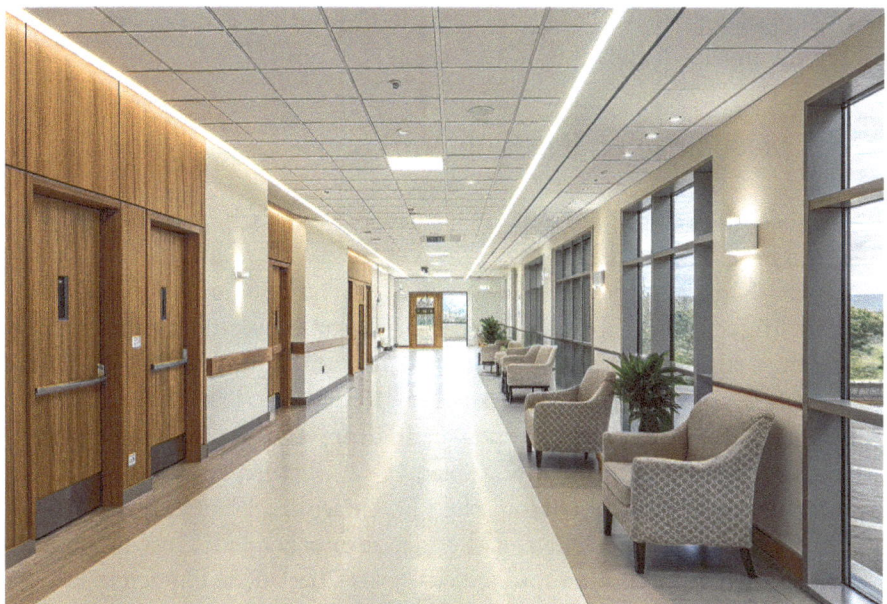

Abb. 6 Krankenhaus mit natürlichen Materialien. (© Rubel/stock.adobe)

steuern sogar unsere körperlichen Reaktionen (Richter, 2016). Die Architekturpsychologie beschäftigt sich genau mit diesen Phänomenen. Sie untersucht, wie Räume unser Wohlbefinden beeinflussen und letztlich unseren Erfolg oder unser Scheitern mitgestalten (Flade, 2020).

Architektur ist nie nur eine Frage von Ästhetik oder Funktionalität. Sie ist eine unsichtbare Kraft, die unser tägliches Leben leitet – oft, ohne dass wir es bewusst merken. Dieses Buch wird zeigen, warum das so ist und wie wir Räume schaffen können, die Menschen nicht nur beherbergen, sondern sie wirklich unterstützen.

2 Architekturpsychologie: Wie Räume unser Verhalten beeinflussen

Jeder Raum hat eine Wirkung – bewusst oder unbewusst, positiv oder negativ. Architekturpsychologie untersucht, wie räumliche Umgebungen unser Erleben, unsere Emotionen und unser Verhalten formen (Richter, 2016). Von der Gestaltung eines Dorfes im Amazonasgebiet bis hin zu modernen Arbeitswelten – Raumstrukturen beeinflussen unser soziales Miteinander und unsere Leistungsfähigkeit. Eine systematische Erhebung und Auswertung von

Forschungsdaten zur Wirkung der gebauten Umwelt begann in den 1970er-Jahren im angelsächsischen Raum (Altman & Wohlwill, 1977).

2.1 Mechanismen der Raumwirkung

Räume beeinflussen uns auf mehreren Ebenen: biologisch, psychologisch und unbewusst.

Unsere Körper reagieren direkt auf Umweltbedingungen. Temperatur, Luftfeuchtigkeit und Akustik wirken sich auf unser Wohlbefinden aus. Ein überhitztes, stickiges Büro senkt die Konzentration, während eine angenehme Raumtemperatur produktiveres Arbeiten fördert. Farben haben messbare Auswirkungen auf unsere Physiologie: Bestimmte Töne können den Herzschlag beruhigen oder anregen (Zwicker, 1982; Buether, 2023).

Auf einer bewussten psychologischen Ebene wirken Räume durch ihre Gestaltung auf unsere Emotionen. Ästhetisch ansprechende Räume steigern das Wohlbefinden, während monotone, kalte oder überladene Umgebungen Unzufriedenheit auslösen. (Roessler, 2023).

Die stärkste Wirkung entfaltet sich oft im Unbewussten. Offene, dynamische Räume fördern Austausch, segmentierte Räume erschweren Zusammenarbeit. Rückzugsorte erleichtern Erholung, funktionale Einheitsräume erzeugen unterschwelligen Stress (Vollmer & Koppen, 2023; Guhl, 2023).

Wie Raum unser Wohlbefinden beeinflusst

Unser Wohlbefinden ist das Ergebnis eines Zusammenspiels von individuellen und architektonischen Faktoren. Persönliche Vorlieben, Erfahrungen und kulturelle Prägungen beeinflussen, wie wir einen Raum wahrnehmen (Altman & Wohlwill, 1977). Doch unabhängig von diesen subjektiven Faktoren wirken architektonische Gegebenheiten auf uns alle: Tageslicht fördert die innere Uhr, Lärmbelastung kann Stress auslösen, eine klare Raumstruktur vermittelt Sicherheit und Orientierung Flade, 2020; Zwicker, 1982; Vollmer & Koppen, 2023).

2.2 Der Einfluss des Raums auf Wahrnehmung & Emotionen – Ein Experiment

Die Psychologen Abraham Maslow und Norbert Mintz führten ein Experiment durch, um die Wirkung von Raumgestaltung auf die Wahrnehmung zu untersuchen (Maslow & Mintz, 1956). Sie gestalteten drei verschiedene Räume:

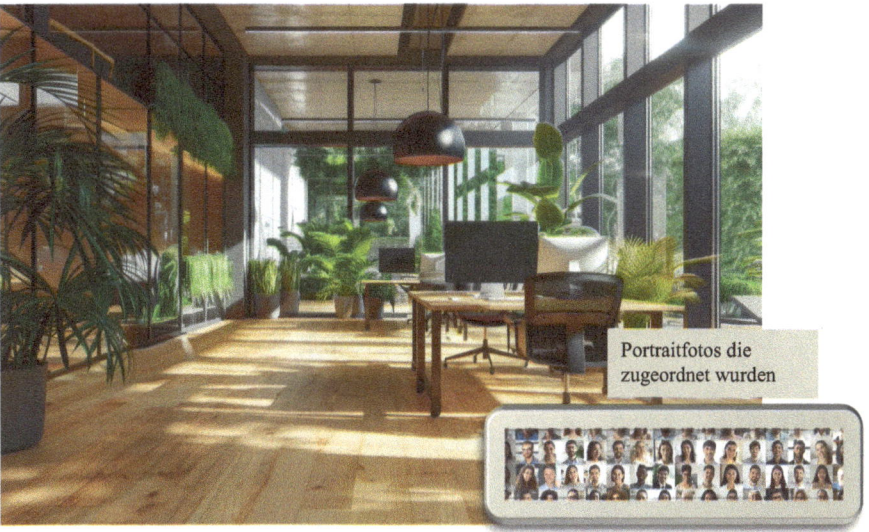

Abb. 7 Beispielbüro schön. (© SKIMP Art /stock.adobe.com; © fizkes/stock. adobe.com)

Ein schöner, geordneter Raum – wie in Abb. 7 – mit viel Tageslicht, klarer Struktur und harmonischer Farbgebung. Er erfüllt funktionale Anforderungen und wirkt ruhig, aber bleibt emotional neutral.

Ganz anders in Abb. 8: Ein Raum, der zwar strukturiert scheint, aber visuell überladen ist. Künstliches Licht, zu viele Bildschirme, fehlende Individualität und eine kühle Farbwelt erzeugen Unruhe. Hier fällt es schwer, sich zu fokussieren oder wohlzufühlen – der Raum wirkt eher wie eine Maschine als ein menschlicher Arbeitsort.

Die Probanden wurden gebeten, Porträtfotos von Menschen in diesen Räumen zu bewerten. Das Ergebnis war eindeutig: Bilder wurden in den schlechter gestalteten Räumen negativer wahrgenommen. Teilnehmer fühlten sich gestresster und bewerteten selbst neutrale Gesichtsausdrücke als weniger freundlich.

Räume beeinflussen unsere Stimmung und sogar unsere Wahrnehmung von anderen Menschen. Wir fühlen uns in harmonischen, durchdachten Umgebungen wohler, offener und positiver – während ungünstige Raumgestaltung unterschwellig Anspannung und Gereiztheit verstärkt.

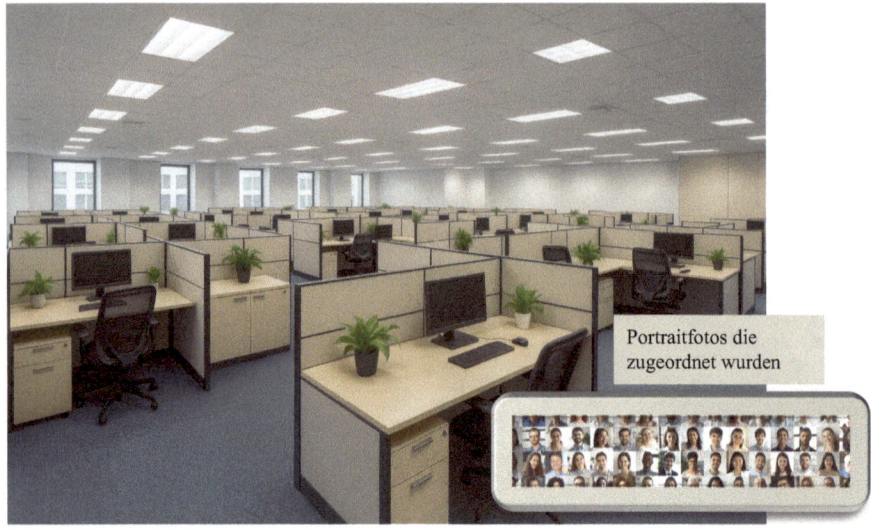

Portraitfotos die zugeordnet wurden

Abb. 8 Beispielbüro schlecht. (© DailyStock/stock.adobe.com; © fizkes/stock.adobe.com)

2.3 Raumwirkung im Alltag

Schon der Architekt Josef Frank erkannte: Räume wirken permanent auf uns. Ob in Büros, Hotels, Restaurants oder öffentlichen Gebäuden – jede Architektur beeinflusst unser Verhalten.

Ein Restaurant kann noch so gutes Essen servieren – wenn die Beleuchtung zu grell oder zu dunkel ist, fühlen sich Gäste unwohl. Eine unfreundliche Akustik verstärkt Unruhe und lässt Stimmen unangenehm laut wirken (Buether, 2023; Zwicker, 1982). Ein Raum, der nicht zur Verweildauer einlädt, sorgt dafür, dass Gäste schneller gehen (Flade, 2020).

Dasselbe gilt für Arbeitswelten. Ein Büro mit kaltem Licht, harter Akustik und unklaren Strukturen wirkt unbewusst belastend. Die Produktivität sinkt, Gespräche werden kürzer, kreative Ideen bleiben aus. Ein durchdacht gestaltetes Büro mit natürlichem Licht, angenehmen Materialien und klarer Zonierung hingegen fördert Zusammenarbeit, Konzentration und Wohlbefinden (Vollmer & Koppen, 2023; Richter, 2016).

2.4 Elemente für eine positive Raumgestaltung

Wenn Räume so einen starken Einfluss haben, stellt sich die Frage: Wie können wir sie gezielt gestalten, um positive Effekte zu erzeugen?

Pflanzen haben nachweislich eine stressreduzierende Wirkung und fördern das Wohlbefinden (Guhl, 2023). Räume mit hohen Decken regen kreatives Denken an, während niedrige Decken analytische Prozesse unterstützen (Meyers-Levy & Zhu, 2007). Die richtige Zonierung sorgt dafür, dass Menschen zwischen Austausch und Rückzug wechseln können. (Vollmer & Koppen, 2023).

Architektur ist keine neutrale Hülle, sondern ein aktiver Gestaltungsfaktor unseres Lebens. Wer Räume bewusst nutzt, kann damit nicht nur funktionale, sondern auch emotionale und psychologische Wirkungen erzielen. Dieses Buch wird aufzeigen, wie wir Räume schaffen, die Menschen nicht nur beherbergen, sondern sie wirklich unterstützen.

2.5 Architekturpsychologie in Arbeitswelten

Die Gestaltung von Arbeitsräumen beeinflusst maßgeblich die Zufriedenheit, Produktivität und das Wohlbefinden der Mitarbeitenden. Dennoch wird dieser Faktor in vielen Unternehmen unterschätzt oder nur oberflächlich behandelt. Während erhebliche Investitionen in digitale Tools oder Organisationsmodelle fließen, bleibt die physische Arbeitsumgebung oft eine Randnotiz. Dabei belegen zahlreiche wissenschaftliche Studien, dass die Raumgestaltung unser Verhalten, unsere Leistung und unsere Emotionen stark beeinflusst (Richter, 2016; Vollmer & Koppen, 2023).

Die Architekturpsychologie erforscht die Wechselwirkungen zwischen Menschen und der gebauten Umwelt und liefert fundierte Erkenntnisse darüber, warum wir uns in bestimmten Räumen wohl- oder unwohl fühlen (Richter, 2016). Gerade in Zeiten hybrider Arbeitsmodelle und neuer Anforderungen an die Arbeitswelt ist es essenziell, Räume nicht nur funktional, sondern auch psychologisch wirksam zu gestalten.

In meiner Beratungspraxis zeigt sich immer wieder, dass Unternehmen ihre Büroflächen modernisieren oder umgestalten, ohne die psychologischen Grundlagen der Raumwirkung zu berücksichtigen. Das Ergebnis sind oft kostspielige, aber ineffiziente Konzepte, die nicht wie geplant genutzt werden. Ein Büro wird nicht allein durch Design oder Technologie effektiv, sondern durch die gezielte Berücksichtigung psychologischer und neurowissenschaftlicher Erkenntnisse.

In diesem Buch zeige ich auf, wie Räume unser Verhalten und unsere Emotionen beeinflussen, welche wissenschaftlichen Erkenntnisse zur Raumwahrnehmung existieren und wie Unternehmen dieses Wissen gezielt nutzen können, um produktive und gesundheitsfördernde Arbeitswelten zu gestalten.

2.6   Wie Räume Emotionen, Verhalten & Leistung beeinflussen

Räume beeinflussen unser Verhalten, unsere Stimmung und unsere Entscheidungsfindung. Die Amygdala, die für die Verarbeitung von Emotionen zuständig ist, reagiert sensibel auf räumliche Bedingungen. Eine unangenehme, überfüllte oder schlecht gestaltete Büroumgebung kann Stress auslösen, während eine durchdachte Gestaltung Entspannung, Zusammenarbeit und Wohlbefinden fördert (Richter, 2016; Vollmer & Koppen, 2023).

Der Hippocampus, der für Lernen und Gedächtnisbildung verantwortlich ist, profitiert von einer logischen Raumstruktur mit klaren Wegen, Rückzugsorten und einer angenehmen Anordnung. Der präfrontale Kortex, der für Konzentration und Entscheidungsfindung entscheidend ist, wird durch unstrukturierte oder störende Umgebungen negativ beeinflusst (Roessler, 2023). Besonders in schlecht geplanten Großraumbüros treten daher häufig Beschwerden über Müdigkeit, Kopfschmerzen und Konzentrationsprobleme auf.

Eine ungünstige Raumgestaltung kann zu einer erhöhten Ausschüttung von Stresshormonen wie Cortisol führen. Zu den häufigsten Störfaktoren gehören schlechte Akustik, fehlende Rückzugsorte oder unzureichende Belüftung. Studien zeigen, dass diese Aspekte nicht nur das Wohlbefinden, sondern auch die Mitarbeiterfluktuation beeinflussen können. Unternehmen, die ihre Büroflächen ohne Berücksichtigung dieser Faktoren modernisieren, erleben oft keine spürbaren Verbesserungen in der Arbeitsqualität (van den Berg et al., 2010; Roessler, 2023).

Licht spielt eine zentrale Rolle für das Wohlbefinden. Natürliches Licht verbessert nicht nur die Produktivität, sondern auch die Schlafqualität der Mitarbeitenden, da es den natürlichen Biorhythmus unterstützt (Flade, 2020; Boubekri et al., 2014). Studien belegen, dass Menschen mit regelmäßigem Zugang zu Tageslicht eine höhere Produktivität aufweisen. Auch die Farbgestaltung trägt zur Arbeitsqualität bei: Blau- und Grüntöne können Kreativität und Konzentration fördern, während Rot die Aufmerksamkeit für Details steigert – jedoch nur in gezieltem Maße (Waterholter, 2023; Kolodej, 2022).

Raumklima und Akustik sind weitere entscheidende Faktoren. Eine schlechte Luftqualität oder hohe Temperaturen können zu Ermüdung und Leistungsabfall führen. Lärm in offenen Büroumgebungen erhöht nachweislich das Stressempfinden und kann die kognitive Leistung um bis zu 30 % reduzieren (Zwicker, 1982; Richter, 2016). Maßnahmen wie schallabsorbierende Materialien oder akustische Trennwände können diesen Effekt mindern und die Arbeitsqualität erheblich steigern.

3   Neurowissenschaftliche Perspektiven auf die Gestaltung von Arbeitswelten

Die Neurowissenschaft liefert essenzielle Erkenntnisse darüber, wie das menschliche Gehirn auf physische Umgebungen reagiert, insbesondere in Bezug auf die Gestaltung von Arbeitswelten. Die neurobiologischen Prozesse, die mit Raumwahrnehmung, kognitiver Leistungsfähigkeit, Stressbewältigung und sozialen Interaktionen verbunden sind, sind entscheidend für das Design von Büros und Arbeitsplätzen (Bear et al., 2020). Eine Umgebung, die den Anforderungen des menschlichen Gehirns entspricht, fördert nicht nur das Wohlbefinden der Mitarbeitenden, sondern steigert auch die Produktivität und Kreativität. In diesem Kontext werden die Mechanismen untersucht, die die Reaktion des Gehirns auf verschiedene Arbeitsumgebungen prägen und die wissenschaftlichen Erkenntnisse, die eine gesundheitsfördernde und leistungssteigernde Arbeitswelt ermöglichen.

3.1   Raumwahrnehmung und visuelle Verarbeitung

Das Gehirn verarbeitet räumliche Informationen vor allem über das visuelle System. Dieses visuelle System im Gehirn ist ein komplexes Netzwerk, das die Verarbeitung visueller Informationen ermöglicht. Es umfasst die Netzhaut (Retina), die Sehnerven, den Thalamus, den Hirnstamm und die Sehrinde (visueller Cortex). Die Sehrinde, die sich im Okzipitallappen befindet, ist der Hauptbereich für die visuelle Verarbeitung (Bear et al.,2020).

Dieser visuelle Cortex im Okzipitallappen spielt auch eine zentrale Rolle bei der Entschlüsselung von Farben, Formen und Perspektiven, während der Parietallappen die räumlichen Relationen interpretiert und die Orientierungsfähigkeit unterstützt. Dies bedeutet, dass die Gestaltung der Arbeitsumgebung einen direkten Einfluss auf die visuelle Verarbeitung und damit auf die kognitive Leistungsfähigkeit hat. Beispielsweise fördert natürliches Licht die Aktivierung von Hirnarealen, die für Wachsamkeit und Konzentration verantwortlich sind, und kann die Stimmung der Mitarbeitenden positiv beeinflussen. Auf der anderen Seite kann visuelle Überstimulation, etwa durch unruhige Farben, zu einer erhöhten mentalen Belastung führen, was sich negativ auf die Leistungsfähigkeit auswirkt (Bear et al.,2020).

Beispielsweise fördert natürliches Licht die Aktivierung von Hirnarealen, die für Wachsamkeit und Konzentration verantwortlich sind, und kann die Stimmung der Mitarbeitenden positiv beeinflussen (Boubekri et al., 2014; Dijkstra et al., 2008). Auf der anderen Seite kann visuelle Überstimulation, etwa durch unruhige Farben, zu einer erhöhten mentalen Belastung führen, was sich negativ auf die Leistungsfähigkeit auswirkt (Flade, 2020; Vollmer & Koppen, 2023).

Offene Arbeitswelten, die übermäßige visuelle Ablenkungen und Stimulation bieten, können das Gehirn überlasten und die Konzentration erschweren. Durch strategische Raumgestaltung, die den Einsatz von natürlichen Materialien und klaren Strukturen fördert, können jedoch störende Reize minimiert werden. Eine bewusste Kombination aus transparenten und abgeschirmten Bereichen unterstützt nicht nur die visuelle Wahrnehmung, sondern auch die kognitive Entlastung.

3.2   Emotionale Bewertung von Räumen

Das limbische System – wie in Abb. 9 dargestellt – insbesondere die Amygdala und der Hippocampus, spielt eine zentrale Rolle bei der emotionalen Bewertung von Räumen. Diese Gehirnregionen sind für die Verarbeitung von Emotionen und Erinnerungen verantwortlich und beeinflussen, wie wir uns in einer bestimmten Umgebung fühlen (Bear et al.,2020). Enge, dunkle oder unübersichtliche Arbeitsumgebungen können unterschwelligen Stress erzeugen und das Gefühl von Unsicherheit oder Unwohlsein hervorrufen (Flade, 2020; Dijkstra et al., 2008). Im Gegensatz dazu können offene, gut strukturierte und naturnahe Arbeitswelten das Gefühl von Sicherheit und Wohlbefinden fördern.

Ein Beispiel für dieses Konzept ist Biophilic Design, das die Integration von Pflanzen, natürlichen Materialien und organischen Formen in die Ar-

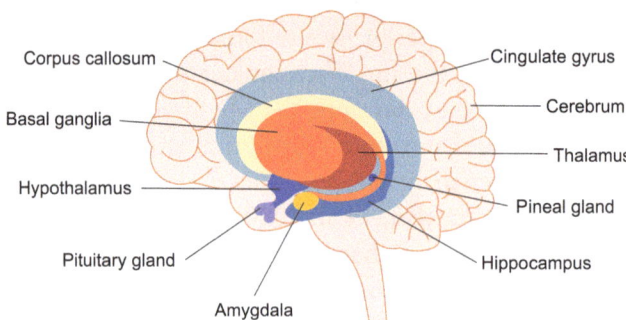

Abb. 9   Darstellung des limbischen Systems. (© Orapun/stock.adobe.com)

beitswelt betont, um die emotionale Resonanz zu steigern und das Stressniveau zu senken (Browning et al., 2014; Waterholter, 2023).

Kognitive Leistungsfähigkeit und Arbeitsumgebung
Der Frontalkortex ist der Bereich des Gehirns, der exekutive Funktionen wie Aufmerksamkeit, Entscheidungsfindung und Problemlösung steuert (Bear et al., 2020). Offene Großraumbüros, die mit hohen Geräuschpegeln, visuellen Ablenkungen und unstrukturierter Raumaufteilung überladen sind, können diesen Bereich des Gehirns stark beanspruchen. Dies führt zu einer Überlastung der kognitiven Ressourcen, was die Arbeitsleistung beeinträchtigen kann. Neuropsychologische Studien belegen, dass eine reduzierte kognitive Belastung und die Förderung von Fokussierung durch ruhige, strukturierte Arbeitszonen zu einer nachhaltigeren Leistungsfähigkeit führen (Zwicker, 1982; Flade, 2020).

Arbeitsumgebungen, die flexibel gestaltete Zonen anbieten, ermöglichen den Mitarbeitenden, zwischen verschiedenen Arbeitsmodi zu wechseln – etwa von konzentriertem Arbeiten an einem ruhigen Arbeitsplatz zu kollaborativen Gesprächen in einem offenen Bereich. Dieser Wechsel von Arbeitskontexten fördert die Neuroplastizität und steigert die Anpassungsfähigkeit der Mitarbeitenden an verschiedene Anforderungen. Dies ist besonders relevant, da das Gehirn aufgrund seiner Neuroplastizität in der Lage ist, sich kontinuierlich an neue Bedingungen und Herausforderungen anzupassen, was wiederum die kognitive Flexibilität stärkt (Guhl, 2023; Bear et al.,2020).

3.3   Neurotransmitter und das Stressmanagement

Neurowissenschaftliche Studien zeigen, dass Arbeitsumgebungen einen direkten Einfluss auf die Ausschüttung von Stresshormonen und Neurotransmittern haben. Ein überstimulierendes Umfeld führt zu einer Erhöhung des Cortisolspiegels, was langfristig zu Erschöpfung, verminderter kognitiver Flexibilität und erhöhtem Stress führt (McEwen & Gianaros, 2011; Roessler, 2023). Umgekehrt begünstigen angenehme, sozial unterstützende und ästhetisch gestaltete Arbeitsumgebungen die Ausschüttung von Neurotransmittern wie Dopamin und Serotonin. Diese Substanzen fördern die Motivation, das Wohlbefinden und die langfristige Leistungsfähigkeit (Ulrich et al., 2004; Flade, 2020).

Positive soziale Interaktionen und das Vorhandensein von Erholungsräumen – etwa Pausenbereiche oder Outdoor-Arbeitsplätze – können die Ausschüttung von Wohlfühlhormonen anregen und zur neuronalen Erholung beitragen. Diese Bereiche sollten nicht nur ästhetisch ansprechend, sondern auch akustisch abgeschirmt sein, um eine Umgebung zu schaffen, die den Stressabbau unterstützt (Zwicker, 1982; Dijkstra et al., 2008).

3.4   Soziale Interaktion und Spiegelneuronen

Das Gehirn ist darauf ausgelegt, soziale Signale zu entschlüsseln und diese in eigenes Verhalten umzusetzen. Spiegelneuronen, die im prämotorischen Kortex lokalisiert sind ermöglichen das unbewusste Nachahmen von Emotionen und Handlungen anderer (Rizzolatti & Craighero, 2004; Bear et al.,2020). Diese neurobiologische Grundlage erklärt, warum Kollaborationen und informelle Interaktionen zwischen Mitarbeitenden so wichtig für den Erfolg von Teams sind. Durch die Gestaltung von Arbeitsplätzen, die Begegnungen und den Austausch fördern, lassen sich positive soziale Dynamiken erzeugen, die die Teamkohäsion und Innovationskraft stärken (Roessler, 2023; Richter, 2016).

Räumliche Barrieren, wie enge Flure, abgeschottete Einzelbüros oder unpersönliche Großraumbüros, können die natürliche soziale Interaktion behindern. Daher sollten moderne Arbeitsumgebungen offene, aber strukturierte Layouts bieten, die das Zusammenkommen von Mitarbeitenden an zentralen Treffpunkten oder Gemeinschaftsbereichen ermöglichen. Diese Bereiche fördern nicht nur die Kommunikation, sondern auch das Vertrauen und die Zusammenarbeit (Vollmer & Koppen, 2023; Flade, 2020).

3.5   Pausen und Rückzugsmöglichkeiten

Das Gehirn benötigt regelmäßige Pausen, um seine Ressourcen zu regenerieren und effektiv arbeiten zu können. Neuropsychologische Studien belegen, dass eine angemessene Erholungszeit dazu beiträgt, die kognitive Leistungsfähigkeit aufrechtzuerhalten und das Risiko von Überarbeitung und Burnout zu verringern (McEwen & Gianaros, 2011; Richter, 2016). Rückzugsmöglichkeiten, wie akustisch abgeschirmte Bereiche, Lounges oder Outdoor-Arbeitsplätze, bieten den Mitarbeitenden einen Raum für kurze Erholungspausen, die die neuronale Erholung fördern (Flade, 2020).

Das Konzept der sogenannten regenerativen Räume, in denen Mitarbeitende aktiv ihre Energie wiederherstellen können, sollte in jeder modernen Arbeitsumgebung berücksichtigt werden. Diese Räume helfen dabei, den Geist zu beruhigen und die emotionale Belastung abzubauen, wodurch die

Mitarbeitenden nach der Pause wieder mit frischer Energie und erhöhtem Fokus zurückkehren können (Roessler, 2023).

3.6 Die langfristigen Auswirkungen auf Gesundheit und Wohlbefinden

Die langfristige Gestaltung von Arbeitsumgebungen, die neurobiologische Bedürfnisse berücksichtigt, hat nicht nur Auswirkungen auf die unmittelbare Arbeitsleistung, sondern auch auf die körperliche und psychische Gesundheit der Mitarbeitenden. Die richtige Balance zwischen physischer Aktivität, sozialer Interaktion und mentaler Entspannung unterstützt die langfristige Gesundheit und verhindert die negativen Auswirkungen von chronischem Stress (McEwen & Gianaros, 2011; Roessler, 2023).

Individuen, die in einer Umgebung arbeiten, die ihre neurobiologischen Bedürfnisse unterstützt, sind weniger anfällig für Stresskrankheiten und psychische Belastungen. Arbeitswelten, die auf wissenschaftlich fundierten neuropsychologischen Prinzipien basieren, fördern daher nicht nur die Produktivität, sondern tragen auch zur langfristigen Gesundheit und Zufriedenheit der Mitarbeitenden bei (Ulrich et al., 2004; Richter, 2016; Flade, 2020).

3.7 Fazit: Neuropsychologische Prinzipien als Grundlage für nachhaltige Arbeitswelten

Die Gestaltung von Arbeitswelten muss auf den neurobiologischen Mechanismen des Gehirns abgestimmt sein, um sowohl die Produktivität als auch das Wohlbefinden der Mitarbeitenden zu maximieren (Bear et al.,2020; Richter, 2016). Durch die Berücksichtigung von Faktoren wie Raumwahrnehmung, Stressregulation, sozialen Interaktionen und den Bedürfnissen nach Ruhe und Erholung können Unternehmen Arbeitsumgebungen schaffen, die die kognitive Leistungsfähigkeit und das emotionale Wohlbefinden ihrer Mitarbeitenden fördern (Flade, 2020; Roessler, 2023).

Indem neuropsychologische Erkenntnisse in den Planungsprozess integriert werden, lassen sich nachhaltige, gesunde und effiziente Arbeitswelten entwickeln, die langfristig sowohl dem Unternehmen als auch den Mitarbeitenden zugutekommen (McEwen & Gianaros, 2011; Ulrich et al., 2004).

4   Psychologie Perspektiven auf die Gestaltung von Arbeitswelten

Psychologische Perspektiven liefern zentrale Erkenntnisse darüber, wie Menschen Räume erleben und welche Bedürfnisse erfüllt sein müssen, damit sie sich sicher, motiviert und leistungsfähig fühlen (Flade, 2020; Richter, 2016). Während die Neurowissenschaften die biologischen Reaktionen auf räumliche Reize erklären, beleuchtet die Psychologie die individuellen, emotionalen und sozialen Wirkmechanismen (Proshansky et al., 1983).

4.1   Motivation, Kontrolle und Selbstwirksamkeit

Ein zentrales Prinzip der Umweltpsychologie ist das Bedürfnis nach Kontrolle über die eigene Umgebung. Menschen möchten Einfluss auf ihre Umwelt nehmen, sie anpassen und sich mit ihr identifizieren. Arbeitsplätze, die das ermöglichen – sei es durch persönliche Gestaltungsspielräume, Wahlfreiheit im Arbeitsort oder anpassbare Möbel – fördern nachweislich Motivation, Wohlbefinden und Leistung. Das Gefühl, selbstwirksam handeln zu können, ist dabei entscheidend (Evans & McCoy, 1998; Bandura, 1997; Flade, 2020).

Gerade in Zeiten des Wandels wird die physische Arbeitsumgebung häufig zum psychologischen Anker. Wie wir in zahlreichen Projekten beobachten, reagieren Mitarbeitende nicht primär auf die Veränderung selbst mit Widerstand – sondern auf mangelnde Kommunikation, Unklarheit oder das Gefühl des Kontrollverlusts. Der Trend zu Open Space, Großraumbüros und Desk Sharing wird daher häufig kritisch erlebt, wenn er nicht mit psychologisch sensiblen Rahmenbedingungen begleitet wird (Bruch & Vogel, 2011; Richter, 2016).

Veränderungen im Arbeitsumfeld berühren Grundbedürfnisse – und lösen daher oft starke, emotionale Reaktionen aus. Eine neue Arbeitswelt ist kein rein rationales Projekt – sie greift tief in die individuelle Wahrnehmung von Sicherheit, Zugehörigkeit und Identität ein (Altman, 1975; Proshansky et al., 1983),

4.2   Die Bedürfnispyramide im Unternehmenskontext

Die von Gauer Consulting weiterentwickelte Bedürfnispyramide nach Maslow (1954) – dargestellt in Abb. 10 – überträgt das klassische Modell auf die Realität moderner Organisationen. Sie zeigt: Die grössten organisationalen

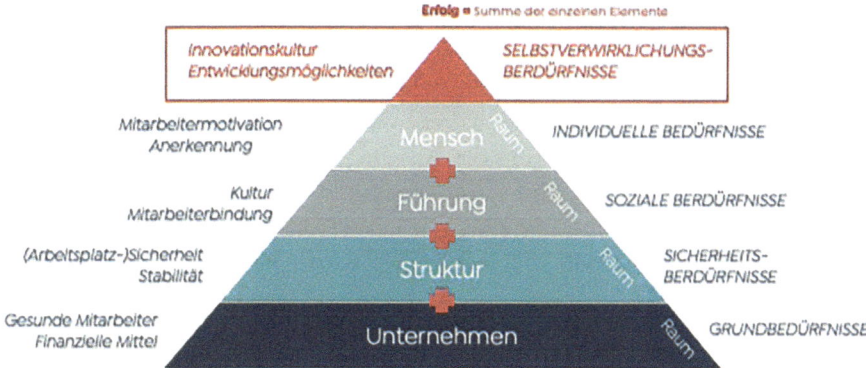

Abb. 10 Bedürfnispyramide Corporate Edition by Gauer Consulting. (Quelle: Eigenes Modell)

Herausforderungen liegen nicht an der Spitze, sondern an der Basis. Denn ohne gesunde Mitarbeitende, finanzielle Mittel oder strukturelle Sicherheit lassen sich höherliegende Ziele wie Innovationskultur, Entwicklungsmöglichkeiten oder Selbstverwirklichung nicht nachhaltig erreichen. Erfolg ergibt sich – wie in der Abbildung formuliert – aus der Summe aller Elemente.

Die von uns entwickelte „Corporate Edition" der Bedürfnispyramide nach Maslow verdeutlicht, wie zentrale menschliche Grundbedürfnisse auch in einem organisationalen Kontext relevant sind – und wie entscheidend die räumliche Gestaltung dafür ist, dass diese Bedürfnisse erfüllt werden können. Die Pyramide zeigt auf, dass der Erfolg einer Organisation als Summe stabiler, aufeinander aufbauender Ebenen verstanden werden kann, wobei der Raum als unterstützendes Element auf jeder Ebene mitwirkt.

Grundbedürfnisse: Das stabile Fundament

Im Fundament der Pyramide stehen die elementaren Voraussetzungen für jedes Unternehmen: gesunde Mitarbeitende, funktionierende und tragfähige Unternehmensstrukturen sowie ausreichend finanzielle und personelle Ressourcen. Ohne diese Basis ist nachhaltiges Wachstum undenkbar. Räume tragen hier zum Beispiel über ergonomische Gestaltung, Luftqualität, Akustik oder Tageslichtzufuhr zur physischen und psychischen Gesundheit bei – zentrale Faktoren, um überhaupt arbeitsfähig zu sein.

Sicherheitsbedürfnisse: Orientierung und Struktur

Die nächste Ebene umfasst Bedürfnisse nach Sicherheit, Stabilität und Orientierung. In Unternehmen zeigt sich dies in klaren Rollenbildern, verlässlichen Strukturen und der Absicherung des Arbeitsplatzes. Architektonisch können diese Bedürfnisse durch eine durchdachte Wegeführung, klare Raumhierarchien und Rückzugsräume unterstützt werden. Orientierung im Raum schafft mentale Sicherheit – sowohl im wörtlichen als auch im übertragenen Sinn.

Soziale Bedürfnisse: Zugehörigkeit und Bindung

Menschen sind soziale Wesen – auch im Arbeitskontext. Eine lebendige Unternehmenskultur, emotionale Bindung und zwischenmenschliche Nähe sind zentrale Faktoren für Motivation und Engagement. Die räumliche Gestaltung kann diese Ebene fördern, etwa durch Kommunikationszonen, offene Treffpunkte, Gemeinschaftsflächen oder hybride Räume, die Austausch ermöglichen und zugleich kulturelle Identität stiften.

Individuelle Bedürfnisse: Anerkennung und Gestaltungsspielraum

In dieser Ebene rücken Selbstwirksamkeit, Gestaltungsfreiheit und die individuelle Entwicklung in den Fokus. Räume, die Flexibilität, Wahlfreiheit und persönliche Einflussnahme zulassen, etwa durch unterschiedliche Arbeitsplatzangebote oder individualisierbare Umgebungen, stärken das Gefühl der Autonomie und Anerkennung. Wer sich entfalten darf, empfindet Wertschätzung – ein zentraler Treiber für intrinsische Motivation.

Selbstverwirklichung: Raum für Potenzialentfaltung

Erst wenn die darunterliegenden Ebenen stabil und erfüllt sind, können Innovationskraft, Kreativität und persönliche Entwicklung gedeihen. Räume, die inspirieren, anregen und zugleich Freiräume für Konzentration, Rückzug und Austausch bieten, fördern diese höchste Stufe der Pyramide. Sie bilden den Nährboden für transformative Ideen, mutige Entscheidungen und ganzheitliches Wachstum – auf individueller wie organisationaler Ebene.

Die Rolle des Raums: Ein unterschätzter Erfolgsfaktor

Die Bedürfnispyramide zeigt deutlich: Raum wirkt auf jeder Ebene mit. Er kann Orientierung geben, soziale Nähe fördern, Sicherheit vermitteln oder Rückzug ermöglichen. Fehlt diese räumliche Unterstützung, entstehen Unsicherheiten, Spannungen oder Blockaden – und selbst die besten Change-Prozesse können ins Stocken geraten oder ganz scheitern.

Überträgt man Maslows ursprüngliche Idee der menschlichen Bedürfnishierarchie auf die Gestaltung von Arbeitswelten, ergeben sich klare Entsprechungen:

- **Physiologische Bedürfnisse:** Luft, Licht, Temperatur, Akustik, ergonomische Möbel
- **Sicherheitsbedürfnisse:** Überschaubare Raumstrukturen, Rückzugsorte, klare Zonierungen
- **Soziale Bedürfnisse:** Begegnungsräume, Cafeterien, Teamflächen
- **Individuelle Bedürfnisse:** Wahlfreiheit bei der Arbeitsplatzwahl, Gestaltungsmöglichkeiten, Raumdiversität
- **Selbstverwirklichung:** Kreativräume, Innovationszonen, Think Tanks, inspirierende Architektur

Architektur ist kein neutraler Hintergrund, sondern ein aktiver Mitgestalter organisationaler Realität. Die räumliche Gestaltung entscheidet mit darüber, ob Mitarbeitende sich sicher, zugehörig und anerkannt fühlen – und ob sie ihr volles Potenzial entfalten können. Raum ist damit kein blosser Kostenfaktor, sondern ein strategisches Führungsinstrument.

4.3   Weitere psychologische Theorien im Raumkontext

„Hygiene alleine reicht nicht – warum Räume mehr als schön sein müssen" – auf diesem Leitsatz beruht die Zwei-Faktoren-Theorie nach Herzberg et al., (1959) im Kontext der Arbeitsplatzgestaltung. Die Theorie unterscheidet zwischen Hygienefaktoren und Motivatoren als zwei wesentliche Einflussgrößen für Zufriedenheit.

Hygienefaktoren: Diese betreffen grundlegende Rahmenbedingungen, deren Fehlen zu Unzufriedenheit führt. Im räumlichen Kontext zählen hierzu Faktoren wie Lärmbelastung, Lichtverhältnisse, Raumklima, Luftqualität oder ergonomische Möbel. Sie sorgen nicht für Motivation, sind aber unerlässlich, um Unzufriedenheit zu vermeiden.

Motivatoren: Diese Faktoren wirken über das bloße Funktionieren hinaus und fördern intrinsische Motivation sowie Engagement. Dazu gehören Gestaltungsspielräume, ästhetisch ansprechende Umgebungen, inspirierende Raumkonzepte, Kunst, Farben, Materialien oder Orte für kreative Entfaltung.

In vielen unserer Projekte beobachten wir jedoch ein wiederkehrendes Muster: Unternehmen investieren in „schöne" Räume, modernisieren ihre Büroflächen oder schaffen Design-Highlights – ohne gleichzeitig sicherzustellen, dass die grundlegenden hygienischen Bedingungen zuverlässig erfüllt sind. Wird beispielsweise in stilvolle Lounges investiert, aber die Akustik ist schlecht, das Licht blendet oder die Temperatur schwankt, verpufft die gewünschte Wirkung.

Raumwirkung entfaltet sich erst durch das Zusammenspiel beider Dimensionen. Eine inspirierende Umgebung kann nur dann ihr motivierendes Potenzial entfalten, wenn sie gleichzeitig eine funktionale und bedürfnisgerechte Basis bietet. Anders formuliert: Es braucht erst Ruhe, Licht, Temperaturkomfort und Orientierung, bevor Kreativität, Sinnhaftigkeit oder emotionale Bindung entstehen können.

Selbstbestimmt arbeiten – psychologische Grundbedürfnisse und Raumgestaltung

Die Selbstbestimmungstheorie von Richard M. Ryan und Edward L. Deci (2000) zählt zu den einflussreichsten Theorien der Motivationspsychologie. Ihr zentrales Anliegen: Menschen entfalten dann ihr Potenzial, wenn drei grundlegende psychologische Bedürfnisse erfüllt sind – Autonomie, Kompetenz und soziale Eingebundenheit. Diese Bedürfnisse gelten als universell, kulturunabhängig und entwicklungsförderlich – auch im Arbeitskontext.

Was häufig übersehen wird: Diese Bedürfnisse sind nicht nur durch Führung und Kultur ansprechbar, sondern auch architektonisch gestaltbar. Räume können maßgeblich dazu beitragen, ob Menschen sich als selbstwirksam, integriert und fachlich kompetent erleben – oder eben nicht.

Autonomie – Selbstbestimmtes Arbeiten ermöglichen

Das Bedürfnis nach Autonomie beschreibt den Wunsch, eigenständig zu handeln, Entscheidungen zu treffen und Einfluss auf die eigene Umwelt zu nehmen. In der räumlichen Gestaltung kann dies zum Beispiel durch die Wahlfreiheit von Arbeitsorten, unterschiedliche Arbeitsplatztypen (Fokus, Austausch, Rückzug) oder individualisierbare Elemente (z. B. Licht, Sitzhöhe,

Temperaturregulierung) unterstützt werden. Wer Raumwahl hat, hat auch Entscheidungsfreiheit – und erlebt Kontrolle über das eigene Tun.

Kompetenz – Effizienz und Wirksamkeit durch Raum

Kompetenz beschreibt das Erleben von Effektivität, Fortschritt und eigener Leistungsfähigkeit. Diese Erfahrung wird durch funktionale, ergonomische, prozessorientierte Raumkonzepte gestützt. Ein Arbeitsplatz, der technische Anforderungen erfüllt, reibungslose Abläufe ermöglicht und Konzentration fördert, unterstützt nicht nur Leistung, sondern stärkt auch das Vertrauen in die eigenen Fähigkeiten.

Soziale Eingebundenheit – Nähe und Zugehörigkeit gestalten

Das Bedürfnis nach Eingebundenheit zielt auf Zugehörigkeit, soziale Verbindung und emotionale Resonanz. Architektonisch kann dies durch strukturierte Begegnungszonen, offene Kommunikationsbereiche, Teeküchen oder community-orientierte Raumkonzepte ermöglicht werden. Wichtig ist dabei die Balance: Offene Räume sollen nicht überfordern, sondern gezielt Nähe fördern – ohne soziale Überflutung.

Architektur als psychologisches Werkzeug

In vielen New-Work-Konzepten tauchen diese Prinzipien bereits auf – allerdings oft in oberflächlicher, modischer Form. Was fehlt, ist die tiefergehende psychologische Reflexion: Wie genau wirkt Raum auf Motivation, Identifikation und langfristiges Wohlbefinden? Nicht jedes Sofa schafft Autonomie. Nicht jeder Co-Working-Tisch erzeugt Eingebundenheit. Wirklich wirksame Raumgestaltung beginnt mit dem Verständnis der dahinterliegenden psychologischen Strukturen.

4.4 Psychologische Sicherheit und Raumgestaltung

Ein zentrales Konzept für moderne Organisationen ist die psychologische Sicherheit: das Vertrauen, sich ohne Angst vor negativen Konsequenzen offen äußern zu können (Edmondson, 1999). Studien zeigen, dass Raumgestaltung dieses Gefühl maßgeblich beeinflussen kann (Flade, 2020; Richter, 2016).

Transparente Großraumbüros ohne Rückzugsorte können Stress und Unsicherheit auslösen – vor allem in sensiblen Teamkontexten.

In solchen Umgebungen entstehen häufiger Konflikte, kreative Beiträge bleiben aus, und wichtige Hinweise werden nicht ausgesprochen. Rückzugsräume, gut zonierte Meetingbereiche und klare räumliche Strukturen fördern hingegen ein Klima des Vertrauens – und damit Innovationskraft, Beteiligung und Fehlerkultur.

4.5   Soziale Identität und räumliche Zugehörigkeit

Räume prägen unsere soziale Identität. Sie kommunizieren, ob wir willkommen sind, ob wir gesehen und wertgeschätzt werden. Ein Arbeitsumfeld, das kulturelle Bezüge herstellt, auf die Bedürfnisse der Teams eingeht und Identifikation erlaubt, stärkt die emotionale Bindung der Mitarbeitenden (Proshansky et al., 1983; Flade, 2020).

Ein Beispiel aus einem unserer Projekte: In einem Unternehmen wurde ein neuer Campus gestaltet – mit großzügigen Gemeinschaftszonen, lokalen Materialien und einem durchdachten Farbkonzept, das die Werte des Unternehmens reflektierte. Die Mitarbeitenden beschrieben den neuen Ort nicht nur als funktional – sondern als „ihren Ort". Die Folge: mehr Präsenz, mehr Dialog, mehr Zusammenhalt.

Räume sind Ausdruck von Unternehmenskultur – und gleichzeitig ein aktiver Hebel, um sie zu gestalten. Wer die psychologischen Wirkmechanismen versteht, kann genau dort ansetzen, wo Veränderung beginnt: im Erleben der Menschen (Degen, 2006; Richter, 2016).

5   Architektonische Perspektiven auf die Gestaltung von Arbeitswelten

„Ein Gebäude erzählt immer eine Geschichte." (Sandra Gauer, 2025)

Denken wir an den Apple Park in Cupertino – dargestellt in Abb. 11. Der ikonische, ringförmige Baukörper ist eingebettet in eine großzügige, naturnah gestaltete Landschaft. Lichtdurchflutet, kreisförmig, offen – und dennoch klar strukturiert – steht er sinnbildlich für das Selbstverständnis von Apple: Innovation, Präzision, Nachhaltigkeit und die enge Verbindung zwischen Mensch und Technologie. Die Architektur kommuniziert diese Werte nicht laut, sondern subtil – aber eindeutig. Sie wird damit zur gebauten Visitenkarte der Unternehmenskultur.

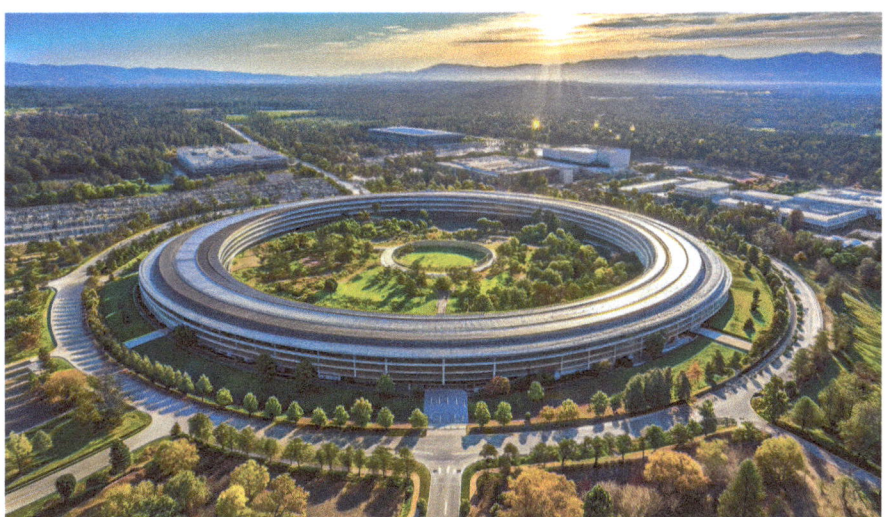

Abb. 11 Futuristischer Apple Campus. (© Watcharapon/stock.adobe.com)

Oder denken wir an das BMW-Vierzylinder-Hochhaus in München – dargestellt in Abb. 12. Die ikonische Form erinnert an vier nebeneinanderliegende Motorzylinder und steht damit sinnbildlich für Ingenieurskunst, Dynamik und Markenidentität. Die Architektur transportiert Botschaften – bewusst geplant oder unbewusst wahrgenommen. Sie wird zur räumlichen Übersetzung von Haltung, Anspruch und kultureller DNA eines Unternehmens.

„Zeig mir dein Büro– und ich sage dir, wer du bist." (Sandra Gauer, 2025)

Architektur ist mehr als nur die Hülle eines Unternehmens – sie ist Ausdruck von Haltung, Strategie und Identität. Sie macht Werte sichtbar, strukturiert Prozesse und beeinflusst unbewusst, wie Menschen sich verhalten, kommunizieren und zusammenarbeiten (Richter, 2016). In der Gestaltung von Arbeitswelten spielt sie eine zentrale Rolle, denn sie übersetzt Anforderungen in Raum – und damit in gelebte Realität.

„Architektur beginnt dort, wo das reine Bauen aufhört."
  – Peter Zumthor, Schweizer Architekt

„Wir formen unsere Gebäude – danach formen sie uns."
  – Winston Churchill

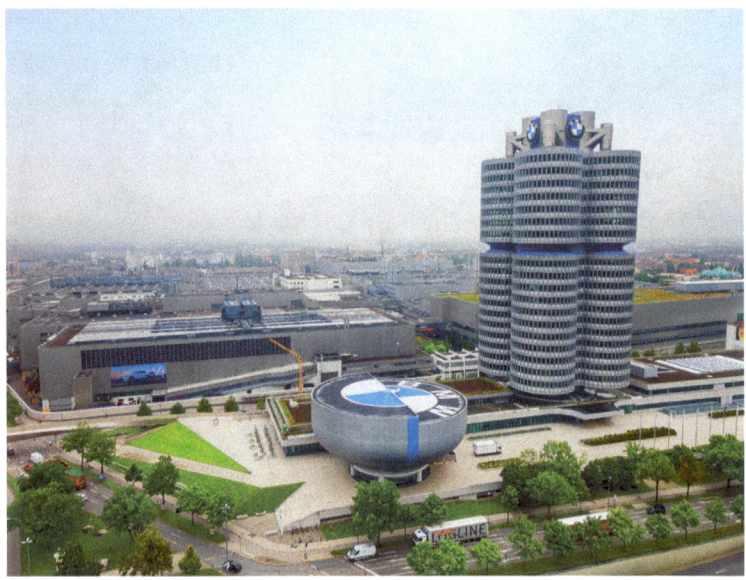

Abb. 12 Luftaufnahme BMW-Vierzylinders in München. (© saiko3p/stock. adobe.com)

5.1   Architektur als Ausdruck von Unternehmenskultur

Doch Architektur ist nicht nur Ausdruck, sie ist auch Werkzeug. Sie strukturiert, steuert, prägt – und wird gleichzeitig von den Menschen geprägt, die sie nutzen (Zumthor, 2006; Brand, 1994). Die gebaute Umgebung wird damit zu einem aktiven Teil der Organisationskultur – sie kann Zusammenarbeit fördern oder verhindern, Vertrauen stärken oder untergraben, Innovation begünstigen oder hemmen.

5.2   Raum prägt Menschen – und Menschen prägen Räume.

Ein Gebäude erzählt immer eine Geschichte. Es vermittelt, wie ein Unternehmen denkt, was es seinen Mitarbeitenden zutraut und wie es mit ihnen umgehen möchte. Ob es Hierarchien betont oder Augenhöhe fördert. Ob es auf Kontrolle oder Vertrauen setzt. Ob es Offenheit ermöglicht oder Barrieren schafft (Flade, 2020; Norberg-Schulz, 1980).

   In der Praxis erleben wir häufig eine Diskrepanz zwischen Anspruch und Raum: Organisationen, die Agilität predigen, aber in starre Raumraster investieren. Unternehmen, die Innovation fordern, aber keine Orte für Kreativität schaffen. Führungskräfte, die Nähe betonen, aber in abgeschlossene Einzelbüros ziehen. Räume werden zum Spiegel organisationaler Kultur – ob bewusst gestaltet oder nicht (Richter, 2016; Brand, 1994).

5.3 Architektur wirkt – immer.

Die Frage ist nur: Ist sie kongruent mit dem, was das Unternehmen wirklich sein will?

5.4 Raumstruktur als Steuerungselement

Die Architekturpsychologie sieht Raum nicht als Kulisse, sondern als aktives Steuerungselement. Raumstrukturen – also wie Flächen organisiert, verbunden und genutzt werden – beeinflussen Verhalten, Stimmung und soziale Dynamiken (Flade, 2020; Richter, 2016). Sie wirken nicht neutral, sondern lenken Prozesse, Kommunikation und emotionale Zustände.

- Offene Grundrisse fördern Sichtbarkeit und spontane Interaktion, können aber auch Reizüberflutung oder sozialen Druck erzeugen (Altman, 1975).
- Zonierungen mit Rückzugs-, Kollaborations- und Begegnungsbereichen geben Orientierung, Struktur und Sicherheit (Flade, 2020).
- Modularität unterstützt hybride Arbeitsmodelle und stärkt das Gefühl von Kontrolle und Selbstwirksamkeit – ein wichtiger Faktor für Motivation und Gesundheit (Deci & Ryan, 2000).

Ein architektonisch faszinierendes Beispiel ist das Aldar HQ in Abu Dhabi – dargestellt in Abb. 13. Als weltweit erstes kreisförmiges Hochhaus symbolisiert es Ganzheit, Stabilität und visionären Fortschritt. Der mutige Entwurf verbindet starke äußere Präsenz mit durchdachter innerer Struktur: flexible Arbeitsbereiche, Sichtachsen und gezielte Ruheinseln ermöglichen klare funktionale Zonierung. So wird sowohl Teamarbeit als auch konzentriertes, eigenverantwortliches Arbeiten unterstützt. Architektur wird hier zur räumlich gelebten Strategie.

5.5 Materialität und Atmosphäre

Materialien sind Träger von Atmosphäre – und damit Träger von Haltung. Holz, Naturstein, Filz oder Textilien vermitteln Geborgenheit und Wärme,

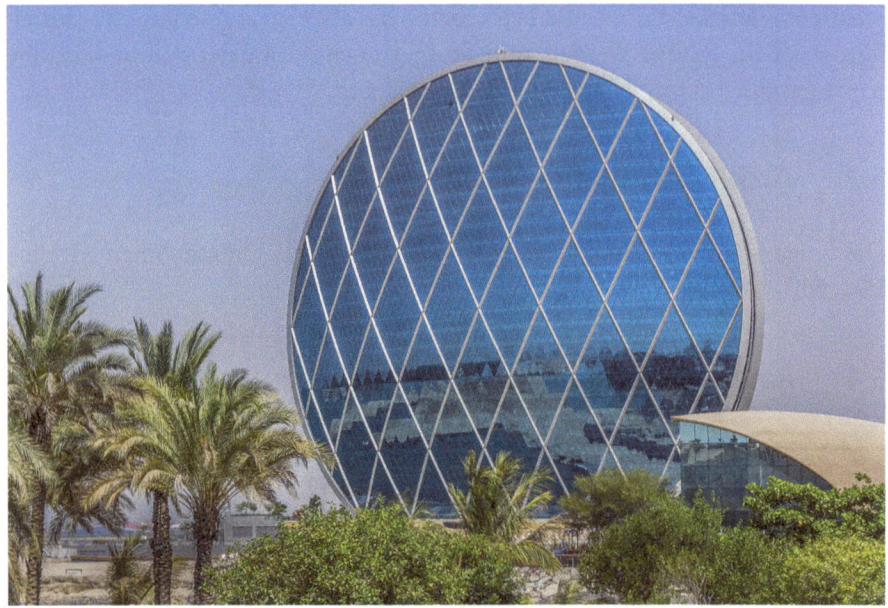

Abb. 13   Das kreisförmige Aldar HQ in Abu Dhabi. (© dbrnjhrj/stock.adobe.com)

während Glas, Metall oder Sichtbeton eher Distanziertheit oder Kühle erzeugen. Materialwahl ist nie neutral: Sie sendet Signale über Wertschätzung, Nachhaltigkeit und Funktionalität (Zumthor, 2006; Flade, 2020).

Das Hundertwasserhaus in Wien – dargestellt in Abb. 14 – setzt radikal auf organische Formen, leuchtende Farben und natürliche Materialien. Es bildet ein bewusstes Gegenmodell zur funktionalistischen, seriellen Architektur des 20. Jahrhunderts. Die Gestaltung lässt Individualität zu, fördert kreative Assoziationen und schafft emotionale Verbundenheit mit dem Raum. Architektur wird hier nicht normiert, sondern lebendig, überraschend und zutiefst menschlich (Richter, 2016; Norberg-Schulz, 1980).

Auch die Materialwahl beeinflusst Akustik und Raumklima: Filz, Teppiche und akustisch aktive Decken verbessern die Schallqualität. Holz wirkt temperaturregulierend und trägt zur Reduktion von Lufttrockenheit bei – Effekte, die nicht nur physiologisch, sondern auch psychologisch spürbar sind (Flade, 2020; Zumthor, 2006; Hauser & Werner, 2021). Räume, die bewusst und sensibel gestaltet sind, erzeugen ein unmittelbares Gefühl von Wertschätzung und Zugehörigkeit.

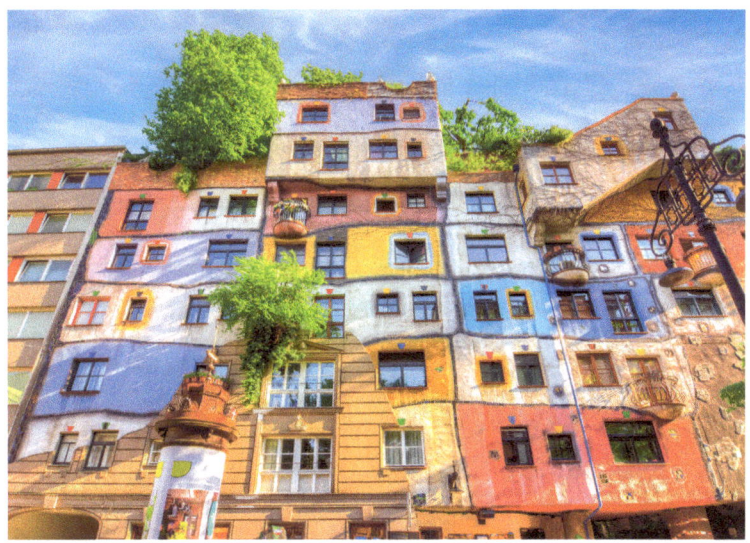

Abb. 14   Hundertwasser Wien. (© Mistervlad/stock.adobe.com)

5.6   Licht, Proportion und Orientierung

Licht strukturiert Raum – es macht Räume verständlich, lenkt den Blick, aktiviert oder beruhigt. Natürliches Tageslicht steigert die Konzentration, fördert die Gesundheit und beeinflusst unser circadianes System (Flade, 2020; Vischer, 2005). Gleichzeitig erzeugt künstliche Beleuchtung Atmosphäre – ob durch indirekte Lichtführung oder punktuelle Akzente (Zumthor, 2006).

Zu große, unstrukturierte Räume – wie sie oft nach New-Work-Umbauten entstehen – können Unbehagen und Einsamkeit fördern. Insbesondere bei geringer Belegung wirken sie leer, anonym und verlieren ihren sozialen Charakter. Architektur muss auch dann funktionieren, wenn weniger Menschen anwesend sind – durch Teilbarkeit, visuelle Zonierung und atmosphärische Dichte (Richter, 2016; Norberg-Schulz, 1980).

Ein herausragendes Beispiel für Licht- und Proportionsgestaltung bieten die Amazon Spheres in Seattle – dargestellt in Abb. 15. Die kugelförmigen Glaskuppeln sind mit üppiger Vegetation bepflanzt und werden großzügig von Tageslicht durchflutet. Architektur und Natur verschmelzen hier zu einem ganzheitlichen Raumkonzept. Die natürliche Umgebung innerhalb des Arbeitskontexts wirkt sich nachweislich positiv auf Stimmung, Kreativität und den zirkadianen Rhythmus aus (Kellert et al., 2013). Biophiles Design wird dabei nicht dekorativ, sondern integrativ verstanden – als Teil einer menschenzentrierten Innovationskultur.

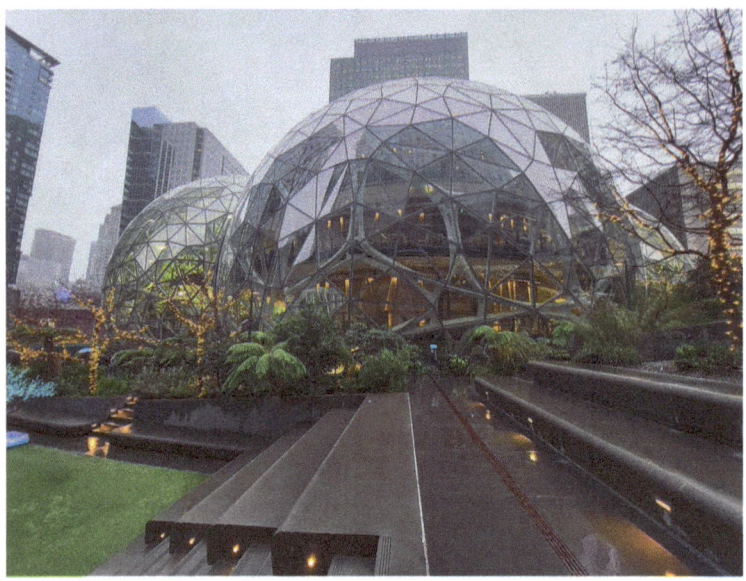

Abb. 15 Die Amazon Spheres in Seattle. (© Hrach/stock.adobe.com)

Zu große Flächen, wie sie oft nach New-Work-Umbauten entstehen, wirken schnell leer, anonym und verlieren ihre soziale Funktion – vor allem, wenn nur wenige Menschen anwesend sind. In solchen Fällen verstärkt Architektur ungewollt das Gefühl von Einsamkeit und Verlorenheit (Flade, 2020; Richter, 2016). Gut gestaltete Räume funktionieren auch dann, wenn weniger Menschen vor Ort sind. Sie lassen sich verkleinern, zonieren oder atmosphärisch verdichten – durch Lichtführung, Akustik, Farbgebung und Materialwahl (Zumthor, 2006).

Gute Architektur macht sich oft unsichtbar.

Sie gibt Orientierung, ohne zu bevormunden. Sie strukturiert, ohne zu beschränken. Damit schafft sie den Rahmen für Freiheit und Sicherheit zugleich – zwei scheinbar widersprüchliche Bedürfnisse, die durch architektonisches Feingefühl in Balance gebracht werden können (Norberg-Schulz, 1980).

5.7   Architektur und Nachhaltigkeit

Nachhaltigkeit in der Architektur ist mehr als Ökobilanz und Energiestandard. Sie umfasst soziale, psychologische und funktionale Langlebigkeit (Kellert et al., 2013; Vischer, 2005). Ein nachhaltiger Raum ist anpassbar, gesund, identitätsstiftend – und wirkt auch dann noch, wenn sich die Organisation weiterentwickelt.

Ein besonders intelligentes Beispiel ist The Capital in Mumbai – dargestellt in Abb. 16. Es gilt als eines der technologisch fortschrittlichsten und nachhaltigsten Bürogebäude Indiens. Die Architektur verbindet energieeffiziente Technologien mit einer klaren Ausrichtung auf Raumklima, Nutzerwohlbefinden und multifunktionale Nutzbarkeit. Begrünte Bereiche, natürliche Belüftung und hybride Arbeitszonen ermöglichen eine Arbeitswelt, die sowohl Individualität als auch kollektive Dynamik fördert. The Capital steht exemplarisch für die Verbindung von ökologischer und sozialer Nachhaltigkeit in der Architektur des 21. Jahrhunderts (World Green Building Council, 2015).

Im Gegensatz dazu zeigen die unterirdischen Casino-Welten in Las Vegas – wie in Abb. 17 dargestellt –, wie Architektur auch bewusst manipulativ wirken kann. Es gibt kein Tageslicht, keine natürlichen Zeitmarken, keine Rückzugsmöglichkeiten. Stattdessen: Dauerstimulation durch Licht, Klang und Farben. Alles ist darauf ausgerichtet, Orientierung zu verlieren und in einem Zustand des pausenlosen Konsums zu verharren. Dieses Extrembeispiel macht deutlich: Architektur trägt Verantwortung. Sie kann fördern – oder gezielt untergraben (Lang, 1987; Flade, 2020).

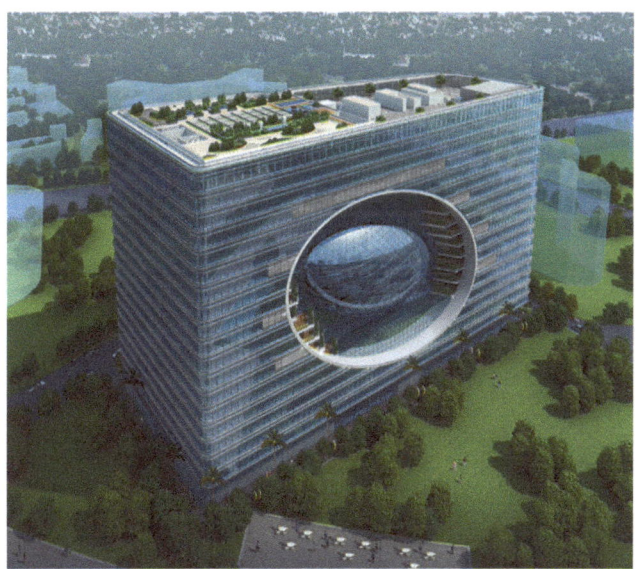

Abb. 16 The Capital, Mumbai. (© TheCapitalbkc, Lizenz: CC BY-SA 3.0)

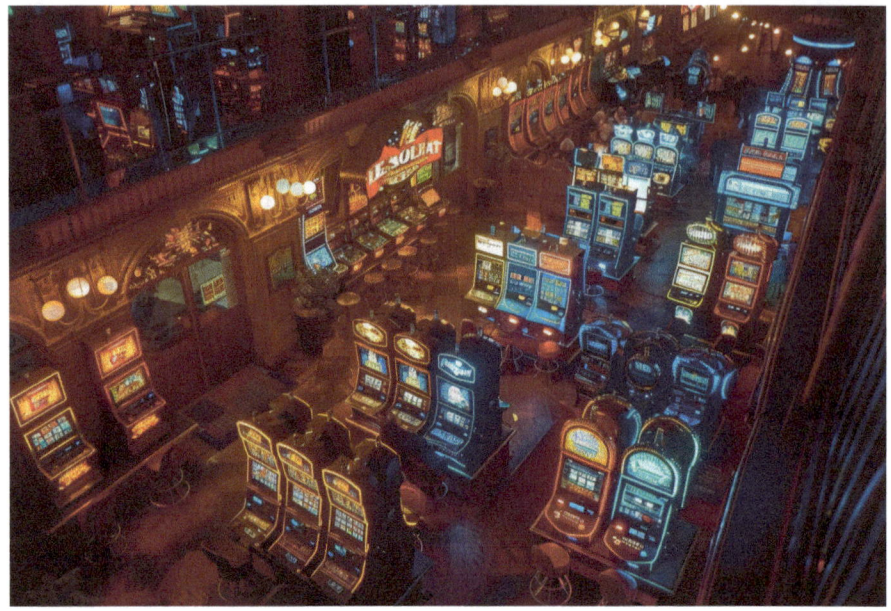

Abb. 17 Darstellung Casino-Floors mit Spielautomaten. (© DKPhoto/stock. adobe.com)

Arbeitswelten brauchen genau das Gegenteil: Orientierung, Regeneration, Transparenz. Nachhaltige Architektur bietet Raum für Wandel – und bleibt dennoch verlässlich (Kellert et al., 2013; Richter, 2016).

5.8   Architektur im Dienst der Menschen

Die beste Architektur ist nicht die lauteste – sondern die, die sich in den Dienst der Menschen stellt. Arbeitsräume sind keine Inszenierungsbühnen für Designpreise, sondern Orte, an denen Menschen denken, fühlen, lernen, entscheiden (Zumthor, 2006). Sie brauchen Halt, Struktur, Ruhe – aber auch Energie, Inspiration und Verbindung (Norberg-Schulz, 1980).

Zukunftsfähige Arbeitsräume entstehen im Zusammenspiel von Architektur, Psychologie, Organisationsentwicklung und Nutzerbeteiligung (Vischer, 2005; Duffy, 1997). Nur dann entstehen Orte, an denen Menschen sich nicht nur aufhalten – sondern entfalten.

In der Praxis erleben wir immer wieder: Die schönsten Räume nützen nichts, wenn sie nicht funktionieren. Und die funktionalsten Räume cheitern, wenn sie kalt, leer oder anonym wirken. Was es braucht, ist das Zusammenspiel von Architektur, Psychologie, Organisationsentwicklung und Beteiligung.

Erst dann entstehen Arbeitswelten, die nicht nur effizient, sondern auch menschlich sind.

Was es braucht, ist Architektur mit Haltung – und Räume mit Wirkung.

6 Organisationsentwicklung und die Gestaltung von Arbeitswelten

Die Gestaltung von Arbeitswelten ist weit mehr als ein architektonisches Projekt – sie ist ein organisationaler Wandel. Neue Räume verändern nicht nur das Umfeld, sondern greifen tief in Prozesse, Rollenbilder, Kommunikationswege und Identitäten ein. Wer Arbeitswelten neu denkt, muss daher auch Organisationen neu denken.

6.1 Einstieg: Raum verändert Verhalten – das zeigt sich überall

Ein prägnantes Beispiel liefert der Umzug der BBC in London: Als der traditionsreiche Rundfunkanbieter in das neue, offene Broadcasting House zog, wurde damit nicht nur eine Immobilie modernisiert – es wurde ein kultureller Wandel angestossen. Plötzlich saßen Redakteure, Techniker, Führungskräfte und kreative Teams in Sichtweite zueinander. Silos verschwanden, Austausch wurde sichtbar. Aber: Wie wir in unseren Projekten immer wieder sehen, waren nicht alle Mitarbeitenden waren vorbereitet auf die neue Offenheit. Erst durch begleitende Change-Maßnahmen – wie Moderation, Führungskräftetraining und Raumcoaching – wird aus dem Gebäude ein funktionierender Ort der Zusammenarbeit (Duffy, 1997; Vischer, 2005).

6.2 Raum als Spiegel organisationaler Reife

Räume sind Ausdruck der gelebten Organisationslogik. Ein Unternehmen mit klaren Hierarchien gestaltet anders als ein agiles Netzwerk. Eine Kultur des Vertrauens braucht andere Räume als eine Kultur der Kontrolle (Duffy, 1997; Becker & Steele, 1995).

Die Architektur wirkt wie ein Spiegel: Sie zeigt, wie ein Unternehmen wirklich funktioniert – nicht nur, wie es sich nach außen darstellt (Vischer, 2005).

In der Praxis zeigt sich häufig ein Bruch: Unternehmen investieren in moderne Raumkonzepte wie Activity-Based Working oder Desk Sharing, behalten aber Top-down-Entscheidungsstrukturen und Statusdenken bei. Das Ergebnis: Die neuen Räume werden nicht wie gewünscht genutzt, die Mitarbeitenden ziehen sich zurück oder kämpfen mit Unklarheit – es entstehen Frustration und Widerstand (Richter, 2016).

Ein typisches Beispiel: Der Wechsel vom Einzelbüro zur offenen Fläche wird eingeführt, ohne gleichzeitig neue Formen der Zusammenarbeit oder Entscheidungskompetenz zu etablieren. Die Folge: Führungskräfte ziehen sich in geschlossene „Meeingräume" zurück, Mitarbeitende fühlen sich beobachtet, die Interaktion bleibt aus. Der Raum widerspricht der gelebten Kultur – und wird abgelehnt.

6.3 Architektur als Katalysator für Veränderung

Wenn Raumgestaltung als Teil der Organisationsentwicklung verstanden wird, kann sie Veränderung beflügeln. Räume eröffnen neue Möglichkeitsräume: für Kommunikation, für neue Rollen, für ein anderes Miteinander (Becker & Steele, 1995; Duffy, 1997).

Aber: Ohne begleitende Entwicklung auf struktureller und kultureller Ebene bleiben diese Möglichkeiten ungenutzt. Räume allein verändern keine Organisation – sie müssen eingebettet sein in eine Gesamtstrategie des Wandels (Vischer, 2005).

Was erfolgreiche Transformation braucht:

- Transparente Kommunikation schafft Sicherheit und Vertrauen.
- Partizipation fördert Akzeptanz und Identifikation.
- Trainings und Leadership-Entwicklung bereiten auf neue Arbeitsweisen vor.
- Raumprototypen und Pilotflächen ermöglichen erste Erfahrungen, bevor grossflächige Veränderungen greifen.

6.4 Räume als Treiber von Kulturveränderung

Räume können bestehende Kulturen verstärken – oder bewusst irritieren, um neue Verhaltensmuster zu initiieren. Wer etwa Kollaboration fördern will, kann dies durch sichtbare Begegnungszonen, offene Workshopflächen und zugängliche Teamräume räumlich unterstützen. Umgekehrt kann man durch Raumgestaltung auch informelle Machtstrukturen hinterfragen – etwa durch den Abbau von Statussymbolen wie Einzelbüros oder durch die Etablierung gemeinsamer, rollenbasierter Arbeitsplätze (Duffy, 1997; Becker & Steele, 1995; Vischer, 2005).

Doch: Kulturveränderung braucht mehr als neue Räume. Sie braucht Vorbilder, Feedbackkultur und Rituale, die den Wandel tragen. Raum kann diesen Wandel ermöglichen – aber nicht allein erzeugen. Der entscheidende Hebel liegt in der Verknüpfung von physischem, digitalem und sozialem Raum (Richter, 2016; Schein, 2010).

Die Halle Bleue auf dem Bluefactory-Areal in Fribourg – zu sehen in Abb. 18 – steht exemplarisch für eine neue Start-up-Kultur. Die Räume sind bewusst roh, offen und modular gestaltet – nicht aus Sparzwang, sondern als Ausdruck von Gestaltungsfreiheit und dynamischem Denken. Das Bild zeigt, wie Farbakzente, natürliche Materialien und eine nicht-perfektionierte Ästhetik ein Umfeld schaffen, das kreatives Verhalten fördert. Mitarbeitende werden hier nicht nur als Nutzer verstanden, sondern als Mitgestaltende ihrer Umgebung. Raum wird nicht als starres Konstrukt definiert, sondern als lebendige Plattform für kollaborative Innovationsprozesse.

Raum kann Orientierung geben – aber auch irritieren und Entwicklung anstossen. Wichtig ist: Der Wandel muss gewollt und begleitet sein. Sonst bleibt er Fassade.

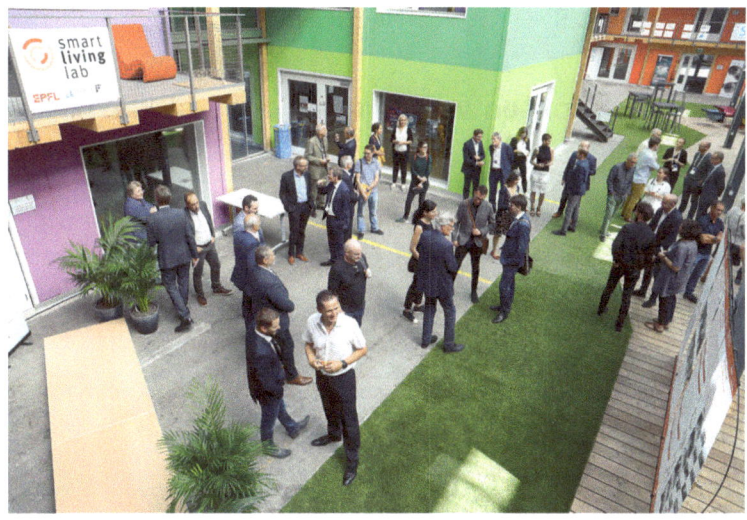

Abb. 18   Halle Bleue. (© Murielle Gerber / EPFL, Lizenz: CC BY 4.0)

6.5   Die Rolle von Führung in räumlichen Transformationsprozessen

Führungskräfte sind zentrale Akteure im Wandel. Ihre Haltung, ihr Verhalten und ihre Präsenz entscheiden wesentlich darüber, wie neue Räume angenommen und genutzt werden (Schein, 2010; Vischer, 2005). Wenn Führungskräfte den Wandel mittragen, aktiv begleiten und selbst vorleben, kann Raumgestaltung zu einem echten Treiber von Transformation werden.

Führungskräfte sind der Schlüssel zur Raumakzeptanz. Ihre Haltung entscheidet, ob neue Räume gelebt oder gemieden werden. Wenn sie Präsenz zeigen, mit dem Raum arbeiten, neue Rituale einführen, dann entsteht Vertrauen. Wenn sie sich entziehen, Rückzugsorte reservieren oder altes Verhalten reproduzieren, sendet das widersprüchliche Signale (Richter, 2016).

Wird die räumliche Veränderung hingegen als reines Infrastrukturprojekt verstanden, ohne frühzeitige Einbindung der Führungsebene, entsteht häufig Ablehnung: Mitarbeitende fühlen sich übergangen, Führungskräfte unvorbereitet, und der Raum verliert seine integrative Kraft (Becker & Steele, 1995).

Wir erleben in unserer Beratung häufig, dass die Führungskräfte erst nach dem Umzug geschult werden – unsere Empfehlung ist jedoch, bereits vor dem Umzug mit Leadership-Entwicklung, Raumcoaching und kommunikativen Leitlinien zu beginnen.

Räume brauchen Führung – nicht im Sinne von Kontrolle, sondern im Sinne von Orientierung und Dialog. Nur wenn Führung Teil des Gestaltungsprozesses ist, können neue Arbeitswelten lebendig werden

6.6   Organisationsentwicklung als strategische Basis für Raumprojekte

Die wirksame Gestaltung neuer Arbeitswelten beginnt nicht mit dem Möbelplan – sondern mit der Analyse organisationaler Ziele, Herausforderungen und Potenziale. Die Organisationsentwicklung liefert dafür die strategische Grundlage (Schein, 2010; Richter, 2016):

- Welche Kultur möchten wir fördern?
- Welche Zusammenarbeit möchten wir sichtbar machen?
- Welche Arbeitsweisen brauchen welche Räume?
- Was bedeutet Führung in der neuen Raumlogik?

Erfolgreiche Raumprojekte beginnen mit einem strategischen Dialog zwischen Geschäftsleitung, HR, Führung, Kommunikation und Nutzern. Sie verbinden Raum mit Sinn. Und sie schaffen Umgebungen, die nicht nur funktional und schön – sondern lebendig und zukunftsfähig sind (Becker & Steele, 1995; Vischer, 2005).

7 Architekturpsychologie als interdisziplinäre Wissenschaft

Architekturpsychologie vereint Erkenntnisse aus unterschiedlichen Disziplinen und schafft so ein umfassendes Verständnis dafür, wie Räume auf den Menschen wirken – emotional, kognitiv und sozial (Flade, 2020; Richter, 2016). Ihre Stärke liegt genau in dieser cross-disziplinarität, die in modernen Arbeitswelten immer wichtiger wird.

Vier Disziplinen tragen maßgeblich bei:

- **Psychologie** erforscht, wie räumliche Umgebungen unsere Wahrnehmung, Emotionen, Motivation und Verhaltensweisen beeinflussen (Evans & McCoy, 1998; Gifford, 2007).
- **Neurowissenschaften** liefern fundierte Erkenntnisse darüber, wie Umwelteinflüsse biologische Prozesse im Gehirn steuern – etwa durch Stressreaktionen, kognitive Belastung oder Kreativitätsförderung (Bear et al.,2020; van den Berg et al., 2010).
- **Architektur und Design** übersetzen dieses Wissen in gebaute Umgebungen, die nicht nur funktional, sondern auch emotional wirksam sind (Zumthor, 2006).
- **Organisationsentwicklung** nutzt diese Erkenntnisse, um mit Raumgestaltung gezielt Veränderungen in Kultur, Zusammenarbeit und Produktivität zu fördern (Schein, 2010; Becker & Steele, 1995).

7.1 Zusammenhänge beachten

Erst wenn psychologische Grundbedürfnisse (Kontrolle, Zugehörigkeit, Sicherheit), neurowissenschaftliche Grundlagen (Reizverarbeitung, Stressregulation), architektonische Gestaltung (Licht, Material, Proportion) und organisationale Ziele (Zusammenarbeit, Innovation) ganzheitlich berücksichtigt werden, entfaltet der Raum seine volle Wirkung (Kellert et al., 2013).

Architekturpsychologie ist somit kein Add-on, sondern die Grundlage für nachhaltige, wirksame Arbeitswelten.

7.2   Architekturpsychologie als Business Case

Die Wirkung von Architekturpsychologie ist nicht nur theoretisch belegbar, sondern auch wirtschaftlich hochrelevant.

Gezielte architektonisch-psychologische Gestaltung steigert die Produktivität, senkt Ausfallraten und fördert langfristig die Mitarbeiterbindung – zentrale Faktoren für den Unternehmenserfolg.

Was Architekturpsychologie konkret bewirken kann:

Steigerung der Arbeitsleistung
Gut gestaltete Räume wirken sich messbar auf kognitive Leistungsfähigkeit, Konzentration und kreative Problemlösung aus. Faktoren wie Tageslicht, ergonomische Möblierung, ausgewogene Akustik und visuelle Reize tragen zu einer deutlichen Erhöhung der Produktivität bei (Dijkstra et al., 2008)

Reduktion psychischer und physischer Belastungen
Stressfördernde Raumkonzepte zählen zu den unterschätzten Risikofaktoren im Arbeitsumfeld. Architekturpsychologisch fundierte Gestaltungsansätze – etwa durch Rückzugsmöglichkeiten, natürliche Materialien und akustische Zonierung – leisten einen konkreten Beitrag zur Reduktion von Fehlzeiten und fördern langfristige Resilienz (Raanaas et al., 2011; Bringslimark et al., 2007)

Einfluss auf Mitarbeiterbindung
Die räumliche Arbeitsumgebung wirkt als stiller Vermittler organisationaler Werte. Mitarbeitende, die sich mit ihrer Umgebung identifizieren können und funktionale sowie emotionale Passung erleben, zeigen eine signifikant höhere Bindung an das Unternehmen und eine geringere Wechselabsicht (Steelcase, 2016)

Förderung von Innovations- und Anpassungsfähigkeit
Räume, die sowohl Austausch als auch Rückzug ermöglichen, schaffen optimale Bedingungen für kollaborative Prozesse und divergentes Denken. In dynamischen Märkten ist dies ein zentraler Erfolgsfaktor (Landes et al., 2022)

Eine detaillierte Betrachtung der wirtschaftlichen Effekte folgt in Kap. 5 anhand konkreter Fallbeispiele und Business Cases.

7.3   Verknüpfung zu Healing Architecture

Ein Blick in den Spitalkontext zeigt, dass Architekturpsychologie dort teilweise bereits eine viel grössere Rolle spielt.

Healing Architecture nutzt gezielt architektonische Elemente, um Stress zu reduzieren und Heilungsprozesse zu unterstützen (Ulrich, 1984; Sternberg, 2009).

Studien belegen, dass Patienten in Krankenhäusern mit biophilen Elementen, natürlichem Licht, warmen Materialien und durchdachter Raumstruktur: schneller genesen, weniger Schmerzmittel benötigen und psychisch stabiler sind (Ulrich, 2001; Kellert et al., 2013)

Was im Gesundheitswesen immer mehr an Bedeutung gewinnt, wird auch in Arbeitswelten Einzug halten: Räume, die psychologische und biologische Bedürfnisse ernst nehmen, stärken nicht nur die Gesundheit, sondern auch die Leistungsfähigkeit und Innovationskraft der Mitarbeitenden (Vischer, 2005; Flade, 2020).

Die Architekturpsychologie baut somit die Brücke zwischen Healing Architecture und den Anforderungen moderner Arbeitswelten: Sie schafft Orte, die nicht nur Arbeitsleistung ermöglichen, sondern den Menschen in seiner Ganzheit fördern.

8   Healing Architecture

8.1   Wie Architektur aktiv zur Gesundheit beiträgt – von der Klinik bis zum Büro

Healing Architecture – die heilende Architektur – beschreibt die gezielte Gestaltung von Räumen, die das physische und psychische Wohlbefinden von Menschen unterstützt (Sternberg, 2009). Ursprünglich im Gesundheitswesen verankert, etabliert sich dieser Ansatz zunehmend auch in der Arbeitswelt, wo mentale Belastungen, Stress und Erschöpfung stark zunehmen (Kellert et al., 2013). Die Grundannahme: Räume sind keine neutralen Behälter, sondern wirken auf unseren Körper, unsere Emotionen und unsere Gesundheit (Flade, 2020; Vischer, 2005).

Die Ursprünge dieser Denkweise lassen sich bis zur vielzitierten Studie von Roger Ulrich (1984) zurückverfolgen. Er konnte zeigen, dass Krankenhauspatienten schneller genesen, wenn sie aus ihrem Zimmer einen Blick ins Grüne genießen konnten – im Vergleich zu Patienten mit Ausblick auf eine Betonwand. Die Naturansicht führte nicht nur zu kürzeren Krankenhausaufenthalten, sondern auch zu einer geringeren Schmerzmittelvergabe und einem insgesamt besseren Wohlbefinden. Diese Studie wurde vielfach repliziert (Ulrich, 2001) und bildet bis heute eine zentrale Referenz für Healing Architecture.

Ein zukunftsweisender Ansatz in der Gesundheitsarchitektur zeigt sich exemplarisch in den Maggie's Centres– wie in Abb. 19, 20 und 21 dargestellt.

Jedes Maggie's Centre ist einzigartig – und doch verbindet sie ein gemeinsamer Anspruch: ein Raum zu sein, der emotionale Stabilität, Orientierung und Würde vermittelt. Architektur wird dabei zur mitfühlenden Mitspielerin – nicht funktionale Hülle, sondern psychosozial wirksamer Begleiter im Heilungsprozess. Sie machen anschaulich, wie Gestaltungsprinzipien aus der Architekturpsychologie praktisch angewendet werden können – menschlich, individuell, gesundheitsfördernd.

Ein besonders anschauliches Beispiel ist in Abb. 19 zu sehen: ein Maggie's Centre in Großbritannien. Diese Einrichtungen bieten Krebspatienten architektonisch wohnliche, lichtdurchflutete Räume, die emotionale Stabilität, Rückzug und Orientierung ermöglichen. Architektur wird hier zu einem

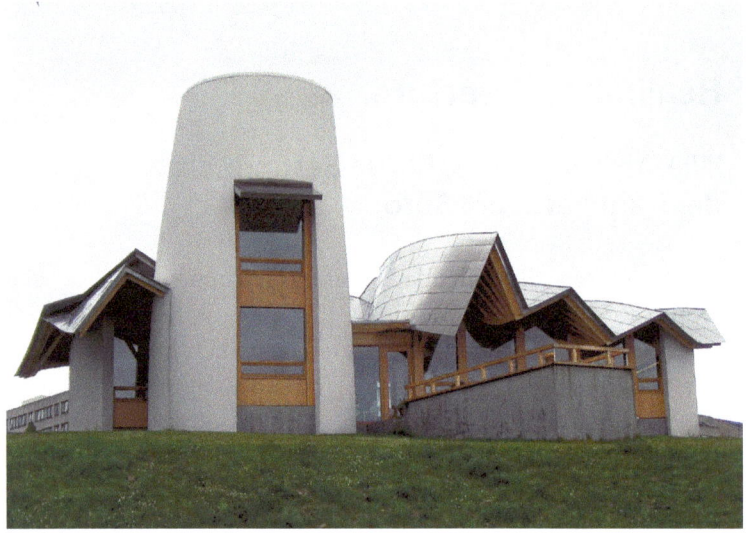

Abb. 19 Maggie's Centre, Dundee – Architektur von Frank Gehry. . (© Ydam, Lizenz: CC BY-SA 3.0)

aktiven Teil der therapeutischen Unterstützung – durch Gestaltung, Materialität und Verbindung zur Natur (Jencks, 2010; Söderlund & Newman, 2015).

Abb. 20 zeigt ein weiteres Maggie's Centre, das exemplarisch für die Integration von Natur, Leichtigkeit und architektonischer Zurückhaltung steht. Die aufgeständerte Holzkonstruktion vermittelt eine fast schwebende Wirkung, während transparente Fassadenelemente den Blick in den umgebenden Garten lenken. Zwischen offenen Sitzbereichen, Rückzugszonen und geschützten Wegen entsteht ein räumliches Gefüge, das Selbstwirksamkeit und Ruhe zugleich unterstützt. Auch hier wird Architektur nicht zur Inszenierung, sondern zur therapeutischen Ressource.

Abb. 21 zeigt das Khoo Teck Puat Hospital in Singapur – ein Vorzeigebeispiel für biophile Gestaltung auf urbanem Klinikareal. Üppige Begrünung zieht sich über mehrere Ebenen hinweg, von Dachgärten über Terrassen bis in die öffentlich zugänglichen Innenhöfe. Die Architektur verbindet medizinische Hochtechnologie mit sensorischer Anbindung an die Natur. Patienten, Besuchende und Mitarbeitende profitieren gleichermaßen von der ruhigen, lebendigen Atmosphäre. Healing Architecture wird hier zum Systemprinzip – sichtbar, fühlbar, wissenschaftlich fundiert.

Auch in der Schweiz entstehen erste Projekte: Beim Neubau des Kantonsspitals Baden wurden healing-orientierte Elemente integriert, ebenso in der Hirslanden Klinik Stephanshorn, wo Patientenzimmer gezielt nach Prinzipien

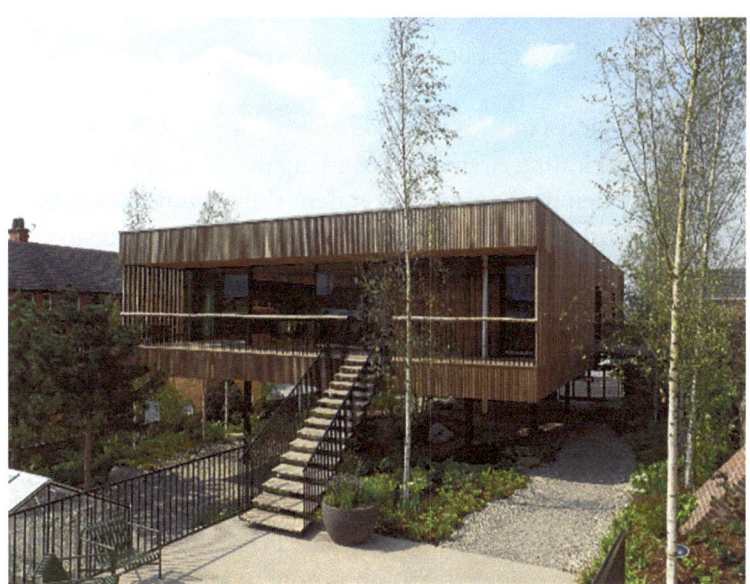

Abb. 20 Maggie's Oldham (CC0 – Wikimedia Commons)

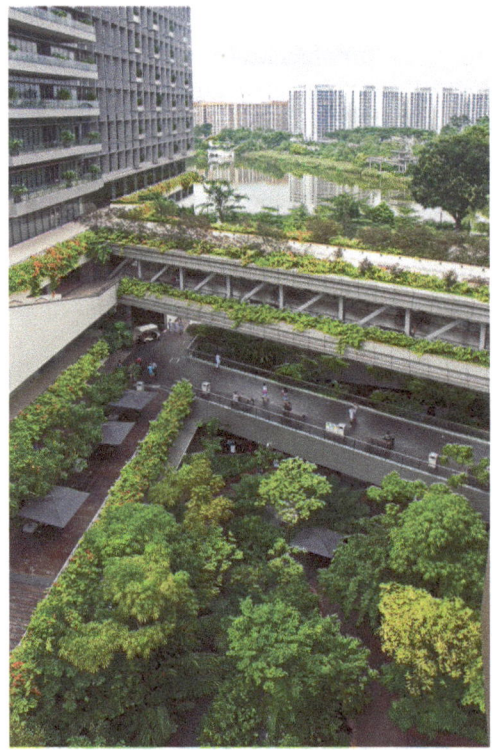

Abb. 21   Khoo Teck Puat Hospital in Singapur. (© KTPH, Lizenz: CC BY-SA 4.0)

der Healing Architecture gestaltet wurden (Kritzmöller, 2022; Kantonsspital Baden AG, 2024)

Diese Beispiele sind Pioniere eines Paradigmenwechsels – denn trotz erster Umsetzung bleibt Healing Architecture bislang die Ausnahme. Viele Gesundheitsbauten entstehen noch immer unter dem Primat von Funktionalität und Kosteneffizienz – oft zulasten des Wohlbefindens der Nutzenden.

8.2 Kernelemente der Healing Architecture

Die heilende Wirkung von Architektur entsteht durch eine bewusste Kombination verschiedener Gestaltungselemente, die sowohl auf physiologische als auch psychologische Prozesse wirken (Sternberg, 2009; Flade, 2020):

- **Natürliches Licht:** Es unterstützt den natürlichen Biorhythmus, verbessert die Stimmung und reduziert Stresshormone wie Cortisol (Ulrich et al., 1991; Leydecker, 2017; Srivastav, 2022).

- **Natürliche Materialien:** Holz, Stein und Pflanzen schaffen eine beruhigende, geborgene Atmosphäre und fördern die emotionale Bindung an den Raum (Kellert et al., 2013; Leydecker, 2017; Baumberger & Liechti, 2023).
- **Akustische Qualität:** Angenehme akustische Bedingungen erleichtern die Konzentration, fördern Erholung und reduzieren Stressbelastungen (Baumberger & Liechti, 2023; Jahncke, 2012; Sternberg, 2011).
- **Visuelle Orientierung:** Klar strukturierte Räume geben Sicherheit, erleichtern die Navigation und vermindern kognitive Überlastung (Baumberger & Liechti, 2023; Flade, 2020).
- **Biophilic Design:** Die bewusste Integration von Naturelementen, sei es durch echte Pflanzen oder symbolische Anklänge, steigert das emotionale Wohlbefinden und unterstützt kognitive Prozesse (Kellert et al., 2013; Ulrich, 2001; Sakallaris et al., 2015).

Diese Elemente entfalten ihre volle Wirksamkeit im Zusammenspiel. Räume werden zu aktiven Heilmitteln – sie beruhigen, aktivieren, fördern die Regeneration und stärken die Resilienz.

Eine besonders wertvolle Erweiterung dieser Prinzipien sind die sogenannten „regenerativen Räume", die auch in der Arbeitswelt gezielt zur Wiederherstellung von Energie dienen. Sie bieten Erholungsphasen in reizreduzierter Umgebung, unterstützt durch Licht, Akustik und Naturnähe.

8.3   Wissenschaftliche Evidenz

Die Studie von Ulrich war nur der Anfang. Weitere Forschungsarbeiten belegen die Wirksamkeit der Healing Architecture. So zeigen Browning et al. (2014), dass Biophilic Design die kognitive Leistung steigern kann und zugleich Fehlzeiten reduziert. Eine Untersuchung der Harvard T.H. Chan School of Public Health (Allen et al., 2017) belegt, dass optimierte Lichtverhältnisse die Produktivität erhöhen und die psychische Belastung der Mitarbeitenden senken können. Auch Lohr et al. (1996) fanden heraus, dass bereits die Anwesenheit von Pflanzen in Innenräumen Stress reduziert und positive Emotionen fördert.

Weitere Erkenntnisse zeigen, dass Design auch auf biochemischer Ebene messbare Effekte hervorrufen kann: Senkung von Cortisol, bessere Schlafqualität sowie Einfluss auf Blutdruck und Herzfrequenz (Ulrich, 2001; Sternberg, 2009). Aspekte wie Kontrollmöglichkeiten, visuelle Orientierung und

Zonen zur Erholung zeigen sich dabei als zentrale Wirkfaktoren (Evans & McCoy, 1998).

Darüber hinaus beschreiben Evans & McCoy (1998) in ihrer Arbeit fünf zentrale Wirkdimensionen der Raumwahrnehmung – die sogenannten BIG FIVE:

Stimulierung bezeichnet die Fähigkeit eines Raumes, eine ausgewogene Reizintensität zu erzeugen. Räume mit zu wenig sensorischer Anregung wirken monoton und ermüdend, während eine Überreizung – etwa durch visuelle Überfrachtung, Lärm oder grelle Beleuchtung – Unruhe und Stress auslöst. Eine gezielte Gestaltung mit Farbkontrasten, natürlichen Materialien und abwechslungsreichen Strukturen kann stimulierend wirken, ohne zu überfordern.

Affordanz beschreibt, wie intuitiv verständlich ein Raum ist und welche Handlungsmöglichkeiten er vermittelt. Ein Raum mit hoher Affordanz gibt Nutzern das Gefühl, sofort zu wissen, wie er zu nutzen ist – etwa durch erkennbare Wegführung, gut sichtbare Funktionen und eine logische Anordnung. Das verringert Unsicherheit und stärkt das Gefühl von Kompetenz.

Kohärenz steht für die wahrnehmbare Ordnung und logische Struktur eines Raumes. Kohärente Räume bieten klare Linien, wiederkehrende Gestaltungsmuster und ein visuelles Gesamtkonzept. Das erhöht die Orientierungssicherheit und reduziert kognitive Belastung, da das Gehirn weniger Energie für die Verarbeitung der Umgebung benötigt.

Kontrolle beschreibt die Möglichkeit, Einfluss auf das eigene Raumumfeld zu nehmen. Dies kann sich auf Licht, Temperatur, Möblierung oder Rückzugsmöglichkeiten beziehen. Das Gefühl von Kontrolle ist ein zentraler Faktor für psychisches Wohlbefinden, da es Autonomie signalisiert und Stress reduziert.

Erholung umfasst alle Aspekte, die der Regeneration dienen. Räume mit hoher Erholungsqualität ermöglichen mentale Entlastung, emotionale Beruhigung und sensorische Entspannung. Dazu zählen Rückzugsorte, Naturelemente, angenehme Akustik und beruhigende Farben.

Diese fünf Dimensionen zeigen, wie differenziert Raum auf den Menschen wirkt – und warum Healing Architecture weit mehr ist als ein gestalterischer Trend. Sie ist ein Instrument, um psychische Belastung präventiv zu reduzieren

und gleichzeitig das Potenzial von Menschen in sensiblen Lebens- und Arbeitssituationen zu stärken.

8.4 Übertragung auf moderne Arbeitswelten

Die Prinzipien der Healing Architecture lassen sich gezielt auf die Gestaltung
von Arbeitsplätzen übertragen. In einer Zeit, in der mentale Gesundheit, Be-
lastbarkeit und Innovationsfähigkeit immer zentralere Rollen einnehmen,
reichen funktionale Büros nicht mehr aus. Es braucht Umgebungen, die auch
psychologisch wirken.

Das bedeutet konkret: Arbeitsplätze sollten so gestaltet werden, dass sie
Tageslicht optimal nutzen, Materialien eingesetzt werden, die Wärme und
Geborgenheit vermitteln, klare räumliche Strukturen Orientierung bieten
und Naturelemente sichtbar integriert sind. Rückzugsorte und ausgewogene
akustische Konzepte fördern Erholung und Konzentration gleichermaßen.

Healing Architecture schafft somit Räume, die nicht nur Leistung ermöglichen, sondern das gesamte menschliche Wohlbefinden stärken. Sie wird zu
einem strategischen Faktor für Unternehmen, die auf gesunde, resiliente und
motivierte Mitarbeitende setzen – und zu einem wichtigen Element moderner Arbeitswelten, die den Menschen in den Mittelpunkt stellen.

Ein Büro, das Tageslicht maximal nutzt, eine Akustik bietet, die Konzentration erlaubt, sowie Materialien und Farben einsetzt, die Wohlbefinden vermitteln, ist keine gestalterische Spielerei – es ist ein strategischer Erfolgsfaktor.
Rückzugsorte, grüne Innenräume, ergonomische Bewegungszonen und
Orientierungshilfen machen aus Büroflächen förderliche Lebensräume. Sie
senken Krankheitsraten, steigern die Mitarbeitermotivation und stärken die
Bindung an das Unternehmen.

9 Warum Architekturpsychologie die Zukunft der Arbeitswelten mitgestaltet

Die Anforderungen an Arbeitswelten steigen – nicht nur durch Fachkräftemangel, psychische Belastungen oder hybride Modelle, sondern auch durch
den wachsenden Wunsch nach Sinn, Gesundheit und Identifikation im
Arbeitskontext (Kellert et al., 2013; Sternberg, 2009). In dieser Entwicklung
liegt ein enormes Potenzial: Raumgestaltung wird mehr und mehr zu einem
Hebel für strategische Unternehmensentwicklung (Flade, 2020; Vischer, 2005).

Die Architekturpsychologie entschlüsselt dieses Potenzial. Sie liefert das wissenschaftliche Fundament, um Räume so zu gestalten, dass sie weit über ihre funktionale Nutzung hinauswirken – als Resonanzräume für Motivation, Zugehörigkeit, Wohlbefinden und Innovationskraft (Evans & McCoy, 1998).

Zukunftsorientierte Arbeitswelten haben daher nicht nur die Aufgabe, möglichst effizient zu funktionieren. Sie eröffnen Chancen, die tief in der psychologischen und kulturellen Ebene des Arbeitens verankert sind:

Emotionale Resonanz Räume beeinflussen, ob Menschen sich zugehörig fühlen, Sinn erleben und sich mit ihrer Tätigkeit identifizieren können. Architektur kann diese emotionale Bindung gezielt stärken – durch Orte der Begegnung, Rituale, visuelle Narrative oder individuelle Gestaltungsmöglichkeiten (Sternberg, 2009; Jencks, 2010).

Gesundheit und Resilienz Die gebaute Umgebung trägt aktiv zur mentalen und körperlichen Gesundheit bei. Stressreduktion, Rückzugsmöglichkeiten, Tageslicht, Biophilie und gute Akustik unterstützen Regeneration und Resilienz. Healing Architecture zeigt, wie dieser Transfer gelingen kann (Ulrich, 1984; Lohr et al., 1996; Allen et al., 2017).

Flexibilität und Adaptivität Arbeitsräume müssen heute mehr denn je wandelbar sein – technisch, atmosphärisch und funktional. Unterschiedliche Arbeitsmodi, Teamgrößen und hybride Nutzungsszenarien erfordern räumliche Intelligenz statt starrer Raumlogik (Vischer, 2005; Fricke, 2012).

Kultureller Wandel Architektur ist nicht nur Spiegel, sondern auch Katalysator organisationaler Kultur. Sie kann Hierarchien abbauen, Kollaboration fördern, Vertrauen sichtbar machen – und damit neue Formen des Arbeitens räumlich verankern (Evans & McCoy, 1998; Flade, 2020).

Architekturpsychologie übersetzt diese vielfältigen Anforderungen in planbare, messbare Gestaltungskriterien. Sie bringt zusammen, was in der Praxis oft getrennt gedacht wird: Emotion, Funktion, Kultur und Wirtschaftlichkeit.

Diese disziplinübergreifende Wirkung macht die Architekturpsychologie zu einem strategischen Element moderner Arbeitswelten. Unternehmen, die heute bewusst auf architekturpsychologisch fundierte Arbeitsumgebungen setzen, gewinnen nicht nur im „War for Talents", sondern investieren in langfristige Resilienz, Innovationskraft und unternehmerische Gesundheit (Kellert et al., 2013; Vischer, 2005; Browning et al., 2014).

Die Zukunft der Arbeit ist nicht nur technologisch – sie ist psychologisch. Architekturpsychologie rückt den Menschen ins Zentrum der Raumplanung und macht aus Büroflächen echte Möglichkeitsräume.

Diese Erkenntnis bildet die Brücke zu Kap. 3: Dort wird das Architekturpsychologie-Modell von Gauer Consulting erstmals in seiner Gesamtheit vorgestellt. Es zeigt, wie sich vier zentrale Einflussbereiche – Organisation, Mensch, Architektur und Gestaltung – systematisch verbinden lassen, um Arbeitswelten ganzheitlich zu analysieren, zu planen und zu transformieren. Dieses Modell macht die Komplexität der Raumwirkung greifbar – und bietet eine strukturierte Grundlage für nachhaltige Entscheidungen in der Praxis.

Literatur

Altman, I. (1975). *The Environment and Social Behavior: Privacy, Personal Space, Territory. Crowding.*

Altman, I., & Wohlwill, J. (1977). *Human behavior and environment.* Plenum.

Bandura, A. (1997). *Self-efficacy: The exercise of control.* W. H. Freeman.

Baumberger, U., & Liechti, M. (2023). Healing Architecture ist nachhaltig und gesundheitsfördernd. *Clinicum, 1*, 20–24.

Bear, M. F., Connors, B. W., & Paradiso, M. A. (2020). *Neuroscience: Exploring the Brain* (4. Aufl.). Wolters Kluwer.

Becker, F., & Steele, F. (1995). *Workplace by design: Mapping the high-performance workscape.* Jossey-Bass.

van den Berg, A.E., Maas, J., Verheij, R.A., & Groenewegen, P. P. (2010). Green space as a buffer between stressful life events and health. *Social Science & Medicine, 70*(8), 1203–1210. https://doi.org/10.1016/j.socscimed.2010.01.002.

Boubekri, M., Cheung, I. N., Reid, K. J., Wang, C. H., & Zee, P. C. (2014). Impact of windows and daylight exposure on overall health and sleep quality of office workers. *Journal of Clinical Sleep Medicine, 10*(6), 603–611.

Bringslimark, T., Hartig, T., & Patil, G. G. (2007). Psychological benefits of indoor plants in workplaces: Putting experimental results into context. *HortScience, 42*(3), 581–587.

Browning, W. D., Ryan, C. O., & Clancy, J. O. (2014). *14 Patterns of Biophilic Design: Improving Health & Well-Being in the Built Environment.* Terrapin Bright Green.

Bruch, H., & Vogel, B. (2011). *Organisationale Energie: Wie Sie das Potenzial Ihres Unternehmens ausschöpfen* (2. Aufl.). Gabler Verlag.

Buether, A. (2023). Farbe als Entwurfswerkzeug: Die Gestaltung der Wirkungen von Licht- und Oberflächenfarben in Bezug auf das Erleben und Verhalten des Menschen im gebauten Raum. In M. Guhl (Hrsg.), *Architekturpsychologie Perspektiven. Band 3: Entwurf und Prozess* (S. 43–63). Springer Vieweg.

Deci, E.L., & Ryan, R.M. (2000). The „what" and „why" of goal pursuits: Human needs and the self-determination of behavior. *Psychological Inquiry, 11*(4), 227–268. https://doi.org/10.1207/S15327965PLI1104_01.

Degen, M. (2006). *Sensing Cities: Regenerating Public Life in Barcelona and Manchester.* Routledge.

Dijkstra, K., Pieterse, M. E., & Pruyn, A. T. H. (2008). Stress-reducing effects of indoor plants in the built healthcare environment: The mediating role of perceived attractiveness. *Building and Environment, 43*(3), 394–399.

Duffy, F. (1997). *The new office.* Conran Octopus.

Edmondson, A. (1999). Psychological safety and learning behavior in work teams. *Administrative Science Quarterly, 44*(2), 350–383. https://doi.org/10.2307/2666999.

Evans, G.W., & McCoy, J.M. (1998). When buildings don't work: The role of architecture in human health. *Journal of Environmental Psychology, 18*(1), 85–94. https://doi.org/10.1006/jevp.1998.0089.

Flade, A. (2020). *Kompendium der Architekturpsychologie: Zur Gestaltung gebauter Umwelten.* Springer Fachmedien Wiesbaden.

Gifford, R. (2007). *Environmental Psychology: Principles and Practice* (4. Aufl.). Optimal Books.

Guhl, M. (Hrsg.). (2023). *Architekturpsychologie Perspektiven. Band 3.* Springer Vieweg.

Hauser, G., & Werner, J. (2021). *Lehrbuch der Bauphysik: Wärme – Feuchte – Klima – Schall – Licht.* (6. Aufl.). Springer Vieweg. https://doi.org/10.1007/978-3-658-34093-3.

Herzberg, F., Mausner, B., & Snyderman, B. B. (1959). *The motivation to work* (2. Aufl.). Wiley.

Jahncke, H. (2012). Cognitive performance and restoration in open-plan office noise. *Journal of Environmental Psychology, 32*(4), 373–382. https://doi.org/10.1016/j.jenvp.2012.07.002.

Jencks, C. (2010). *The Architecture of Hope: Maggie's Cancer Caring Centres.* Frances Lincoln.

Kantonsspital Baden AG. (2024). Willkommen im Spital der Zukunft. (*KSB Magazin Nr. 4*). https://www.kantonsspitalbaden.ch/ueber-uns/medien/publikationen.

Kellert, S. R., Heerwagen, J. H., & Mador, M. L. (2013). *Biophilic Design: The Theory, Science, and Practice of Bringing Buildings to Life.* Wiley.

Kolodej, C. (2022). *Priming – Stärkende Räume entstehen lassen: Eine Kernkompetenz für Beratung, Verhandlung und Mediation.* Springer Gabler. https://doi.org/10.1007/978-3-658-36330-7

Kritzmöller, M. (2022). *Healing Architecture: Eine patientenzentrierte Diagnose.* Flabelli Verlag.

Landes, M., Steiner, E., & Utz, T. (Hrsg.). (2022). *Kreativität und Innovation in Organisationen: Impulse aus Innovationsforschung, Management, Kunst und Psychologie* (1. Aufl.). Springer Gabler.

Lang, J. (1987). *Creating Architectural Theory: The Role of the Behavioral Sciences in Environmental Design*. Van Nostrand Reinhold.

Leydecker, S. (2017). *Das Patientenzimmer der Zukunft*. Birkhäuser Verlag. https://doi.org/10.1515/9783038211129.

Lohr, V. I., Pearson-Mims, C. H., & Goodwin, G. K. (1996). Interior plants may improve worker productivity and reduce stress in a windowless environment. *Journal of Environmental Horticulture, 14*(2), 97–100.

Maslow, A. H. (1954). *Motivation and personality*. Harper & Row.

Maslow, A. H., & Mintz, N. L. (1956). Effects of esthetic surroundings: I. Initial effects of three esthetic conditions upon perceiving „energy" and „well-being" in faces. *Journal of Psychology, 41*(2), 247–254.

McEwen, B. S., & Gianaros, P. J. (2011). Stress- and allostasis-induced brain plasticity. *Annual Review of Medicine, 62*, 431–445.

Norberg-Schulz, C. (1980). *Genius loci: Towards a phenomenology of architecture*. Rizzoli.

Proshansky, H. M., Fabian, A. K., & Kaminoff, R. (1983). Place-identity: Physical world socialization of the self. *Journal of Environmental Psychology, 3*(1), 57–83.

Raanaas, R. K., Evensen, K. H., Rich, D., Sjostrom, G., & Patil, G. G. (2011). Benefits of indoor plants on attention capacity in an office setting. *Journal of Environmental Psychology, 31*(1), 99–105.

Richter, P. G. (Hrsg.). (2016). *Architekturpsychologie: Eine Einführung* (3., überarb. Aufl.). Pabst Science Publishers.

Roessler, K. K. (2023). Architekturpsychologie an der Süddänischen Universität. In T. C. Vollmer (Hrsg.), *Architekturpsychologie Perspektiven* (Bd. *Band 1*, S. 61–78). Springer Vieweg.

Sakallaris, B., Voss, M., MacAllister, L., & Smith, K. (2015). Optimal Healing Environments. *Global Advances in Health and Medicine*, 40–45. https://doi.org/10.7453/gahmj.2015.043.

Schein, E. H. (2010). *Organizational culture and leadership* (4. Aufl.). Jossey-Bass.

Söderlund, J., & Newman, P. (2015). Biophilic architecture: A review of the rationale and outcomes. *Australian Planner, 52*(2), 110–121.

Srivastav, A. (2022). Elements of Healing Spaces in Hospital. *International Journal for Research in Applied Science & Engineering Technology*, 2097–2101. https://doi.org/10.22214/ijraset.2022.41069.

Steelcase (Hrsg.). (2016). *360° Steelcase Global Report. Mitarbeiterengagement und Arbeitsplätze in aller Welt*. .

Sternberg, E. M. (2009). *Healing Spaces: The Science of Place and Well-Being*. Harvard University Press.

Sternberg, E. M. (2011). *Heilende Räume (1.)*. Crotona Verlag GmbH.

Ulrich, R.S. (1984). View through a window may influence recovery from surgery. *Science, 224*(4647), 420–421. https://doi.org/10.1126/science.6143402.

Ulrich, R.S. (2001). Effects of healthcare environmental design on medical outcomes. In *Design & Health: Proceedings of the Second International Conference,* S. 49–59).

Ulrich, R. S., Simons, R. F., Losito, B. D., Fiorito, E., Miles, M. A., & Zelson, M. (1991). Stress recovery during exposure to natural and urban environments. *Journal of Environmental Psychology, 11*(3), 201–230.

Ulrich, R. S., Zimring, C., Quan, X., Joseph, A., & Choudhary, R. (2004). *The role of the physical environment in the hospital of the 21st century: A once-in-a-lifetime opportunity. The Center for Health Design.*

Vischer, J. C. (2005). *Space meets status: Designing workplace performance.* Routledge.

Vollmer, T. C., & Koppen, G. (2023). Vom Bedürfnis zum Beweis: Architekturpsychologie als Schlüsselkonzept der Heilenden Architektur und Evidence Based Design Forschung. In T. C. Vollmer (Hrsg.), *Architekturpsychologie Perspektiven. Band 1: Forschung und Lehre* (S. 7–34). Springer Vieweg.

Waterholter, A. (2023). Entstehen und Wachsen: Eine lebensweltlich-emotionale Perspektive auf Architektur. In M. Guhl (Hrsg.), *Architekturpsychologie Perspektiven. Band 3: Entwurf und Prozess* (S. 63–72). Springer Vieweg.

World Green Building Council. (2015). *The Business Case for Green Building: A Review of the Costs and Benefits for Developers. Occupants.*

Zumthor, P. (2006). *Atmosphären: Architektonische Umgebungen, die wir fühlen.* Birkhäuser.

Zwicker, E. (1982). *Psychoakustik.* Springer-Verlag. https://doi.org/10.1007/978-3-642-68510-1.

3

Die Dimensionen der Architekturpsychologie

Warum eine ganzheitliche Betrachtung der Architekturpsychologie notwendig ist

Architekturpsychologie ist weit mehr als die ästhetische oder funktionale Gestaltung einzelner Räume. Sie betrachtet das komplexe Zusammenspiel zwischen Mensch, Raum, Organisation und Gestaltung – eine Wechselwirkung, die weitreichende Konsequenzen für das Verhalten, das Wohlbefinden und die Produktivität der Menschen hat.

In der modernen Arbeitswelt, die von Flexibilisierung, Digitalisierung und sich stetig wandelnden Anforderungen geprägt ist, greifen viele Unternehmen zu kurz, wenn sie neue Arbeitsplatzkonzepte entwickeln. Oft werden einzelne Aspekte wie technologische Ausstattung oder Flächeneffizienz optimiert, während essenzielle psychologische und soziale Faktoren unberücksichtigt bleiben. Dies führt dazu, dass Konzepte in der Praxis scheitern – sei es durch mangelnde Akzeptanz der Mitarbeitenden, steigende Unzufriedenheit oder eine ungewollte Reduktion der Produktivität.

Eine ganzheitliche Betrachtung der Architekturpsychologie stellt sicher, dass Arbeitsumgebungen nicht nur funktional, sondern auch gesundheitsfördernd und motivationssteigernd gestaltet sind. Diese cross-disziplinäre Denkweise integriert Erkenntnisse aus der Umweltpsychologie, der Organisationspsychologie und der Neurowissenschaften, Verhaltenspsychologie und der Soziologie, um Räume zu schaffen, die den Bedürfnissen der Menschen gerecht werden. Dies umfasst unter anderem die Gestaltung von Räumen, die sowohl Konzentration als auch Kollaboration unterstützen, die bewusste In-

S. Gauer, *Architekturpsychologie als Erfolgsfaktor!*, https://doi.org/10.1007/978-3-662-72370-8_3

tegration von Rückzugsorten für unterschiedliche Persönlichkeitstypen und die Anpassung von Licht, Akustik und Materialien an die kognitive und emotionale Verarbeitung der Nutzer.

Nur wenn Architektur als ein lebendiges, dynamisches System verstanden wird, das in direkter Interaktion mit den Menschen und den organisationalen Strukturen steht, können Räume entstehen, die nicht nur gut aussehen, sondern auch nachhaltig einen positiven Einfluss auf die Arbeitskultur und das Wohlbefinden haben. Eine isolierte Betrachtung – sei es durch rein wirtschaftliche Effizienzsteigerung oder durch rein gestalterische Ästhetik – wird der Komplexität der heutigen Arbeitswelt nicht gerecht.

Daher ist es essenziell, Architekturpsychologie als interdisziplinäre Disziplin zu begreifen, die architektonische, psychologische und unternehmerische Perspektiven vereint. Nur so können Räume entstehen, die langfristig erfolgreich sind – für die Organisation ebenso wie für die Menschen, die darin arbeiten.

1   Das Architekturpsychologie-Modell von Gauer Consulting

In einer sich stetig wandelnden Arbeitswelt reicht es längst nicht mehr aus, Büroflächen nur effizient zu planen oder modern auszustatten. Natürlich sind Raumdesign, Möblierung, digitale Tools und Flächenoptimierung wichtig – doch sie allein schaffen keine erfolgreiche, nachhaltige Arbeitswelt.

Entscheidend ist ein tiefgehendes Verständnis der Wechselwirkungen: Wie beeinflussen sich Mensch, Raum, Organisation und Gestaltung gegenseitig? Wie formen sie das emotionale Erleben, die psychologische Sicherheit, die Motivation und letztlich die Produktivität der Menschen, die darin arbeiten?

Bei Gauer Consulting haben wir genau deshalb ein Modell entwickelt, das diese komplexen Zusammenhänge ins Zentrum stellt. Unser Ansatz ermöglicht eine ganzheitliche Betrachtung von Arbeitswelten, die über einzelne Maßnahmen hinausgeht. Er verbindet psychologische Erkenntnisse, architektonisches Wissen und organisationale Dynamiken zu einem systemischen Verständnis.

Denn nur wer diese Wechselwirkungen versteht, kann Arbeitsumgebungen schaffen, die nicht nur kurzfristig funktionieren, sondern langfristig wirken: gesundheitsfördernd, identitätsstiftend, produktiv und zukunftsfähig.

Architekturpsychologie by Gauer, dargestellt in Abb. 3.1, ist mehr als ein Planungsansatz – es ist ein strategisches Werkzeug, das Unternehmen dabei unterstützt, Räume zu gestalten, die Kultur, Verhalten und Erfolg miteinander verweben.

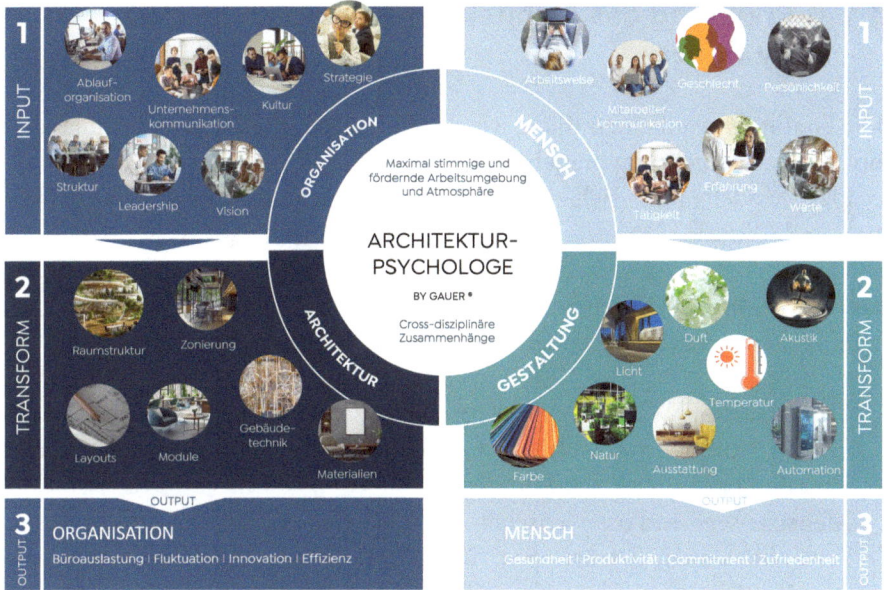

Abb. 3.1 Architekturpsychologie by Gauer Consulting. (Quelle: Eigenes Modell)

Die Logik des Modells: Transformation zwischen Mensch und Organisation

Unser Modell folgt einer klaren, systemischen Logik: Die Dimensionen Mensch und Organisation bilden sowohl den Ausgangspunkt als auch das Ziel jeder Gestaltung. Sie definieren, was gebraucht wird – und was erreicht werden soll.

Dazwischen liegen zwei zentrale Transformationsräume:

- Architektur als physisch-struktureller Rahmen
- Gestaltung als atmosphärisch-emotionaler Verstärker

Diese beiden Dimensionen wirken wie Katalysatoren: Sie beeinflussen Wahrnehmung, Verhalten, Kommunikation, Effizienz, Zugehörigkeit, Gesundheit – und machen kulturelle wie strategische Ziele räumlich erlebbar. Ziel ist es, durch gezielte architekturpsychologische Gestaltung jene Wirkungen zu erzeugen, die Menschen stärken und Organisationen erfolgreicher machen.

Das Modell unterscheidet sich dabei von rein planerischen oder rein gestalterischen Zugängen durch seine Verbindung von Psychologie, Raum und Strategie. Es ermöglicht nicht nur eine bessere Flächennutzung – sondern einen spürbaren Beitrag zu Unternehmenskultur, Performance und Wohlbefinden.

Architekturpsychologie Modell by Gauer Consulting

1.1   Erklärung des Architekturpsychologie-Modells by Gauer

Die Grafik zeigt auf einen Blick, wie das Modell arbeitet – und warum es eine holistische Betrachtung braucht.

Das Modell teilt sich in drei große Bereiche: Input, Transformation und Output.

Oben: Die Input-Dimensionen
Hier fließen alle grundlegenden Faktoren ein, die die Arbeitswelt prägen:

* **Organisation:** Wie ist das Unternehmen strukturiert? Wie sieht die Leadership-Kultur aus? Welche Abläufe, Kommunikation, Strategien und Visionen bestimmen den Rahmen?
* **Mensch:** Wer sind die Menschen, die hier arbeiten? Welche Arbeitsweisen, Persönlichkeiten, Erfahrungen, Werte und Kommunikationsmuster bringen sie mit?

Diese Inputs liefern die Basis für alles, was folgt – sie zeigen, welche Bedingungen und Erwartungen es gibt, um Räume sinnvoll zu gestalten.

Mitte: Die Transformationsbereiche
Hier setzen Architektur und Gestaltung gezielt an, um die Inputs in förderliche Räume zu übersetzen:

* **Architektur:** Raumstrukturen, Zonierungen, Layouts, Module, Gebäudetechnik und Materialien – all das wird so geplant, dass es den organisationalen und menschlichen Bedürfnissen gerecht wird.
* **Gestaltung:** Farben, Licht, Akustik, Temperatur, Natur, Ausstattung, Automation – gezielt eingesetzt, schaffen diese Elemente eine Atmosphäre, die Wirkung zeigt: auf Emotionen, Verhalten, Gesundheit und Leistung.

Diese Transformationsbereiche sind der aktive Hebel, um aus abstrakten Vorgaben eine spürbare Raumqualität zu formen.

Unten: Die Output-Wirkungen
Die Wirkung architekturpsychologischer Gestaltung zeigt sich in zwei Wirkungsebenen – auf organisationaler und individueller Ebene. Dabei verbinden sich psychologische und wirtschaftliche Effekte zu einem nachhaltigen Mehrwert für beide Seiten.

1. Organisationale Outcomes
Diese Dimension fokussiert auf strukturelle, wirtschaftliche und strategische Zielgrößen der Organisation:

- Büroauslastung
- Fluktuation
- Innovation
- Effizienz

2. Menschbezogene Outcomes
Diese Dimension adressiert individuelle Wahrnehmung, Motivation und Gesundheit – also den Menschen als Nutzer und Akteur:

- Gesundheit
- Produktivität
- Commitment
- Zufriedenheit

Nur wenn Input und Transformation ganzheitlich zusammengedacht werden, entsteht ein Output, der langfristig trägt – für die Menschen, für die Organisation und für den wirtschaftlichen Erfolg.

Die Wirkprinzipien auf einen Blick in der folgenden Tab. 3.1
Architekturpsychologie by Gauer heißt: die richtigen Fragen am Anfang stellen, die richtigen Hebel in der Planung setzen und die Ergebnisse schaffen, die wirklich zählen.

Erfolgreiche Arbeitswelten entstehen nicht dadurch, dass alle vier Faktoren gleichermaßen gewichtet werden, sondern durch eine durchdachte Kombination, die sich individuell an die Anforderungen eines Unternehmens anpasst.

Ein technologiebasiertes Unternehmen benötigt eine andere räumliche und organisatorische Struktur als ein kreatives Designstudio oder ein produzierendes Gewerbe. Genau hier liegt die Einzigartigkeit unseres Modells: Es liefert keine standardisierten Lösungen, sondern ermöglicht eine maßge-

Tab. 3.1 Wirkprinzipien. (Quelle: eigene Darstellung)

Dimension	Input – Ausgangslage	Transformation – Architektur & Gestaltung wirken auf	Output – Zielzustände & Wirkung
Mensch	individuelle Bedürfnisse, Belastungen, Erwartungen, Routinen	Orientierung, emotionale Resonanz, sensorische Reize, psychologische Sicherheit	Gesundheit, Produktivität, Commitment, Zufriedenheit
Organisation	Ziele, Strukturen, Prozesse, Kultur, Kommunikation	Raumlogiken, Sichtbezüge, Zonierungen, Interaktionsflächen, Signale	Büroauslastung, Fluktuation, Innovation, Effizienz

schneiderte Balance der Dimensionen – abgestimmt auf die Unternehmenskultur, die Menschen, die darin arbeiten, und die spezifischen Ziele der Organisation.

In den folgenden Abschnitten werde ich die vier zentralen Dimensionen detailliert betrachten und anhand konkreter Beispiele verdeutlichen, warum ihr gezieltes Zusammenspiel über den Erfolg oder Misserfolg moderner Arbeitswelten entscheidet.

2   ORGANISATION – Das Fundament der zukunftsfähigen Arbeitswelt

Eine nachhaltig gestaltete Arbeitswelt entsteht nicht durch Zufall oder einzelne, isolierte Maßnahmen. Sie basiert auf einem tiefen Verständnis für die grundlegenden Bausteine einer Organisation. Vision, Strategie, Kultur, Struktur, Leadership, Kommunikation und Abläufe bilden gemeinsam das Fundament, auf dem eine resiliente und zukunftsfähige Arbeitswelt entstehen kann. Diese Bereiche wirken zusammen – sie sind wie Zahnräder in einem Getriebe, das nur dann rund läuft, wenn alle Elemente aufeinander abgestimmt sind (vgl. Abb. 3.2).

Was ich immer wieder erlebe – und das gilt für Unternehmen verschiedenster Branchen und Größen – ist, dass dieser zentrale Bereich viel zu

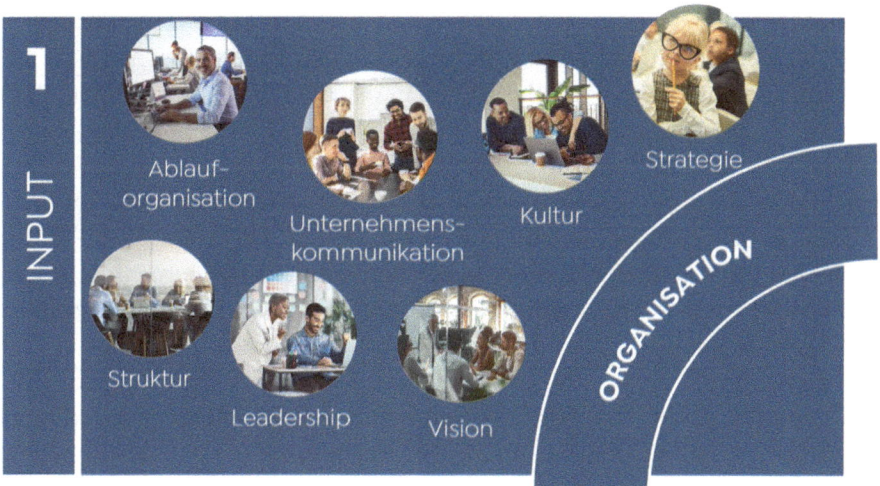

Abb. 3.2 Input-Bereich Organisation – Architekturpsychologie by Gauer Consulting. (Quelle: Eigenes Modell)

oft unterschätzt wird. Die Gespräche mit meinen Kunden beginnen meist mit Sätzen wie: „Wir planen ein neues Bürogebäude", „Wir wollen unsere Fläche modernisieren" oder „Wir brauchen ein innovatives Raumkonzept." Und jedes Mal frage ich zurück: „Und was wollen Sie damit im Innersten Ihrer Organisation bewirken?" Oft herrscht dann Stille.

Zu häufig wird die Architektur als Startpunkt gewählt, als erstes Puzzlestück, um das sich alles andere später „herumbauen" soll. Aber genau hier liegt der fatale Denkfehler. Architektur ist wichtig – ohne Frage. Doch sie darf niemals vor der Organisation stehen. Sie ist nicht das Fundament. Das Fundament ist und bleibt das Unternehmen selbst: seine Vision, seine Strategie, seine Kultur und Strukturen, seine Art zu führen und zu kommunizieren. Genau diese Elemente sind es, die den Raum erst mit Sinn und Wirkung aufladen.

Ein konkretes Beispiel aus meiner Praxis: Ein internationaler Konzern plante ein hochmodernes Headquarter – offene Räume, großzügige Lounges, Activity-Based Working, Flex-Desks. Die Architektur war beeindruckend. Doch nach dem Einzug kam schnell die Ernüchterung: Die Mitarbeitenden fühlten sich orientierungslos, überfordert von der neuen Offenheit und verloren im Konzept. Warum? Weil niemand zuvor die eigentlichen Fragen gestellt hatte: Welche Arbeits- und Kommunikationskultur leben wir? Welche Haltung wollen wir im neuen Raum verankern? Ist unsere Führungskultur überhaupt bereit für solch ein Raumkonzept? Die Organisation war nicht synchron mit dem architektonischen Wandel.

Dieser Fehler kostet mehr als nur Zeit und Geld – er kostet Vertrauen, Produktivität und oft auch die Motivation der Mitarbeitenden. Denn was viele unterschätzen: Gebäude wirken tief in die Unternehmens-DNA hinein. Sie verändern das tägliche Miteinander, die Art der Zusammenarbeit und die Unternehmenskultur selbst. Wer sich nicht im Vorfeld klarmacht, welche Konsequenzen eine neue Arbeitswelt hat, läuft Gefahr, den Raum zum Bremsklotz der eigenen Organisation zu machen, anstatt zum Treiber.

Deshalb lautet mein Appell an alle Entscheider: Bevor Sie über Wände, Möbel und Raumzonen sprechen, sprechen Sie über Ihr Unternehmen. Über das, was Sie wirklich erreichen wollen. Über Ihre Werte, Ihre Führungsbilder, Ihre Prozesse und Ihre Zukunftsvision.

Erst wenn diese Fragen beantwortet sind, kann die Architektur ihre volle Kraft entfalten. Erst dann wird der Raum zum echten Werkzeug für Wandel und Erfolg – und nicht zur schönen, aber leeren Hülle.

Architekturpsychologie lehrt uns: Räume folgen immer der Haltung und der Identität eines Unternehmens. Wer das nicht versteht und diese Reihenfolge umkehrt, wird langfristig nicht die gewünschte Wirkung erzielen.

Die Architekturpsychologie leistet dabei mehr als nur einen gestalterischen Beitrag: Sie übersetzt diese organisationalen Grundlagen in den Raum und sorgt dafür, dass abstrakte Konzepte konkret erlebbar und wirksam werden. Eine ganzheitlich gedachte Arbeitswelt beginnt also lange vor dem ersten Entwurf eines Raumplans – sie entsteht aus einer durchdachten Verbindung von Organisation und Raum.

Im Umkehrschluss bedeutet das: Wir müssen den Mut und die Disziplin aufbringen, uns im Vorfeld die nötige Zeit für diesen Prozess zu nehmen. Es gilt, gemeinsam und strukturiert zu analysieren, was wir mit der neuen Arbeitswelt erreichen wollen – und welche unternehmerischen, kulturellen und prozessualen Konsequenzen damit einhergehen.

Dies ist kein Schritt, den man nebenbei erledigt. Es ist ein strategischer Prozess der Selbstreflexion, der über den Erfolg der gesamten Transformation entscheidet. Wer bereit ist, sich kritisch mit der eigenen Organisation auseinanderzusetzen, wird schnell feststellen, dass dabei oft keine Lösung „von der Stange" herauskommt. Vielmehr entsteht etwas Einzigartiges – eine maßgeschneiderte Antwort, die exakt zur Identität und zu den Zielen des Unternehmens passt.

Und genau das ist der Kern einer erfolgreichen Arbeitsweltgestaltung: die Organisation als Ganzes sichtbar zu machenund sicherzustellen, dass auch die „inneren Werte" – wie Haltung, Kultur und Führungsverständnis – räumlich erlebbar werden.

Denn nur wenn Organisation und Raum in Einklang stehen, entsteht eine Arbeitswelt, die langfristig wirkt, Akzeptanz schafft und die strategischen Ziele des Unternehmens konsequent unterstützt.

3 Vision – Der Ausgangspunkt jeder Veränderung

Jede zukunftsorientierte Arbeitswelt beginnt mit einer klar definierten Vision. Sie ist der Ausgangspunkt, das strategische Leitbild, an dem sich alle weiteren Entscheidungen orientieren. Eine starke Vision beantwortet zentrale Fragen: Warum existieren wir als Unternehmen? Wo wollen wir hin? Welche Werte und welchen Beitrag leisten wir für unsere Kunden, unsere Mitarbeitenden und die Gesellschaft?

Ohne diese Leitlinie bleibt jede architektonische Veränderung oberfläch-lich. Räume dürfen nicht isoliert gedacht werden – sie sind Träger und Ver-stärker der unternehmerischen Vision. Architektur transportiert das, was im Leitbild formuliert wurde, direkt in die tägliche Wahrnehmung der Mit-arbeitenden und Stakeholder.

Will ein Unternehmen beispielsweise Innovationsführer sein, muss diese Haltung auch im Raum erlebbar sein: etwa durch agile, flexible Arbeits-umgebungen, die Kreativität und Dynamik unterstützen. Gleichzeitig be-deutet „offen und flexibel" nicht automatisch, dass Open-Space-Konzepte die einzige Antwort sind. Architekturpsychologie hilft, differenziert zu gestalten: Offenheit kann auch durch kommunikative Zonen, modulare Raumkonzepte und hybride Arbeitswelten entstehen – angepasst an die jeweilige Orga-nisation.

Ebenso gilt im Umkehrschluss: Auch ein Unternehmen mit konservativer Prägung, das in einer hierarchischen, regulierten Umgebung agiert, muss nicht zwangsläufig auf geschlossene Räume und Einzelbüros setzen. Auch dort lassen sich Offenheit, Austausch und moderne Arbeitsprozesse integrie-ren – ohne die kulturelle Identität zu unterlaufen.

Genau hier liegt die Herausforderung: Vielen Organisationen ist anfangs nicht bewusst, wie stark Räume Teil der Vision sind. Oft wird der Raum als nachgelagerte Maßnahme betrachtet, anstatt als aktives Element der Strategie. Doch eine Vision, die im Raum nicht sichtbar und spürbar wird, bleibt abs-trakt und verliert an Wirkung.

Die Vision muss lebendig und realisierbar sein – keine leeren Schlagworte im Hochglanzformat, sondern ein glaubwürdiges Bild der Zukunft, das Be-geisterung und Orientierung stiftet.

Architekturpsychologie bietet hier einen entscheidenden Mehrwert: Sie hilft Unternehmen dabei, die eigene Vision nicht nur zu formulieren, son-dern sie in der räumlichen Gestaltung und Atmosphäre zu verankern – und sie so im Alltag für alle Beteiligten emotional erlebbar zu machen.

3.1   Strategie – Raum, Organisation und Prozesse ganzheitlich verzahnen

Die Strategie ist weit mehr als ein Dokument mit Zielen – sie ist der operative Fahrplan für die Zukunft. Sie übersetzt die Vision in konkrete Handlungs-felder und definiert, wie sich diese in der Organisation, den Prozessen und der physischen Arbeitsumgebung widerspiegeln sollen. Eine erfolgreiche Strategie berücksichtigt daher nicht nur Märkte und Produkte, sondern auch die Arbeits- und Teamprozesse – also das „Wie" der täglichen Zusammenarbeit.

Denn genau hier beginnt die Verzahnung von Organisation und Raum: Arbeitswelt bedeutet nicht nur Architektur, sondern auch die Art und Weise, wie Teams miteinander arbeiten, kommunizieren und Entscheidungen treffen. Die Raumgestaltung kann diese Prozesse fördern oder behindern – je nachdem, wie gut sie in die strategische Gesamtplanung eingebettet ist.

In der Praxis zeigt sich jedoch ein anderes Bild: Viele Unternehmen formulieren Strategien auf der Führungsebene, ohne die Auswirkungen auf die tägliche Zusammenarbeit und die räumliche Umsetzung mitzudenken. Dabei bleiben wichtige Fragen offen: Wie werden unsere Teams zukünftig arbeiten? Welche Art von Zusammenarbeit braucht es für unsere Ziele? Und wie muss der Raum gestaltet sein, um genau diese Prozesse zu unterstützen?

Eine Strategie, die Zusammenarbeit neu denkt, muss auch den Raum neu denken.

Ein prägnantes Beispiel verdeutlicht das Dilemma vieler Organisationen: Ein Unternehmen möchte eine offene Unternehmenskultur etablieren und die emotionale Bindung der Mitarbeitenden spürbar erhöhen. Doch diese Ziele laufen ins Leere, wenn die dahinterliegenden Denkmuster unverändert bleiben – etwa wenn Teams weiterhin isoliert in Silos arbeiten und der Austausch auf das Nötigste beschränkt ist.

Eine offene Kultur entsteht nicht durch Absichtserklärungen, sondern durch gelebte Begegnungen und neue Formen der Zusammenarbeit. Nur wenn Raum, Führung und Prozesse so gestaltet werden, dass echte Interaktion und ein „Wir-Gefühl" gefördert werden, entsteht der gewünschte Wandel.

Der Raum muss Lust auf das Büro machen, auf den Austausch mit Kollegen auf gemeinsame Erlebnisse im Arbeitsalltag. Erst wenn Menschen wieder gern ins Büro kommen – weil sie dort Energie, Zugehörigkeit und Inspiration erfahren – entwickelt sich der gewünschte Zusammenhalt und damit auch die emotionale Bindung, die für eine leistungsfähige Unternehmenskultur essenziell ist.

Hier ist es Aufgabe der Strategie, die unsichtbaren Denk- und Verhaltensmuster aufzubrechen und eine Umgebung zu schaffen, in der Raum, Führung und Arbeitsprozesse konsequent auf Verbindung und Miteinander ausgerichtet sind.

In einem Projekt mit einem internationalen Kunden entwickelten wir beispielsweise eine Workplace-Strategie, die neben der räumlichen Öffnung auch die teamübergreifende Zusammenarbeit neu strukturierte. Offene Projektflächen und zentrale Begegnungszonen wurden geschaffen, flankiert von klar definierten Teamprozessen: crossfunktionale Projektteams, tägliche Stand-ups und ein gezieltes Empowerment der Mitarbeitenden. Der Raum wurde so zum Katalysator einer neuen Teamdynamik, die die Strategie nicht nur begleitete, sondern aktiv zum Leben erweckte.

Die Dringlichkeit dieser Thematik lässt sich nicht nur an individuellen Beobachtungen, sondern auch an harten Zahlen ablesen. Laut dem Gallup Engagement Index 2024 befinden sich nur noch 9 % der Beschäftigten in Deutschland in einer emotional starken Bindung zu ihrem Arbeitgeber – das ist der niedrigste Wert seit Beginn der Erhebung. Im Gegenzug leisten 78 % der Mitarbeitenden nur noch Dienst nach Vorschrift, ein historischer Höchstwert.

Diese Entwicklungen haben weitreichende Folgen: Eine geringe emotionale Bindung führt nachweislich zu mehr Fehlzeiten, geringerer Eigeninitiative, eingeschränkter Leistungsbereitschaft und einem spürbaren Verlust an Identifikation mit dem Unternehmen. Der Raum spielt hierbei eine entscheidende Rolle – denn wenn strategische Überlegungen zu neuen Arbeitswelten die reale Teamdynamik und den Raum ausklammern, bleibt die Organisation fragmentiert.

Viele Unternehmen vernachlässigen die Tatsache, dass Raum, Strategie und die täglichen Arbeits- und Teamprozesse in einem direkten Wechselspiel stehen. Ohne eine saubere Verzahnung dieser Ebenen bleiben Mitarbeitende emotional distanziert und der gewünschte Wandel hin zu mehr Motivation und Zusammenhalt wird nicht erreicht.

Ein strategischer Fehler liegt oft darin, dass Räume als rein funktionale Infrastruktur verstanden werden. Dabei formen sie das Verhalten maßgeblich mit. Nur wenn die Arbeitswelt sowohl strategisch als auch architektonisch Prozesse unterstützt – sei es durch die Förderung von Austausch, das Aufbrechen von Silos oder die Schaffung von Begegnungsräumen – kann eine Organisation emotionale Bindung nachhaltig stärken.

Der Engagement Index verdeutlicht damit auch, wie dringend notwendig ein Umdenken ist: Unternehmen müssen weg vom reinen Flächen- oder Möbeldesign und hin zu einem ganzheitlichen Konzept, das bewusst darauf abzielt, Begegnungen zu fördern und Arbeitsprozesse sowie die Unternehmenskultur zu unterstützen.

Nur wenn Raum, Strategie und Arbeitsprozesse integrativ gedacht werden, gelingt es, eine Arbeitswelt zu schaffen, in der Menschen wieder gern zusammenkommen, sich austauschen und eine starke emotionale Bindung zu den Kollegen und somit auch zum Unternehmen entwickeln.

Unternehmen, die es versäumen, ihre Strategie räumlich und prozessual zu verankern, gefährden nicht nur die Zufriedenheit der Mitarbeitenden, sondern auch ihre Zukunftsfähigkeit im Markt.

Architekturpsychologie zeigt uns hier eine klare Richtung: Nur wenn Strategie, Arbeitsprozesse und Raumgestaltung als ein ganzheitliches System betrachtet werden, entsteht eine Arbeitswelt, die nicht nur ästhetisch überzeugt, sondern auch kulturell und organisatorisch wirksam ist.

Räume fördern Zusammenarbeit, wenn sie die Prozesse der Menschen verstehen. Strategie muss diese Wechselwirkung berücksichtigen – nur dann können Organisation und Raum gemeinsam zu echten Enablern der Unternehmensziele werden.

3.2   Kultur – Werte und Haltungen im Raum verankern

Kultur ist das unsichtbare Band, das das Verhalten, die Kommunikation und die Entscheidungslogik einer Organisation zusammenhält. Sie ist allgegenwärtig – mal subtil, mal ganz offensichtlich. Sie lebt in den gelebten Werten, in Ritualen und in jenen unausgesprochenen Regeln, die den „Ton" eines Unternehmens prägen. Doch Kultur ist mehr als ein Leitbild auf Papier. Sie ist ein Gefühl, das Mitarbeitende täglich erleben – und sie entscheidet maßgeblich über Motivation, Zugehörigkeit und Zusammenarbeit.

Räume spielen dabei eine Schlüsselrolle. Sie sind die physische Verlängerung der Kultur und spiegeln wider, ob ein Unternehmen tatsächlich offen, hierarchisch, mutig oder innovationsfreudig ist. Architekturpsychologie macht diese Zusammenhänge sichtbar: Räume prägen Verhalten und beeinflussen, wie Menschen miteinander umgehen – ob sie sich begegnen, austauschen oder sich eher zurückziehen und abschotten. Räume bestimmen sogar mit wie sich Menschen fühlen und wie es ihnen geht, sie verstärken oder hemmen ein Gefühl.

Vom Missverständnis der „sichtbaren Kultur"

Ich muss oft schmunzeln, wenn ich in Projekten von Unternehmen höre: „Wir haben bei der Gestaltung sehr darauf geachtet, unser Logo und die CI-Farben prominent einzusetzen – im Eingangsbereich, im Meetingraum, überall." Manchmal war der Einsatz der Farben so dominant, dass sie fast überwältigend wirkten. Natürlich ist eine konsistente Corporate Identity wichtig – aber was viele übersehen: Kultur lässt sich nicht auf Farbpaletten und Logos reduzieren.

Die wahre Kultur eines Unternehmens zeigt sich dort, wo keine CI-Elemente mehr nötig sind. Im besten Fall erkennt man beim Betreten der

Räume sofort, wo man ist – nicht, weil ein riesiges Logo an der Wand hängt, sondern weil die Atmosphäre, die Haltung der Menschen und die Art der Raumgestaltung eine eindeutige Botschaft senden. Kultur ist das, was im Raum „mitschwingt", auch wenn kein Corporate Design mehr sichtbar ist.

Haltung im Wandel der Zeit

Doch gerade in der heutigen Zeit fällt es vielen schwer, ihre Werte und Haltungen klar zu zeigen – sei es im Privaten oder auf Unternehmensebene. Die gesellschaftliche Stimmung ist angespannt, der Diskurs oft moralisch aufgeladen. Im privaten Umfeld führt das dazu, dass viele Menschen zurückhaltender geworden sind, aus Angst, anzuecken oder ungewollt in einen digitalen Shitstorm zu geraten.

In Unternehmen zeigt sich ein ähnliches Muster. Viele Organisationen versuchen, möglichst „breit anschlussfähig" zu sein und es allen recht zu machen – den Kunden, den Investoren, der Gesellschaft und den Mitarbeitenden. Dabei wird oft übersehen, dass genau dieser Spagat die Kultur verwässert. Denn Kultur braucht Klarheit. Sie lebt von der bewussten Entscheidung, zu wissen, wer man ist und wofür man steht.

Das gilt besonders für die Arbeitswelt: Nur wer sich der eigenen Werte bewusst ist, kann auch die richtigen Mitarbeitenden und Partner anziehen – Menschen, die sich mit dem Unternehmen identifizieren und sich mit voller Überzeugung einbringen. Gerade im Zeitalter des Fachkräftemangels ist es wichtiger denn je, nicht auf „Masse" zu setzen, sondern auf Passung. Manchmal ist weniger mehr.

Räume, die Haltung verkörpern

Hier kommt die Architekturpsychologie ins Spiel. Sie zeigt: Räume sind Ausdruck der Haltung einer Organisation. Ein Unternehmen, das Offenheit, Vertrauen und Zusammenarbeit fördern will, wird dies nicht nur in Meetings und Leitbildern artikulieren – es wird diese Werte in den Raum übersetzen. Offene Raumkonzepte, transparente Meetingräume, Begegnungsflächen und eine Mischung aus formellen und informellen Treffpunkten laden zu spontanen Gesprächen und zum Dialog ein.

Andererseits signalisieren lange Flure, geschlossene Türen und fehlende Austauschzonen das Gegenteil: Hierarchien, Distanz, Abgrenzung. Selbst ohne ein Wort zu sagen, vermittelt der Raum eine klare Botschaft.

Ein gutes Beispiel aus meiner Erfahrung: Ein mittelständisches Unternehmen mit stark gewachsenen, traditionellen Strukturen wollte agiler werden und eine offenere Kultur fördern. Im ersten Schritt wurden – wie so oft – neue Workshop-Formate und interne Initiativen gestartet. Doch der eigentliche Hebel kam mit der räumlichen Veränderung: Statt der bisherigen, stark abgetrennten Einzelbüros wurden offene Teamflächen und sogenannte „Crossover-Zonen" geschaffen, in denen sich Teams projektübergreifend begegnen konnten. Gleichzeitig wurden Rückzugsorte für konzentriertes Arbeiten integriert. Das Ergebnis: Die Dynamik im Unternehmen veränderte sich spürbar. Austausch fand plötzlich auch außerhalb von Jour-Fixe-Formaten statt, das gegenseitige Verständnis zwischen Abteilungen wuchs – und die Kultur entwickelte sich weiter.

Räume als kulturelle „Treibmittel"

Wer Kultur und Raum isoliert voneinander denkt, verschenkt enormes Potenzial. Denn Kultur ist immer auch ein räumliches Erlebnis. Mitarbeitende spüren, ob sie Teil einer Organisation sind, die Dialog, Vertrauen und Offenheit nicht nur fordert, sondern im Alltag auch erleichtert – etwa durch Orte, die Begegnung fördern, oder durch sichtbare Symbole, die Identität stiften.

Wer Wandel, Innovation und emotionale Bindung fördern will, muss die eigene Kultur ehrlich reflektieren und Räume schaffen, die diese Haltung konsequent unterstützen und weiterentwickeln. Kultur lässt sich nicht allein durch Workshops oder Leitlinien verändern – sie wird dort geprägt, wo Menschen tagtäglich zusammenarbeiten: im Raum.

Architekturpsychologie liefert die Werkzeuge dafür, diese unsichtbare Dimension sichtbar zu machen und Räume so zu gestalten, dass sie Werte und Haltungen in erlebbare Realität übersetzen.

3.3   Struktur – Die Form der Organisation sichtbar machen

Strukturen sind das stabile Fundament einer jeden Organisation – sie geben Orientierung, schaffen Verlässlichkeit und regeln, wie Aufgaben, Verantwortlichkeiten und Entscheidungswege verteilt sind. Sie sind das unsichtbare Gerüst, das die Organisation trägt und ihren Alltag prägt. Gleichzeitig sind Strukturen mehr als nur Kästchen auf einem Organigramm – sie sind Ausdruck der Haltung und der Arbeitsweise eines Unternehmens.

In einer Zeit, in der viele Organisationen klassische Hierarchien hinter sich lassen und sich in Richtung agiler, flexibler Netzwerkstrukturen entwickeln, muss sich auch die räumliche Gestaltung anpassen. Architekturpsychologie zeigt eindrücklich: Räume und Strukturen beeinflussen sich gegenseitig.

Struktur braucht Klarheit – und Selbstreflexion

Bevor es um die räumliche Abbildung der Organisation geht, ist ein Schritt besonders entscheidend: Die ehrliche Selbstbefragung. Denn nicht jede Organisation muss automatisch „agil" oder „hierarchiefrei" werden. Vielmehr müssen sich Unternehmen fragen:

- Wieviel Hierarchie brauchen wir wirklich?
- Wie viel Offenheit und Selbstorganisation sind sinnvoll und machbar?
- Wie flexibel können wir tatsächlich agieren – und wie flexibel möchten wir es unseren Mitarbeitenden zutrauen?

Diese Fragen sind eng mit der übergeordneten Vision und Strategie verknüpft. Wer Räume plant, ohne diese Grundsatzfragen geklärt zu haben, gestaltet möglicherweise an der Organisation vorbei. Ich erlebe es häufig, dass Unternehmen zu schnell neue Raumkonzepte umsetzen – beispielsweise offene Flächen und agile Settings schaffen – während die Führungskultur und die Prozesse weiterhin stark hierarchisch oder abteilungszentriert bleiben.

Das Resultat: Verwirrung, Unsicherheit und oft auch Widerstand in der Belegschaft.

Raum und Struktur müssen kongruent sein.

Struktur als stabiles Rückgrat

Trotz aller Diskussionen über Agilität und New Work gilt: Jede Organisation braucht ein stabiles strukturelles Rückgrat. Strukturen geben Sicherheit – sie sind der Rahmen, in dem Orientierung und Verlässlichkeit entstehen. Dieses Rückgrat muss robust genug sein, um Transformation und Innovation zu ermöglichen, aber gleichzeitig flexibel genug, um sich an neue Anforderungen anzupassen.

Dabei darf Struktur nicht mit Starrheit verwechselt werden. Eine zu rigide Struktur, die ausschließlich auf Abgrenzung und Kontrolle ausgelegt ist, wird schnell zur Bremse für Innovation und Zusammenarbeit. Umgekehrt kann eine überhastete Abkehr von Strukturen in Richtung vollständiger Flexibilität zu Chaos und Orientierungslosigkeit führen. Es geht um die richtige Balance – angepasst an die Kultur, die Menschen und die Ziele der Organisation.

Raum als Spiegel organisationaler Logik

Starre Raumkonzepte – etwa klassische Abteilungsflure mit festen Einzelbüros und „unsichtbaren Grenzen" – passen selten zu modernen Netzwerkstrukturen. Sie fördern Separation statt Kollaboration, verhindern zufällige Begegnungen und machen interdisziplinäre Zusammenarbeit schwerer.

Architekturpsychologie zeigt, wie der Raum helfen kann, Struktur in die richtige Form zu bringen. Zum Beispiel durch:

- Modulare Flächen, die sich flexibel an Teams und Projekte anpassen lassen.
- Offene Teamzonen, die Kommunikation und spontanen Austausch erleichtern.
- Zentrale „Knotenpunkte", die als Treffpunkte für informelle Zusammenarbeit fungieren.
- Adaptive Raumkonzepte, die verschiedene Arbeitsweisen – vom Deep Work bis zur Projektarbeit – unterstützen.

Räume helfen, das zu stabilisieren und zu fördern, was auf dem Organigramm oft nur abstrakt sichtbar wird. Sie machen Struktur erlebbar und sorgen dafür, dass Mitarbeitende intuitiv verstehen, wie das Zusammenspiel im Unternehmen funktioniert.

Struktur als Chance zur Weiterentwicklung

Strukturen bieten nicht nur Stabilität – sie sind auch ein Motor für Erneuerung, wenn sie bewusst weiterentwickelt werden. Jede strukturelle Veränderung ist eine Einladung, bestehende Muster zu hinterfragen: Sind unsere Entscheidungswege zu lang? Sind Verantwortlichkeiten klar geregelt? Fördert unsere Struktur Eigenverantwortung oder bremst sie Innovation aus?

Diese Fragen berühren die Organisation und den Raum gleichermaßen. Denn Raum und Struktur sollten Hand in Hand gehen. Wer agil arbeiten möchte, braucht auch Räume, die Agilität ermöglichen. Wer interdisziplinäre Teams fördern will, muss „Grenzen im Kopf" ebenso abbauen wie räumliche Trennlinien.

Die Verbindung von Struktur und Raum als Erfolgsfaktor

Eine zukunftsfähige Arbeitswelt entsteht nur dann, wenn Struktur und Raum in Einklang gebracht werden. Die Organisation definiert, welche Arbeitsweisen sinnvoll sind – der Raum übersetzt diese Logik in die gelebte Praxis. Fehlt diese Abstimmung, entstehen Spannungsfelder: Mitarbeitende erleben dann Räume, die zu den Arbeitsanforderungen nicht passen, und Strukturen, die durch das Raumkonzept unterlaufen oder verstärkt werden.

Architekturpsychologie hilft genau an dieser Stelle, das Zusammenspiel von Raum und Struktur bewusst zu gestalten – mit dem Ziel, eine Arbeitswelt zu schaffen, die gleichzeitig Orientierung und Flexibilität ermöglicht. Nur so entsteht ein Arbeitsumfeld, das Stabilität gibt und zugleich die nötige Beweglichkeit für Innovation und Transformation bietet.

Eine zukunftsfähige Arbeitswelt entsteht dort, wo Organisation und Raum gemeinsam Flexibilität und Orientierung ermöglichen.

3.4   Leadership – Führung neu im Raum verorten

Leadership ist der soziale Katalysator einer Organisation – der Impulsgeber für Haltung, Verhalten und Performance. Führung prägt die Kultur einer Organisation maßgeblich, aber auch das individuelle Erleben der Mitarbeitenden. Doch was oft übersehen wird: Führung manifestiert sich nicht nur im Verhalten, sondern auch im Raum. Räume wirken still, aber nachhaltig – sie beeinflussen, wie Führung wahrgenommen wird und welche Beziehung zwischen Führungskräften und Teams entsteht.

Die Architekturpsychologie zeigt uns, dass Räume keine bloßen Kulissen für Führung sind – sie wirken aktiv mit. Sie beeinflussen Dynamiken, formen Begegnungen und transportieren Botschaften: über Nähe und Distanz, über Kontrolle oder Vertrauen.

Ein klassisches Beispiel: Eine Führungskraft, die aus einem abgeschotteten Eckbüro agiert, sendet bewusst oder unbewusst ein Signal von Abgrenzung, Hierarchie und Kontrolle. Die räumliche Distanz steht symbolisch für eine formale Trennung zwischen „oben" und „unten", zwischen Entscheidungsträger und Team. Doch – und das betone ich in meinen Workshops immer wieder – es ist nicht der Raum allein, der dieses Signal aussendet. Vielmehr ist es die Haltung, mit der der Raum genutzt wird. Ein Einzelbüro ist auch ein wichtiges Raumelement.

Ein Einzelbüro kann auch Offenheit und Nahbarkeit vermitteln, wenn es klug eingebettet ist und die Führungskraft bewusst auf den Kontakt mit dem

Team achtet. Zudem müssen wir auch realistisch bleiben: Führungskräfte haben andere Anforderungen an ihre Umgebung – sie führen mehr vertrauliche Gespräche, müssen in kürzeren Abständen zwischen strategischen und operativen Aufgaben wechseln und benötigen oft auch räumliche Rückzugsorte, um diesen Rollen gerecht zu werden. Und nicht zuletzt: In vielen Projekten beobachte ich, dass auch Mitarbeitende gar nicht immer wünschen, dass die Führungskraft „mitten im Team" sitzt – zu präsent, zu überwachend.

Anderes Beispiel, andere Wahrnehmung: Führungskräfte, die sich bewusst mitten ins Team setzen und räumlich Teil der Fläche sind, vermitteln häufig ein Gefühl von Zugänglichkeit und Dialogbereitschaft. Die Architekturpsychologie würde hier von „Raum als Brücke" sprechen. Doch auch hier gilt: Offene Raumkonzepte sind kein Garant für moderne Führung. Denn Hierarchie entsteht nicht nur durch Wände – sondern durch Verhalten, durch Kommunikation und durch den Umgang miteinander. Wer trotz Open Space autoritär führt, verankert Hierarchien im Kopf, selbst wenn die räumlichen Barrieren verschwunden sind.

Führung ist also situativ. Sie braucht sowohl Räume der Nähe – für Begegnung und Dialog – als auch Räume der Distanz – für Reflexion, Vertraulichkeit und Konzentration. Eine moderne Führungskraft bewegt sich flexibel zwischen diesen beiden Polen und schafft es, die eigene Sichtbarkeit bewusst zu steuern.

Die Architekturpsychologie bietet hier konkrete Ansätze: Sie hilft dabei, Raumkonzepte zu entwickeln, die diese Flexibilität ermöglichen. Räume werden so zu einem strategischen Werkzeug für zeitgemäße Führung – sie fördern Vertrauen, stärken die Kultur der Augenhöhe und unterstützen eine Leadership-Rolle, die sowohl coachend als auch steuernd agieren kann.

Wie ich in meinem Buch „Effizientes Führen in neuen Arbeitswelten" betone, stellt die Transformation hin zu hybriden und flexiblen Arbeitswelten eine enorme Herausforderung für das Vertrauensverhältnis zwischen Führung und Team dar. Besonders offene Bürostrukturen brauchen Führungskräfte, die auch den „emotionalen Raum" im Team aktiv gestalten und Orientierung geben. Denn dort, wo räumliche Strukturen flacher werden, wächst der Bedarf an einer Führung, die Nähe, Sicherheit und Klarheit vermittelt – ohne dabei in alte Kontrollmuster zurückzufallen.

Räume allein lösen diese Herausforderungen nicht. Aber sie schaffen die Voraussetzungen dafür, dass neue Führungsmodelle im Alltag gelebt werden können. Ich sehe in der Praxis oft: Führungskräfte wünschen sich mehr Agilität, mehr Eigenverantwortung im Team – doch sie selbst sind räumlich isoliert oder durch unbewusste Raumkonzepte „unsichtbar" für ihr Team. Der Raum steht dann im Widerspruch zur gewünschten Führungsrolle.

Deshalb bedeutet moderne Führung auch, den eigenen Raum neu zu denken – als sichtbare Botschaft an das Team: „Ich bin präsent, bin auch nicht zu nahe, bin ansprechbar. Ich gebe Orientierung, aber ich vertraue." Es geht nicht darum, Hierarchien aufzulösen, sondern um ein bewusstes Spiel mit Nähe und Distanz, mit Transparenz und Rückzug, mit Raum und Signalen.

Architekturpsychologie hilft dabei, diese Ambivalenzen sichtbar und handhabbar zu machen – für Räume, die Führungskräften ermöglichen, situativ zu handeln und für ihr Team ein stabiler, verlässlicher und zugleich nahbarer Anker zu sein.

Denn nur wenn Leadership auch räumlich verankert und im Alltag sichtbar ist, entsteht ein Umfeld, in dem Zusammenarbeit, Innovation und Vertrauen nachhaltig gedeihen können.

3.5   Unternehmenskommunikation – Raum als Verstärker für Austausch

Kommunikation ist das verbindende Element einer Organisation. Sie verknüpft Menschen, Ideen und Prozesse und ist der unsichtbare Treiber von Zusammenarbeit und Innovation. Doch Kommunikation passiert nicht nur auf digitalen Kanälen oder in Meetings – sie ist auch sehr eng mit dem physischen Raum verbunden. Architekturpsychologie zeigt klar: Räume sind Verstärker von Kommunikation – im Positiven wie im Negativen.

Offene Treffpunkte, Marktplätze oder informelle Begegnungszonen fördern spontane Gespräche, Dialog und damit auch eine Kultur des offenen Feedbacks. Ebenso wichtig sind jedoch Rückzugsräume, die geschützte Kommunikation ermöglichen: für vertrauliche Abstimmungen, konzentrierte Dialoge oder sensible Gespräche.

Räume wirken dabei immer aktiv mit. Sie beeinflussen nicht nur, ob kommuniziert wird, sondern wie diese Kommunikation abläuft. Ein Raum kann Offenheit und Dialogbereitschaft fördern – oder Unsicherheit und Rückzug begünstigen.

Wie schon Paul Watzlawick es auf den Punkt gebracht hat: „Man kann nicht nicht kommunizieren." Und das gilt auch für Räume. Räume senden permanent Signale – subtil, aber unmissverständlich. Sie kommunizieren mit jedem Mitarbeitenden und jedem Gast. Die Frage ist dabei nicht, ob der Mensch diese Signale empfängt – das geschieht meist intuitiv. Die eigentliche Herausforderung liegt darin, ob wir bereit sind, diese Botschaften auch bewusst wahrzunehmen und im Arbeitsalltag zu nutzen.

Was Räume „sagen", beeinflusst maßgeblich die Art und Weise, wie in einer Organisation kommuniziert wird. Es geht längst nicht nur um den Inhalt der Botschaften, sondern darum, wo sie vermittelt werden und wie der Raum den Kommunikationsstil prägt. Räume wirken interessanterweise wie ein Filter für interne Kommunikationsmuster – sie können Offenheit und Dialog fördern oder Unsicherheit und Zurückhaltung verstärken.

In der Praxis sehe ich oft, dass dieses Potenzial ungenutzt bleibt. Kommunikation scheitert nicht selten daran, dass sie in den falschen räumlichen Kontexten stattfindet: zu distanziert, zu formell oder ohne die passende räumliche Unterstützung. Etwas provokant formuliert, aber schon oft erlebt, ein vertrauliches Mitarbeitergespräch im gläsernen Besprechungsraum oder ein Change-Prozess, der im Großraumbüro „verkündet" wird, verlieren sofort an Wirkung. Der Raum sendet in solchen Momenten widersprüchliche Signale – und genau das prägt langfristig die Kommunikationskultur im Unternehmen.

Räume sind also kein neutraler Hintergrund mit einem mehr oder manchmal weniger schicken Setting, – sie formen die Art der Kommunikation aktiv mit.

Und es geht noch tiefer: Wie bringe ich als Unternehmen News, Strategien, Veränderungen und Anliegen kommunikativ zielgerichtet zu meinen Mitarbeitenden? Wird in der richtigen Detailtiefe kommuniziert – und vor allem zur richtigen Zeit? Die Qualität der Unternehmenskommunikation entscheidet maßgeblich darüber, ob Menschen sich informiert, verstanden und eingebunden fühlen.

Hier sehe ich immer wieder Defizite bei unseren Kunden: Kommunikation wird häufig auf reine Information reduziert, statt als aktives, effektives, powervolles Steuerungsinstrument und Kulturträger genutzt zu werden. Kommunikation ist weit mehr als schöne Worte in einem Newsletter oder einem CEO-Letter – sie ist Teil der ureigenen und unmissverständlichen Unternehmensidentität.

Eine zukunftsfähige Organisationsentwicklung denkt daher Kommunikation und Raum auch zusammen und ergänzt sie dort wo nötig. Mal ist mehr das geschriebene Wort im Vordergrund, mal der Raum und manchmal ist es beides gleichzeitig und im Einklang.

Räume wirken als Verstärker – sie unterstützen den Informationsfluss und schaffen Settings, in denen Mitarbeitende offen, zielgerichtet und effizient miteinander sprechen und arbeiten können. Kommunikation wird durch den Raum spürbar: in der Offenheit von Lounges, in der Vertraulichkeit von Rückzugsorten oder in der Dynamik agiler Projektflächen.

Räume sind mehr als Kulissen – sie sind Mitgestalter der internen Kommunikation und prägen maßgeblich die Unternehmenskultur.

3.6   Ablauforganisation – Prozesse räumlich erlebbar machen

Die Ablauforganisation ist das operative Rückgrat eines Unternehmens. Sie beschreibt, wie Aufgaben im Alltag strukturiert, koordiniert und umgesetzt werden. Wer übernimmt welche Aufgabe? In welcher Reihenfolge laufen Prozesse ab? Welche Abteilungen, Teams oder Rollen greifen ineinander? Diese Fragen bilden die Grundlage für Effizienz und reibungslose Abläufe im Unternehmen.

Klassisch unterscheidet die Ablauforganisation zwischen sequenziellen und parallelen Prozessen. In stark strukturierten Organisationen – etwa in der Industrie oder in der Verwaltung – verlaufen Prozesse häufig linear und in festgelegten Bahnen: von der Abteilung A zur Abteilung B, von der Prüfung zur Freigabe und schließlich zur Umsetzung. Hier sorgen klare Zuständigkeiten und definierte Schnittstellen für Planbarkeit und Effizienz.

In agiler aufgestellten Unternehmen hingegen verlaufen Prozesse oft parallel und interdisziplinär. Teams arbeiten crossfunktional zusammen, Abstimmungen finden häufig informell und in kurzen Zyklen statt. Entscheidungen werden schneller getroffen, Anpassungen flexibler vorgenommen. Die klassische vertikale Prozesslogik weicht hier oft einem Netzwerkdenken, in dem Informationsflüsse und Verantwortlichkeiten dynamischer organisiert sind.

Doch egal ob klassisch-linear oder agil-netzwerkartig – Abläufe sind eigentlich nie wirklich losgelöst vom Raum.

Räume als Prozessverstärker oder -bremse

Die Architekturpsychologie zeigt, dass Räume die Ablauforganisation maßgeblich beeinflussen – entweder unterstützend oder hemmend. Schlechte räumliche Strukturen können Prozesse verlangsamen, Abstimmungen erschweren oder unnötige Reibungsverluste erzeugen.

Ein Unternehmen mit agilen Prozessen benötigt beispielsweise kurze Wege zwischen Teams, flexible Arbeitszonen und Räume, die schnelle Abstimmungen – etwa Stand-ups oder spontane Projektmeetings – erleichtern. Wenn Teams hingegen auf verschiedenen Etagen oder gar Gebäuden verteilt sind und Begegnungsräume fehlen, leidet die Agilität. Der Raum hemmt dann die Prozessdynamik und bremst das System aus.

Umgekehrt profitieren eng getaktete, lineare Prozesse – etwa in einer klassischen Produktion oder Verwaltung – von klaren, logischen Raumstrukturen: Hier sorgt eine Trennung von Prozessschritten (z. B. zwischen Bearbeitung, Kontrolle und Übergabe) für Klarheit und Effizienz.

Doch auch hybride Modelle gewinnen zunehmend an Bedeutung: Viele Unternehmen kombinieren agile Methoden mit klassischen Prozessstrukturen. Genau hier zeigt sich die Notwendigkeit, Räume differenziert zu gestalten. Mal sind Offenheit und Flexibilität gefragt, mal Struktur und Rückzug – je nach Prozess, Team und Aufgabe.

Die beste Ablauforganisation entsteht nicht auf dem Papier – sie entsteht im Zusammenspiel mit dem Raum.Architektur und Organisation müssen synchronisiert werden, damit die täglichen Abläufe nicht nur effizient ablaufen, sondern auch intuitiv von den Mitarbeitenden erlebt werden.

Räume, die Abläufe unterstützen, erleichtern Mitarbeitenden das Arbeiten, verkürzen Kommunikationswege und fördern die Selbstorganisation. Räume, die Prozesse blockieren, verursachen Unsicherheit, unnötige Rückfragen und letztlich Produktivitätsverluste.

Architekturpsychologie hilft, diese Zusammenhänge frühzeitig zu erkennen und Prozesse so mit Raumlogiken zu verknüpfen, dass Arbeitsabläufe in der Praxis spürbar einfacher und effizienter werden.

3.7   Fazit: Die Organisation als Inputgeber

Die sieben beschriebenen Handlungsfelder – Vision, Strategie, Kultur, Struktur, Leadership, Kommunikation und Prozesse – entfalten ihre volle Wirksamkeit nur im Zusammenspiel. Sie sind keine isolierten Maßnahmen, sondern bilden ein ineinandergreifendes System, das die Basis für eine zukunftsfähige, resiliente Organisation schafft. Der entscheidende Erfolgsfaktor liegt darin, diese Dimensionen nicht nur aus der Managementperspektive zu betrachten, sondern sie konsequent auch in die physische Arbeitswelt zu übersetzen.

4   Der Mensch im Mittelpunkt – Wie individuelle Faktoren die Arbeitswelt prägen

Eine zukunftsfähige Arbeitswelt zu gestalten, bedeutet mehr, als nur Organisationen und Räume zu planen – es bedeutet vor allem, den Menschen in seiner ganzen Vielfalt zu verstehen. Architekturpsychologie lehrt uns, dass Räume immer auf den Menschen wirken und gleichzeitig von seinen Eigenschaften, Bedürfnissen und Erwartungen geprägt werden.

Die Art, wie wir arbeiten, kommunizieren und uns im Raum bewegen, ist kein Standardprozess – sie ist hochindividuell. Unterschiedliche Persönlichkeiten, Erfahrungen, Werte und Rollen führen dazu, dass Menschen Arbeitswelten sehr unterschiedlich wahrnehmen und nutzen. Wer den Menschen versteht, gestaltet Räume, die nicht nur effizient sind, sondern echte Identifikation, Zugehörigkeit und Leistung fördern.

Dabei spielt es eine zentrale Rolle, welche Menschen wir adressieren: Welche Tätigkeiten üben sie aus? Welche Werte und Prägungen bringen sie mit? Wie ticken sie als Individuen? Wie kommunizieren sie im Team? Und wie beeinflussen Alter, Geschlecht oder Persönlichkeit ihre Interaktion mit der Arbeitsumgebung? (vgl. Abb. 3.3)

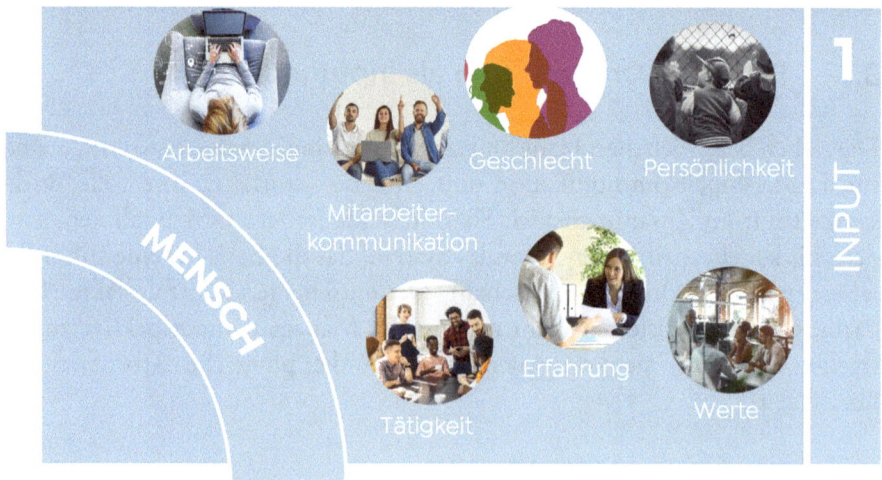

Abb. 3.3 Input-Bereich Mensch – Architekturpsychologie by Gauer Consulting. (Quelle: Eigenes Modell)

Dieses Kapitel wird die menschliche Ebene systematisch und praxisnah betrachten – um zu zeigen, wie stark die gebaute Umwelt das Erleben und Verhalten der Menschen im Unternehmen beeinflusst.

4.1 Tätigkeit – Die Aufgabe als Ausgangspunkt für die Arbeitswelt

Die Tätigkeit eines Menschen bildet die erste Grundlage für jede sinnvolle Gestaltung der Arbeitsumgebung. Denn bevor wir über Raumkonzepte, Materialien oder Kommunikationszonen sprechen, müssen wir verstehen, welche Art von Arbeit überhaupt im Zentrum steht. Die Tätigkeit definiert, welche Arbeitsumgebungen Menschen wirklich benötigen, um effizient und zufrieden agieren zu können.

Die Architekturpsychologie stellt deshalb immer hierzu die Frage: Was tun die Menschen hier eigentlich – und wie tun sie es?

Tätigkeitsprofile als Ausgangspunkt

Die Vielfalt der Tätigkeiten in Unternehmen ist enorm – und sie bestimmt maßgeblich, welche Art von Raum die Menschen tatsächlich benötigen. Ein Entwicklerteam, das in komplexe Codezeilen eintaucht, braucht eine völlig andere Umgebung als ein Vertriebsteam, das von der Energie spontaner Abstimmungen und offener Dialoge lebt. Ein Callcenter-Mitarbeitender benötigt Strukturen, die Fokus und gleichbleibende Prozesse unterstützen, während eine Designerin Rückzugsorte braucht, um Kreativität und konzeptionelles Denken zu entfalten.

Jede dieser Tätigkeiten erzählt eine andere Geschichte – und genau diese Geschichten müssen wir verstehen, bevor wir beginnen, Räume zu planen.

Es geht darum, Muster zu erkennen. Welche Abläufe dominieren den Arbeitsalltag? Wo findet Konzentration statt, wo Kooperation, wo Interaktion mit Kunden oder Partnern? Wenn wir diese Muster entschlüsseln, entsteht das erste wichtige Profil: das Tätigkeitsprofil.

Doch – und hier beginnt der Unterschied: Für viele Beratungsansätze endet die Analyse genau hier. Das erste Profil liegt vor, und der Fokus verschiebt sich direkt auf das Raumlayout oder auf Flächenvorgaben.

Für mich beginnt an diesem Punkt jedoch erst die eigentliche Arbeit. Denn das reine Tätigkeitsprofil bildet nur die Oberfläche ab. Erst wenn wir tiefer gehen – die Dynamik zwischen Tätigkeiten, Menschen, Werten und Prozessen verstehen – wird die Raumgestaltung wirklich wirksam und individuell.

Das Tätigkeitsprofil ist der Startpunkt, nicht die Zielgerade. Es ist der erste Baustein, der uns hilft, eine Arbeitswelt zu entwickeln, die nicht nur zu den Aufgaben, sondern auch zu den Menschen und zur Kultur der Organisation passt

Im Kern lassen sich Tätigkeiten in drei Kategorien clustern:

1. **Konzentrationsorientierte Tätigkeiten**
   Aufgaben mit hoher geistiger Fokussierung und wenig Störfaktoren. Hier geht es um Deep Work, Analyse oder kreative Einzelarbeit – Räume müssen Schutz vor Ablenkung und Ruhe bieten.
2. **Kommunikations- und Kooperationsaufgaben**
   Tätigkeiten, die Austausch und Zusammenarbeit erfordern, etwa in Projektteams oder in der Abstimmung zwischen Abteilungen. Der Raum muss hier Begegnung erleichtern, spontane Meetings ermöglichen und eine Atmosphäre der Offenheit fördern.
3. **Operative, prozessorientierte Tätigkeiten**
   Aufgaben, die einem klar strukturierten Ablauf folgen – etwa Produktion, Verwaltung oder Support. Hier steht die Effizienz im Vordergrund: klare Wege, logische Abläufe und räumliche Nähe der Prozessschritte.

Tätigkeit als Hebel für Raumwirkung und Wertschöpfung

Räume haben dann eine hohe Wertschöpfung, wenn sie Tätigkeiten nicht nur „erlauben", sondern wirklich aktiv erleichtern. Architekturpsychologie betrachtet den Raum immer als Mitgestalter der täglichen Arbeit. Wird die räumliche Struktur mit der Tätigkeit in Einklang gebracht, sinken Reibungsverluste: Wege werden kürzer, Abstimmungen flüssiger und Konzentrationsphasen effizienter. Wird der Raum hingegen losgelöst von der Tätigkeit gestaltet – etwa wenn ein hochkommunikatives Vertriebsteam in ein Großraumbüro ohne Rückzugszonen gesetzt wird – entstehen Störungen und Ineffizienzen.

Auch hybride Arbeitsmodelle verlangen nach einer Tätigkeitsperspektive: Wer zum Beispiel zwei Tage im Homeoffice konzentriert arbeitet und drei Tage für Projektarbeit im Büro verbringt, benötigt vor Ort nicht mehr zwingend einen klassischen Schreibtisch, sondern vor allem Räume für den sozialen und kollaborativen Austausch.

Tätigkeitsbasierte Raumkonzepte

Moderne Arbeitswelten folgen daher immer häufiger dem Prinzip der „tätig-keitsbasierten Raumgestaltung" – auch bekannt als Activity-Based Design. Hier werden Arbeitsumgebungen modular aufgebaut und an die tatsächlichen Aufgabenprofile angepasst. Teams oder Mitarbeitende wählen je nach Tätigkeit zwischen Fokuszonen, Kollaborationsflächen oder offenen Projektarealen.

Die Architekturpsychologie liefert die Grundlage, um zu erkennen, welche Tätigkeiten welche räumliche Unterstützung benötigen – und wie Räume damit zu einem aktiven Teil der Wertschöpfungskette werden.

Denn wenn Räume Tätigkeiten optimal begleiten, profitieren Unternehmen gleich mehrfach: durch höhere Produktivität, bessere Kommunikation und eine Arbeitsumgebung, die sich für Mitarbeitende sinnvoll und stimmig anfühlt.

4.2 Arbeitsweise – Wie wir arbeiten, bestimmt, wie wir Räume nutzen

Während die Tätigkeit uns verrät, *was* Menschen tun, gibt uns die Arbeitsweise Aufschluss darüber, *wie* sie es tun. Und genau hier beginnt die Differenzierung –denn zwei Teams mit ähnlichen Aufgaben können trotzdem völlig unterschiedliche Arbeitsstile haben.

Ich möchte das gerne anhand von vier Beispielen erklären:

Ein Entwicklerteam kann beispielsweise entweder stark fokussiert und in stiller Einzelarbeit programmieren – *oder* – agil im Scrum-Modell arbeiten, mit Daily Stand-ups, Pair Programming und hoher Interaktionsdichte.

Ein Vertriebsteam kann projektbasiert und flexibel vor Ort beim Kunden agieren – *oder* – von einer zentralen Vertriebssteuerung aus arbeiten, die schnelle Rücksprachen und regelmäßige interne Meetings erfordert.

Ein HR-Team kann einerseits stark prozessorientiert arbeiten – mit wiederkehrenden Abläufen wie Vertragsmanagement, Gehaltsabrechnung oder administrativen Personalprozessen. In diesem Fall benötigt es strukturierte Arbeitsplätze, klare Dokumentationszonen und ruhige Bereiche für vertrauliche Gespräche. *Oder* es agiert als Business Partner oder in einer beratenden Rolle und arbeitet projektbezogen mit Fachabteilungen und Führungskräften zusammen.

Dann sind flexible Meetingräume, Kommunikationszonen und hybride Kollaborationsflächen essenziell, um den Dialog und die Vernetzung im Unternehmen zu unterstützen.

Ein Finance-Team kann klassisch im Monats- und Jahresabschluss oder im Reporting tätig sein – stark zahlengetrieben, mit hoher Konzentration und wenigen Störungen. Hier braucht es Fokuszonen, ruhige Einzel- oder Kleingruppenarbeitsplätze und stabile Prozesse. *Oder* es agiert als Teil eines agilen Controlling-Teams, das in Projekt-Setups regelmäßig mit operativen Einheiten zusammenarbeitet, Forecasts entwickelt und strategisch berät.

Dann braucht es Räume für schnelle Analysen im Team, interaktive Besprechungen und informelle Abstimmungen – z. B. in flexiblen Workshopflächen oder Open Zones.

Die Arbeitsweise ist der „Modus Operandi" der Tätigkeit – sie verrät uns, wie viel Dynamik, wie viel Eigenverantwortung und wie viel Abstimmung im Alltag notwendig sind.

Die Psychologie hinter der Arbeitsweise

Hier setzt die Architekturpsychologie gezielt an: Sie zeigt, dass der Raum nicht nur passiv auf die Arbeitsweise reagiert, sondern sie aktiv mitprägt – und umgekehrt. Menschen nutzen Räume intuitiv unterschiedlich, abhängig davon, ob sie sich in einer Arbeitsumgebung bewegen, die von hoher Eigenverantwortung und Agilität geprägt ist, oder in einer Struktur, die stark von Routinen, Prozessen und klaren Regeln dominiert wird.

Ein agiles Team agiert „raumfluid" – es wechselt den Raum oder sogar den Arbeitsmodus je nach Bedarf: Ein spontanes Stand-up-Meeting am Stehtisch, ein Brainstorming am Whiteboard, der kreative Rückzug in eine Lounge oder der Fokus in einer ruhigen Nische. Hier wird der Raum als flexibles Werkzeug verstanden, das sich der jeweiligen Aufgabe anpassen muss.

Ganz anders ist das Verhalten in klassischen, prozessorientierten Teams. Hier dominiert häufig der Wunsch nach klaren Routinen, festen Arbeitsplätzen und definierten Besprechungsstrukturen. Warum? Weil genau diese räumliche Stabilität psychologische Grundbedürfnisse adressiert: Sicherheit, Vorhersehbarkeit und Orientierung.

Diese Faktoren wirken unterschwellig, aber enorm stark: Wer sich sicher und gut orientiert fühlt, kann effizient arbeiten, Vertrauen aufbauen und Stress vermeiden. Fehlen diese Ankerpunkte, steigt oft unbewusst das Belastungsempfinden. Umgekehrt kann ein zu starres Setting auch die Kreativität und Eigenverantwortung hemmen – Menschen „drehen sich im Kreis", weil der Raum sie unbewusst in alte Verhaltensmuster zurückführt.

Genau hier liegt der „hidden fact" der Arbeitspsychologie: Viele sind sich dieser Dynamik nicht bewusst. Während Prozesse und Tools in der Organisation oft detailliert geplant und beschrieben werden, wird die Wechselwirkung zwischen Raum und Arbeitsweise häufig vernachlässigt oder nur oberflächlich betrachtet.

Und das hat Folgen: Projekte, die den psychologischen Einfluss des Raumes auf die Arbeitsweise nicht berücksichtigen, bleiben oft Stückwerk. Sie verpassen es, die Kraft der gebauten Umwelt als aktiven Hebel zu nutzen. Stattdessen wird der Raum zum unbeabsichtigten „Mitsender" von Stress, Ineffizienz oder Distanz – obwohl genau das Gegenteil angestrebt wird.

Die Architekturpsychologie rückt diesen Faktor ins Zentrum und sensibilisiert dafür, dass Raum und Arbeitsweise nicht voneinander getrennt betrachtet werden dürfen. Nur wenn diese beiden Ebenen aufeinander abgestimmt sind, entsteht eine Umgebung, die nicht nur Prozesse unterstützt, sondern auch psychologisches Wohlbefinden und gesunde Leistungsfähigkeit ermöglicht.

Arbeitsweisen im Spannungsfeld zwischen Raum und Mensch

Hier zeigt sich besonders eindrucksvoll, wie komplex die Planung moderner Arbeitswelten wirklich ist. Denn wer sich ausschließlich auf die Frage konzentriert, was Menschen tun – also auf die bloßen Aufgaben und Tätigkeiten – übersieht eine entscheidende Dimension: das Wie. Und genau dieses „Wie" verändert die Anforderungen an den Raum fundamental.

Ich erkläre das gerne anhand eines Beispiels aus meiner Praxis:

Zwei Unternehmen, nahezu identisch in ihrer Aufgabenstruktur. Beide beschäftigen Teams, die Projekte steuern, Kunden betreuen und interne Abstimmungen durchführen. Auf dem Papier wirkt das Umfeld gleich – und doch könnten die Anforderungen an den Raum kaum unterschiedlicher sein.

Unternehmen A arbeitet eigenverantwortlich und projektbasiert. Die Teams organisieren sich selbst, treffen Entscheidungen dezentral und wechseln flexibel zwischen Einzelarbeit, kurzen Abstimmungen und kreativen Workshops.

Was braucht es hier?

Räume, die dieser Dynamik gerecht werden: offene Teamflächen, flexible Projektzonen, Orte für spontane Begegnungen, aber auch Rückzugsbereiche für konzentriertes Arbeiten. Der Raum muss fluide und anpassungsfähig sein – so wie die Arbeitsweise selbst.

Unternehmen B hingegen folgt einer stark steuernden Führungslogik mit klar definierten Prozessen und zentralen Entscheidungspunkten. Hier wird auf klare Zuständigkeiten und formalisierte Abstimmungsprozesse gesetzt. Teams arbeiten stärker nach Vorgabe, mit regelmäßigen, geplanten Meetings und einer klaren Hierarchie im Informationsfluss.

Was bedeutet das räumlich?

Hier braucht es strukturierte Arbeitsbereiche, feste Besprechungsräume und einen Raumzuschnitt, der Effizienz und Verlässlichkeit in den Vordergrund stellt.

Die Arbeitsweise beeinflusst die Raumnutzung – und der Raum verstärkt wiederum die Arbeitsweise.

Und damit gehen wir noch einen Schritt weiter: Arbeitsweise ist immer auch gelebte Kultur. Ein Unternehmen, das Agilität nur auf dem Papier propagiert, aber Räume bietet, die mit starrem Flächenlayout und langen Wegen eine flexible Zusammenarbeit behindern, wird es schwer haben, die eigene Kultur tatsächlich zu verändern. Ebenso wirkt ein zu offenes, fluides Raumkonzept in einem Umfeld mit hoher Prozess- und Regeltreue schnell überfordernd und ineffizient.

Kultur manifestiert sich im Raum. Man sieht es, man spürt es – vom Grundriss über die Anordnung der Teams bis hin zur Gestaltung von Begegnungsflächen oder Rückzugsorten.

Was viele unterschätzen: Der Raum ist ein stiller Erzähler. Er macht die Haltung und die Arbeitsweise einer Organisation sichtbar – oft noch bevor das erste Gespräch stattfindet. Ein agiles Projektteam, das sich regelmäßig um ein Whiteboard schart, braucht andere Impulse und andere Räume als ein Team, das nach definierten Prozessen verlässlich Abarbeiten muss.

Deshalb reicht es nicht, nur die Aufgabe zu verstehen. Erst das Zusammenspiel von Tätigkeit, Arbeitsweise und Raum macht eine Arbeitswelt wirklich funktional und zukunftsfähig.

Räume als „Werkzeuge" der Arbeitsweise

Die Architekturpsychologie hilft, Räume so zu gestalten, dass sie zur gelebten Arbeitsweise passen – und diese sogar positiv verstärken. Agiles Arbeiten braucht Flexibilität, mobile Zonen, Räume für Ad-hoc-Abstimmungen und Flächen, die Veränderung zulassen. Prozesse mit klarem Ablauf dagegen profitieren von strukturierten Arbeitsplätzen, kurzen Wegen und einer Raumgestaltung, die Effizienz in den Vordergrund stellt.

Der Schlüssel liegt in der Passung. Denn wenn Raum und Arbeitsweise nicht zusammenpassen, entstehen Friktionen: Ein Team, das agil arbeiten soll, aber ausschließlich in rigiden, formalisierten Raumstrukturen agiert, verliert Geschwindigkeit, Dynamik und letztlich Motivation.

Von der Analyse zur Wertschöpfung

Die tiefere Analyse der Arbeitsweise macht aus der Raumentwicklung mehr als nur Flächenoptimierung – sie wird zum Hebel für Produktivität und Wertschöpfung. Unternehmen, die ihre Räume auf die tatsächliche Arbeitslogik ausrichten, schaffen nicht nur Effizienzgewinne, sondern fördern auch Wohlbefinden, Teamdynamik und Identifikation.

Die Arbeitsweise entscheidet also, ob Räume zum Werkzeug oder zur Hürde werden.

4.3 Kommunikation im Team – Wie Räume den Dialog formen

Kommunikation ist das Fundament jeder erfolgreichen Zusammenarbeit. Sie verbindet Menschen, transportiert Wissen und stärkt das „Wir-Gefühl". Doch wie Teams miteinander sprechen – oder eben nicht – wird nicht allein durch Prozesse oder Tools oder Persönlichkeiten bestimmt. Die Architekturpsychologie zeigt: Räume wirken wie unsichtbare Moderatoren der Kommunikation.

Der Raum sendet subtile Signale: Er kann Offenheit fördern oder Zurückhaltung provozieren. Er kann Austausch aktiv unterstützen oder – ohne es zu „wollen" – Distanz erzeugen. Der Raum ist ein stiller Erzähler, der unaufhörlich Einfluss auf die Teamkommunikation nimmt.

Raum als Verstärker von Kommunikationskultur

Ob Teams im Alltag offen miteinander sprechen, sich Feedback geben oder Informationen ungezwungen austauschen, hängt stark davon ab, welche Raumlogik sie umgibt. In offenen, flexibel nutzbaren Flächen mit Begegnungszonen und kurzen Wegen wird spontane Kommunikation gefördert – sei es im Vorbeigehen, am Kaffeetresen oder am Stehtisch für ein schnelles Ad-hoc-Meeting.

Anders sieht es aus, wenn Teams in stark separierten Räumen arbeiten: lange Flure, geschlossene Türen, wenige „Zufallsbegegnungen". Hier ist der Austausch häufig strukturierter, formeller – und nicht selten reduziert auf geplante Meetings. Kommunikation wird so zu einem „Termin" und verliert an Spontaneität.

Teams folgen Raumlogiken – oft unbewusst

Ein spannender Aspekt der Architekturpsychologie ist, dass Teams die räumlichen Muster oft unbewusst übernehmen. Räume, die Offenheit signalisieren, laden zu mehr Gesprächsbereitschaft ein. Räume, die Abgrenzung betonen, führen zu einer defensiveren, distanzierteren Teamkultur.

Ein klassisches Beispiel, dass ich über die Jahre immer wieder erlebt habe: Teams, die sich regelmäßig zufällig begegnen – in offenen Teamzonen oder an zentralen Treffpunkten – tauschen sich häufiger informell aus, lösen kleinere Probleme schneller und stärken das Gemeinschaftsgefühl. In stark getrennten Bürostrukturen hingegen verharren Teams oft länger in Silos, und Informationen werden nur selektiv oder verspätet weitergegeben.

Kommunikation im Spannungsfeld von Nähe und Distanz

Gleichzeitig zeigt sich: Nicht jede offene Raumstruktur fördert automatisch gute Kommunikation. Wenn es an Rückzugsräumen fehlt oder der Geräuschpegel dauerhaft hoch ist, wird Kommunikation oberflächlich, fragmentiert oder gar vermieden. Mitarbeitende ziehen sich zurück – mental oder physisch – und Teamdynamiken leiden.

Die Kunst liegt in der Balance: Räume müssen sowohl Nähe als auch Distanz ermöglichen. Informelle Treffpunkte für den schnellen Austausch, aber auch vertrauliche Rückzugsorte für tiefere Gespräche oder Feedbacks. Architekturpsychologie spricht hier von einer „kommunikativen Choreografie", die der Raum vorgeben kann.

Kommunikation prägt die Teamkultur – und damit die Performance

In meinen Projekten sehe ich immer wieder: Wie Teams kommunizieren, prägt direkt ihre Performance. Räume, die Dialog fördern, tragen zur Problemlösung, Innovationsfähigkeit und auch zum sozialen Miteinander bei. Räume, die Kommunikation unbewusst bremsen, behindern Informationsflüsse und schaden langfristig der Teamdynamik.

Der Raum wird zum strategischen Faktor: Er kann Teams dabei unterstützen, eine offene und vertrauensvolle Kommunikationskultur zu etablieren – oder das genaue Gegenteil bewirken.

Deshalb muss Kommunikation nicht nur als Prozess, sondern als raumbezogenes Erlebnis verstanden werden. Wer Teams aktiv entwickeln will, muss auch den Raum als Kommunikationspartner mitdenken.

Raumtypen für unterschiedliche Kommunikationsbedürfnisse

Damit Kommunikation im Team wirklich gefördert wird, braucht es differenzierte Raumangebote, die sich an der Vielfalt von Kommunikationsformen orientieren. Architekturpsychologie hilft dabei, die „richtigen" Räume für die jeweils passende Kommunikationssituation zu schaffen.

Informelle Treffpunkte und „Social Hubs"

Diese offenen und niedrigschwelligen Bereiche fördern spontane Begegnungen und den ungezwungenen Austausch im Alltag. Typische Orte sind Lounges, Kaffeeküchen, Marktplätze oder Stehtischzonen. Hier entstehen häufig die besten Ideen – zwischen Tür und Angel, im Small Talk oder im informellen Feedback.

Wirkung: Fördert Spontanität, schafft Vertrauen und bringt Teams jenseits formaler Meetings in Kontakt.

Projekt- und Workshopflächen

Flexible Räume, die für interaktive Formate wie Brainstormings, agile Sprints oder Team-Workshops genutzt werden können. Ausgestattet mit mobilen Möbeln, Whiteboards und digitalen Tools fördern sie kreatives Arbeiten und kollaborative Problemlösung.

Wirkung: Unterstützt Teamprozesse, stärkt Zusammenarbeit und beschleunigt Abstimmungen.

Dialogräume und „Quiet Rooms"

Räume für vertrauliche Gespräche, One-on-Ones oder sensible Themen wie Feedback- und Konfliktgespräche. Diese Räume sind akustisch und visuell abgeschirmt und bieten Diskretion.

Wirkung: Ermöglicht eine tiefere, konzentrierte Kommunikation auf Augenhöhe, in der sich Mitarbeitende sicher fühlen.

Teamflächen und Open Zones

Flächen, in denen Teams zusammenarbeiten und gleichzeitig Sichtbarkeit und Nähe erleben. Die Anordnung der Arbeitsplätze ist so gestaltet, dass der Austausch im Team erleichtert wird – ohne jedoch ständig zu stören.

Wirkung: Unterstützt die alltägliche Kommunikation innerhalb von Teams und senkt die Hemmschwelle für spontane Rücksprachen.

Fokus- und Rückzugszonen

Räume oder Nischen für konzentrierte Einzelarbeit, Stillarbeit oder für Mitarbeitende, die sich kurzzeitig aus dem offenen Geschehen zurückziehen möchten.

Wirkung: Verhindert „Kommunikationsüberlastung", schafft die notwendige Balance zwischen Austausch und fokussierter Produktivität.

Fazit: Kommunikation als räumliches Erlebnis gestalten

Kommunikation funktioniert nicht überall gleich gut – sie braucht passende Räume, die unterschiedliche Kommunikationsbedürfnisse unterstützen. Eine gut geplante Arbeitswelt bietet nicht nur Begegnungsflächen, sondern auch Raum für Dialog in geschütztem Rahmen und Orte der Stille.

Erst wenn Unternehmen den Raum als „Choreograph" der Team-kommunikation verstehen, entsteht eine Umgebung, die Austausch erleichtert, Konflikte reduziert und die soziale Dynamik innerhalb von Teams positiv beeinflusst.

4.4 Persönlichkeit – Räume müssen zur Vielfalt der Menschen passen

Jede Person nimmt Räume anders wahr und nutzt sie auf ihre eigene Weise. Während manche Menschen in offenen, kommunikativen Arbeitsumgebungen aufblühen, fühlen sich andere schnell überfordert und suchen gezielt nach Rückzugsmöglichkeiten. Die Persönlichkeit beeinflusst maßgeblich, **wie** Menschen Räume erleben, wie sie darin arbeiten – und wie wohl oder unwohl sie sich dabei fühlen.

Die Architekturpsychologie zeigt: Räume sprechen nicht jeden gleich an. Was für den einen inspirierend wirkt, kann für den anderen als Reizüberflutung empfunden werden.

Persönlichkeit als Filter für Raumwahrnehmung

Ein wunderbares Beispiel aus der Praxis: Ein eher extrovertierter, dynamischer Mitarbeitender erlebt offene Arbeitslandschaften mit hoher Interaktion, wechselnden Settings und lebendiger Atmosphäre häufig als inspirierend und anregend. Hier sind die sozialen Dichte und der stetige Austausch kein Störfaktor – im Gegenteil: Extrovertierte Persönlichkeiten schöpfen Energie aus der Begegnung mit anderen, sie fühlen sich „im Geschehen" wohl und blühen auf, wenn spontane Gespräche und kurze Abstimmungswege ihren Alltag prägen. In agilen Zonen oder offenen Teamflächen sind diese Mitarbeitenden oft sichtbar aktiv, präsentieren Ideen laut und sichtbar und holen sich Motivation durch den direkten Dialog.

Der Raum wirkt hier als Beschleuniger der Dynamik. Er bietet die sozialen Reize, die extrovertierte Persönlichkeiten suchen, um produktiv und kreativ zu sein.

Ganz anders ist die Wahrnehmung bei eher introvertierten, reflektierenden Mitarbeitenden. Für sie können dieselben offenen, kommunikations-intensiven Strukturen als überfordernd oder sogar belastend empfunden werden. Die ständige akustische Unruhe, der hohe Geräuschpegel und die fehlende räumliche Abgrenzung führen dazu, dass diese Persönlichkeiten schneller ermüden und sich „beobachtet" oder „überreizt" fühlen.

Introvertierte Personen ziehen Energie aus dem Rückzug, aus konzentrierter Einzelarbeit und aus der Möglichkeit, Gedanken zunächst im Stillen zu sortieren, bevor sie sie mit anderen teilen. Ihnen geben geschützte, visuell abgeschirmte Räume – sei es in Form von Fokuszonen, Bibliotheksflächen oder ruhigen Work Pods – das Gefühl von Kontrolle und Selbstbestimmtheit.

Der Raum wird hier zur Schutz- und Rückzugsressource, die es ermöglicht, in Ruhe zu arbeiten, ohne sich der ständigen sozialen Interaktion aussetzen zu müssen.

Zwei verschiedene „Taktgeber"

Introvertierte und extrovertierte Menschen haben nicht nur unterschiedliche Raumvorlieben, sie ticken auch im Arbeitsrhythmus unterschiedlich. Extrovertierte sind oft schnell in der Interaktion, denken „im Gespräch" und bevorzugen es, sich in Echtzeit mit anderen auszutauschen. Sie wirken oft impulsiver und handlungsorientierter – der offene Raum entspricht dieser Dynamik.

Introvertierte hingegen sind oft analytischer, beobachten länger, bevor sie sich einbringen, und bevorzugen es, Themen in Ruhe zu reflektieren. In offenen Räumen mit hoher sozialer Aktivität fühlen sie sich häufig gedrängt, sich schneller äußern zu müssen, als es ihrer inneren Arbeitslogik entspricht.

Raumgestaltung als Übersetzer von Persönlichkeit

Genau hier liegt der psychologische Knackpunkt: Ein Raum muss beiden „Taktgebern" gerecht werden können, ohne das eine über das andere zu priorisieren. Zu offene Konzepte überfordern introvertierte Mitarbeitende, zu kleinteilige oder abschottende Räume bremsen extrovertierte Persönlichkeiten aus.

Die Lösung liegt – wie so oft – in der Vielfalt und im Prinzip der Wahlfreiheit: Räume, die unterschiedliche Zonen und Settings bieten, ermöglichen es beiden Persönlichkeitstypen, je nach Situation zwischen Austausch und Rückzug zu wechseln. Der extrovertierte Kollege sucht den „Marktplatz", die lebendige Teamfläche – der introvertierte Kollege vielleicht die ruhigere Bibliothek oder eine akustisch abgeschirmte Think-Zone.

Architekturpsychologie liefert genau hier das notwendige Verständnis, um diese feinen, aber entscheidenden Unterschiede in der Raumplanung sichtbar und nutzbar zu machen. Denn nur wer die Wirkung des Raumes auf unterschiedliche Persönlichkeitstypen ernst nimmt, schafft eine Umgebung, in der beide gleichermaßen erfolgreich und wohlfühlen arbeiten können.

Persönlichkeitstypen und Raumlogik im Konflikt

Die Herausforderung liegt darin, dass viele Arbeitswelten – besonders in modernen Open-Space- oder Activity-Based-Konzepten – häufig stark auf „Interaktion" und „Agilität" ausgelegt sind. Doch was passiert mit den Menschen, deren Persönlichkeit eher Ruhe, Stabilität und wenig Wechsel braucht? Sie fühlen sich unter Umständen nicht gesehen, ihre Bedürfnisse bleiben unberücksichtigt.

Persönlichkeit trifft auf Raumlogik. Und genau hier kommt die Architekturpsychologie ins Spiel: Sie hilft, die Vielfalt der Mitarbeitenden zu erkennen und Raumkonzepte zu entwickeln, die diese Diversität abbilden. Denn Arbeitswelten funktionieren nur dann nachhaltig, wenn sie individuelle Unterschiede berücksichtigen – und nicht von einem „Menschentyp" für alle ausgehen.

Zonenvielfalt als Antwort auf Persönlichkeitsvielfalt

Eine der zentralen Antworten auf diese Herausforderung lautet: Zonenvielfalt.

- Wer Räume mit unterschiedlichen Qualitäten anbietet – von offenen, kommunikativen Bereichen über modulare Projektflächen bis hin zu geschützten Rückzugsräumen – schafft eine Umgebung, in der sich unterschiedliche Persönlichkeitstypen selbstbestimmt bewegen können.
- So entsteht Wahlfreiheit: Extrovertierte Mitarbeitende suchen die Interaktion, introvertierte Kollegen können sich temporär zurückziehen – ohne aus dem sozialen Gefüge ausgeschlossen zu werden.

Persönlichkeit als Erfolgsfaktor für Performance und Wohlbefinden

In meinen Projekten sehe ich immer wieder: Arbeitsumgebungen, die Persönlichkeitsunterschiede berücksichtigen, fördern nicht nur das Wohlbefinden, sondern steigern auch die Leistungsfähigkeit und die emotionale Bindung ans Unternehmen.

Ein Raum, der Wahlmöglichkeiten bietet, wird zum Resonanzraum für Vielfalt – und genau diese Vielfalt ist ein zentraler Hebel für Kreativität, Innovation und Resilienz.

Räume, die sich an der Breite der Persönlichkeiten orientieren, helfen Teams dabei, besser zu kommunizieren, effektiver zu arbeiten und Konflikte zu reduzieren. Sie sind der physische Ausdruck einer wertschätzenden und inklusiven Unternehmenskultur.

4.5 Erfahrung – Wie Biografien, Medien und Lernprozesse die Wahrnehmung von Arbeitswelten prägen

Erfahrung wirkt im Kontext der Arbeitswelt wie ein innerer Kompass – sie prägt Erwartungen, Einstellungen und die Akzeptanz gegenüber neuen Raumkonzepten. Doch Erfahrung ist nicht nur das, was Menschen über Jahre im Berufsalltag gesammelt haben. Es ist auch das, was über Medien, Erzählungen und kollektive Erlebnisse verinnerlicht wurde.

Erfahrung als „mentaler Rahmen" für Raumakzeptanz

Mitarbeitende, die viele Jahre in klassischen Strukturen gearbeitet haben, in festen Einzelbüros mit klaren Prozessabläufen und vertrauten Kommunikationswegen, bewerten Veränderungen anders als Mitarbeitende, die in offenen oder hybriden Konzepten sozialisiert wurden. Wer über Jahre feste Schreibtische hatte, erlebt Desk Sharing oft als Verunsicherung. Wer lange in hierarchisch geprägten Strukturen agierte, empfindet agile Teamzonen oder offene Meetinglandschaften schnell als chaotisch.

Aber auch Mitarbeitende, die an agilere Settings gewöhnt sind, können Vorbehalte entwickeln – etwa dann, wenn sie schlechte Erfahrungen mit schlecht konzipierten Open-Space-Layouts gemacht haben.

Die unterschätzte Rolle von Medien und Social Media

Ein weiterer Aspekt, der die Erfahrungsebene stark beeinflusst, ist die öffentliche Wahrnehmung. Medienberichte über Open-Space-Modelle sind häufig negativ konnotiert. Schlagzeilen über „Lärm im Großraumbüro", „sinkende Produktivität durch Open Spaces" oder Berichte über überforderte Mitarbeitende, die sich in neuen Raumkonzepten unwohl fühlen, wirken im kollektiven Bewusstsein nach.

Auch Social Media transportiert diese Narrative weiter. Einzelne Erfahrungsberichte auf Plattformen wie LinkedIn oder in Fachforen prägen schnell ganze Meinungsbilder. Was bleibt, sind Schlagworte wie „Lärmpegel", „Konzentrationsmangel" oder „Verlust von Rückzugsmöglichkeiten" – oft ohne die differenzierte Betrachtung, welche Konzepte gut umgesetzt wurden und welche gescheitert sind.

Diese Berichterstattung beeinflusst die Wahrnehmung von Mitarbeitenden schon lange vor dem ersten Spatenstich.

Schlechte Erfahrungen als „mentale Blockade"

Noch wirkmächtiger als externe Medien sind jedoch die internen Erfahrungen mit schlecht begleiteten Veränderungen. Viele Mitarbeitende tragen Erinnerungen an gescheiterte Transformationsprojekte mit sich: Räume, die nicht zu den Arbeitsweisen passten, fehlendes Workplace Change Management oder die Erfahrung, dass Mitarbeitende nicht in die Gestaltung einbezogen wurden.

In meinen Projekten begegnen mir immer wieder Aussagen wie:„Wir hatten schon einmal ein Open Space, das war furchtbar."„Damals wurde einfach umgebaut, ohne uns zu fragen."„Das neue Konzept hat damals nur Unruhe gebracht, keiner hat es richtig erklärt."

„Es ist ja einfach nur ein Umzugsprojekt!"

Die Psychologie gibt mir recht wenn ich sage, solche Erlebnisse wirken nach. Sie führen dazu, dass neue Raumprojekte nicht als Chance, sondern als potenzielle Bedrohung oder mühsames Projekt mit viel Zeitaufwand wahrgenommen werden – als Wiederholung eines Musters, das sich negativ ins Gedächtnis eingebrannt hat.

Erfahrung und emotionale Blockaden im Raum

Architekturpsychologie zeigt, dass diese negativen Erfahrungen zu emotionalen Blockaden führen können. Mitarbeitende entwickeln unbewusst Abwehrhaltungen gegenüber Veränderungen, selbst wenn das neue Raumkonzept bessere Bedingungen verspricht. Der „Raum der Vergangenheit" wird zum Filter für die „Arbeitswelt der Zukunft".

Diese Blockaden lösen sich nicht allein durch neue Möbel oder modernere Grundrisse. Sie müssen aktiv bearbeitet werden – durch transparentes und vor allem professionelles Workplace Change Management, durch echte Partizipation und vor allem durch die Bereitschaft, die erlebte Geschichte der Mitarbeitenden ernst zu nehmen ohne auf jedes Bedürfnis eingehen zu müssen.

Räume, die Erfahrung berücksichtigen

Ein raumsensibles Konzept muss daher nicht nur auf die Arbeitsweise, sondern auch auf die Erfahrungswelt der Menschen eingehen. Es muss Verständnis schaffen, Ängste ernst nehmen und Erfahrungsvielfalt sichtbar machen. Das gelingt zum Beispiel durch:

Pilotflächen, auf denen Mitarbeitende neue Arbeitsweisen und Raumkonzepte testen können.

Dialogformate, die Erfahrungen aus der Vergangenheit offen aufgreifen und den Mitarbeitenden das Gefühl geben, gehört zu werden.

Kombinierte Raumkonzepte, die sowohl Vertrautheit als auch Neues bieten und so einen sicheren Rahmen für unterschiedliche Erfahrungsprofile schaffen.

Fazit: Erfahrung prägt Akzeptanz und Haltung

Erfahrung entscheidet, ob Räume als Chance oder als Risiko wahrgenommen werden. Wer diese emotionale und biografische Ebene nicht beachtet, riskiert Widerstände – unabhängig davon, wie „innovativ" das Raumkonzept ist.

Architekturpsychologie hilft, diese Prägungen zu verstehen und Räume so zu gestalten, dass sie nicht nur funktional überzeugen, sondern auch mental anschlussfähig sind – für Menschen mit unterschiedlichsten Erfahrungsbiografien und Erlebnissen.

4.6 Geschlecht – Wie sich Räume auf Wahrnehmung und Verhalten auswirken

Räume wirken auf alle Menschen – doch nicht auf alle gleich. Die Architekturpsychologie zeigt klar: Geschlecht beeinflusst unsere Raumwahrnehmung, unser Sicherheitsgefühl und unser Verhalten im Raum (Vischer, 2005). Diese Einflüsse sind oft unbewusst, aber wirkmächtig – sie entscheiden mit darüber, ob Menschen sich wohlfühlen, sich einbringen oder lieber zurückziehen.

Sicherheit ist subjektiv – besonders im Raum

Frauen nehmen Räume tendenziell stärker unter dem Aspekt der Sicherheit wahr. Offene Grundrisse ohne Rückzugsmöglichkeiten, schlecht einsehbare Zonen oder abgelegene Meetingräume lösen bei vielen ein Gefühl der Unsicherheit aus – oft ohne dass es dafür objektive Gründe braucht (Pain, 2001). Männer hingegen bewerten dieselben Räume oft pragmatischer – sie priorisieren Funktionalität, Effizienz oder Statusmerkmale wie feste Plätze und klare Abgrenzung.

Diese Unterschiede in der Raumwahrnehmung sind kein Klischee, sondern psychologisch belegt: Frauen verarbeiten soziale und räumliche Reize sensibler, reagieren stärker auf fehlende Kontrolle und bevorzugen eher geschützte, übersichtliche Raumangebote (Gifford, 2007).

Kommunikation: Nähe versus Sichtbarkeit

Auch im Kommunikationsverhalten zeigen sich Unterschiede: Frauen bevorzugen oft Orte, die Vertraulichkeit und Beziehungspflege ermöglichen – kleinere Gesprächsinseln oder akustisch abgeschirmte Zonen. Männer hingegen positionieren sich häufiger sichtbar – offene Flächen, zentrale Treffpunkte oder exponierte Meetingzonen werden als Bühne für Präsenz und Status genutzt (Vischer, 2005; Edmondson, 1999).

Konzentration: Reize werden unterschiedlich gefiltert

In puncto Konzentration zeigt sich: Männer filtern Umgebungsreize häufig selektiver – Gespräche, visuelle Bewegungen oder Geräusche werden leichter ausgeblendet. Frauen hingegen verarbeiten diese Reize breiter vernetzt. Da-

durch wirken offene, dynamische Räume auf sie schneller ablenkend und belastend (Bear et al., 2020).

Die Konsequenz: Während viele Männer produktiv neben einem Laufweg
arbeiten können, suchen Frauen häufiger visuell abgeschirmte oder akustisch
ruhigere Zonen auf – nicht, weil sie weniger belastbar wären, sondern weil sie
Räume anders verarbeiten.

Raum als sozialer Verstärker

Räume wirken nicht neutral – sie verstärken bestehende soziale Muster. Ein
Großraumbüro ohne Rückzugsmöglichkeiten zementiert bestehende
Dominanzstrukturen, während räumliche Vielfalt soziale Ausgewogenheit
fördern kann. Räume sind damit nicht nur funktionale Infrastruktur, sondern
aktive Kulturträger.

Gestaltung für Vielfalt – ohne Klischees

Die Lösung liegt nicht in geschlechterspezifischer Planung, sondern in der bewussten Berücksichtigung von Unterschiedlichkeit. Gute Arbeitswelten bieten Wahlfreiheit: Fokuszonen, offene Teamflächen, Rückzugsräume, soziale
Treffpunkte. Vielfalt im Raum ermöglicht individuelle Nutzung – unabhängig
von Geschlecht oder Persönlichkeitstyp.

Fazit: Geschlechtssensible Gestaltung ist Teil psychologischer Sicherheit

Wer moderne Arbeitswelten entwickeln will, muss Geschlecht als eine von
vielen relevanten Dimensionen mitdenken. Architekturpsychologie hilft
dabei, Räume so zu gestalten, dass sie allen Nutzenden Sicherheit, Kontrolle
und Beteiligung ermöglichen – und damit die Grundlage für produktive, gesunde Zusammenarbeit schaffen.

4.7   Werte – Die unsichtbare Grundlage der Raumakzeptanz

Werte sind die inneren Überzeugungen und Leitprinzipien, nach denen Menschen handeln und Entscheidungen treffen – sowohl im Privatleben als auch

im Berufsalltag. Sie beeinflussen, wie wir mit Kollegen umgehen, welche Erwartungen wir an Führung, Kommunikation und Zusammenarbeit haben und wie wir Veränderungen gegenüberstehen.

Werte wirken häufig im Verborgenen, doch sie bestimmen maßgeblich, wie offen Menschen für neue Arbeitswelten und Raumkonzepte sind. Wer zum Beispiel Freiheit und Selbstbestimmung als hohe Werte verinnerlicht hat, wird flexible Arbeitsumgebungen, in denen er selbst wählen kann, wo und wie er arbeitet, als positiv empfinden. Menschen, die hingegen stark auf Sicherheit, Stabilität und Verlässlichkeit ausgerichtet sind, bevorzugen oft klar definierte Strukturen und feste Bezugspunkte – auch im Raum.

Werte und Raum – ein stilles Wechselspiel

Ein moderner Workspace, der Offenheit, Kollaboration und Transparenz verkörpert, passt ideal zu einem Team, das Werte wie Vertrauen, Mut und Agilität lebt. Doch in einer Organisation, in der Themen wie Kontrolle, Effizienz und klare Verantwortlichkeiten dominieren, kann derselbe Raum Irritation oder Unsicherheit auslösen.

Räume sind Projektionsflächen für Werte. Menschen lesen intuitiv aus der Gestaltung einer Arbeitswelt heraus, ob ihre eigenen Werte darin gespiegelt werden – oder ob ein Spannungsfeld entsteht.

Warum das Thema oft unterschätzt wird

In der Praxis wird die Bedeutung von Werten in Veränderungsprojekten häufig massiv unterschätzt. Der Fokus vieler Organisationen liegt bei der Einführung neuer Arbeitswelten meist auf messbaren, funktionalen Faktoren: Quadratmeterzahlen, Flächeneffizienz, technischen Lösungen und Prozessoptimierungen. Was dabei oft unter den Tisch fällt, ist die emotionale Ebene – die inneren Werte und Überzeugungen der Mitarbeitenden, die maßgeblich darüber entscheiden, ob ein Raumkonzept akzeptiert oder abgelehnt wird.

Werte sind tief verwurzelte Leitplanken, die sich aus unserer Lebensgeschichte, unseren Erfahrungen und Prägungen formen. Unser Gehirn verarbeitet Erlebnisse – bewusst und unbewusst – und verankert sie als stabile Glaubenssätze und innere Überzeugungen. Aus diesen gespeicherten Erfahrungen entstehen Wertemuster, die unser Verhalten, unsere Entscheidungen und unsere Wahrnehmung steuern.

Menschen suchen intuitiv die Nähe von Personen und Umgebungen, die ähnliche Werte teilen. Und nicht selten geschieht dabei etwas Spannendes: Die eigenen Werte und Überzeugungen werden zur persönlichen „Wahrheit" – einer Art Filter, durch den wir auch Arbeitswelten interpretieren.

Genau hier lauert eine der größten Herausforderungen für Unternehmen: Wird ein neues Arbeitsumfeld eingeführt, das die kulturellen oder individuellen Wertemuster vieler Mitarbeitender nicht anspricht oder ihnen sogar widerspricht, stoßen Change-Prozesse schnell auf unbewusste Abwehrreaktionen. Ein modern gestalteter Raum wird dann nicht als Chance wahrgenommen, sondern als „fremd" und potenziell bedrohlich.

Die Folge: Was als innovativer Schritt gedacht war, wird intern kritisiert oder gar boykottiert – nicht aus fachlichen Gründen, sondern aus einem inneren Widerstand gegenüber einer wahrgenommenen „Werteverletzung".

Ich erlebe es in der Praxis immer wieder: Mitarbeitende, die sich mit den Werten hinter der neuen Arbeitswelt identifizieren können – etwa Offenheit, Vertrauen oder Selbstverantwortung – nehmen räumliche Veränderungen deutlich schneller an. Doch genauso oft gibt es die andere Seite: Menschen, die in ihren gewachsenen Wertesystemen verharren, sich an gewohnte Sicherheitsanker klammern und Neuerungen eher skeptisch gegenüberstehen.

Werte sind identitätsstiftend, und wenn sie nicht mit der neuen Raumwelt übereinstimmen, wirkt das wie eine innere Blockade.

Deshalb ist es kein Zufall, dass erfolgreiche Workplace-Projekte fast immer von starken Change-Management-Prozessen begleitet werden – und genau hier liegt eine Schwachstelle vieler Unternehmen. Gute Workplace Change Manager, die sowohl die psychologischen als auch die räumlichen Aspekte moderieren und vermitteln können, sind nicht nur gefragt, sondern oft echte Mangelware.

Denn der Raum allein verändert keine Kultur. Es braucht Menschen, die Übersetzer zwischen neuen Raumlogiken und gewachsenen Wertemustern sind – empathisch, klar und mit dem nötigen psychologischen Gespür.

Räume als Ausdruck der Unternehmenswerte

Architekturpsychologie hilft dabei, Raum nicht nur funktional zu gestalten, sondern ihn mit der Kultur und den Werten der Organisation zu verknüpfen. Ein Unternehmen, das Werte wie Vertrauen und Verantwortung lebt, sollte diese Haltung auch räumlich ausdrücken – durch transparente Raumstrukturen, Wahlfreiheit bei der Arbeitsplatzwahl und die bewusste Förderung von Austausch.

Umgekehrt kann ein Unternehmen, das Effizienz, Exzellenz und klare Zielorientierung in den Vordergrund stellt, Räume mit stärkerer Strukturierung gestalten – etwa durch klar zonierte Bereiche, definierte Meetingstrukturen und eine durchdachte Organisation von Rückzugs- und Interaktionsflächen.

Fazit: Werte bestimmen die Raumwahrnehmung

Werte sind wie eine „innere Brille", durch die Menschen ihre Arbeitsumgebung interpretieren. Wenn Organisation und Raum dieselben Werte transportieren, entsteht ein Gefühl von Stimmigkeit. Fehlt diese Passung, entstehen Unsicherheiten und Widerstände – unabhängig davon, wie modern oder innovativ ein Raumkonzept an sich sein mag.

Deshalb gilt: Wer Arbeitswelten gestalten will, die langfristig wirken, muss nicht nur auf Funktionalität und Design achten – sondern auf die Werte der Menschen, die diese Räume täglich nutzen.

4.8 Fazit: Der Mensch als Resonanzkörper der Arbeitswelt

Die zuvor beschriebenen Einflussfaktoren – Tätigkeit, Arbeitsweise, Kommunikation, Persönlichkeit, Erfahrung, Geschlecht und Werte – zeigen eindrücklich, wie komplex und vielschichtig der Mensch als Bestandteil moderner Arbeitswelten ist. Sie wirken nicht isoliert, sondern in ständiger Wechselwirkung mit dem Raum – bewusst und unbewusst. Wer zukunftsfähige Arbeitsumgebungen gestalten will, muss diese menschlichen Dimensionen nicht nur kennen, sondern ernst nehmen: als psychologische, soziale und biografische Realitäten, die den Raum prägen – und von ihm geprägt werden. Der entscheidende Erfolgsfaktor liegt darin, den Menschen nicht als Nutzer zu denken, sondern als aktiven Mitgestalter – und den Raum als Resonanzfläche für Bedürfnisse, Identifikation und Entwicklungspotenzial.

5 Architektur Der physische Rahmen der Arbeitswelt

Die Architektur eines Unternehmensgebäudes ist weit mehr als nur seine Hülle oder ein ansprechender Entwurf. Sie ist nicht einfach „der Raum, in dem Arbeit stattfindet" – sie ist Teil der Arbeit selbst. Architektur formt Verhalten, lenkt Aufmerksamkeit, prägt Emotionen – und entscheidet oft im Stillen darüber, ob Menschen sich entfalten können oder ob sie sich eingeengt fühlen.

Architektur ist Haltung und Kultur eines Unternehmens in gebaute Form gebracht.Sie spiegelt die Philosophie eines Unternehmens, seine Entscheidungslogik, seine Denkweise. Wer durch ein Gebäude geht, erlebt nicht nur Raum – er erlebt auch Machtverhältnisse, Offenheit oder Kontrolle, Kreativität oder Konformität. Architektur ist damit immer auch eine Aussage: über Werte, Zusammenarbeit, Führung und Zukunftsorientierung.

In modernen Arbeitswelten, die auf Kollaboration, Agilität und Sinnhaftigkeit setzen, kommt der Architektur eine ganz neue Rolle zu: Sie muss nicht nur funktional sein – sie muss Haltung transportieren, Orientierung geben und Wandel ermöglichen.

Sie ist der Resonanzkörper der Unternehmenskultur. Räume spiegeln, verstärken oder irritieren das, was im Inneren einer Organisation gelebt wird. Sie senden nonverbale Signale – Tag für Tag, Minute für Minute. Wer diese Signale versteht, kann sie gezielt gestalten. Wer sie ignoriert, riskiert Missverständnisse, Ineffizienzen oder emotionale Distanz.

In diesem Kapitel beleuchte ich deshalb die Architektur nicht aus rein technischer oder ästhetischer Perspektive – sondern aus der Sicht der Architekturpsychologie (vgl. Abb. 3.4).

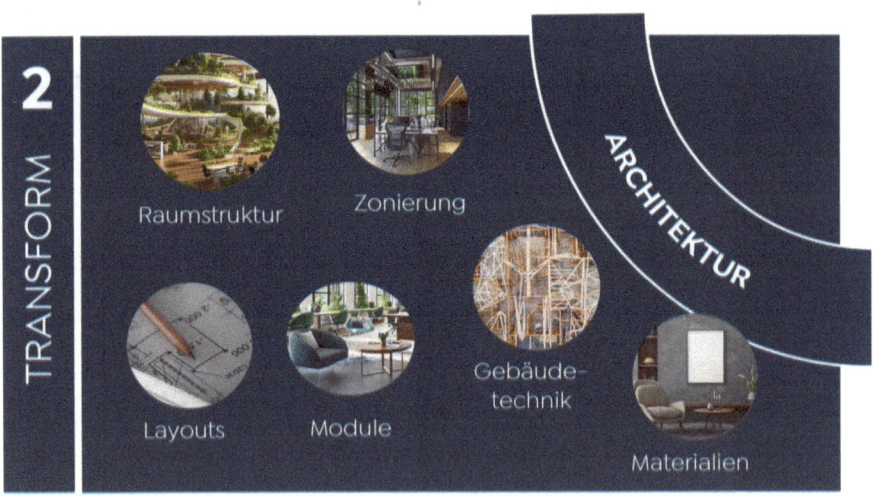

Abb. 3.4 Transformationsbereich Architektur – Architekturpsychologie by Gauer Consulting. (Quelle: Eigenes Modell)

- Wie wirken architektonische Strukturen auf den Menschen?
- Wie beeinflussen Raumaufbau, Zonierung oder Materialien das Miteinander und die Produktivität?
- Und wie kann Architektur genutzt werden, um Wandel zu begleiten, Identität zu stärken und Räume mit Bedeutung aufzuladen?

Dieses Kapitel gliedert sich in sechs zentrale Themenbereiche, die den architektonischen Werkzeugkasten unseres Architekturpsychologie Modells für moderne, menschenzentrierte Arbeitswelten bilden.

5.1 Raumstruktur – Das unsichtbare Rückgrat der Arbeitswelt

Die Raumstruktur eines Gebäudes ist wie das Skelett eines Körpers – sie ist nicht sichtbar im Alltag, aber sie bestimmt, wie sich alles bewegt, wie es hält, trägt, verbunden ist. Sie wirkt im Hintergrund – und hat doch eine enorme Kraft. Denn Raumstruktur lenkt Bewegung, Begegnung, Orientierung und Interaktion. Sie entscheidet darüber, wie Menschen sich im Raum verhalten, ob sie einander zufällig treffen, sich ausweichen, verweilen oder zielgerichtet navigieren.

Wer glaubt, Raumstruktur sei lediglich die logische Abfolge von Wänden, Gängen und Nutzungsflächen, greift zu kurz. Sie ist das räumliche Gerüst, in dem sich Organisation, Prozesse, soziale Strukturen und Kultur konkretisieren. Wer sie versteht – und bewusst gestaltet – legt den Grundstein für eine Arbeitswelt, die intuitiv funktioniert, psychologisch trägt und kulturell wirkt.

Zwischen Geradlinigkeit und Komplexität

Leider wird dieses Thema in der Praxis immer noch oft unterschätzt. Warum? Weil es sich auf den ersten Blick scheinbar rein funktional erschließen lässt. Es entstehen standardisierte Grundrissschemata, die über Unternehmen hinweggelegt werden, als ob es keine Unterschiede gäbe – als ob sich jedes Unternehmen auf dieselbe Weise bewegen, arbeiten und kommunizieren würde.

Architekten, Designer und Planer nutzen häufig diese vorgefertigten Muster – nicht aus Bequemlichkeit oder Ignoranz, sondern schlicht, weil ihnen der Bezug zur Verhaltenspsychologie und zur Raumsoziologie fehlt. Ich kann es ihnen nicht einmal übelnehmen – die meisten wissen es schlicht nicht besser. Was mich jedoch immer wieder erstaunt: Dass Unternehmen sich selbst so selten hinterfragen.

Auch sie sind verhaftet in funktionalen Denkmustern, folgen Gewohnheiten, Planungszyklen, Effizienzdruck. Und so entscheiden sie sich – bewusst oder unbewusst – für das, was schnell wirkt, sofort sichtbar ist und sich logisch in ein Organigramm oder in ein Flächenkonzept überführen lässt.

Doch genau hier verpassen viele den größten Hebel: Die Raumstruktur ist mehr als ein Planungsraster – sie ist ein Verhaltensmuster in Raum gegossen. Sie formt das Miteinander. Sie fördert oder hemmt Bewegung, Sichtbarkeit, Austausch, Zufall, Rückzug, Nähe.

Raumstruktur als Verhaltensarchitektur

Es geht nicht nur um Architekturpsychologie. Es geht auch um Raumsoziologie – ein viel zu selten berücksichtigtes Fachgebiet, das den sozialen Charakter von Raum in den Mittelpunkt rückt. Die Raumsoziologie fragt:

- Wie entstehen Räume durch soziales Handeln?
- Wie beeinflussen räumliche Strukturen unser Verhalten, unser Erleben, unser Miteinander?

Sie analysiert, wie Räume Macht verteilen, wie sie Zugehörigkeit erzeugen oder verhindern, wie sie Status markieren oder Begegnung fördern. All das passiert oft jenseits unseres bewussten Denkens – aber mit großer Wirkung auf unsere täglichen Interaktionen.

Nehmen wir zum Beispiel die jetzt einmal die Wegeführung: Ein Büro mit zentralen Knotenpunkten und offenen Begegnungsachsen erzeugt zwangsläufig mehr spontane Kontakte, mehr Gesprächsanlässe, mehr Sichtbarkeit. Ein Gebäude mit langen, linearen Fluren, abgeschotteten Teambereichen und klaren Trennungslinien hingegen fördert Distanz, Separation – und im schlimmsten Fall Silodenken. Das ist jetzt ein sehr plakatives und einfaches Beispiel, aber es erklärt die Problematik perfekt.

Diese Effekte sind nicht nur „Zufall". Sie sind ebnso und unbedingt konsequent gestaltete Realität.

Ein Plädoyer für die bewusste Gestaltung

Deshalb ist es höchste Zeit, dass wir Raumstruktur nicht mehr nur als „notwendige Ordnung" betrachten, sondern als strategisches Element der Unternehmenskultur. Wer Menschen wirklich in den Mittelpunkt stellen will, muss auch die unsichtbare Struktur ernst nehmen, in der sie sich täglich bewegen.

Denn Raumstruktur ist nicht neutral. Sie steuert Verhalten. Sie schreibt Abläufe vor. Sie verankert Kultur. Und genau deshalb gehört sie an den Anfang jeder architektonischen Überlegung – nicht als technisches Detail, sondern als zentraler Hebel für Transformation, Identität und Miteinander.

Struktur erzeugt Haltung

Die Raumstruktur gibt eine klare Haltung vor – oft, ohne dass wir sie bewusst wahrnehmen. Lange, geradlinige Flure, wie schon im Beispiel oben mit geschlossenen Türen signalisieren Formalität und Trennung. Offene, mäandernde Wegeführungen mit Sichtbeziehungen zwischen Teams fördern Kommunikation, Transparenz und informelle Begegnung.

Menschen orientieren sich unbewusst an räumlichen Mustern. Eine gute Raumstruktur leitet, ohne zu lenken. Sie bietet Verbindungen, ohne zu verwirren. Und sie schafft gleichzeitig Struktur und Offenheit – zwei Elemente, die in modernen Arbeitswelten gleichermaßen wichtig sind. Es ist die Kunst der Balance und Verzahnung von diesen Wissenselementen, dann wird es richtig spannend.

Die Macht der Wege – Orientierung, Begegnung und evolutionäre Intuition

Ein zentraler Aspekt der Raumstruktur ist die Wegeführung: Wie gelangen Menschen von A nach B? Welche Begegnungen werden dabei gefördert – und welche verhindert? Was zunächst banal klingt, hat eine tiefgreifende Wirkung auf das tägliche Erleben und Verhalten in einem Gebäude. Die Wege, die wir jeden Tag zurücklegen, formen unsere Orientierung, prägen unsere sozialen Kontakte, bestimmen informelle Austauschmomente – und damit auch, wie verbunden wir uns mit unserer Umgebung und mit unserem Team fühlen.

Wege sind mehr als Bewegungslinien – sie sind soziale Verknüpfungspunkte.

In gut gestalteten Gebäuden entstehen „Begegnungsachsen" – natürliche Verbindungsräume, an denen sich Menschen zwanglos begegnen, ohne dass es arrangiert wirkt. Es sind Küchenbereiche, Loungezonen, zentrale Knotenpunkte oder „Kreuzungen" im Gebäude, an denen Gespräche im Vorbeigehen entstehen. In der Architekturpsychologie sprechen wir hier vom „Stumble-upon-Prinzip" – dem Prinzip des zufälligen Aufeinandertreffens, das Innovation, Gemeinschaft und informelle Kommunikation fördert. Es ist genau dieser kleine, beiläufige Austausch, der Vertrauen stärkt, Ideen vernetzt und Teams zusammenwachsen lässt.

Doch Wege haben nicht nur eine soziale Funktion – sie wirken emotional, oft unterhalb der bewussten Wahrnehmung.

Die Wegeführung als psychologischer Kompass

Der Mensch liest seine Umgebung nicht nur kognitiv, sondern auch intuitiv – über Raumwahrnehmung, Bewegungssicherheit und Erfahrungswerte. Und hier kommt ein spannender Aspekt aus der Evolutionsbiologie ins Spiel: Unser Gehirn ist nicht an die moderne Architektur angepasst, sondern folgt in seiner Grundstruktur immer noch den Regeln des Überlebens.

Auch wenn der Säbelzahntiger in unserer Welt längst verschwunden ist – unser inneres Alarmsystem reagiert immer noch auf Unsicherheit, Enge, Dunkelheit, Unübersichtlichkeit oder fehlende Rückzugsoptionen. Flucht oder Angriff – Fight or Flight – ist als Reaktionsmuster tief in unserem limbischen System verankert.

Deshalb empfinden wir lange, enge Gänge ohne Sichtachsen, tote Winkel oder unübersichtliche Raumfolgen häufig als unangenehm – auch wenn wir es nicht sofort benennen können. Unsere Biologie scannt permanent:

- Kann ich mich orientieren?
- Gibt es Ausweichmöglichkeiten?
- Bin ich sichtbar – oder zu sehr im Blick anderer?
- Kann ich mich sicher zurückziehen?

Räume, die diesen Fragen keine Antwort geben, erzeugen unterschwellige Anspannung – sie aktivieren unser Stresssystem, auch wenn wir rational wissen, dass uns nichts „passieren" kann.

Schlechte Wegeführung als strukturelles Risiko

Wenn Wegeführungen schlecht geplant sind, entstehen funktionale Sackgassen – im wörtlichen und übertragenen Sinn. Mitarbeitende müssen weite Strecken zurücklegen, um Kollegen zu erreichen, bestimmte Abteilungen werden isoliert, spontane Begegnungen werden durch schlechte Anbindung verhindert. Die Folge: Organisatorische Silos manifestieren sich auch räumlich – Kommunikation stockt, der Austausch versiegt, das Zusammengehörigkeitsgefühl bröckelt.

Und nicht zuletzt: Lange, schlecht angebundene Wege führen zu tatsächlicher Isolierung einzelner Personen oder Teams – vor allem, wenn sie selten Besuch bekommen. In vielen Unternehmen gibt es genau solche „vergessenen Zonen" – Teams, die räumlich und kulturell abgekoppelt wurden, weil sie schlicht „am Rand" geplant wurden.

Diese Fehlplanung ist kein Zufall. Sie ist das Ergebnis einer Sichtweise, die Wege nur als funktionale Verbindung denkt – nicht als soziale Infrastruktur.

Wege gestalten heißt Beziehungen gestalten

Architekturpsychologisch betrachtet sind Wege soziale Räume in Bewegung. Sie verbinden nicht nur Orte, sondern auch Menschen, Ideen und Perspektiven. Eine gut durchdachte Wegeführung kann Nähe erzeugen, Austausch erleichtern und sogar Vertrauen aufbauen – ohne dass ein Meeting dafür nötig wäre.

Gleichzeitig erlaubt eine bewusste Wegeplanung Rückzug, Wahlfreiheit und Orientierung – zentrale psychologische Bedürfnisse, die unser Verhalten, unsere Kommunikation und unsere mentale Balance am Arbeitsplatz wesentlich beeinflussen.

Fazit: Wer die Wege im Raum versteht, versteht die Wege zwischen Menschen. Und wer Wege gestalten will, die verbinden statt trennen, braucht mehr als ein Flächenraster – er braucht ein Verständnis für Bewegung, Beziehung und Psychologie.

Die Hierarchie der Räume

Eine durchdachte Raumstruktur kennt unterschiedliche Raumhierarchien: Es gibt zentrale Bereiche, die stark frequentiert werden – etwa Eingangsbereiche, zentrale Lounges, „Marktplätze" oder Teamflächen. Und es gibt periphere Zonen, die Rückzug, Ruhe oder Konzentration ermöglichen.

Diese Hierarchie ist entscheidend für die Funktionalität: Wenn alles gleich stark im Zentrum steht, entsteht Überforderung. Wenn alles zurückgezogen ist, fehlt der soziale Puls. Gute Raumstrukturen schaffen eine Balance: zwischen öffentlich und privat, zwischen laut und leise, zwischen sichtbar und geschützt.

Struktur als Spiegel der Organisation

Zeig mir, wo Du arbeitest – und ich sage Dir, wer Du bist.Kaum ein Satz bringt es so treffend auf den Punkt. Die Raumstruktur eines Unternehmens ist nicht einfach nur ein Planungsdokument mit Flächenzuweisungen – sie ist der sichtbar gewordene Abdruck der Organisationsstruktur, ihrer Werte, Machtverhältnisse und Beziehungslogiken.

Wenn man einen Grundriss wirklich zu „lesen" weiß, wird daraus ein offenes Buch. Und die Menschen darin sind die handelnden Figuren – sie bewegen sich nicht nur durch Räume, sondern durch ein Narrativ, das ihnen durch Architektur vorgegeben wird. Wenn dieses Narrativ Drama ist, dann lässt es sich nicht als Komödie inszenieren. Der Raum verrät, wie Menschen arbeiten – und manchmal auch, mit was sie kämpfen und sich beschäftigen.

Architektur erzählt von Macht, Nähe und Bedeutung

Spannend wird es, wenn man den Raumplan als organisationalen Spiegel betrachtet:

* Wie nah sitzen Führungskräfte bei den Teams – oder wie weit entfernt?
* Gibt es zentrale Treffpunkte, oder findet Kommunikation nur hinter verschlossenen Türen statt?
* Wie sichtbar sind gewisse Abteilungen – und welche verschwinden buchstäblich im letzten Flurabschnitt?

In vielen Unternehmen sieht man immer wieder die innere Logik auf einen Blick: Führungsetagen „oben", operatives Geschäft „unten". Der Vertrieb ist irgendwo „außen", die IT „hinten". Manche Teams sind in Sichtweite des Eingangsbereichs, andere so versteckt, dass sie räumlich wie kulturell abgekoppelt wirken.

Diese Raumstrukturen senden Signale. Sie sind nicht zufällig, sondern Ausdruck tief verankerter Denk- und Steuerungsmuster. Architektur stabilisiert diese Muster – oder, wenn man mutig genug ist, bricht sie auf.

Zwischen Hierarchie und Halt

In der Debatte um neue Arbeitswelten wird oft ein Ideal gepflegt: flache Hierarchien, maximale Offenheit, kollaborative Nähe. Und ja – diese Werte sind richtig und wichtig. Aber sie sind nicht für jede Organisation und jedes Team gleichermaßen geeignet.

Denn Hierarchie – richtig verstanden – ist nicht gleichbedeutend mit Machtmissbrauch oder Kontrolle. Sie kann Struktur geben, Orientierung, Klarheit. Für viele Menschen ist Hierarchie ein psychologisches Sicherheitsnetz, das ihnen ermöglicht, sich in komplexen Organisationen zu verorten.

Räume dürfen – und sollen – das auch zeigen. Eine Führungskraft, die bewusst einen abgeschirmten Raum nutzt, um schwierige Gespräche zu führen, trägt ebenso zur Stabilität bei wie eine, die sichtbar auf der Fläche präsent ist. Es geht nicht um „entweder – oder", sondern um die Frage: Wie viel Hierarchie braucht dieses Team, diese Organisation, diese Kultur – und wie kann Raum das angemessen widerspiegeln?

Raumstruktur als kulturelles Werkzeug

Die Architekturpsychologie hilft dabei, diese unsichtbaren Dynamiken sichtbar zu machen – und bewusst zu gestalten. Sie schaut nicht nur auf Quadratmeter und Laufwege, sondern auf psychologische Wirkzusammenhänge:

- Welche Nähe erzeugt Vertrauen – und welche Distanz schützt Vertraulichkeit?
- Wo entstehen Dominanzen – und wo wird Augenhöhe gelebt?
- Welche Raumstruktur verstärkt Zusammenarbeit – und welche zementiert Trennung?

Der Raum spricht mit uns ziemlich klar und deutlich – auch wenn niemand ein Wort sagt. Er sagt: Hier sitzt die Macht. Dort ist das Herz des Unternehmens. Diese Abteilung zählt. Diese ist auf sich gestellt. Das sind keine Designentscheidungen – das sind Identitätsentscheidungen.

Wer Raumstruktur versteht, versteht Organisation

Struktur im Raum ist nie neutral. Sie kann kulturelle Spannungen verstärken – oder sie auffangen. Sie kann Menschen verbinden – oder sie trennen. Und sie kann genau das sichtbar machen, was Unternehmen oft nicht laut sagen: Wie viel Vertrauen, wie viel Nähe, wie viel Wert man einander wirklich beimisst.

Darum gehört die Frage der Raumstruktur immer an den Anfang: nicht nur als architektonische Entscheidung – sondern als strategischer Akt kultureller Selbstvergewisserung.

Der psychologische Effekt von Klarheit und Übersicht

Menschen fühlen sich in Räumen wohl, wenn sie intuitiv verstehen, wie sie sich bewegen sollen, wohin sie gehen können, wo sie sich aufhalten dürfen. Raumstruktur erzeugt Orientierung – und Orientierung erzeugt Sicherheit. Gerade in Zeiten ständiger Veränderung ist dies ein elementarer Faktor für das Wohlbefinden und die psychologische Stabilität am Arbeitsplatz.

Unübersichtliche Flächen, schwer zugängliche Räume oder nicht nachvollziehbare Raumübergänge erzeugen Stress, Unsicherheit oder sogar Rückzugsverhalten. Gut strukturierte Räume dagegen vermitteln Kontrolle, Klarheit und Zugehörigkeit.

Fazit: Struktur ist Wirkung

Die Raumstruktur ist das unsichtbare Rückgrat einer funktionierenden Arbeitswelt. Sie entscheidet darüber, ob Räume fließen oder stocken, ob sich Menschen begegnen oder aus dem Weg gehen, ob Arbeit leicht oder schwerfällig wirkt.

Eine gute Raumstruktur ist wie ein guter Stadtplan: Sie bietet Orientierung, schafft Verbindungen und lässt Menschen ihre Umgebung intuitiv begreifen – ohne dass man sie erst erklären muss.

Wer heute Arbeitswelten gestaltet, sollte mit der Raumstruktur beginnen – und damit den Grundstein für alles Weitere legen: für Organisation, Verhalten, Kommunikation, Identifikation und psychologisches Wohlbefinden.

5.2   Zonierung – Räume mit Bedeutung aufladen

Zonierung ist weit mehr als das logische Aufteilen eines Grundrisses in Nutzungsbereiche. Sie ist ein strategisches Instrument, das bestimmt, wo etwas passiert – und noch wichtiger: wie es sich dort anfühlt. In der Architekturpsychologie sprechen wir bei Zonierung nicht nur über Funktionen, sondern über Atmosphären, Erwartungen und Haltungen, die in unterschiedlichen Raumbereichen bewusst oder unbewusst aktiviert werden.

Zonierung ist räumlich gewordene Priorisierung. Sie sagt uns: Hier ist Fokus erlaubt. Dort ist Austausch erwünscht. Hier darfst du dich zurückziehen. Und da musst du präsent sein. Sie schafft Orientierung, Zugehörigkeit – und psychologische Klarheit.

Von funktional zu bedeutungsvoll

In der klassischen Planung denkt man oft funktional: Empfang – Meeting – Arbeitsplatz – Rückzug – Kaffeeküche. Doch diese Aufzählung greift zu kurz. Denn Menschen erleben Räume nicht nur über ihre Funktion, sondern über ihre Wirkung. Ein Rückzugsraum, der mitten in der lautesten Zone liegt, erfüllt seine Funktion nicht. Ein „Open Space", der keinerlei Sicht- oder Schallschutz bietet, wird zur Belastung, nicht zur Einladung. Und eine Lounge mitten im Arbeitsbereich wird schwer zu Diskussionen anregen.

Gute Zonierung denkt Wirkung – nicht nur Zweck. Sie fragt:

- Wie fühlen sich Menschen in dieser Zone?
- Welches Verhalten wird dort wahrscheinlich entstehen?
- Wie leicht oder schwer fällt es, dort in Beziehung, in Konzentration oder in Erholung zu kommen?

Zonen sind Räume mit Haltung

Jede Zone transportiert eine Erwartung: Ein Lounge-Bereich kommuniziert: „Du darfst hier verweilen, dich austauschen, entspannt sein."

Eine Fokuszone sagt: „Hier geht es um Ruhe, Konzentration, um dich und deine Aufgabe." Ein Marktplatz vermittelt: „Hier ist Bewegung, hier sind Menschen, hier ist Energie." Aber

Das Großartige: Zonen lassen sich atmosphärisch „aufladen" – über Licht, Akustik, Materialien, Farben, Möblierung. Und sie lassen sich dynamisch miteinander verweben. Die starre Trennung zwischen Rückzug und Kommunikation ist längst überholt. Heute geht es um ein differenziertes Nebeneinander: Orte, die sich verdichten und wieder öffnen. Räume, die in Beziehung zueinander stehen und eine innere Choreografie des Arbeitens ermöglichen. Aber in diese höchst spannende Thematik gehe ich im Kapitel Gestaltung ein.

Psychologische Sicherheit durch räumliche Klarheit

Menschen brauchen nicht nur Räume, in denen sie arbeiten können – sie brauchen Räume, in denen sie sich sicher fühlen. Diese Sicherheit ist nicht funktional messbar, nicht in Quadratmetern zu greifen, nicht in Plänen zu zeichnen – und doch ist sie essenziell. Sie entsteht dort, wo Räume eine klare, intuitive Logik besitzen.

Gut zonierte Arbeitswelten geben Orientierung, ohne erklärt werden zu müssen. Man spürt: Hier ist Austausch erwünscht. Dort ist Rückzug möglich. Hier darf ich laut denken, dort darf ich still sein. Das Faszinierende: Unser Gehirn erkennt diese Botschaften ganz ohne Sprache. Es liest den Raum – ganz automatisch, ganz archaisch.

Denn der Mensch hat gelernt, auf Umgebungen zu reagieren, lange bevor er gelernt hat zu sprechen. Wir wissen instinktiv, ob wir beobachtet werden. Ob wir gesehen oder geschützt sind. Ob wir eingeladen sind, uns zu öffnen – oder lieber auf Abstand bleiben sollten. Diese nonverbalen Signale des Raumes wirken tiefer als jede architektonische Absicht.

Und genau hier beginnt das Problem mit schlecht zonierten Flächen.

Wer in Räumen arbeitet, in denen keine klare Struktur herrscht, erlebt psychologische Unsicherheit – oft ohne es benennen zu können. Es entstehen Fragen, die nicht gestellt werden, aber trotzdem wirken:

- Darf ich mich hier unterhalten, oder störe ich?
- Wo gehöre ich hin?
- Wo finde ich Ruhe – ohne mich zu isolieren?
- Sehe ich andere – und will ich gesehen werden?

Diese Unklarheit führt zu einem permanenten inneren Monitoring, das Energie kostet. Die kognitive Dissonanz zwischen dem, was der Raum zeigt, und dem, was ich als angemessen empfinde, erzeugt Unsicherheit – und mit ihr Reibung, Rückzug oder unnötigen Stress.

Der Mensch ist in einem solchen Umfeld nicht bei sich, sondern ständig mit dem Raum beschäftigt – unterbewusst. Und das nimmt Fokus, Leichtigkeit und emotionale Verbundenheit. Dieses psychologische Phänomän wird völlig unterschätzt

Architekturpsychologie weiß: Gute Zonierung ist wie eine gut erzählte Geschichte – man findet sich darin zurecht, ohne sie erklärt zu bekommen. Sie reduziert Reibung, stärkt Selbstverantwortung und macht Räume nicht nur begehbar, sondern tatsächlich nutzbar – im besten und ganzheitlichsten Sinne.

Das Unsichtbare sichtbar machen

Zonierung ist nicht nur eine planerische Aufgabe – sie ist ein kulturelles State-ment. Denn sie beantwortet auf räumlicher Ebene zentrale Fragen: Wie sehr vertrauen wir unseren Mitarbeitenden? Wie sehr respektieren wir ihre indivi-duellen Bedürfnisse? Wie klar sind unsere Werte wirklich im Alltag spürbar?

Dort, wo bewusst gestaltete Austauschzonen geschaffen werden, wächst Gemeinschaft – nicht nur durch Gespräche, sondern durch das Gefühl, Teil eines größeren Ganzen zu sein. Dort, wo Rückzugsräume fehlen, entstehen keine kreativen Hochphasen, sondern Überforderung und Erschöpfung. Und dort, wo öffentliche und private Raumqualitäten verschwimmen, leidet die emotionale Sicherheit – weil sich niemand mehr sicher ist, wie viel Nähe ge-rade angemessen ist.

Es sind diese leisen, oft übersehenen Signale, die darüber entscheiden, ob ein Raum als unterstützend empfunden wird – oder als irritierend. Denn Menschen spüren, wenn Räume nicht ehrlich sind. Wenn sie mehr verspre-chen, als sie halten. Wenn das Design Offenheit suggeriert, aber die Kultur Kontrolle meint. Wenn alles schick aussieht – und sich doch niemand wirk-lich wohlfühlt.

Diese Wahrnehmungen sind tief in uns verankert. Und es wäre naiv zu glauben, dass wir sie einfach beiseite schieben können – nur weil eine renom-mierte Designagentur ihre Handschrift über den Grundriss legt oder ein tren-diger Büroplaner modulare Möbel vorschlägt. Raumgestaltung ist mehr als Ästhetik oder Funktion – sie ist Psychologie.

Es wird höchste Zeit, dass genau das verstanden wird – und dass sich Pla-nende mit architekturpsychologisch geschulten Fachpersonen vernetzen. Nur im Zusammenspiel von Design, Funktion und psychologischem Verständ-nis lässt sich das volle Potenzial aus dem Raum herausholen – und damit letzt-lich auch aus den Menschen, die ihn täglich nutzen.

Fazit: Zonen sind keine Räume – sie sind Möglichkeiten

Zonierung macht aus Flächen Erlebnisse. Sie verwandelt Grundrisse in ge-lebte Haltung – sichtbar, spürbar, intuitiv erfahrbar. Sie schafft eine Umge-bung, in der Menschen nicht nur funktionieren, sondern sich selbstwirksam erleben dürfen. In der Arbeitswelt der Zukunft geht es nicht mehr nur um Arbeitsplätze – es geht um Klarheit, Wahlfreiheit und Vertrauen.

5.3   Layouts – Wie Grundrisse Verhalten steuern

Wenn Zonierung die strategische Gliederung einer Fläche ist, dann ist das Layout ihre konkrete Übersetzung. Es ist der sichtbare, begehbare Bauplan für das tägliche Miteinander – ein Raumskript, das vorgibt, wer wo sitzt, wen man sieht, wem man begegnet – und wem eher nicht. Layouts entscheiden, wie ein Raum funktioniert, aber auch, wie er sich anfühlt. Und sie steuern – meist unbemerkt – unser Verhalten.

Ein Grundriss ist nie neutral. Er ist immer auch eine Aussage über Nähe und Distanz, über Kontrolle und Vertrauen, über Fokus oder Austausch.

Layouts wirken unter der Oberfläche

Auf dem Papier sehen viele Layouts gleich aus: Arbeitsplätze, Meetingräume, Kommunikationszonen, Rückzugsmöglichkeiten. Doch sobald Menschen den Raum betreten, beginnt eine andere Realität:

- Wir spüren, wie offen oder geschützt wir sind.
- Wir merken, ob Bewegung fließt – oder stockt.
- Wir erleben, ob wir gesehen werden – oder übersehen.

Layouts strukturieren unsere Möglichkeiten – und unsere Grenzen. Sie beeinflussen, ob wir auf andere zugehen oder uns lieber abschirmen, ob wir uns als Teil eines Teams erleben oder als Einzelkämpfer. Räume, in denen alles „funktioniert", aber nichts wirkt, entstehen dort, wo Layouts rein technisch gedacht werden – als Logistik statt als Erlebnis.

Zum besseren Verständnis nun ein 3D Bürolayout auf dem Prüfstand (vgl. Abb. 3.5).

Architekturpsychologische Kurzanalyse des 3D Bürolayouts
Oberflächlich modern, strategisch banal

Was auf den ersten Blick als „cleanes, helles Open-Space-Büro" erscheint, entpuppt sich bei näherem Hinsehen als Standardlösung ohne Tiefe architekturpsychologisch wie strategisch. Es fehlt an jeder Stelle das, was eine moderne Arbeitswelt eigentlich braucht: Differenzierung, Haltung, Erlebnis, Atmosphäre und echte Prozessunterstützung.

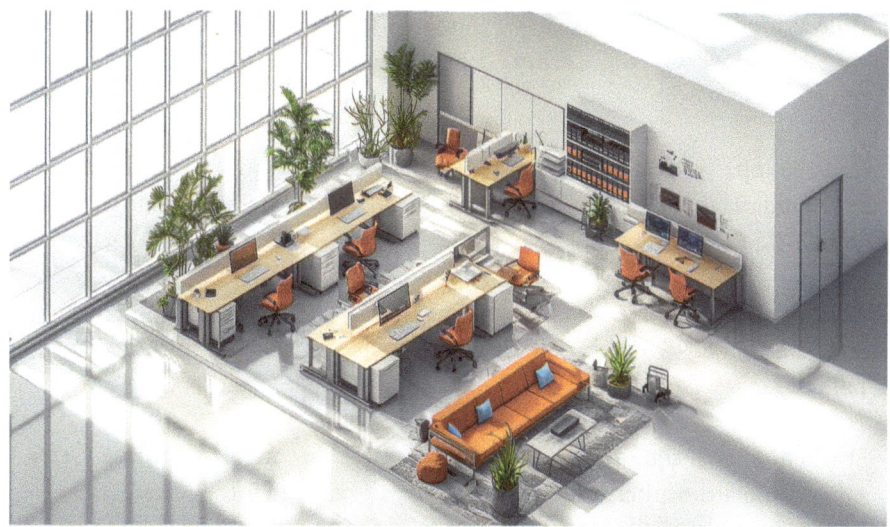

Abb. 3.5 Isometrische Darstellung eines modernen Bürobereichs. (© saifi khasori/ stock.adobe.com)

1. Zonierung ohne Sinn – alles offen, nichts geführt

Die Fläche suggeriert Zonierung, aber sie verfehlt ihre psychologische Funktion:

- Keine echte Rückzugsmöglichkeit: Alle Arbeitsplätze sind gleich ausgerichtet, visuell exponiert und akustisch ungeschützt.
- „Lounge" im Lärmfeld: Der Kommunikationsbereich ist mitten in der Arbeitszone verankert – was weder Rückzug noch Austausch richtig ermöglicht. Er bleibt Symbol statt Funktion.
- Keine semantische Aufladung: Die Zonen kommunizieren keine Haltung – weder Fokus, noch Begegnung, noch kreative Spannung. Alles wirkt gleichförmig und damit entleerend.

Zonierung bleibt hier rein dekorativ – sie ordnet, aber sie prägt nicht.

2. Layouts ohne Aussage – Distanz statt Dialog

Das Layout zeigt: Hier wurde in Möbeln gedacht, nicht in Beziehungen.

- Die Tische sind linear in Reihung gestellt – ein typisches Muster technokratischer Effizienzlogik.
- Es fehlt jede intelligente Blickführung, jede inszenierte Begegnung, jede räumliche Inszenierung von Nähe oder Dynamik.

- Die visuelle Kontrolle ist hoch – man sitzt wie auf dem Präsentierteller. Gleichzeitig ist die räumliche Beziehung unter den Teammitgliedern schwach.

Das Layout vermittelt unbewusst: „Hier zählt Output, nicht Beziehung." Ein Rückfall in klassische Kontrollräume unter dem Deckmantel von Offenheit.

3. Atmosphäre? Hier leider Fehlanzeige.
Trotz der hellen Umgebung entsteht keine räumliche Stimmung, kein Charakter:

- Farben sind austauschbar: Orange wirkt als plakative Corporate-Geste – aber ohne atmosphärischen Kontext. Es aktiviert nicht, es blendet.
- Pflanzen wirken alibihaft: Sie markieren zwar die Glasfassade, aber sie zonieren nicht, sie schützen nicht, sie erzählen keine Geschichte.
- Lichtführung wird nicht genutzt: Die Raumtiefe bleibt leer – es gibt kein Spiel mit Helligkeit, Geborgenheit oder Zonenwechsel.

Der Raum ist kein Ort – er ist eine Fläche mit Objekten.

4. Keine Erlebnisdramaturgie – nur statisches Flächenmanagement
Moderne Arbeitswelten brauchen eine Choreografie des Arbeitens: Übergänge, Schwellen, atmosphärische Taktung. Dieses Layout bietet:

- keinen Rhythmus zwischen Rückzug, Begegnung, Fokus, Inspiration.
- keine räumliche Spannung – alle Linien sind parallel, jede Bewegung vorhersehbar.
- keine Differenzierung im akustischen oder visuellen Erleben.

Ergebnis: Der Raum ist monoton – und genau das erzeugt kognitive Erschöpfung statt Aktivierung.

5. Strategisches Versagen: Kein Abbild der Kultur, keine Verstärkung der Vision
Das Layout bleibt komplett generisch – als ob es für jedes x-beliebige Unternehmen funktionieren müsste:

- Keine Abbildung von Teamstrukturen, Prozessen, Werten.
- Keine Raumsprachen für Kreativität, Innovation, Sicherheit, Empowerment.
- Kein Ausdruck von Vertrauen oder Entscheidungsspielräumen.

Die psychologische Botschaft lautet: „Hier bist du austauschbar." Und genau das untergräbt jede emotionale Bindung – ein Kardinalfehler in Zeiten von Engagement-Krise und Kulturwandel.

Mein Fazit: Ein Raum, der nichts will

Dieses Layout ist ästhetisch glatt – aber inhaltlich leer. Es löst keine Reaktion aus. Es unterstützt keine Haltung. Es inspiriert nicht. Es ist ein Raum, der nichts fordert, nichts fördert – und damit nichts verändert.

Architekturpsychologisch ist klar: Dieses Layout ist nicht mehr zeitgemäß. Es ist eine verpasste Chance auf Verbindung, Identität und Differenzierung. Was fehlt, ist der Mut zu emotionaler Raumgestaltung, zu kultureller Verankerung und strategischer Präzision.

Der stille Dirigent des Alltags

Was oft unterschätzt wird: Layouts prägen Gewohnheiten. Menschen folgen im Alltag der Raumlogik. Wer täglich lange Wege zur Teeküche zurücklegt, wird seltener dort verweilen. Wer im Blickfeld der Führungskraft sitzt, passt sein Verhalten unbewusst an. Wer sich ständig auf dem Präsentierteller fühlt, zieht sich innerlich zurück. Das ist keine persönliche Schwäche – das ist eine psychologisch erklärbare Reaktion auf räumliche Ordnungssysteme.

Layouts sind stille Dirigenten unseres Arbeitsalltags. Sie choreografieren unsere Bewegungen, unsere Blickachsen, unsere Begegnungen – und damit unsere Beziehungen.

One fits all? Ein gefährlicher Trugschluss

Viele Unternehmen glauben noch immer an das eine „richtige" Layout. An die universelle Lösung, die sich über jede Organisation legen lässt. Doch das funktioniert nicht. Ein Marketingteam mit hoher Dynamik, kreativem Austausch und ständig wechselnden Aufgaben braucht ein anderes Layout als eine IT-Abteilung mit stark strukturierten Prozessen und hoher Konzentrationsanforderung.

Layouts müssen zur Arbeitsweise passen. Sie müssen Tätigkeiten unterstützen, Teamstrukturen sichtbar machen und Raum für Flexibilität bieten, wo Wandel Teil des Alltags ist.

Ein gut gestaltetes Layout ist kein starres Raster – es ist ein atmender Raumplan, der Bewegung, Rückzug, Begegnung und Individualität gleichermaßen ermöglicht.

Architekturpsychologie als Entscheidungshilfe

Die Architekturpsychologie liefert hier wertvolle Antworten. Sie fragt zum Beispiel:

- Wie wirken Blickachsen auf das Verhalten?
- Welche Dichte an Arbeitsplätzen erzeugt Nähe
- … und ab wann kippt sie in Enge?
- Wo braucht es Übergänge, Schwellen, Pufferzonen?
- Wo sind Begegnungspunkte notwendig?

Sie hilft, Layouts so zu gestalten, dass Menschen sich nicht nur orientieren, sondern identifizieren können. Denn ein Layout ist mehr als eine Planungsfrage – es ist ein Statement: über Zusammenarbeit, über Kultur, über das Menschenbild einer Organisation.

Wenn der Plan täuscht – das Unsichtbare zwischen Linien

Das große Problem bei Layouts ist ihre scheinbare Klarheit. Am Bildschirm sehen sie fast immer gut aus. Am Plan wirkt alles logisch, effizient, ästhetisch aufgeräumt. Linien ordnen die Welt. Zonen sind farblich hinterlegt. Es gibt Wege, Räume, Funktionen – alles scheint da zu sein.

Und genau darin liegt die Gefahr.

Denn Pläne vermitteln eine Illusion von Kontrolle. Sie zeigen, was sein soll – nicht, was wirklich sein wird. Sie abstrahieren, vereinfachen, glätten. Was sie nicht zeigen, ist das tatsächliche Erleben der Menschen im Raum: Wie fühlt es sich an, dort zu sitzen? Wie laut ist es wirklich? Wie viele Blicke kreuzen sich? Wie nah ist zu nah?

Die meisten Kunden sind auf diesen Ebenen nicht geschult. Sie können Pläne nicht „lesen" – zumindest nicht im psychologischen Sinne. Sie sehen

Kästchen, Linien, Flächen – aber sie spüren (noch) nicht, wie sich diese Räume im echten Leben anfühlen werden. Wo man sich zu exponiert fühlt. Wo Konflikte entstehen. Wo sich Menschen eher aus dem Weg gehen, als sich zu begegnen.

Und das ist niemandem vorzuwerfen. Es fehlt schlicht an Übersetzung.

Was auf dem Plan wie eine offene Kommunikationszone aussieht, kann in der Realität zu einem akustischen Brennpunkt werden. Was wie ein flexibles Workbenching-System geplant war, wird im Alltag zum Ort der ständigen Unruhe. Und was als offene Fläche für Austausch gedacht war, wird zum Niemandsland, weil sich niemand traut, es zu nutzen.

Die Rolle des Übersetzers: Moderation zwischen Raum und Mensch

Genau deshalb braucht es in Layoutprozessen eine neue Rolle: die des Raum-Übersetzers. Jemand, der nicht nur das Layout versteht, sondern auch das Verhalten, die Bedürfnisse, die sozialen Dynamiken, die psychologischen Spannungen. Jemand, der vermitteln kann – zwischen der Sprache der Pläne und dem Erleben der Menschen.

Diese Rolle ist entscheidend. Denn nur so lassen sich Fehlentscheidungen vermeiden, die teuer, frustrierend und kulturzersetzend sein können. Es geht nicht um die perfekte Zeichnung – es geht um die erlebbare Realität.

In meinen Projekten erlebe ich immer wieder: Was Menschen am Plan begeistert hat, irritiert sie nach der Umsetzung. Weil niemand da war, der die Fragen gestellt hat, die nicht auf dem Papier stehen. Fragen wie:

Wie lange kann ich hier sitzen, ohne gestört zu werden? Wie viel Kontrolle habe ich über meine Umgebung? Wie fühlt es sich an, hier täglich zu sein?

Fazit: Pläne sind wichtig – aber sie sind nicht die Wahrheit!

Layouts zeigen Struktur – aber nicht Verhalten. Sie zeigen Fläche – aber nicht Atmosphäre. Sie zeigen Nutzung – aber nicht Emotion.

Deshalb braucht es Profis, die mehr können als Flächen berechnen und Zonen beschriften. Es braucht Menschen mit psychologischem Feingefühl, mit Raumverständnis und mit der Fähigkeit, zwischen den Linien zu lesen.

Denn genau dort liegt das Entscheidende.

Fazit: Layouts sind mehr als Logik – sie sind Beziehungsmuster

Ein gutes Layout verbindet Menschen, ohne sie zu bedrängen. Es bietet Struktur, ohne einzuengen. Und es schafft ein unsichtbares Netz von Verbindungen, in dem sich Arbeit, Kommunikation und Identität entfalten können.

Denn wer mit einem Stift Grundrisse zeichnet, zeichnet in Wirklichkeit die Muster des menschlichen Miteinanders.

5.4   Module – Flexibilität gestalten, statt nur planen

Wenn wir heute von zukunftsfähigen Arbeitswelten sprechen, dann sprechen wir in Wahrheit über Veränderungsfähigkeit. Über die Fähigkeit, sich schnell und sinnvoll an neue Anforderungen, Teamkonstellationen und Arbeitsmethoden anzupassen. Und genau hier setzen modulare Raumkonzepte an – nicht als gestalterischer Trend, sondern als strategisches Werkzeug für lebendige, agile Organisationen.

Module sind die beweglichen Elemente im ansonsten oft starren System. Sie bringen Dynamik in Arbeitsumgebungen, ohne dass gleich die gesamte Fläche umgebaut oder das Büro auf links gedreht werden muss. Sie sind wie Gelenke im Körper eines Gebäudes: Sie erlauben Richtungswechsel, Anpassung, Bewegung – dort, wo andere Strukturen bereits in Beton gegossen sind.

Vor allem aber geben sie Teams genau das, was sie in der heutigen Zeit dringend brauchen: Strukturen, die mitwachsen. Die sich verwandeln dürfen, wenn sich Aufgaben verschieben. Die ausprobiert und angepasst werden können – ohne monatelange Umbauphasen oder große Investitionen. Module sind Spielräume mit System.

Und genau hier liegt ein entscheidender Faktor für Zukunftsfähigkeit. Denn ich höre in meinen Projekten immer wieder denselben Satz: „Das können wir jetzt nicht mehr ändern – die Möbel sind gekauft, das System steht. Wir können nur im Kleinen noch etwas ändern und es soll bitte auch nicht zu viel kosten, da wir ohnehin schon so viel ausgegeben haben!»

Ein Satz, der gleichzeitig sagt: Wir wollen innovativ sein, aber wir haben uns schon selbst eingeschränkt oder eigentlich sogar blockiert. Wir möchten agil handeln, aber unsere Umgebung lässt es nicht mehr zu. Die Flexibilität endet dort, wo der Raum aufhört, mitzudenken.

In Wahrheit passiert hier etwas Subtiles, aber folgenschweres: Die Menschen begrenzen nicht nur ihren Raum – sie begrenzen auch ihr Denken. Wenn die Umgebung starr ist, wird auch der Geist unbeweglich. Und was als moderne Arbeitswelt gedacht war, wird zu einem statischen Konstrukt, das Innovation eher verhindert als fördert.

Wenn mich Kunden in meinen Workplace Projekten fragen: „Wie bleiben wir in unserer Arbeitswelt flexibel?" dann antworte ich immer: „Ein großer Teil davon sind die Raumodule, wichtig und erfolgsentscheidend dabei ist es, diese richtig einzusetzen."

Ich erinnere mich an ein Projekt, bei dem die Entscheidung bereits gefallen war, bevor ich ins Boot geholt wurde: Acht neue Telefonboxen – kompakt und funktional. Bei meinem ersten Rundgang stand ich vor den Boxen, und ein Mitarbeiter meinte zu mir: „Da geht man nur rein, wenn man muss." Und tatsächlich: Kaum jemand nutzte sie. Sie wirkten eng, transparent, akustisch zwar sehr gut gedämpft, aber für empfindliche Ohren schon zu viel und es entstand ein Druck am Ohr. Somit waren die Boxen wenig überzeugend – und vor allem auch noch ungemütlich.

Dieses Beispiel zeigt exemplarisch, worum es mir in der Architekturpsychologie geht. Es reicht nicht, Flächen optimal auszunutzen oder technische Lösungen umzusetzen. Es geht darum, wie sich Räume anfühlen – und ob Menschen sie wirklich nutzen möchten. Gerade bei Raum-in-Raum-Lösungen wird oft aus Budget- oder Layoutgründen zur kleineren Variante gegriffen. Aber kleiner ist nicht automatisch besser – und schon gar nicht, wenn es darum geht, psychologisch wirksame Räume zu schaffen.

Ich empfehle daher in vielen Fällen 2er-Boxen, die sowohl für Einzelpersonen als auch für kurze Meetings genutzt werden können. Die Reaktion: „Aber das ist doch ineffizient!" Doch was ist ineffizienter – eine größere Box, die gerne genutzt wird, oder eine kleinere, die leer bleibt?

Architekturpsychologisch sinnvoll ist, was Vertrauen, Komfort und Akzeptanz schafft. Deshalb plädiere ich dafür, Räume nicht die ihre Wirkung entfalten können. Denn nur so entstehen Orte, die nicht nur Platz bieten, sondern wirklich angenommen werden.

Denn je flexibler die bauliche und möblierungstechnische Grundstruktur, desto vielfältiger sind die Optionen. Und je offener ein Raum ist für Veränderung, desto offener bleiben oder werden auch die Menschen, die ihn nutzen.

Gerade heute, wo Gewissheiten sich über Nacht in Unsicherheiten verwandeln, ist das essenziell. Organisationen müssen in der Lage sein, schnell zu reagieren – auf neue Anforderungen, auf neue Teamgrößen, auf hybride Modelle, auf andere Kommunikationsformen.

Räume müssen mit uns gemeinsam lernen. Sie müssen mitwachsen, wenn sich der Bedarf ändert. Sie müssen tragen, wenn andere Sicherheiten bröckeln. Und sie müssen offenbleiben – für das, was kommt.

Module leisten genau das: Sie machen Veränderung nicht zur Ausnahme, sondern zur Option. Und mit der Zeit – zur Selbstverständlichkeit. Sie erlauben es Organisationen, in Bewegung zu bleiben, ohne jedes Mal die Grundfesten zu erschüttern. Sie eröffnen die Möglichkeit, Wandel nicht nur zu ertragen, sondern zu gestalten.

Doch genau das müssen viele Unternehmen erst lernen. Die alte Haltung – planen, umsetzen, abschließen – greift nicht mehr. Stattdessen braucht es ein neues Denken: ein Denken in Iterationen, in Bewegung, in Entwicklung. Und genau dafür braucht es nicht nur ein flexibles Raumsystem – sondern vor allem: ein professionelles Change Management.

Ein Change Management, das versteht, wie tiefgreifend räumliche Veränderungen wirken. Eines, das nicht nur PowerPoint-Folien baut, sondern zuhört, moderiert, Unsicherheiten aufnimmt und in Energie verwandelt.

Ich begleite seit fast 20 Jahren Organisationen durch genau diese Change-Prozesse. Und ich sage es ganz bewusst: Ich habe mehr schlechtes Change Management gesehen als gutes. Nicht aus böser Absicht, sondern aus Unterschätzung. Aus der Hoffnung, dass es „mitläuft", dass man „eh alle abgeholt hat" oder das „der Raum schon seine Wirkung entfaltet".

Doch die Wahrheit ist: Ohne ein fundiertes, ernst gemeintes Change Management wird selbst das beste Raumkonzept zur Belastungsprobe. Denn wenn Veränderung falsch begleitet wird, kippt die Stimmung, verhärten sich Fronten, gehen Menschen innerlich in den Widerstand.

Und dann – dann ist es wieder „der Raum", der schuld ist. Oder „die Mitarbeitenden". Oder „das Konzept". Dabei wurde einfach nur versäumt, die Veränderung wirklich zu begleiten.

Dabei liegt genau hier die große Chance. Gutes Change Management macht aus Raumkonzepten kulturelle Entwicklungsräume. Es macht aus Unsicherheit Vertrauen, aus Widerstand Beteiligung, aus Orientierungslosigkeit echte Identifikation.

Wenn Raum flexibel ist – und Veränderung professionell begleitet wird – entsteht eine neue Haltung: Wandel wird zur Kompetenz. Und genau das ist der Schlüssel für die Arbeitswelten von morgen.

Räume im Wandel – Module als Antwort auf Unsicherheit

Viele klassische Raumkonzepte folgen immer noch dem Prinzip: planen, bauen, fertig. Doch wer so denkt, plant an der Realität vorbei. Denn moderne Arbeitswelten sind nicht stabil – sie sind in Bewegung.

Teams kommen und gehen, hybride Modelle entstehen, Projekte verändern sich. Wer glaubt, dies mit starren Raumstrukturen auffangen zu können, landet schnell im Umbaukosten-Dilemma.

Module bieten einen Ausweg. Sie ermöglichen eine Arbeitsumgebung, die nicht nur einmal passt, sondern immer wieder neu passt. Sie lassen sich umfunktionieren, verschieben, kombinieren – mit wenig Aufwand, aber großer Wirkung. Und genau das macht sie so wertvoll in einer Zeit, in der Planung oft nur noch ein Ausgangspunkt ist, aber selten das Ende.

Mietmodelle als Spielwiese für Innovation

Ein weiterer, viel zu wenig genutzter Hebel liegt im Gedanken: Nicht alles muss gekauft werden. Denn warum sollte man sich heute festlegen, wenn man morgen vielleicht schon neue Anforderungen hat? Mietmodelle für modulare Raumelemente – von Rückzugsboxen über mobile Möbel bis hin zu kompletten Raum-in-Raum-Systemen – eröffnen völlig neue Spielräume:

- Sie ermöglichen es, Neues auszuprobieren, bevor man investiert.
- Sie fördern Mut zur Veränderung, weil nichts dauerhaft festgelegt ist.
- Und sie steigern die Innovationsbereitschaft, weil sich Scheitern nicht wie ein finanzielles Risiko anfühlt, sondern wie ein Test, aus dem man lernen kann.

Gerade in Transformationsphasen, in denen noch nicht alles klar ist, können Mietmodelle dabei helfen, Unsicherheiten zuzulassen – ohne dass gleich ein Umbauplan folgen muss. Man darf experimentieren. Man darf scheitern. Man darf neu denken.

Selbstwirksamkeit im Raum

Aus psychologischer Sicht wirken Module wie ein Verstärker für Selbstverantwortung. Denn wer seinen Arbeitsbereich verändern kann, ohne auf Genehmigungen oder Umbauteams zu warten, erlebt Autonomie. Und wer Gestaltungsspielräume nutzen darf, entwickelt Identifikation.

Modulare Systeme ermöglichen Teilhabe. Sie verwandeln Mitarbeitende vom „Nutzer" zum „Mitgestalter". Und genau das ist ein zentraler Aspekt moderner Arbeitskultur: nicht einfach Räume zur Verfügung zu stellen – sondern Räume, in denen Menschen wirksam werden können.

Aber: Modularität braucht Rahmen So viel Freiheit wie möglich – aber so viel Struktur wie nötig. Nicht jedes Team fühlt sich wohl mit zu vielen Optionen. Deshalb brauchen modulare Systeme klare Spielregeln, eine übergeordnete Zonierung und – im besten Fall – auch eine begleitende Moderation. Nur dann entstehen aus Flexibilität keine Unordnung, sondern lebendige Systeme mit hoher Identität und Klarheit.

Fazit: Module sind Möglichkeitsräume

Modularität bedeutet nicht, sich festzulegen – sondern offen zu bleiben. Für Wandel, für Vielfalt, für Experimente. Sie macht Arbeitswelten beweglich – im Denken, im Handeln, im räumlichen Erleben.

Und mit der Option, Module zu mieten statt zu kaufen, kommt noch etwas Entscheidendes hinzu: der Mut zum Ausprobieren. Ohne Risiko. Ohne Reue. Aber mit maximaler Lernkurve.

Denn genau das brauchen Unternehmen heute: Räume, die man mitdenken, mitverändern und miterleben kann.

5.5   Materialien – Die emotionale Wirkung der Oberfläche

Hinweis zum Kapitel Die in diesem Kapitel gezeigten Bilder dienen ausschließlich der Veranschaulichung der jeweiligen Raumwirkung. Sie sind bewusst plakativ und eindrucksvoll gewählt, um die Effekte räumlicher Gestaltung auf einen Blick deutlich zu machen. Es handelt sich dabei nicht um konkrete Designvorschläge – und auch nicht um Empfehlungen, hohe Budgets einzusetzen. Ziel ist es vielmehr, die Wirkung von Raumgestaltung sichtbar, nachvollziehbar und unmittelbar erlebbar zu machen.

Die Bildauswahl soll helfen, Prinzipien zu verstehen.

Materialien sprechen – leise, aber eindrucksvoll. Nicht in Worten, sondern in Sinneseindrücken, in Stimmungen, in Erinnerungen. Sie berühren uns im wahrsten Sinne des Wortes. Denn sie sind es, die bestimmen, wie ein Raum sich anfühlt. Nicht nur optisch – sondern emotional, atmosphärisch, tief im Erleben verankert. Das ist ein Fakt, der völlig unterschätzt wird, aber einen hochspannenden Input liefert.

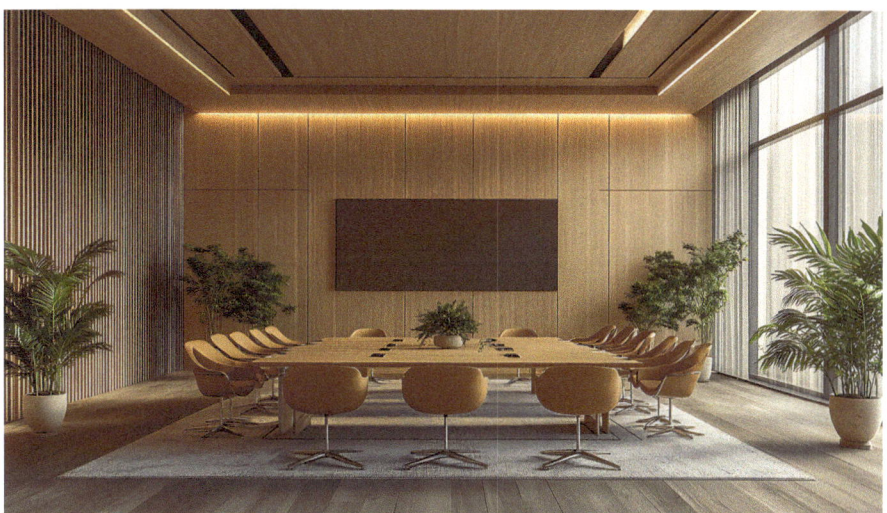

Abb. 3.6 Sitzungszimmer. (© Altair Studio/stock.adobe.com)

Materialien sind die stille Sprache des Raums. Sie vermitteln Haltung, Werte, Zugehörigkeit – oder eben das Gegenteil. Sie können Distanz erzeugen, wenn sie kalt, glatt und künstlich sind. Oder sie schenken Geborgenheit, wenn sie warm, texturiert und natürlich sind. Vischer, 2005; Kellert et al., 2013).

Und genau hier liegt ihr enormes Potenzial.

Mehr als Design: Materialien als emotionale Botschafter, hier im Bild ein Versuch der Darstellung wie Materialien wirken können (vgl. Abb. 3.6).

In vielen Raumprojekten werden Materialien immer noch primär aus funktionalen oder wirtschaftlichen Gründen gewählt: Sie sollen pflegeleicht, langlebig und günstig sein. Doch diese Logik greift zu kurz. Denn aus psychologischer Sicht erfüllen Materialien weit mehr als eine Zweckfunktion – sie bauen Beziehung auf. Es mag jetzt sehr psychologisch klingen, ist es auch (Joye & Van den Berg, 2011).

Sie beeinflussen unsere Sinne, unsere Haltung, unser Verhalten:

- Raue, naturbelassene Oberflächen regen unsere Neugier an.
- Weiche Stoffe vermitteln Sicherheit und Intimität.
- Kühles Metall schafft Abstand – ob bewusst gewollt oder nicht.

Räume sind mehr als Geometrie – sie sind Haptik. Und Materialien sind die Schnittstelle zwischen Mensch und Raum.

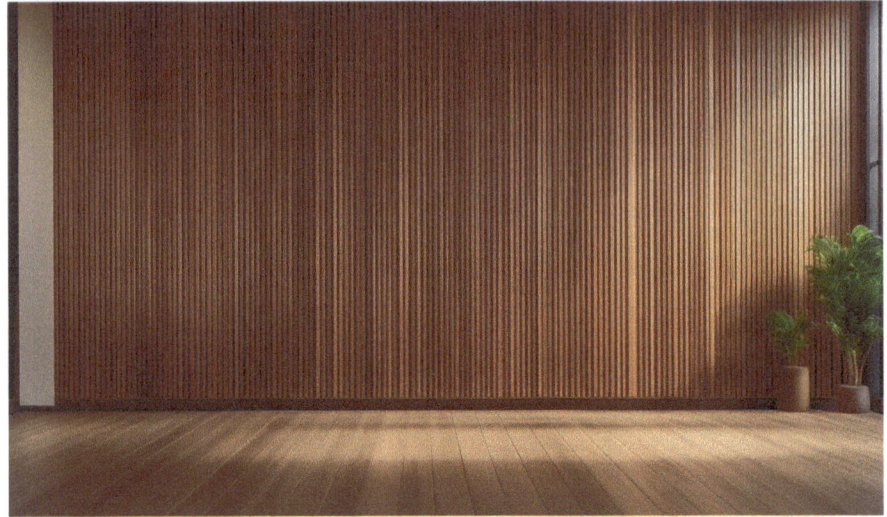

Abb. 3.7 Holzoberflächen – Wärme, Geborgenheit und positive Raumwirkung. (© Dimitar/stock.adobe.com)

Die Kraft der Natürlichkeit

Besonders natürliche Materialien – Holz, Lehm, Stein, Kork, Wolle – haben eine tiefgreifende Wirkung auf uns. Sie sind multisensorisch, lebendig, atmungsaktiv. Sie altern würdevoll, erzählen Geschichten, verändern sich mit der Zeit. Und sie erinnern uns – bewusst oder unbewusst – an das, woher wir kommen: an Natur, an Herkunft, an Echtheit.

Holz, zum Beispiel, ist nicht einfach ein Baumaterial. Es ist Wärme, Erinnerung, Geborgenheit. Es duftet, klingt, fühlt sich an. Studien zeigen: Räume mit sichtbaren Holzelementen (vgl. Abb. 3.7) wirken beruhigend, senken Stresslevel, fördern Konzentration und soziale Interaktion. (Burnard & Kutnar, 2015).

Materialien prägen Verhalten

Die psychologische Wirkung von Materialien ist kein Nebeneffekt – sie ist ein zentrales Steuerungsinstrument für Haltung und Atmosphäre. Menschen reagieren auf Materialien körperlich, emotional, intuitiv. Studien zur materialinduzierten Affektwahrnehmung zeigen, dass natürliche Oberflächen soziale Offenheit und Vertrauen begünstigen. (Fleming, Nishida & Gegenfurtner, 2015; Jelić et al., 2016)

Wir sprechen anders, wenn wir von weichen Stoffen umgeben sind. Wir denken anders, wenn wir Holz unter den Händen spüren. Wir verhalten uns anders, wenn der Raum uns Schutz statt Kontrolle signalisiert.

Gerade natürliche, strukturierte, warme Materialien wie Holz, Filz, Wolle oder Stein haben eine tief verankerte Wirkung auf uns. Sie vermitteln Geborgenheit, Wertschätzung, Erdung – und erzeugen Vertrauen, bevor überhaupt ein Wort gesprochen wurde.

Im Gegensatz dazu bewirken glatte, kalte, künstliche Materialien oft das Gegenteil: Distanz, innere Anspannung, Rückzug. In solchen Umgebungen fällt es schwer, sich wirklich zu öffnen – weil der Raum selbst auf Abstand geht.

Die Illusion von Transparenz

Ein Beispiel, das ich in Kundenprojekten immer wieder erlebe:„Wir wollen Glas – das steht für Transparenz und Offenheit." So die oft gut gemeinte Intention bei der Wahl von Glaswänden, Glastüren und durchsichtigen Meetingboxen. Und ja, Glas *kann* Transparenz ausdrücken. Aber es kann auch das Gegenteil bewirken.

Denn Glas bedeutet nicht nur: „Ich kann dich sehen" – sondern auch: „Du wirst ständig gesehen."

Das kann für viele Mitarbeitende subtilen Stress erzeugen. Das Gefühl, dauernd unter Beobachtung zu stehen. Keine Rückzugsmöglichkeit zu haben. Nicht loslassen zu können. Gerade in Besprechungen, bei sensiblen Themen oder in Momenten hoher Konzentration wird Glas zur unsichtbaren Grenze, die psychologische Privatheit verhindert.

Die gute Absicht – Transparenz – schlägt dann ins Gegenteil um: in Dauerpräsenz, in Kontrollwahrnehmung, in innere Anspannung.

Materialeinsatz ist Macht

Deshalb ist es so entscheidend, nicht nur zu fragen, welches Material verwendet wird – sondern wo, in welchem Maß, in welchem Kontext. Denn jedes Material transportiert eine Botschaft:

- Holz sagt: „Du bist willkommen."
- Beton sagt: „Hier zählt Klarheit."
- Glas sagt: „Du wirst gesehen."
- Filz sagt: „Hier darfst du atmen."
- Kunststoff sagt: „Mach bitte keine Spuren."

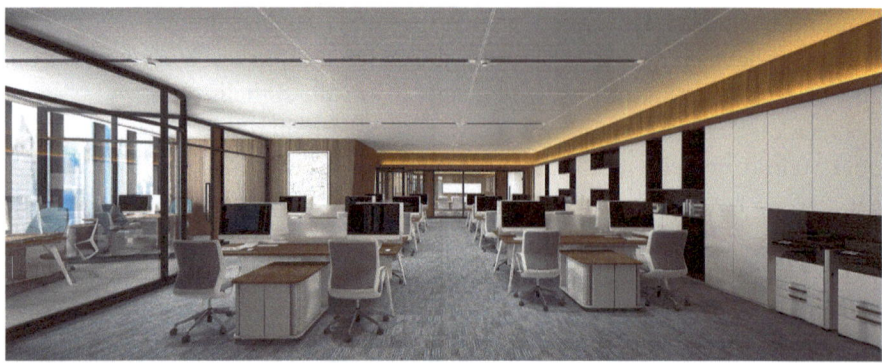

Abb. 3.8 Glaswände – hohe Transparenz mit Einfluss auf Rückzug und Privat-sphäre. (© murattellioglu/stock.adobe.com)

Wer Materialien unreflektiert oder rein aus gestalterischen Motiven einsetzt, aktiviert unbewusst raumpsychologische Mechanismen – und verstärkt im schlimmsten Fall genau jene ungünstigen Raumwirkungen, die eigentlich aufgebrochen werden sollten. Abb. 3.8 zeigt, welche Risiken bestimmte Materialien bergen: Glaswände können durch ihre übermäßige Transparenz Rückzugsmöglichkeiten einschränken und die Privatsphäre mindern.

In einer Atmosphäre, die Wärme und Natürlichkeit ausstrahlt, entsteht mehr Nähe, mehr Vertrauen, mehr Offenheit. Menschen fühlen sich sicherer – und damit auch kreativer, dialogbereiter, entspannter.

In einem rein technisch geprägten Umfeld passiert oft genau das, was niemand ausspricht – aber alle spüren: Der Raum wird kalt. Die Atmosphäre distanziert. Das Verhalten angespannt. Kontrolle ersetzt Vertrauen, Rückzug tritt an die Stelle von Dialog. Und das alles, ohne dass jemand bewusst die Entscheidung dafür getroffen hat.

Denn auch das ist Raumwirkung – nur eben in ihrer stillen, belastenden Form. Und sie wirkt nach.

Man betritt solche Räume mit Spannung – und verlässt sie mit Erleichterung. Nicht, weil der Arbeitstag vorbei ist, sondern weil der Raum selbst müde gemacht hat.

Man ist froh, wieder draußen zu sein. Und manchmal spürt man es körperlich – als würde man erst draußen wieder aufatmen.

Wie anders fühlt es sich dagegen an, wenn ein Raum trägt, einlädt, wärmt. Wenn man ihn verlässt – und sich schon auf das nächste Mal freut. Nicht, weil er perfekt ist. Sondern weil er emotional resoniert.

Das ist der feine Unterschied – zwischen einem Raum, den man nutzt, und einem Raum, den man wirklich «bewohnen» darf.

Materialien als Identitätsmerkmal

Die Materialwahl ist auch immer ein kulturelles Statement:

* Was ist dem Unternehmen wichtig?
* Wie geht es mit Mensch und Umwelt um?
* Was dürfen Mitarbeitende spüren, berühren, erleben?

Ein Unternehmen, das gezielt auf natürliche, ehrliche Materialien setzt, trifft weit mehr als eine Designentscheidung – es trifft eine Aussage darüber, wie es seine Mitarbeitenden sieht und welches Verständnis er für Raumwirkung aufbringt.

Denn Materialien wirken – auf unsere Wahrnehmung, auf unser Verhalten, auf unsere Leistungsfähigkeit. Sie beeinflussen, wie konzentriert wir arbeiten, wie kreativ wir denken, wie gerne wir uns aufhalten – und wie sehr wir uns mit einem Ort verbunden fühlen.

Was oft unterschätzt wird: Materialien sind nicht zu unterschätzende unterschwelligen Gründe, warum Menschen gerne wieder ins Büro kommen. Sie finden dort eine Umgebung, die sich gut anfühlt. Warm. Wertig. Gesund. Inspirierend. Und oft emotional spürbar anders als das Homeoffice

Denn so ehrlich muss man sein: Die wenigsten Menschen leben in Häusern oder Wohnungen, die nach architekturpsychologischen Grundsätzen gestaltet sind. Akustik, Licht, Materialien, Zonen – all das ist zu Hause meist ein Kompromiss. Im Büro jedoch kann genau daraus ein echter Mehrwert entstehen.

Ein Unternehmen, das Materialien bewusst einsetzt, zieht Menschen an – nicht plakativ, sondern tief emotional. Es sagt: „Wir wissen, dass Umgebung mehr ist als Fassade. Wir gestalten Räume, die euch gut tun. Und wir verstehen, dass Leistungsfähigkeit, Gesundheit und Wohlbefinden eng mit dem Raumgefühl verbunden sind."

Das ist nicht Schönreden. Das ist Haltung. Sichtbar gemacht im Raum.

Und genau diese Haltung kann zum stärksten Argument werden, warum Menschen nicht nur ins Büro zurückkehren – sondern gerne bleiben.

Fazit: Materialien machen Räume fühlbar

Materialien sind keine Nebensache – sie sind Raum in seiner feinsten Form. Sie beeinflussen nicht nur, wie ein Ort aussieht, sondern wie er sich anfühlt. Und sie bestimmen, ob Menschen sich wohl, verbunden und gesehen fühlen – oder ob sie innerlich auf Abstand gehen.

Natürliche Materialien sind dabei starke Verbündete der Architekturpsychologie: Sie sprechen die Sinne, beruhigen die Nerven, fördern das Miteinander. Sie sind ehrlich, menschlich – und tief vertraut.

Wer Arbeitswelten schaffen will, die Menschen nicht nur aufnehmen, sondern wirklich tragen, sollte bei den Oberflächen beginnen. Denn dort – genau dort – berührt der Raum den Menschen.

5.6   Gebäudetechnik – Unsichtbare Einflussfaktoren sichtbar machen

Wenn wir über moderne Arbeitswelten sprechen, richtet sich der Fokus oft auf das Offensichtliche: Räume, Möbel, Materialien, Layouts etc. Doch viele der entscheidenden Einflussfaktoren auf unser Erleben wirken im Verborgenen – sie befinden sich in der Decke, im Boden, in der Raumluft oder in der Steuerung technischer Systeme.

In der Architekturpsychologie sprechen wir deshalb gezielt auch über nicht direkt sichtbare, aber umso stärker spürbare Wirkebenen: über Temperatur, Luftqualität, Akustik, Steuerbarkeit und technische Infrastrukturen. Elemente, die man auf einem Plan als Nutzer oft nur am Rand oder gar nicht wahrnimmt – im Alltag aber ganz zentral unser Wohlbefinden, unsere Leistungsfähigkeit und unsere Stimmung beeinflussen.

Ein gutes Beispiel: die Luftqualität. Wir sehen sie nicht – und doch entscheidet sie darüber, wie klar wir denken, wie lange wir konzentriert bleiben und ob wir nach einem Tag im Büro energiegeladen oder erschöpft nach Hause gehen. Schlechte Luft fällt erst auf, wenn sie stört. Gute Luft hingegen wirkt unterschwellig unterstützend – sie erzeugt das Gefühl, durchatmen zu können – im wörtlichen wie im übertragenen Sinn.

Es sind diese leisen Faktoren, die einen Raum spürbar gesund machen – oder ihn trotz schönem Design zu einem energetischen Störfeld werden lassen.

Gebäudetechnik ist das Nervensystem des Raumes. Sie entscheidet darüber, wie leistungsfähig, gesund, aufmerksam und ausgeglichen wir uns fühlen – jeden Tag, jede Stunde. Und sie beeinflusst weit stärker, wie gut ein Raum „funktioniert", als viele glauben.

Technik wirkt unterbewusst – aber massiv

Wir alle kennen das
* Ein Raum ist eigentlich schön – aber die Luft ist abgestanden.
* Die Temperatur schwankt – mal zu kühl, mal zu stickig.
* Die Akustik ist unangenehm – Gespräche hallen, Konzentration fällt schwer.
* Das Licht flackert oder blendet – und mit ihm sinkt die Aufmerksamkeit.

Diese Faktoren entziehen uns Energie, noch bevor wir sie überhaupt benennen können. Sie verursachen unterschwelligen Stress, stören den Fokus, dämpfen die Stimmung – und wirken sich nachweislich negativ auf Leistungsfähigkeit, Gesundheit und Zufriedenheit aus. Oft subtil, aber konsequent.

Einer der stark unterschätzten Einflussfaktoren ist dabei die Luftqualität.

Wir sehen Luft nicht. Wir nehmen sie oft erst dann wahr, wenn sie schlecht ist: stickig, verbraucht, zu trocken oder zu feucht. Aber genau darin liegt ihre Tücke – denn bis wir es merken, hat sie längst begonnen, uns zu belasten.

Eine zu hohe CO_2-Konzentration zum Beispiel führt schon nach kurzer Zeit zu Konzentrationsverlust, Müdigkeit, Kopfschmerzen und einer reduzierten Entscheidungsfähigkeit – und das noch bevor jemand gähnt oder klagt. Studien belegen: Bereits geringfügig erhöhte CO_2-Werte können die kognitive Leistung um bis zu 15 % senken (Allen et al., 2016). Ein dramatischer Wert – und gleichzeitig ein absolut alltägliches Phänomen in schlecht belüfteten Räumen.

Hinzu kommen Aspekte wie Luftfeuchtigkeit und Luftsättigung, die besonders in der kalten Jahreszeit kritisch werden. Zu trockene Luft reizt die Schleimhäute, macht anfälliger für Infekte, fördert Kopfschmerzen und führt zu einer höheren Verbreitung von Viren (Wolkoff & Kjærgaard, 2007). Genau deshalb ist es nicht nur sinnvoll, sondern aus Sicht der Architekturpsychologie absolut notwendig, hier gezielt gegenzusteuern.

In offenen Bürokonzepten, in denen viele Menschen auf engem Raum zusammenarbeiten, ist die Bedeutung guter Luft noch größer. Hier reichen klassische Lüftungskonzepte oft nicht aus. Es braucht intelligente, fein abgestimmte Systeme – idealerweise mit CO_2-Sensorik, Echtzeitmessung, automatischer Belüftungssteuerung und virenfilternder Technik.

Denn Luftqualität entscheidet nicht nur über Behaglichkeit – sie entscheidet über Wohlbefinden, über Krankentage, über Denkfähigkeit, über Kreativität.

Darum ist Gebäudetechnik kein technisches Beiwerk, sondern ein elementarer Teil jedes psychologisch fundierten Raumkonzepts.

Gute Architektur beginnt dort, wo der Mensch sich nicht fragt, ob er sich wohlfühlen darf – sondern spürt, dass er es tut.

Komfort ist nicht Luxus – sondern Voraussetzung

Viele Unternehmen haben noch immer die Vorstellung, dass „technischer Komfort" ein Nice-to-have sei – etwas, das nach Budgetverfügbarkeit gestaltet werden kann. Doch genau das ist ein Denkfehler. Denn Raumkomfort ist nicht Luxus – sondern Grundlage.

Nur wenn Menschen sich physisch wohlfühlen, können sie sich emotional öffnen, kognitiv leisten und sozial interagieren. Nur dann wird das Office nicht zur Belastung, sondern zur Ressource.

Die Architekturpsychologie weiß: Technik ist nicht neutral. Sie schafft Sicherheit, Kontrolle, Einfluss – oder eben das Gegenteil: Irritation, Ausgeliefertsein, Rückzug.

Ein gutes Beispiel: Ein Meetingraum mit schlecht steuerbarer Belüftung und starrem Lichtszenario wird unbewusst gemieden – obwohl er auf dem Plan „perfekt" liegt. Räume mit hoher CO_2-Belastung führen nachweislich zu reduzierter kognitiver Leistung (Satish et al., 2012). Und konstantes Hintergrundrauschen senkt nicht nur die Produktivität, sondern fördert auch psychosomatische Symptome wie Kopfschmerzen oder Reizbarkeit (Evans & Johnson, 2000).

Technik die stärkt nicht steuert

Moderne Gebäudetechnik kann heute weit mehr als „nur" heizen, lüften, beleuchten. Sie kann ermöglichen. Sie kann Menschen Einfluss geben auf ihr Raumklima, ihre Beleuchtung, ihre akustische Umgebung. Und genau das ist ein psychologisch entscheidender Hebel:

Wer seine Umgebung mitgestalten kann, fühlt sich sicherer, verbundener und aktiver. Diese einfache Erkenntnis hat enorme Wirkung – auch im Bereich der Gebäudetechnik. Denn moderne Arbeitswelten profitieren nicht von starrer Perfektion, sondern von situativer Anpassbarkeit. Von Technik, die nicht reguliert, sondern ermöglicht.

Ob individuell steuerbare Klimazonen, feinjustierbares Licht, nutzungsadaptive Raumakustik oder smarte Systeme, die Bewegung, Tageslicht und

Luftqualität automatisch regulieren – entscheidend ist, dass Technik zum Werkzeug wird, nicht zum Diktat.

Technologie, die den Menschen stärkt, wird zum Anker. Zu einem unsichtbaren Bindungselement zwischen Raum und Nutzer: leise, aber tief wirkend.

In Zeiten von Homeoffice und Remote Work wird die Frage immer lauter: Warum sollten Mitarbeitende überhaupt noch regelmäßig ins Büro kommen?

Die Antwort liegt nicht allein in architektonischer Ästhetik oder tollen Treffpunkten – sondern in einem echten Mehrwert, den das Büro als Gesamtheit gegenüber dem Zuhause bieten kann und dazu gehört auch die Gebäudetechnik.

Und genau hier kommt auch die Qualität der Gebäudetechnik ins Spiel. Denn was viele Menschen zu Hause dauerhaft vermissen – und oft erst dann bemerken, wenn sie es im Büro gut umgesetzt erleben – ist das, was dem Raum auch mithilft und ihn zusätzlich gesund und leistungsfähig macht:

- eine konstant gute und gesunde Luftqualität, die das Denken leicht macht,
- eine angenehme Akustik, die den Kopf klar hält,
- stimmige Temperaturen, die den Körper nicht ermüden,
- und eine ausgewogene menschen zentrierte Beleuchtung, die Energie statt Reizüberflutung schafft.

Das Homeoffice ist selten dafür ausgerüstet. Viele kämpfen mit trockener Luft im Winter, überhitzten Räumen im Sommer, schallharten Oberflächen, schlechter Beleuchtung und improvisierter Möblierung. Die körperliche und geistige Ermüdung steigt – oft unbemerkt.

Ein Büro hingegen, das technisch gut geplant ist, kann genau hier seinen stillen Vorteil ausspielen. Nicht laut. Nicht aufdringlich. Sondern spürbar.

Es ist das Gefühl, in einem Raum zu arbeiten,

- der mit einem arbeitet – nicht gegen einen.
- der Energie gibt, statt sie zu entziehen.
- der unbewusst vermittelt: „Hier ist es leichter."

Dieser technische Qualitätsunterschied ist nicht nur ein Komfortfaktor – er ist ein psychologisches Argument: Er schafft Bindung, ohne es zu benennen.

Denn wer sich im Büro wirklich besser fühlt als zu Hause, kommt nicht nur zurück – er kommt gern.

Fazit: Technik macht Atmosphäre – wenn man sie klug nutzt

Gebäudetechnik ist kein reines Ingenieurthema. Sie ist ein unsichtbares, aber extrem kraftvolles Werkzeug auch mit enormer psychologischen Qualität.

5.7   Fazit: Architektur als Strategie – nicht als Kulisse

Architektur ist weit mehr als Raumgestaltung. Sie ist sichtbar gemachte Haltung, gelebte Kultur und strategisches Werkzeug, das maßgeblich beeinflusst, wie Menschen arbeiten, denken, fühlen – und wie sie sich miteinander verbinden.

Die Gestaltung der Raumstruktur, die Zonierung, die Auswahl modularer Systeme, die Wahl der Materialien und die Qualität der Gebäudetechnik – all das sind Bausteine einer Arbeitswelt, die entweder stärkt oder schwächt. Räume können Vertrauen aufbauen oder Distanz erzeugen. Sie können Handlungsspielräume eröffnen oder blockieren. Und sie entscheiden – oft unbemerkt – über Zugehörigkeit, Identifikation und Leistungsfähigkeit.

Wer Arbeitswelten heute wirklich zukunftsfähig gestalten will, darf Architektur nicht mehr als Abschluss denken – sondern als Anfang. Nicht als Hülle – sondern als integralen Teil.

6   Gestaltung – Die Inszenierung des Unsichtbaren

Wenn von Raumgestaltung die Rede ist, denken viele zuerst an Farbe, Möbel oder Lichtkonzepte – an die dekorative Ebene, die ein Büro „schön" oder „modern" machen soll. Doch Gestaltung ist weit mehr als Ästhetik. In der Architekturpsychologie verstehen wir Gestaltung als jene feinsinnige, atmosphärische Ebene, die oft unbewusst, aber hochwirksam unsere Wahrnehmung, unser Verhalten und unsere Emotionen im Raum prägt.

Gestaltung entscheidet darüber, ob sich ein Raum klar oder überfordernd anfühlt, ob er zur Aktivierung einlädt oder zur Ruhe, ob er Zugehörigkeit stiftet, oder Distanz erzeugt. Sie ist die Sprache des Raumes – eine Sprache, die nicht in Worten spricht, sondern in Lichtstimmungen, Materialien, Oberflächen, Farben, Klängen und Gerüchen.

Diese Atmosphäre wirkt tief – sie beeinflusst, wie wir denken, kommunizieren, entscheiden und uns selbst erleben. Eine durchdachte Gestaltung kann Vertrauen aufbauen, Orientierung geben, emotionale Resonanz erzeugen,

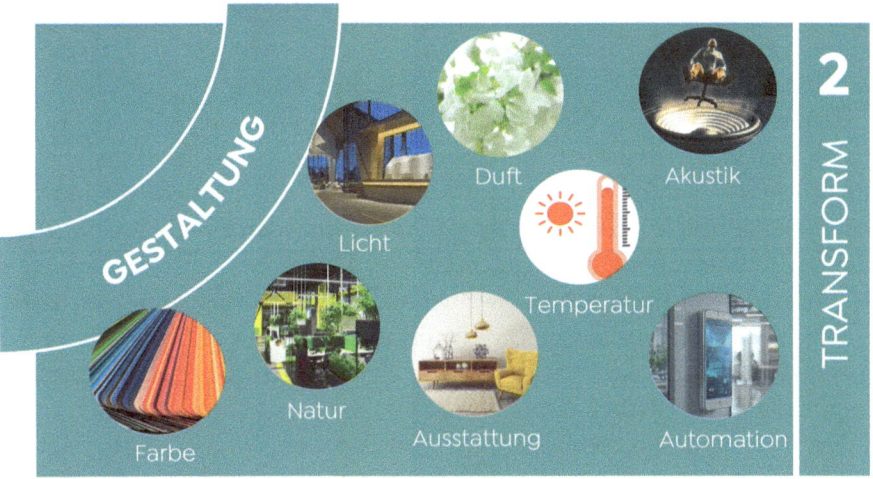

Abb. 3.9 Transformationsbereich Gestaltung – Architekturpsychologie by Gauer Consulting. (Quelle: Eigenes Modell)

Kreativität fördern oder Stress reduzieren. Sie kann Räume intuitiv lesbar machen und Werte spürbar verankern – etwa durch Materialehrlichkeit, taktile Vielfalt oder klare visuelle Codierungen.

In der Praxis erlebe ich oft, dass dieser Aspekt unterschätzt wird – obwohl er gerade in modernen, hybriden Arbeitswelten den entscheidenden Unterschied macht. Wo Nutzungsvielfalt, wechselnde Präsenz und hohe Anforderungen aufeinandertreffen, braucht es eine Gestaltung, die leitet, aktiviert, beruhigt oder verbindet – je nach Kontext und Zielsetzung.

Deshalb widmet sich dieses Kapitel der Frage: Wie kann Gestaltung im Sinne der Architekturpsychologie gezielt eingesetzt werden, um Räume sinnstiftend, funktional und emotional wirksam zu machen? (vgl. Abb. 3.9).

Ich beleuchte die wichtigsten Gestaltungselemente und zeigen, wie sie als psychologische Werkzeuge im Transformationsprozess moderner Arbeitswelten eingesetzt werden – damit Atmosphäre nicht dem Zufall überlassen wird, sondern gezielt zur Wirkung kommt.

6.1 Temperatur – Das Fundament des Raumgefühls

Noch bevor wir sehen, hören, riechen oder begreifen, spüren wir: Stimmt die Temperatur? Sie ist der allererste Eindruck, den unser Körper von einem Raum bekommt – noch bevor unser Verstand einordnen kann, was wir sehen. Diese Information kommt nicht über Sprache oder Licht – sondern über unsere Haut, unser Nervensystem, unsere Thermorezeptoren. Und sie entscheidet darüber, ob wir uns sicher fühlen oder nicht, ob wir Energie aufbauen oder verlieren, ob wir bleiben oder fliehen wollen.

Temperatur ist kein Nebenschauplatz der Gebäudetechnik. Sie ist ein psychologischer Signalgeber. Sie beeinflusst ob wir es wollen oder nicht, wie konzentriert wir sind, wie offen wir kommunizieren, wie wohl wir uns fühlen – und letztlich, ob wir im Raum aufblühen oder innerlich abschalten. Dieser Zusammenhang ist faszinierend – und wird dennoch immer noch in der Gestaltung moderner Arbeitswelten häufig übersehen oder unterschätzt.

Um die Zusammenhänge von Temperaturen auf unser Empfinden noch etwas klarer dazustellen, stelle ich ein Experiment vor, das Temperaturempfinden und Verhalten neu denken lässt

Dafür habe ich ein besonders eindrückliches Beispiel gewählt, es zeigt auf wie sehr Temperatur unser Erleben – und sogar unsere sozialen Entscheidungen – beeinflusst. Ein berühmtes psychologisches Experiment von Williams & Bargh (2008).

Das Setting war denkbar einfach – die Wirkung verblüffend: Versuchspersonen sollten einen Fragebogen ausfüllen, bei dem sie u. a. das Verhalten einer fiktiven Person einschätzen sollten (freundlich, vertrauenswürdig, kooperativ oder eher kalt und distanziert). Was sie nicht wussten: Bevor sie den Fragebogen erhielten, hatte man ihnen einen Kaffee zum Halten gegeben. In der einen Gruppe war der Kaffeebecher warm – in der anderen eiskalt.

Das absolut spannende Ergebnis: Allein das kurzzeitige Halten eines warmen Bechers veränderte signifikant die Einschätzung der Testperson: Diejenigen mit dem warmen Becher beschrieben die fiktive Figur als deutlich sympathischer, vertrauenswürdiger und hilfsbereiter als die Personen, die den kalten Becher hielten.

Das bedeutet: Unser Gehirn überträgt physische Wärme unmittelbar auf soziale Wärme. Temperatur wird zum emotionalen Verstärker – oder Störfaktor. Und das nicht nur bei einem Kaffeebecher, sondern auch bei der Raumwahrnehmung.

Was heißt das für die Arbeitswelt? Wenn wir uns in einem Raum körperlich kalt fühlen, nehmen wir auch unser Gegenüber distanzierter wahr. Die Gesprächsatmosphäre wird reservierter, die Verbindung fragiler. Räume mit zu kühlen Temperaturen senden – unbewusst – das Signal: „Sei vorsichtig, halte Abstand, bleib auf Reserve." Räume mit angenehmer Wärme hingegen fördern Nähe, Vertrauen, Zugehörigkeit.

Die unterschätzte Wirkung der Raumtemperatur

In vielen Unternehmen wird Temperatur noch immer wie ein technischer Parameter behandelt: ein Sollwert auf dem Thermostat, gesteuert über zentrale Anlagen, abgestimmt auf Normtabellen. Man nimmt sie als etwas wahr, das man „eh nicht allen recht machen kann" – also hält man sich an Durchschnittswerte. Doch diese Sichtweise greift zu kurz.

Temperatur ist weit mehr als Technik – sie ist ein emotionaler Marker.

Wenn wir frieren, ziehen wir uns innerlich wie äußerlich zurück. Wenn wir schwitzen, steigt unser Erregungsniveau, wir werden schneller gereizt, nervös, unkonzentriert. Zugluft lässt uns unruhig werden, erzeugt unterschwellige Spannungen, ein Gefühl von Unsicherheit. Unser Körper geht in einen unterschwelligen Alarmzustand – oft, ohne dass wir es bewusst registrieren. Diese Wirkung wird auch im Kontext des sogenannten Sick Building Syndrome beschrieben, bei dem trockene Luft, unangenehme Luftbewegungen und thermische Unbehaglichkeit häufig zu Reizungen, Konzentrationsproblemen oder Unwohlsein führen (Redlich et al., 1997).

Studie 1: Hitze macht aggressiv

Dass hohe Temperaturen nicht nur unser Wohlbefinden, sondern auch unser Verhalten drastisch beeinflussen, zeigt eine berühmte Studie aus der Sozialpsychologie: Allen et al.(2018): In ihrer Arbeit zur „General Aggression Model"-Theorie untersuchten sie die Korrelation zwischen Hitze und aggressivem Verhalten. Sie fanden heraus, dass steigende Umgebungstemperaturen direkt mit einem erhöhten Risiko für aggressives, gereiztes oder sogar gewalttätiges Verhalten verbunden sind. Der Grund: Hitze erhöht den physiologischen Stress, reduziert die Impulskontrolle und verstärkt aggressive Impulse – insbesondere in sozialen Interaktionen.

Für die Gestaltung bedeutet das: Räume, die zu warm sind, können ungewollt zu mehr Konfliktverhalten, Reizbarkeit oder Stressreaktionen führen – sei es im Teammeeting, bei Verhandlungen oder in sensiblen Feedbackgesprächen.

Temperatur als Verhaltenstrigger

Die Architekturpsychologie zeigt klar: Temperatur wirkt tief ins Verhalten hinein. Sie beeinflusst Konzentration, soziale Offenheit, Kooperationsbereitschaft und Gesprächsatmosphäre. Bereits eine Abweichung von wenigen Grad kann darüber entscheiden, ob ein Meeting effizient verläuft – oder konfliktreich. Ob ein Raum Kreativität beflügelt – oder lähmt.

Studie 2: Kühlere Räume fördern Konzentration

Noch spannender: Temperatur lässt sich gezielt einsetzen, um **mentale Leistung zu fördern** – etwa durch bewusst kühler gehaltene Räume für hochfokussiertes Arbeiten. Wenn man dann noch mit Düften dazu arbeitet wird es noch besser. Aber das dann im Unterkapitel Duft.

Wargocki & Wyon (2006) zeigten in ihrer Studie zur Raumluftqualität und -temperatur, dass eine Reduktion der Raumtemperatur auf etwa 21–22°C im Vergleich zu 25°C zu signifikant besseren Leistungen bei Aufgaben mit hoher kognitiver Belastung führte. Die Probanden, es waren Schüler, waren aufmerksamer, fokussierter und machten weniger Fehler. Diese Ergebnisse lassen sich aber wunderbar übertragen auf Büroraumsituationen.

Das bedeutet für die Praxis: Statt einer Einheitslösung lohnt es sich, bewusst Zonen mit unterschiedlichen thermischen Eigenschaften zu gestalten – etwa kühlere Konzentrationsräume für Aufgaben, die höchste Aufmerksamkeit verlangen, und wärmere Kommunikationsbereiche, die Nähe und emotionale Offenheit begünstigen.

Temperatur ist ein unterschätzter Hebel für Verhalten und Leistung

Sie entscheidet über mehr als Komfort. Temperatur beeinflusst unsere Stimmung, Verhalten, Dialogqualität und Produktivität. Und gerade deshalb sollte sie nicht technokratisch, sondern auch dringend psychologisch gedacht werden.

Wer mit Raumtemperatur bewusst gestaltet, formt keine „Wohlfühlzonen" – sondern leistungsfähige, balancierte und emotional sichere Arbeitswelten.

Der Mythos der „einen Wohlfühltemperatur" – und was wirklich dahintersteckt

Einer der hartnäckigsten Irrtümer in der Bürogestaltung ist die Vorstellung, es gäbe eine ideale Raumtemperatur, die für alle gleichermaßen angenehm sei – so etwas wie die „magischen 22 Grad". Doch diese Zahl hält leider keiner psychologischen und physiologischen Betrachtung stand.

Temperaturempfinden ist zutiefst individuell. Es wird beeinflusst von einer Vielzahl körperlicher und kontextueller Faktoren: Stoffwechselrate, Aktivitätsniveau, Bekleidung, Geschlecht, Körperfettanteil, Tagesform, hormonelle Schwankungen – all das entscheidet darüber, ob ein Mensch friert, schwitzt oder sich wohlfühlt.

Wer friert – und warum?

- Frauen frieren tendenziell schneller: Studien zeigen, dass Frauen in Ruhe durchschnittlich eine niedrigere Hauttemperatur und eine geringere Stoffwechselrate aufweisen – ein Grund dafür ist die oft geringere Muskelmasse, die weniger körpereigene Wärme produziert.
- Menschen mit niedrigem Blutdruck oder Schilddrüsenunterfunktion reagieren besonders empfindlich auf Kälte.
- Wer lange sitzt oder sich wenig bewegt, zum Beispiel bei konzentrierter Bildschirmarbeit, kühlt schneller aus als Personen in Bewegung, etwa Facility Manager oder Führungskräfte, die zwischen Besprechungen unterwegs sind.
- Stress und Erschöpfung beeinflussen die Thermoregulation ebenfalls – der Körper ist weniger in der Lage, sich gegen äußere Temperatureinflüsse zu „wehren".

Kurz gesagt: Während der eine bei 21°C bereits kalte Hände bekommt, beginnt der andere bei 24°C erst richtig produktiv zu werden. Eine fixe Raumtemperatur ist also in etwa so zielführend wie ein Einheitsanzug für alle Körperformen – theoretisch pragmatisch, praktisch untragbar.

Studie: Frauen frieren schneller – mit Folgen

Eine aufsehenerregende Untersuchung von Kingma & van Marken Lichtenbelt (2015) zeigt, dass gängige Normtemperaturen in Büros systematisch auf den männlichen Stoffwechsel abgestimmt sind. Die Forscher wiesen nach, dass der weibliche Körper im Durchschnitt bei etwa 3°C höheren Temperaturen optimal funktioniert – was bedeutet: Standardisierte Temperaturen können bei Frauen zu dauerhaftem Kälteempfinden, Leistungseinbußen und sogar gesundheitlichen Folgen führen.

Das ist kein Gender-Diskurs – es ist eine wissenschaftlich belegte Realität, die in der Gestaltung moderner Arbeitsumgebungen berücksichtigt werden muss.

6.2   Die unterschätzte Kraft der Thermik

„Architektur beginnt nicht bei Wänden – sie beginnt bei Empfindungen. "
(Eigene Erkenntnis aus einem Workshop mit Führungskräften – im Winter, bei offenem Fenster.)
Temperatur – dieser Faktor war für mich lange Zeit vor allem eines: ein technischer Wert auf dem Thermostat. In vielen meiner Projekte sprach man ausführlich über Farben, Licht und Raumstruktur, aber selten über die tatsächliche Wärme- oder Kältewahrnehmung im Raum. Heute sehe ich das ganz anders. Temperatur ist nicht nur ein physikalischer Zustand, sondern ein psychologisches Gestaltungsmittel. Sie beeinflusst unsere Stimmung, unsere Aktivität – und vor allem unsere Gesundheit.

Temperatur und Gesundheit – mehr als Komfort

Dass Temperatur weit mehr kann als Behaglichkeit erzeugen, zeigt ein Blick in die Forschung. Studien aus Maastricht zeigen: Bereits zehn Tage mit milder Kälteeinwirkung – etwa sechs Stunden täglich bei 15°C – steigern nicht nur den Energieumsatz über Aktivierung des braunen Fettgewebes (van der Lans et al., 2015), sondern verbessern auch die Insulinsensitivität bei Typ-2-Diabetikern signifikant (Hanssen et al., 2015).
Ich erinnere mich an ein Projekt in einem Headquarter eines Dienstleistungsunternehmens. Mitarbeitende klagten über Nachmittagsmüdigkeit – ohne dass wir auf Anhieb eine Ursache fanden. Die Raumtemperatur lag stabil bei 24,5°C. Wir testeten eine gezielte Abkühlung auf 21,5°C sowie kurze Lüftungspausen – mit erstaunlichem Effekt: Die kognitive Leistung stieg, die Teams berichteten von einem „klareren Kopf", und das Thema Müdigkeit verschwand aus den Feedbackrunden.
Im Beratungsalltag helfen mir drei einfache thermische Prinzipien, die sich in verschiedensten Projekten bewährt haben:

Tab. 3.2 Temperaturzonen (Quelle: eigene Darstellung)

Raumtyp	Empfohlene Temperatur	Psychologische Wirkung
Fokuszonen (z. B. Think Tanks)	18–20°C	erhöhte Wachheit, geistige Klarheit
Sozialräume/Lounge	23–24°C	Entspannung, Zugehörigkeitsgefühl
Besprechungs-räume	21–22°C	Balance zwischen Aktivität und Konzentration

Prinzip 1: Temperaturschichtung statt Einheitslösung

Räume sollten thermisch differenziert gestaltet sein – je nach Funktion, Aktivität und gewünschtem Zustand. In Tab. 3.2 habe ich empfohlene Temperaturen aufgelistet.

Prinzip 2: Thermische Dynamik über den Tag zulassen

Statt ganztägiger Stabilität ist thermische Veränderung über Tageszeiten sinnvoll – z. B. morgens etwas kühler, nachmittags wärmer. Das aktiviert die Wahrnehmung und vermeidet das typische Nachmittagstief. Auch unsere zirkadianen Rhythmen – also die innere Uhr – beeinflussen die Körpertemperatur im Tagesverlauf und unterstützen diesen Ansatz: Morgens ist der Körper kühler und profitiert von leichter Aktivierung, während Wärme am Nachmittag entspannend wirkt (Kräuchi & Wirz-Justice, 2001).

Prinzip 3: Persönliche Steuerbarkeit ermöglichen

Wo es möglich und sinnvoll ist, sollte den Nutzern eine gewisse Kontrolle über ihre Temperaturumgebung gegeben werden: Fenster, textile Elemente oder sogar die lieben alten Heizdecken oder smarte Komfortsysteme schaffen psychologische Autonomie – ein wichtiger Aspekt für subjektives Wohlbefinden.

Temperatur als Erlebnis – nicht nur als Wert

Besonders spannend finde ich den psychologischen Effekt der sogenannten Alliesthesie: Temperaturen werden je nach innerem Zustand unterschiedlich empfunden – ein Konzept, das Cabanac (1971) erstmals beschrieben hat. Nach Bewegung ist Kühle angenehm, nach Konzentration ist Wärme wohltuend. Diese Wechselwirkung habe ich in einem Projekt zum Testen einmal eingesetzt: Die Teams arbeiteten bewusst in einem leicht unterkühlten Bereich (19,5°C) und wechselten dann zum Pausieren in die Lounge (23,5°C). Das Feedback: „Es fühlt sich an wie ein Erlebnis-Parcours." Temperatur wurde plötzlich nicht mehr als störender Faktor, sondern als aktives Element des Raumgefühls wahrgenommen.

Temperatur und Identität – Räume mit thermischem Charakter

Ich bin überzeugt: Temperatur prägt Identität. In der Gestaltung moderner Arbeitsumgebungen können Räume bewusst mit thermischen Charakteren versehen werden – wie eine Art „thermisches Storytelling". So entstehen etwa:

- „Kühle Klarheit" in Zonen für Deep Work
- „Soziale Wärme" in gemeinschaftlichen Bereichen
- „Belebende Frische" in Zwischenräumen oder Übergangszonen

Damit wird Temperatur nicht als Störung empfunden, sondern als bewusste Einladung zu bestimmten Handlungs- oder Gefühlszuständen.

Kontrolle schafft Komfort – auch psychologisch

Ein weiterer spannender Aspekt ist die Wahrnehmung von Kontrolle: Das Gefühl, Einfluss auf das eigene Raumklima nehmen zu können, verändert bereits das Temperaturempfinden – unabhängig von der tatsächlichen Raumtemperatur.

Leaman & Bordass (2001) zeigten in einer groß angelegten Nutzerstudie zu Bürogebäuden, dass das Gefühl von Autonomie über Raumparameter wie Temperatur und Belüftung ein zentraler Faktor für das allgemeine Wohlbefinden und die Produktivität ist. Besonders auffällig: Gebäude mit zentral gesteuerten Klimaanlagen schnitten deutlich schlechter ab als solche mit individueller Regelbarkeit.

Wenn Menschen also die Möglichkeit haben, selbst ein Fenster zu öffnen, die Heizung zu regulieren oder einen Ventilator zu nutzen, empfinden sie denselben Raum signifikant angenehmer, als wenn sie keinerlei Einflussmöglichkeit haben – selbst wenn die gemessene Temperatur identisch ist.

Gestaltung mit Zonen statt Zwang

Was bedeutet das für die Praxis? Räume sollten nicht über einen Temperatur-kamm geschert, sondern in klimatische Mikrobereiche unterteilt werden. Eine offene Lounge darf wärmer sein, ein Rückzugsraum für fokussiertes Arbeiten gerne ein paar Grad kühler. Wer Raumplanung ernst nimmt, plant mit:

- Zonen mit unterschiedlichen Temperaturprofilen
- Individueller Regelbarkeit durch Fenster, Thermostate, Lüfter etc.
- Berücksichtigung körperlicher und geschlechtsspezifischer Unterschiede
- Textilien und Materialien, die thermisch unterstützen (z. B. Teppiche statt Steinboden, warme Oberflächen bei Tischen)

Das Spannende ist, das Wärme ist nicht nur Physik – sondern Psychologie ist.

Raumtemperatur ist kein rein technisches Detail. Sie ist ein psychologischer Faktor, ein Ausdruck von Rücksicht, Kontrolle und Wertschätzung. Wer sie versteht und gezielt einsetzt, gestaltet keine Normräume – sondern emotional kluge, leistungsfördernde Arbeitswelten, die Vielfalt ernst nehmen.

Ein kleiner Exkurs in die kalte Jahreszeit: Der Winter als Raumproblem

Besonders kritisch wird das Thema Temperatur in der kalten Jahreszeit. In vielen Büros wird dann mit trockener Heizungsluft geheizt – was zu gereizten Schleimhäuten, trockenen Augen, Müdigkeit und höherer Infektanfälligkeit führt. Gleichzeitig klagen viele Mitarbeitende in dieser Zeit über Kältegefühl, kalte Füße oder unangenehme Luftzüge – gerade in offenen, großflächigen Raumkonzepten mit hohem Luftvolumen.

Ein gut geplanter Raum denkt diese saisonalen Unterschiede mit.Er setzt auf individuelle Regelbarkeit, smarte Sensorik, zonenbezogene Heizsysteme, Materialien mit wärmespeichernden Eigenschaften – und ermöglicht sogar Mikroanpassungen über Heizpaneele, mobile Wärmelösungen oder textilen Bodenbelag.

Meine Erfahrung zeigt deutlich, Temperatur ist ein emotionaler Einstieg in die Raumwahrnehmung. Wenn sie stimmt, nehmen wir es nicht wahr – wir fühlen uns einfach wohl, können uns konzentrieren, mit anderen in Kontakt treten und vertrauensvoll im Raum agieren. Wenn sie nicht stimmt, wird alles zur Herausforderung. Es genügen kleine Veränderungen wie zum Beispiel:

- Ein Grad zu kalt – und der Dialog wird stockender.
- Ein Grad zu warm – und die Effizienz bricht ein.

Fazit: Deshalb gehört Temperatur an aus meiner Erfahrung heraus an den Anfang jeder Gestaltungsentscheidung. Nicht als Randnotiz in der Gebäudetechnik – sondern als zentrale, psychologische Voraussetzung für Leistungsfähigkeit, emotionale Sicherheit und soziale Offenheit.

6.3   Duft – Der stille Auslöser von Emotion

Gerüche sind die leisen Architekten unserer Gefühle. Sie betreten den Raum vor jedem Gespräch, wirken, bevor der erste Blick fällt – und bleiben oft viel länger im Gedächtnis als das Design selbst. Duft ist nicht nur ein ästhetisches Element. Er ist ein neuropsychologisches Werkzeug, das direkt unser Gehirn erreicht – ohne Umweg über das Bewusstsein. Und das ist das absolut fazinierende daran!

Duft wirkt unmittelbar – und tief

Im Gegensatz zu den meisten Sinnesreizen wird Geruch nicht über den Thalamus, also das „Tor zum Bewusstsein", verarbeitet. Er geht direkt ins limbische System – das emotionale Zentrum unseres Gehirns. Dort entstehen Gefühle, werden Erinnerungen gespeichert, werden Reaktionen ausgelöst, noch bevor wir wissen, warum. Dieser neurologische „Schnellweg" ist gut erforscht: Geruchssignale erreichen über den Bulbus olfactorius direkt Amygdala und Hippocampus – also genau jene Areale, die für Emotion und Gedächtnis zuständig sind (Herz, 2004).

Ein Raum, der angenehm duftet, wird instinktiv als einladender, wärmer, freundlicher empfunden – selbst wenn Design, Möbel, Licht oder Farben völlig identisch sind wie in einem anderen Raum. Der Duft wirkt wie ein unsichtbarer Filter über der Wahrnehmung: Er beeinflusst, wie wir Materialien sehen, wie wir Gespräche beginnen, wie lange wir verweilen möchten – und sogar, wie wir die Qualität des gesamten Raumes bewerten.

Ein angenehmer Duft macht Räume emotional zugänglich.

Umgekehrt kann ein Raum mit neutralem oder – schlimmer noch – leicht unangenehmem Geruch das komplette Raumklima kippen, noch bevor jemand ein Wort gesprochen oder sich gesetzt hat. Selbst ein hochmodern eingerichtetes Büro mit ergonomischen Möbeln, ausgefeiltem Lichtdesign und durchdachtem Farbkonzept kann ablehnend, steril oder unbehaglich wirken, wenn es muffig, chemisch oder abgestanden riecht.

Das Gefährliche daran: Die meisten Menschen können nicht benennen, warum sie sich unwohl fühlen. Was ich dann auch oft erlebe ist, dass sie dann eher sagen: „Irgendwas passt hier nicht", „Ich fühle mich hier nicht wohl", oder „Hier ist irgendwie schlechte Energie". In Wahrheit reagiert das limbisches System – also der älteste Teil ihres Gehirns – auf olfaktorische Signale, die evolutionär tief verankert sind.

Wenn ich bei meinen Kunden oder bei Vorträgen von Evolutionsbiologie spreche, sehe ich sehr oft, dass man mich das Publikum doch sehr skeptisch ansieht. Denn sehr oft passen diese Erklärungen absolut nicht in unser eingelerntes Schema wie wir die Arbeitswelt sehen und vor allem wie wir glauben, die Arbeitswelt beeinflussen zu können.

Ich möchte anhand von ein paar Beispielen noch näher auf unsere unbewussten Reaktionen eingehen, um meine Erläuterung zu verdeutlichen:

• Ein leicht säuerlicher Geruch kann unterschwellig auf „Gefahr" oder „Verwesung" hindeuten – und damit unbewusst Abwehrreaktionen auslösen.
• Ein stechender Geruch nach Reinigungsmitteln vermittelt ungewollt das Gefühl von „steril" statt „lebendig".
• Gerüche aus der Kantine, die sich im Teppich oder den Polstern festgesetzt haben, wirken „abgestanden" – und lassen einen ansonsten modernen Besprechungsraum plötzlich alt und ungepflegt erscheinen.

Unser Geruchssinn warnt, bevor unser Verstand versteht. Und genau deshalb hat Duft eine solch mächtige Wirkung auf Raumatmosphäre, Wahrnehmung und Verhalten. Ich finde das unglaublich spannend und frage mich immer wieder, warum dieses Thema immer noch so stiefmütterlich behandelt wird.

In der Architekturpsychologie ist dieser Effekt entscheidend – denn er bedeutet:

Selbst wenn alle „sichtbaren" Parameter stimmen, entscheidet oft der Duft darüber, ob wir einem Raum Vertrauen schenken oder ihn meiden wollen.

Studie: Wie Duft Stimmung und Leistung beeinflusst

Eine etwas ältere aber viel zitierte Herz & Engen (1996) untersuchte die Verknüpfung von Geruch und Emotion. Sie fanden heraus, dass bestimmte Düfte wie Zitrus, Lavendel oder Rosmarin nicht nur positive Assoziationen wecken, sondern auch nachweislich die Stimmung verbessern, Stress reduzieren und die kognitive Leistung steigern.

Besonders spannend

* Lavendel wirkt beruhigend, senkt die Herzfrequenz und verbessert die Schlafqualität. Diese Effekte wurden auch experimentell belegt – z. B. in einer Studie von Lehrner et al. (2005), die zeigte, dass Lavendelgeruch in Wartezimmern von Zahnarztpraxen Ängste reduziert und die Stimmung verbessert.
* Zitrusnoten wie Orange oder Zitrone fördern Aufmerksamkeit und positive Emotionen. Auch hier fanden Lehrner et al. (2005) eine stimmungsaufhellende Wirkung – insbesondere durch Orangenöl in stressreichen Situationen.
* Rosmarin verbessert die Gedächtnisleistung und erhöht die Wachsamkeit. In einer experimentellen Untersuchung zeigten Moss et al. (2003), dass Probanden unter dem Einfluss von Rosmarin-Duft signifikant bessere kognitive Leistungen erbrachten – insbesondere bei Arbeitsgedächtnis und Aufmerksamkeit

Das bedeutet: Mit bewusst eingesetztem natürlichen Raumduft lässt sich die Atmosphäre eines Raums subtil steuern – etwa durch Raumdiffusoren, ätherische Öle oder sogar über duftende Materialien wie Hölzer.

Duft ist Erinnerung

Kaum ein Sinn ist so eng mit unserem Gedächtnis verknüpft wie der Geruchssinn. Ein einziger Duft kann uns in Sekunden in eine andere Zeit, an einen bestimmten Ort oder zu einem bestimmten Menschen zurückversetzen – ganz ohne Vorwarnung, ohne bewusste Erinnerung, ohne kognitive Anstrengung. Und das mit einer emotionalen Intensität, die oft sogar visuelle oder akustische Erinnerungen übertrifft.

Wir riechen frisch gebackenes Brot – und stehen plötzlich im Haus unserer Großmutter. Wir nehmen den salzigen Duft von Sonnencreme wahr – und sind gedanklich am Strand unseres letzten Sommerurlaubs. Ein Hauch von Moos, Erde oder Kaminrauch – und wir spüren Lagerfeuerromantik, Herbstgefühle oder Geborgenheit.

Die Architekturpsychologie spricht in diesem Zusammenhang vom sogenannten „Proust-Effekt", benannt nach dem französischen Schriftsteller Marcel Proust. In seinem Werk Auf der Suche nach der verlorenen Zeit schildert Proust (2015) eindrucksvoll, wie der Duft und Geschmack einer in Tee getauchten Madeleine eine plötzliche, überwältigende Kindheitserinnerung auslöst – lebendiger als jedes Bild oder Gespräch. Diese literarische Szene wurde zum Symbol für ein Phänomen, das heute auch neurowissenschaftlich gut belegt ist: Gerüche aktivieren direkt das limbische System – insbesondere Amygdala und Hippocampus – und lösen besonders emotionale, autobiografische Erinnerungen aus, noch bevor eine bewusste Einordnung stattfindet (vgl. Herz, 2004).

Dieser Effekt ist neurologisch belegt: Geruchseindrücke werden direkt im limbischen System, genauer gesagt in der Amygdala und dem Hippocampus verarbeitet – also genau dort, wo Emotionen und Erinnerungen entstehen (Herz, 2004). Anders als bei den meisten anderen Sinneswahrnehmungen gibt es keine kognitive Filterung. Der Geruch trifft den Menschen unmittelbar und unverfälscht. Genau das macht das Thema Duft so extrem spannend, weil wir uns dem Geruch kognitiv nicht entziehen können. Dieses Wissen ist in der positiven und wirkungsvollen Raumgestaltung enorm wertvoll und teilweise sogar entscheidend.

Was diese Erkenntnisse nun für Räume bedeuten

Ein Raum, der mit einem angenehmen, charakteristischen Duft gestaltet ist, kann zu einem emotionalen Orientierungspunkt werden – ein Ort, der im Gedächtnis bleibt, weil er mit positiven Gefühlen verbunden ist. Duft kann so etwas wie ein unsichtbares Wiedererkennungsmerkmal sein – subtil, aber wirkungsvoll.

Immer mehr Unternehmen erkennen dieses enorme Potenzial und setzen ganz bewusst auf sogenannte Signature Scents – eigens entwickelte Duftkompositionen, die ihre Identität unterstreichen und mit dem Raum verknüpft werden. Besonders deutlich wird das in der Hotellerie: Viele Menschen erkennen ein bestimmtes Hotel nicht zuerst am Design, sondern am Duft, der sie beim Eintreten empfängt – lange bevor sie das Logo wahrnehmen.

Man muss aber als Unternehmen nicht gleich eine eigene Duftnote kreieren. Noch viel spannender und meines Erachtens auch zielführender ist das Wissen über die Wirkung von verschiedenen Düften. So kann man sie gezielt für verschiedene Räume und dem, was man darin machen möchte einsetzen

Mal soll der Duft Vertrauen und Ruhe vermitteln, mal Exklusivität, Frische oder Energie, Konzentration unterstützen oder Gesundheit fördern und entspannend wirken.

Was dabei zählt, ist nicht Intensität – sondern die feine emotionale Prägung, die durch den Duft entsteht und das der Duft natürlichem Ursprungs ist.

Hier einige Beispiele zum besseren Verstehen

- Ein Büro, das nach frischer Zitrone oder Holz duftet, wirkt energetisierend und inspirierend.
- Ein Empfangsbereich mit feiner Lavendel- oder Sandelholznote vermittelt Ruhe, Seriosität und Sorgfalt.
- Ein Kreativraum mit leichtem Zitrus- oder Pfefferminzduft aktiviert das Gehirn – und lässt Gedanken fließen.

Wie Düfte Räume formen – Ätherische Öle kann man gezielt einsetzen

Ätherische Öle sind mehr als ein angenehmer Raumduft. Richtig gewählt und dezent dosiert, können sie gezielt auf Stimmung, Verhalten und Raumatmosphäre einwirken. Ob zur Förderung von Konzentration, zur Stressreduktion oder zur emotionalen Aktivierung – die feinen Moleküle erreichen über das limbische System unser Innerstes. Die folgenden Wirkungsweisen und Anwendungsmöglichkeiten basieren auf der Darstellung von Dalichow (2014), die die Eigenschaften ätherischer Öle in Verbindung mit psychischer Wirkung und Raumgestaltung systematisch beschreibt:

Bergamotte – Die sanfte Stimmungsaufhellerin

Wirkung: stimmungsaufhellend, angstlösend, entspannend
Ideal für: Eingangsbereiche, Empfangszonen, Lounges, Pausenräume
Einsatz: In Aromadiffusoren sorgt Bergamotte für einen ersten warmen, offenen Eindruck. Der Duft vermittelt emotionale Sicherheit – ohne aufdring-

lich zu sein. Besonders hilfreich in Bereichen mit hoher Frequenz oder emotional aufgeladenen Situationen.

Eukalyptus – Die klärende Frische

Wirkung: befreiend, erfrischend, konzentrationsfördernd
Ideal für: Arbeitsplätze, Meetingräume, Bibliotheken, Lernräume
Einsatz: Eukalyptus schafft ein Gefühl von Weite, Reinheit und Frische. Der Duft belebt, klärt den Kopf – und ist besonders an heißen Tagen oder bei geistiger Müdigkeit eine wertvolle Unterstützung.

Grapefruit – Die energetisierende Frucht

Wirkung: anregend, stimmungsaufhellend, erfrischend
Ideal für: Kreativräume, Projekträume, Co-Working-Spaces
Einsatz: Grapefruitöl weckt die Sinne, aktiviert den Geist und hebt die Stimmung. Es ist ideal in Räumen, in denen Ideen entstehen sollen. Durch seine Leichtigkeit eignet es sich auch für moderne, lichtdurchflutete Umgebungen mit jungem Publikum.

Jasmin – Die sinnlich-beruhigende Tiefe

Wirkung: harmonisierend, stärkend, inspirierend
Ideal für: Rückzugsorte, Wartebereiche, High-End-Interior, exklusive Zonen
Einsatz: Jasminöl ist ein Duft mit Tiefe – edel, blumig, beinahe hypnotisch. Er eignet sich für Räume mit hohem gestalterischem Anspruch, in denen Atmosphäre und Identität eine tragende Rolle spielen – etwa in Designhotels, Galerien oder Lounges.

Fenchel – Die stille Kraft

Wirkung: beruhigend, stabilisierend
Ideal für: Stillräume, Eltern-Kind-Zonen, medizinnahe Settings, Ruhezonen
Einsatz: Der warme, leicht süßliche Duft des Fenchelöls vermittelt Geborgenheit. In stark verdünnter Form wirkt es beruhigend und besonders kinderfreundlich – ideal für Räume, in denen sich Menschen zurückziehen oder zur Ruhe kommen sollen.

Ingwer – Der innere Antrieb

Wirkung: vitalisierend, wärmend, stärkend
Ideal für: Räume mit körperlicher Aktivität, Sport- oder Workshopräume
Einsatz: Ingwer hat eine subtil feurige Note, die aktiviert und motiviert. Er eignet sich als Impulsgeber in Bewegungseinheiten, Denkwerkstätten oder Innovationssprints – dort, wo Menschen in Aktion kommen sollen.

Kamille – Der seelische Schutzmantel

Wirkung: beruhigend, besänftigend, ausgleichend
Ideal für: Rückzugszonen, Stressräume, Meditationsbereiche
Einsatz: Kamille vermittelt Vertrautheit und Schutz. In Räumen, in denen Menschen mit Anspannung oder emotionaler Belastung konfrontiert sind. Man kann es natürlich auch ganz bewusst für Räume einsetzen, in denen schwierige Meetings oder Verhandlungen stattfinden.

Zum Abschluss noch meine Lieblingspflanze:

Pfefferminze – Die klärende Energie für klare Gedanken

Wirkung: erfrischend, konzentrationsfördernd, belebend, stimmungsaufhellend
Ideal für: Think-Tanks, Fokusräume, Schulungsbereiche, Rückzugszonen bei geistiger Überlastung
Einsatz: Der Duft von Pfefferminze schafft Klarheit – im Raum und im Kopf. Ihre frische, kühle Note wirkt wie ein mentales Reset: Sie neutralisiert dicke Luft, vertreibt Müdigkeit und unterstützt bei geistiger Anstrengung. Besonders in Arbeitszonen mit hoher Denkleistung – wie Bibliotheken, Konzeptionsräumen oder strategischen Denkbereichen – kann Pfefferminzöl seine Stärke ausspielen.

Pfefferminzöl ist bekannt dafür, gleichzeitig kühlend und aktivierend zu wirken. Es verleiht Räumen eine gewisse Leichtigkeit – und ein Gefühl von Weite, wie ein geöffneter Fensterflügel im Sommer. In Diffusoren oder Raumsprays, gerne in Kombination mit Zitrone oder Eukalyptus (die ich ja auch schon beschrieben habe), eignet sich Pfefferminze hervorragend, um stagnierende Energie in Bewegung zu bringen.

Tipp aus der Aromapraxis: Ein bis zwei Tropfen in einem Wasserdiffusor reichen aus, um über Stunden eine konzentrierte, fokussierende Atmosphäre zu erzeugen – ohne zu überlagern oder zu reizen. Ideal auch für Zoom-Räume oder Telefonboxen, in denen eine rasche mentale Aktivierung erwünscht ist.

Grundsätzliches zur Anwendung in der Raumgestaltung

Ätherische Öle sollten stets mit Bedacht und in hochwertiger Qualität eingesetzt werden. Besonders bewährt haben sich:

* **Aromadiffusoren mit Kaltverneblung**
  (für gleichmäßige, dezente Duftverteilung)
* **Duftkerzen oder Raumparfums auf natürlicher Basis**
* **Duftverankerung über Materialien**,
  z. B. Holz, Stoffe oder Naturstein, die Öle langsam abgeben
* **Zonierung durch Duft:** Verschiedene Bereiche im Raum erhalten unterschiedliche Duftimpulse – wie bei Licht oder Akustik.

Wichtig: Weniger ist mehr. Ein Duft darf den Raum *durchziehen*, nicht *übernehmen*.

Ein guter Raumduft ist damit mehr als nur eine Duftnote – er ist ein Erinnerungsanker, ein Markenbaustein, ein emotionaler Verstärker.

Er entscheidet mit, ob wir einen Ort als positiv abspeichern – und ob wir gerne wiederkommen.

Duft ist subtil – aber sehr mächtig Wenn Luft zur Last wird – unterschätzte Störfaktoren im Raum

Was oft kaum bewusst wahrgenommen, aber dennoch stark empfunden wird, ist die negativ aufgeladene Wirkung unangenehmer Gerüche. Ein Raum kann auf den ersten Blick stimmig gestaltet sein – mit hochwertigen Materialien, gutem Licht und durchdachtem Design – und trotzdem „nicht gut riechen". Dieses Gefühl wirkt unterschwellig, aber massiv: Menschen fühlen sich unwohl, werden unruhig, ziehen sich zurück oder meiden den Raum ganz – oft ohne genau benennen zu können, warum.

Ein Hauptgrund dafür ist abgestandene Luft. Insbesondere in geschlossenen Räumen ohne regelmäßigen Luftaustausch entsteht ein Geruchsgemisch aus verbrauchtem Sauerstoff, menschlicher Ausdünstung, Teppichfasern, alten Möbeln oder Resten von Essen und Getränken. Diese „stehende Atmosphäre" wird von unserem Gehirn intuitiv als „lebensarm" oder gar „potenziell ungesund" registriert – eine archaische Warnfunktion aus Zeiten, in denen Geruch eng mit Hygiene und Überlebenssicherheit verknüpft war.

Ein weiterer kritischer Punkt: starke chemische Gerüche. Dazu zählen etwa aggressiv duftende Reinigungsmittel, Desinfektionsmittel oder künstlich parfümierte Raumsprays. Was eigentlich als „hygienisch" wahrgenommen werden soll, kippt schnell ins Gegenteil: Räume wirken dann kalt, steril oder gar abweisend. Statt Frische entsteht Reiz – auf der Nase, auf der Haut, manchmal sogar in den Atemwegen. Besonders sensibel reagieren Menschen mit Allergien, chronischen Atemwegserkrankungen oder hoher Geruchsempfindlichkeit.

Auch zu viel Parfum – ob durch Raumbeduftung oder einzelne Personen – kann zum Problem werden. Während ein zarter Duft eine emotionale Note setzen kann, wirkt ein überdosierter Geruch schnell übergriffig und dominant. Er verdrängt andere Sinneseindrücke, führt zu Abwehrverhalten und kann sogar Kopfschmerzen oder Konzentrationsschwierigkeiten auslösen.

Gerade in den gängigen Open-Space Büros, Besprechungszonen, Wartebereichen oder Ruhezonen ist Geruch ein entscheidender Faktor für die Aufenthaltsqualität. Wenn der Raum nicht „atmen kann", wenn sich Gerüche aufstauen oder künstlich überlagert werden, leidet nicht nur das Wohlbefinden – sondern auch die soziale Interaktion. Gespräche wirken angespannter, die Verweildauer sinkt, und der Raum verliert seine emotionale positive Zugkraft – ja er wird dann eher zur «Fliehkraft».

Das limbische System reagiert auf solche Duftreize deutlich schneller und stärker als auf Licht oder Farbe – weil Geruch eben nicht bewusst verarbeitet, sondern wie ich es schon vorher erwähnt habe, direkt emotional bewertet wird

Und genau deshalb möchte ich im nächsten Abschnitt ein Thema ansprechen, das oft nur hinter vorgehaltener Hand diskutiert wird, aber in offenen Bürostrukturen tatsächlich relevant ist: der Schweißgeruch. Denn wo viele Menschen auf engem Raum arbeiten, spielt der menschliche Körpergeruch eine nicht zu unterschätzende Rolle – und kann sich wirklich massiv auf die Raumatmosphäre auswirken.

Ich fange gleich mit der zentralen Frage an: Was passiert im limbischen System bei Schweißgeruch?

Sofortige Weiterleitung ans emotionale Zentrum

Geruchssignale – insbesondere intensive wie Schweißgerüche – nehmen eine Abkürzung im Gehirn: Sie werden nicht über den Thalamus gefiltert, sondern direkt an das limbische System geleitet.

Dort trifft der Schweißgeruch insbesondere auf

- Amygdala (emotionales Warnsystem – Angst, Abwehr, Abscheu)
- Hippocampus (Gedächtnis – Verknüpfung mit negativen Erinnerungen)
- Hypothalamus (vegetatives Nervensystem – körperliche Reaktionen wie Herzschlag, Schweißproduktion, Fluchtimpuls)

Unbewusste Interpretation: Gefahr oder Nähe?

Schweißgeruch wird je nach Kontext unterschiedlich interpretiert:

- Angstschweiß (z. B. in engen Räumen, bei Nervosität) aktiviert bei anderen Menschen unbewusst das Alarmsystem – wir spüren, dass „etwas nicht stimmt".
- Stressschweiß enthält flüchtige Säuren und Botenstoffe, die auf andere wie eine Warnung wirken – auch wenn der Auslöser nicht bewusst erkannt wird.
- intensiver Körperscheiß in geschlossenen Räumen löst in der Amygdala häufig Ekel- und Fluchtimpulseaus – ein instinktives Vermeiden.

Und bitte nicht vergessen, diese Reaktion geschieht in Sekundenbruchteilen und zwar emotional und körperlich, nicht rational.

Wissenschaftliche Erkenntnisse zu dieser Problematik

Eine wegweisende Studie von Prehn-Kristensen et al. (2009) zeigte, dass Menschen, die dem Geruch von „Stress-Schweiß" ausgesetzt waren, im Gehirn deutlich mehr Aktivität in der Amygdala und im anterioren Cingulum (Teil der emotionalen Empathie) zeigten – selbst wenn sie den Geruch nicht bewusst wahrnahmen.

Ebenso zeigen Studien von Pause et al. (2012), dass emotionale Schweißgerüche (z. B. Angstschweiß) unbewusst erkannt und mit Unwohlsein, Vorsicht und Ablehnung assoziiert werden – selbst bei ansonsten angenehmer Raumgestaltung.

Was bedeutet dieses Wissen nun für Räume?

1. Schweißgeruch ist ein stiller Störer
   Selbst wenn er subtil ist oder kaum bewusst wahrgenommen wird, kann Schweißgeruch die gesamte Raumatmosphäre negativ aufladen:

Er verursacht Unruhe, Fluchtimpulse, Ablehnung, Stress – und kann nonverbal Nähe verhindern.

2. Körpergeruch signalisiert Kontrollverlust

In formellen, geschäftlichen oder ästhetisch hochwertigen Umgebungen wird Körpergeruch (besonders Schweiß) als Kontrollverlust oder mangelnde Selbstpflege interpretiert – was auch die soziale Bewertung beeinflusst.

Wie können Lösungsansätze im Raumkontext aussehen?

- Gute Belüftung, vor allem in Meetingräumen und Telefonboxen
- Absorbierende Materialien statt rein synthetischer Oberflächen
- Dezente, neutralisierende Düfte mit frischen oder holzigen Noten (z. B. Zeder, Lavendel, Bergamotte)
- Temperaturmanagement, das starkes Schwitzen verhindert
- Duftzonen zur emotionalen Wiederherstellung des Gleichgewichts
- Offenes ansprechen im Rahmen des Workplace Change Prozesses zum Beispiel einen Vortrag dazu, in Workshops einbringen, über schriftliche Kommunikationsmassnahmen, etc.
- Wenn dieser schon vorbei ist, dann ist es wichtig über Ansprechpersonen oder sogar auch direkt das Thema anzusprechen.
- Dialog ist enorm wichtig.

Der Geruch von Schweiß ist ein archaischer Trigger

Er unterwandert jede gute Gestaltung, wenn er nicht berücksichtigt wird. Räume, in denen Menschen eng zusammenkommen – wie Open Spaces, Besprechungsräume oder Telefonzellen – brauchen deshalb nicht nur ästhetische Lösungen, sondern auch olfaktorische Intelligenz

Fazit: Duft ist das unsichtbare Klima eines Raums

Er entscheidet darüber, ob wir uns entspannen, öffnen, konzentrieren, abschalten oder im wahrsten Sinne des Wortes davonlaufen. Gute Raumgestaltung nutzt Duft nicht als Dekoration, sondern als bewusstes, neuropsychologisches Gestaltungselement. Denn was wir riechen, verändert, wie wir denken, fühlen – und miteinander umgehen. Denn das limbische System urteilt nicht nach Design, sondern nach Instinkt.

Psychoakustik trifft Raumgestaltung – die unterschätzte Wirkung von Klang

Klang ist psychologische Erfahrung – nicht nur ein physikalisches Ereignis. Wenn wir über Akustik sprechen, denken viele zunächst an Dezibel, Nachhallzeiten oder Schalldruckpegel – also messbare, physikalische Größen. Doch das greift zu kurz. Akustik ist in erster Linie eine psychologische Erfahrung. Denn das, was wir hören – oder nicht mehr hören können –, beeinflusst unser Verhalten, unsere Emotionen und unsere soziale Präsenz. Und zwar unmittelbar.

Der Psychoakustiker Eberhard Zwicker beschreibt eindrücklich, wie sehr unsere Wahrnehmung von Lautheit, Lästigkeit und Klangfarbe nicht nur von objektiven Reizgrößen wie Frequenz oder Pegel abhängt, sondern vor allem vom Kontext, unserer Aufmerksamkeit, Erwartung und emotionalen Verfassung (Zwicker, 1982).

Wie das Gehirn filtert – und was das mit Akustik zu tun hat

Akustik ist niemals neutral. Sie ist ein Filter, durch den unser Gehirn Bedeutung sortiert. Was wir hören – und was wir ausblenden – ist keine technische, sondern eine zutiefst psychologische Entscheidung. Und manchmal zeigt sich dieser Mechanismus in den intimsten Momenten des Lebens.

Ich erinnere mich gut daran, wie sich mein Hören verändert hat, als ich Mutter wurde. Plötzlich war meine gesamte Aufmerksamkeit auf unser Kind gerichtet – selbst nachts, im Tiefschlaf. Ein leises Quieken aus dem Babybett, ein kaum hörbares Tapsen auf der Treppe – und ich war hellwach. Mein Mann hingegen? Der konnte einen richtigen Hustenanfall neben mir im Bett haben, ohne dass ich auch nur mit der Wimper zuckte. Ich schlief wie ein Stein, vielleicht auch ein wenig aus Erschöpfung.

Aber grundsätzlich ist diese Erfahrung ist kein Zufall – sie ist neurobiologisch erklärbar. Unser Gehirn entscheidet unbewusst, welche Geräusche relevant sind – und blendet andere vollständig aus. Sobald emotionale Bindung, Fürsorge oder Gefahrenpotenzial ins Spiel kommen, schaltet sich das limbische System ein – und verstärkt bestimmte Signale, die früher einfach untergingen. Heute wache ich auch bei einem Hustenanfall meines Mannes wieder auf … er hat sich so oft beschwert, dass sich das psychologisch verankert hat.

Eine faszinierende Einsicht dazu liefert die neurowissenschaftliche Forschung: In einer Metaanalyse funktioneller Bildgebungsstudien zeigten Swain, Lorberbaum, Kose und Stratheam (2007), dass Mütter signifikant empfindlicher auf kindliche Reize – insbesondere Schreie oder Weinen – reagieren als kinderlose Frauen. Selbst sehr leise akustische Signale aktivieren bei Müttern vermehrt das limbische System, insbesondere die Amygdala, die für emotionale Bewertung und Fürsorgeverhalten zuständig ist.

Noch bemerkenswerter: Viele dieser Reize wurden nicht bewusst wahrgenommen, zeigten aber dennoch deutliche physiologische Effekte – etwa Veränderungen der Herzfrequenz oder der Hautleitfähigkeit. Das belegt eindrücklich, dass akustische Reize unterhalb der bewussten Wahrnehmungsschwelle verarbeitet werden – und dennoch Verhalten und emotionale Zustände beeinflussen (Swain et al., 2007).

Diese Filtermechanismen laufen bei uns Menschen unterhalb der bewussten Wahrnehmungsschwelle – und doch steuern sie unser Verhalten. Genau das passiert auch in Arbeitsräumen: Geräusche, die für die eine Person belanglos sind, wirken auf andere wie ein Alarmsignal. Und umgekehrt.

Akustik ist unglaublich individuell. Was für den einen kaum wahrnehmbar ist, kann für den anderen hochgradig störend sein. Es gibt keine universelle Geräuschgrenze, ab der ein Raum „funktioniert". Jeder Mensch bringt ein eigenes akustisches Empfinden mit – geprägt durch Biografie, Tagesform, neurologische Sensibilität oder emotionale Verfassung.

Und genau deshalb braucht ein Raum psychologische Vielschichtigkeit, nicht nur schalldämmende Oberflächen. Es reicht nicht, Dezibel zu reduzieren – wenn dabei der Sinn für Atmosphäre verloren geht. Räume müssen akustisch nicht nur ruhig, sondern auch sozial anschlussfähig sein. Sie müssen das richtige Maß an Nähe und Distanz ermöglichen, Fokus und Verbindung gleichzeitig zulassen.

Diese Ebene wird in der Planung bis heute massiv unterschätzt. Akustik wird oft rein technisch gedacht: in Formeln, Normen und Materialien. Doch was fehlt, ist das Verständnis für die emotionale Grammatik des Klangs – also für das, was Akustik mit Menschen macht, mit Beziehungen, mit Konzentration, mit Vertrauen.

Gute Raumakustik ist keine Frage der Dämmung, sondern der Beziehungsgestaltung.

Wer Räume schafft, in denen Menschen klar denken, ehrlich sprechen oder in Ruhe arbeiten können, muss zuhören lernen – nicht nur auf das, was gesagt wird, sondern auf das, was zwischen den Geräuschen liegt.

Und dafür habe ich ein Beispiel aus meiner Praxis, das das ich so schon ein paar Mal erlebt habe – und es zeigt deutlich, wie stark Akustik auch eine Projektionsfläche für emotionale Zustände sein kann.

Ein großer Kunde hatte mich kontaktiert. Der neue Unternehmenssitz – entworfen von einem international gefeierten Star-Architekten, mit feinsten Materialien, ikonischem Design, High-End-Ausstattung – war eigentlich ein

Paradebeispiel moderner Arbeitswelt. Und doch: Die Mitarbeitenden klagten über schlechte Akustik, alles viel zu laut. Sie klagten über Stress und über das Gefühl, sich „nicht wohlfühlen zu können". Und zwar so massiv, dass es die Performance im Alltag deutlich beeinträchtigte.

Ich habe mir die Räume angesehen – und festgestellt: Technisch war alles perfekt. Die Akustikwerte lagen im Idealbereich. Auch ein unabhängiger Akustiker kam zum gleichen Ergebnis. Kein Hall, kein störender Nachklang, perfekte Dämpfung. Aber trotzdem war etwas off. Und das zeigte sich erst im Gespräch mit den Menschen.

In Workshops wurde deutlich: Die Räume waren nicht das Problem – sie waren das Symptom. Die Mitarbeiter konnten sich nicht mit dem Gebäude identifizieren. Es war zu durchinszeniert, zu perfekt, zu unnahbar. Für die Kultur dieses Unternehmens – bodenständig, praxisorientiert, intern von Unsicherheiten und fehlender Führung geprägt – war dieser Raum ein Fremdkörper. Ein stummer Vorwurf in Stein gegossen.

Der vermeintliche Akustikstress war in Wahrheit ein Ausdruck von Entfremdung.

Ein architektonisches Ideal, das den Menschen keine Heimat bot. Und ein Change-Prozess, der mehr verordnet als begleitet wurde. Kein echtes Miteinander, sondern ein schönes Draußen.

So wurde die „schlechte Akustik" zum Ventil – für das, was im Team und in der Führung nicht ausgesprochen wurde.

Und genau deshalb braucht gute Gestaltung mehr als technisches Wissen. Sie braucht Einfühlungsvermögen, Dialog, psychologisches Verständnis und kulturelle Übersetzung. Denn ein Raum kann nicht wirken, wenn er sich gegen die Menschen stellt, die in ihm leben, arbeiten und sich wohlfühlen sollen.

Jetzt gehe ich noch einen Schritt weiter

Zwei Räume mit exakt gleichem Schalldruck können völlig unterschiedlich erlebt werden – je nachdem, welche Frequenzanteile dominieren, wie gleichmäßig oder impulsiv die Geräusche auftreten und wie der Kontext sie emotional auflädt.

Das bedeutet

Nicht der Schalldruck entscheidet, sondern die Bedeutung, die unser Gehirn dem Klang beimisst. So kann ein leichtes Stimmenrauschen im Café als angenehm und belebend wirken – während das gleiche Geräuschniveau im Open-Space-Büro als hochgradig störend empfunden wird. Warum? Weil der in dem Fall zum Beispiel der Kontext – Arbeiten vs. Entspannen – unsere Interpretation des Klangs verändert. Das limbische System unterscheidet dabei nicht zwischen „Laut" und „Leise", sondern zwischen „relevant" und „störend".

Genau hier liegt die Herausforderung moderner Raumgestaltung: Akustik muss nicht nur technisch funktionieren – sie muss psychologisch harmonieren.

In der Architekturpsychologie bedeutet das: Ein Raum mit akustischem Konzept berücksichtigt nicht nur die physikalischen Rahmenbedingungen, sondern auch die psychischen und sozialen Mechanismen, die sich im Hören und Gehörtwerden entfalten. Denn Klang ist nicht neutral. Klang formt – Atmosphäre, Konzentration, Vertrauen, Beziehung.

Ein Raum, der nicht spricht, wird nicht gehört – ein Raum, der zu laut spricht, wird nicht verstanden."

Und das belegen auch psychoakustische Studien: Eberhard Zwicker beschreibt in seinem Standardwerk Psychoakustik, wie stark unsere Wahrnehmung von Lautheit und Lästigkeit nicht allein vom Schalldruck abhängt, sondern von Kontext, Aufmerksamkeit, Erwartung und Frequenzstruktur. So zeigt er etwa, dass das gleiche Geräusch – etwa ein Sinuston oder ein Rauschen – je nach zeitlichem Verlauf, Vorankündigung und Frequenzspektrum sehr unterschiedlich erlebt wird. Ein leises Geräusch kann, wenn es unerwartet oder hochfrequent ist, als extrem störend empfunden werden, während lautere, aber „weiche" Geräusche oft als weniger belastend gelten (Zwicker, 1982).

So gesehen ist Akustik viel mehr als Schallschutz – sie ist die unsichtbare Architektur unserer Kommunikation. Sie schafft Resonanzräume für Konzentration, Vertrauen, Beziehung. Und sie entscheidet im Stillen darüber, ob Menschen offen sprechen oder schweigen, sich konzentrieren oder flüchten, sich sicher fühlen oder in ständiger innerer Alarmbereitschaft verharren.

In einer Zeit, in der viele Unternehmen händeringend versuchen, ihre Mitarbeitenden aus dem Home Office zurück ins Büro zu holen, bekommt genau diese Dimension eine neue Brisanz. Denn wer seinen Arbeitsplatz zuhause individuell anpassen konnte – in Sachen Ruhe, Klang, Rückzug und Autonomie – wird im offenen Büro besonders empfindlich auf akustische Reibung reagieren. Was früher akzeptiert wurde, fällt heute auf.

Akustische Stolpersteine werden zu Rückkehrbarrieren.

Es reicht also nicht, mit Kaffeemaschinen, Loungemöbeln oder Obstkörben zu locken. Wer wirklich möchte, dass Menschen ins Büro zurückkehren – und dort gerne arbeiten –, muss auch ihre sensorische Realität ernst nehmen. Das bedeutet: Räume müssen nicht nur schön sein – sie müssen emotional lesbar, funktional nachvollziehbar und akustisch verträglich sein.

Nur wenn wir hören können, was uns wichtig ist – und den Rest getrost ausblenden dürfen – wird ein Raum wieder zum Ort, an dem Menschen sein wollen, nicht nur müssen.

6.4 Lästigkeit – Warum bestimmte Geräusche besonders stressen

Nicht jeder Ton ist gleich unangenehm. Die Psychologie des Hörens zeigt: Es sind nicht unbedingt die lautesten Geräusche, die uns belasten – sondern die unvorhersehbaren, hochfrequenten, sozialen. Genau jene Klänge also, die in vielen modernen Arbeitswelten tagtäglich vorkommen: plötzliches Lachen aus dem Nachbarbüro, ein surrender Drucker, vibrierende Smartphones, Tastaturgeklapper, klackernde Absätze, Gesprächsfetzen, die sich im Raum brechen.

Der Fachbegriff dafür lautet: Lästigkeit.

Die Psychoakustik definiert Lästigkeit als das Ausmaß an emotionalem Unbehagen, das ein Geräusch verursacht – unabhängig von seiner tatsächlichen Lautstärke. Eberhard Zwicker und Hugo Fastl haben herausgearbeitet, dass sich Lästigkeit aus einer Kombination mehrerer Parameter ergibt: Tonhaltigkeit, Modulation, spektrale Zusammensetzung, Pegelschwankungen und Wiederholungsfrequenz (Zwicker & Fastl, 1999).

Was heisst das nun konkret an einem Beispiel? Ein leises, hochfrequentes Pfeifen kann somit lästiger sein als ein lautes, dumpfes Rauschen.

Besonders kritisch sind jedoch Geräusche, die sprachliche Inhalte transportieren – selbst wenn wir sie nicht bewusst verstehen. Unser Gehirn ist evolutionär darauf trainiert, Sprache automatisch zu entschlüsseln. Das bedeutet: Wenn wir ein Gespräch hören, das wir nicht führen, versucht unser Gehirn trotzdem, es mitzuvollziehen. Das kostet enorme kognitive Energie – und verhindert tiefes Arbeiten.

Deshalb sind es nicht unbedingt die klassischen, gleichmäßig lauten Großraumbüros, die uns am meisten erschöpfen – sondern vor allem jene halboffenen Arbeitsbereiche, in denen sich mehrere Gesprächsinseln ohne klare Abgrenzung überlagern. In solchen Settings vermischen sich Stimmen, Gesprächsfetzen, spontane Abstimmungen oder Telefonate zu einer durchdringenden Geräuschkulisse, die unser Gehirn unentwegt zu verarbeiten versucht – selbst wenn wir gar nicht zuhören wollen.Diese akustische Unschärfe ist besonders belastend, weil sie unvorhersehbar ist, emotional aufgeladen wirkt und keine Möglichkeit bietet, die Reize gezielt auszublenden. So entsteht ein Zustand ständiger Reizüberflutung, der die Konzentrationsfähigkeit drastisch mindert – obwohl der Lärmpegel objektiv gar nicht hoch sein muss.

Beispiele für Folgen im Alltag
- Gedanken reißen ab.
- Konzentration wird fragmentiert.
- Fehlerhäufigkeit steigt.
- Gereiztheit nimmt zu.
- Kommunikationsvermeidung setzt ein.

Und das nicht nur subjektiv: In einer oft zitierten Studie zeigten Banbury & Berry (1998), dass irrelevante Hintergrundsprache (irrelevant speech) die Gedächtnisleistung und das Leseverständnis um bis zu 50 % reduzieren kann. Eine andere Untersuchung ergab, dass bereits die bloße Erwartung möglicher Störungen – etwa durch einen lauten Kollegen – das Stresslevel nachweislich erhöht (Evans & Johnson, 2000).

Lärm muss nicht laut sein, um laut zu wirken
Deshalb ist es ein Irrtum zu glauben, man könne Akustik rein über Dezibel-Tabellen planen. Vielmehr braucht es ein psychologisches Verständnis davon, was wann als störend empfunden wird. Denn ein Geräusch ist nie nur ein Geräusch. Es ist ein Einbruch in unsere mentale Konzentrationszone. Und jeder dieser Einbrüche kostet Zeit, Energie – und Vertrauen in den Raum.

Was heißt das für die Planung?
- Materialien und Raumformen, die Ton absorbieren, sind notwendig – aber nicht hinreichend.
  Schallschluckende Decken, textile Bodenbeläge, absorbierende Wandpaneele oder mobile Stellwände schaffen eine akustische Grundberuhigung. Doch sie ersetzen nicht die psychologische Qualität eines Raums – sie sind nur das Fundament.

- Akustikzonen, Rückzugsräume und sprechfreie Sphären sollten genauso selbstverständlich sein wie Lichtplanung oder Ergonomie.
Besonders in offenen Raumkonzepten ist es essenziell, klare Nutzungsprofile zu definieren: Wo darf gesprochen werden? Wo wird gearbeitet? Wo ist akustische Zurückhaltung geboten? Eine funktionale Struktur verhindert akustisches Chaos.
- Die Möglichkeit zur Selbstregulation – ob durch Kopfhörer, Raumwechsel oder individuelle Soundscapes – ist ein Schlüssel zu resilienter Raumwahrnehmung. Wenn Menschen Einfluss auf ihre akustische Umgebung nehmen können, steigt das subjektive Wohlbefinden messbar – selbst dann, wenn die objektive Geräuschkulisse gleichbleibt. Kontrolle wirkt entstressend.
- Raumgestaltung muss Tätigkeitsprofile spiegeln.
Konzentrationsarbeit, kreative Prozesse und kollaborative Meetings haben völlig unterschiedliche akustische Anforderungen. Ein „One-size-fits-all"-Ansatz führt zwangsläufig zu Reibung und Frust. Räume brauchen Aufgabenbezug – auch klanglich.
- Akustik ist Beziehungspflege.
Wo Räume die Stimme entwerten – etwa durch Hall oder ständige Unterbrechung –, leidet nicht nur die Verständigung, sondern auch das soziale Miteinander. Gute Akustik ermöglicht es, dass sich Menschen gehört fühlen – im wörtlichen wie im übertragenen Sinn.

Denn wenn Menschen sich akustisch nicht geschützt fühlen, ziehen sie sich zurück – zuerst geistig, dann sozial, schließlich physisch. Und das ist das Gegenteil von dem, was moderne Arbeitswelten erreichen wollen.

6.5 Maskierungseffekte und Gestaltungspotenziale

In der akustischen Raumgestaltung gibt es ein faszinierendes Phänomen, das oft zu wenig bekannt ist – dabei aber enormes Potenzial birgt: der Maskierungseffekt. Dieser beschreibt die Fähigkeit bestimmter Geräusche, andere – störendere – Klänge zu überdecken. Unser Gehirn blendet in solchen Fällen den weniger dominanten Ton schlichtweg aus. Genau dieser psychoakustische Mechanismus lässt sich gezielt zur Verbesserung der Raumwahrnehmung nutzen – insbesondere in offenen Bürolandschaften oder dichten Meetingzonen.

Wenn Geräusche schützen können

Während Lärm häufig als Belastung wahrgenommen wird, können bestimmte akustische Kulissen sogar eine schützende Funktion übernehmen. In modernen Arbeitswelten, in denen Gespräche anderer als störend oder sogar übergriffig empfunden werden, kann ein sanftes Rauschen oder gezielt eingesetzte Naturklänge wie ein „akustischer Schleier" wirken. Die Sprache anderer wird dadurch unhörbar oder unverständlich – und genau das reduziert das Gefühl von Kontrollverlust und Reizüberflutung.

Zu meinen Kunden sage ich zu diesem Thema oft: „Privatsphäre beginnt nicht bei der Wand, sondern im Ohr." Das ist dann für viele überraschend, aber wird leider völlig unterschätzt. Wenn Gespräche verschwinden, obwohl Menschen sichtbar sind, entsteht ein Gefühl von Rückzug mitten im Raum.

Gestaltungspotenziale in der Praxis

Gezielte Maskierung kann architektonisch wie gestalterisch auf vielfältige Weise realisiert werden:

- **Akustisches Möbeldesign**
  Polstermöbel, Stellwände oder deckenhängende Elemente mit schallschluckender Wirkung helfen, Mikro-Zonen zu schaffen, in denen Sprache weniger durchdringt.
- **Raum-in-Raum-Systeme**
  Mobile Kabinen oder Glaskonstruktionen mit aktiver oder passiver Akustikdämpfung bieten Rückzugsorte – ohne die Offenheit des Gesamtkonzepts zu verlieren.
- **Soundscapes & Naturklänge**
  Sanftes Rauschen, Blätterrascheln, Wasserklänge oder Windgeräusche schaffen eine neutrale Hintergrundkulisse, die das Gehirn nicht stört, aber andere Reize überlagert.
- **Elektronisches Soundmasking**
  Speziell konzipierte Breitbandgeräusche (meist im Bereich von 40–50 dB(A)) reduzieren die Sprachverständlichkeit im Raum – ohne als „Lärm" empfunden zu werden. Wichtig dabei: Die Dosierung muss stimmen. *Maskierung ist nicht „Lärm plus Lärm", sondern eine akustische Feinabstimmung.*

Was die Wissenschaft sagt

Laut Zwicker (1982) lässt sich die Wahrnehmungsschwelle für Töne durch gezielte Geräuschmaskierung signifikant anheben. Besonders bei Sprache ist der Effekt hoch: Schon ein gleichmäßiges, sanftes Rauschen kann verhindern, dass Gesprächsfetzen das Bewusstsein erreichen – das schützt die Konzentration und vermittelt gleichzeitig ein Gefühl von akustischer Distanz (Zwicker & Fastl, 1999).

Studien zeigen zudem: Selbst wenn ein Raum physisch offen bleibt, kann durch kluge akustische Gestaltung ein Gefühl von Rückzug, Kontrolle und Sicherheit entstehen. Das reduziert Stress und steigert die kognitive Leistung – ganz ohne Wände (vgl. Hongisto, 2005).

Weitere Chancen – und Herausforderungen

Maskierung ist allerdings nicht in jeder Umgebung gleichermaßen willkommen. In manchen Kulturen oder Unternehmen wirken Geräuschkulissen vertraut und unterstützend – in anderen werden sie zunächst als künstlich oder sogar störend erlebt. Deshalb empfiehlt es sich, die Mitarbeitenden aktiv in Auswahl und Testung von Klangwelten einzubeziehen. Partizipatives Sounddesign erhöht nicht nur die Akzeptanz – es fördert auch die Identifikation mit dem Raum.

Ein besonders spannender Aspekt: Maskierung kann auch identitätsstiftend wirken. So wie Hotels mit Signature Scents arbeiten, lässt sich über gezielt entwickelte akustische Profile – etwa mit Markenwerten korrespondierende Soundscapes – ein Gefühl von Zugehörigkeit und Wiedererkennung erzeugen. Der Klang eines Raumes wird damit zum subtilen Träger von Unternehmenskultur.

Die akustische Gestaltung eines Raums beeinflusst unsere emotionale Beziehung zu ihm. Räume „sprechen" durch Klang – und je bewusster diese klangliche Signatur gestaltet wird, desto stärker kann sie zur sozialen und kulturellen Orientierung beitragen (vgl. Blesser & Salter, 2006).

„Wenn man die Augen schließt – und den Raum trotzdem erkennt – dann wirkt Akustik identitätsstiftend."

Ich erinnere mich gut an ein Projekt mit einem größeren Unternehmen. Sie hatten gerade ein neues Büro bezogen – ein moderner Neubau, offen gestaltet, hochwertig ausgestattet, mit allem, was architektonisch gerade „state of the art" ist. Auf den ersten Blick schien alles gelungen.

Doch kaum war der Alltag eingekehrt, kamen die ersten Rückmeldungen:

„Ich kann mich kaum konzentrieren.“
„Ich höre ständig Gespräche, obwohl ich gar nicht dazugehöre.“
„Es ist gar nicht laut – aber trotzdem anstrengend.“

Was sich zeigte, war ein Klassiker: Der Raum war technisch gut, aber psychologisch überfordernd. Die offene Struktur ließ Gespräche und Geräusche durchdringen, ohne dass es wirklich laut wurde – doch genau diese ständige akustische Präsenz setzte die Menschen unter Spannung. Das Gehirn blieb auf Empfang, ohne Pause.

Was das Ganze verschärfte: Der Wechsel ins neue Büro war ohne echten Change-Prozess passiert. Die Mitarbeitenden wurden kaum einbezogen, ihre Bedürfnisse nicht abgefragt. Es gab keine Vorbereitungsphase, keine Raumerprobung, kein Raumfeedback. Stattdessen wurde das neue Konzept einfach umgesetzt – in der Annahme, dass „modern und offen“ schon funktionieren würde. Das Ergebnis: architektonisch top, kulturell daneben. Die Räume passten nicht zu den Menschen.

In Workshops und Gesprächen wurde deutlich, dass sich viele gar nicht richtig zugehörig fühlten – nicht zu diesem neuen Raum, und ehrlich gesagt auch nicht zu den Entscheidungen, die über ihre Köpfe hinweg getroffen wurden. Die Unruhe im Raum war also nicht nur akustisch – sie war auch emotional spürbar.

Wir haben dann gemeinsam einfache, aber wirksame Schritte umgesetzt: Akustisch wirksame Möbel, Zonierungen mit Pflanzen, kleine Rückzugsbereiche. Aber vor allem: ein ganz dezentes Soundmasking, das ein leises, gleichmäßiges Rauschen in den Hintergrund legte. Fast unmerklich – und doch ein echter Gamechanger. Denn plötzlich wirkte der Raum ruhiger. Gespräche verschwanden im Hintergrund. Die Leute konnten wieder bei sich sein.

In den Rückmeldungen hieß es:
„Ich bin viel weniger abgelenkt.“
„Es ist endlich still genug, um zu denken – ohne dass es leer klingt.“
Und: „Ich habe das Gefühl, der Raum gehört wieder mir.“

Für mich war das ein eindrückliches Beispiel dafür, dass gute Gestaltung allein nicht reicht. Ohne begleitenden Change-Prozess – ohne Beteiligung, Kommunikation und psychologische Vorbereitung – entsteht oft genau das, was eigentlich vermieden werden soll: Distanz statt Identifikation, Überforderung statt Begeisterung.

Akustik ist nicht nur Technik – sie ist auch Kultur. Und wer Räume verändern will, muss Menschen mitnehmen.

6.6   Licht – Der natürliche Taktgeber

Licht ist mehr als Helligkeit. Licht ist Rhythmus. Es strukturiert unseren Tag, unsere Energie, unsere Stimmung – und letztlich auch unsere Leistung. Dabei geht es nicht nur darum, wie hell ein Raum ist, sondern wann, wo und wie dieses Licht wirkt.

Denn unser Körper folgt einem inneren Takt – dem sogenannten zirkadianen Rhythmus. Dieser 24-Stunden-Zyklus steuert nahezu alle physiologischen und psychischen Prozesse: Schlaf, Hormonproduktion, Körpertemperatur, Reaktionsfähigkeit und Stimmung (Cajochen, 2007).

Was dabei oft vergessen wird: Dieser Rhythmus hat sich über Millionen Jahre in direkter Abhängigkeit vom natürlichen Sonnenlicht entwickelt. Bevor es künstliches Licht gab, richteten sich die inneren Abläufe des Menschen ausschließlich nach dem Wechsel von Tag und Nacht. Morgens, wenn das Licht kühl und blauhaltig ist, signalisiert es dem Körper: Wach werden, aktivieren, aufmerksam sein. Mittags erreichen Konzentration, Leistungsfähigkeit und kognitive Präsenz ihren Höhepunkt – im Einklang mit der höchsten Lichtintensität. Abends dagegen, wenn das Licht wärmer und rötlicher wird, beginnt der Organismus herunterzufahren: Melatonin wird ausgeschüttet, der Körper bereitet sich auf Erholung vor. (Lucas et al., 2014).

Und genau dieser Rhythmus ist tief in unseren Zellen verankert.

Er wird nicht über das logische Denken gesteuert, sondern über spezielle Fotorezeptoren in der Netzhaut – sogenannte ipRGCs (intrinsisch photosensitive retinal ganglion cells) –, die direkt mit dem zentralen Taktgeber im Gehirn, dem Suprachiasmatischen Nukleus (SCN) im Hypothalamus, verbunden sind. Sie geben dem Gehirn Rückmeldung, wie viel Licht – und vor allem: welches Licht – gerade auf uns trifft. (Lucas et al., 2014)

Wenn Räume diesem natürlichen Takt nicht folgen – oder ihn sogar ignorieren, gerät unser gesamtes System aus dem Gleichgewicht. Unser Körper weiß dann nicht mehr, welcher Teil des Tages gerade ist. Wir fühlen uns müde, obwohl wir aktiv sein sollten. Wir werden unruhig, obwohl wir zur Ruhe kommen müssten. Die innere Uhr läuft aus dem Takt – mit spürbaren Folgen: Konzentrationsprobleme, schlechter Schlaf, Gereiztheit, verminderte Regeneration, schwankende Energie (Chellappa et al., 2011).

Besonders kritisch wird es nicht mehr nur in Räumen ohne Tageslichtzugang – denn die sind zum Glück sehr selten geworden. Viel häufiger – und oft unterschätzt – ist das Problem falscher künstlicher Beleuchtung. Denn auch wenn ein Raum hell ist, heißt das noch lange nicht, dass er unseren biologischen Takt unterstützt. Wird Licht über den Tag hinweg in gleichbleibender Intensität und Farbtemperatur eingesetzt – etwa durch kaltes, statisches LED-Licht oder monotone Deckenbeleuchtung –, erlebt unser Körper keinen natürlichen Verlauf (Figueiro et al., 2017).

Tag und Nacht verschwimmen zu einer flachen Linie – ohne Impuls, ohne Rhythmus, ohne Orientierung.

Das Licht signalisiert nichts – und genau das überfordert unser inneres System. Der Körper bleibt im Standby-Modus: nie richtig wach, nie richtig ruhig, nie wirklich synchron.

Und so wirkt sich etwas, das wir lange als rein technische Raumkomponente verstanden haben – Licht –, in Wahrheit wie ein biologisches Betriebssystem auf unser gesamtes Erleben aus.

Licht ist nicht dekorativ – es ist biologisch relevant!

Biologisches Licht – der unterschätzte Energiecode

In der Lichtforschung ist längst belegt: Natürliches Tageslicht ist der stärkste Taktgeber für unseren Hormonhaushalt – insbesondere für die Ausschüttung von Cortisol am Morgen (aktivierend) und Melatonin am Abend (beruhigend) (Cajochen et al., 2005). Ein Mangel an Tageslicht – wie er in vielen Bürogebäuden auftritt – kann zu Müdigkeit, Konzentrationsschwäche, depressiver Verstimmung oder Schlafproblemen führen (Figueiro et al., 2017).

nser Gehirn reagiert besonders sensibel auf den Blauanteil im Licht. Und das ist auch sinnvoll – denn genau dieses kurzwellige Licht ist in den frühen Morgenstunden am stärksten im natürlichen Tageslicht enthalten. Es signalisiert unserem Körper: Jetzt beginnt der Tag. Zeit, wach zu werden, die Aufmerksamkeit hochzufahren, Hormone zu aktivieren und den Kreislauf zu stabilisieren (Brainard et al., 2001).

Blaues Licht ist also ein biologisches Startsignal. Doch genau dieser Impuls fehlt in vielen Arbeitsumgebungen – oder wird falsch getaktet. In Büros mit dunkler oder schlecht abgestimmter Beleuchtung, in denen dieser morgendliche Lichtreiz ausbleibt, startet unser Körper verzögert in den Tag. Wir sitzen längst im Meeting – aber unser System läuft noch auf Halbleistung. Der Cortisolspiegel steigt nur zögerlich. Wir fühlen uns „noch nicht ganz da" – und das völlig zurecht.

Hinzu kommt ein zweiter, oft übersehener Faktor: die intensive Nutzung von Bildschirmen. Denn auch Laptop-, Tablet- und Smartphone-Displays strahlen einen hohen Anteil an blauem Licht ab – und zwar den ganzen Tag über, direkt in unsere Augen. Was morgens ein hilfreicher Taktgeber ist, wird spätestens am Nachmittag zur Dauerbelastung. Unser Gehirn erhält permanent das Signal „Wach bleiben!" – auch dann, wenn eigentlich Erholung, Fokus oder Entspannung gefragt wäre (Gooley et al., 2011).

Besonders abends ist das fatal: Wenn das Tageslicht bereits abnimmt, aber der Bildschirm immer noch hellblau leuchtet, bleibt das Gehirn in Alarmbereitschaft. Bereits zwei Stunden abendlicher Bildschirmnutzung mit blauem Licht verschieben die natürliche Melatoninausschüttung um bis zu 90 min, verlängern die Einschlafzeit, machen den Schlaf flacher und verschlechtern die nächtliche Regeneration (Chang et al., 2014). Das bedeutet: Wir starten erschöpfter in den nächsten Tag – obwohl wir „nur" gearbeitet haben.

Und nun stellen wir uns vor, dass zu dieser dauerhaften Bildschirmstrahlung auch noch falsche Bürobeleuchtung kommt – etwa kaltes, flimmerndes Licht mit hohem Blauanteil bis in die Abendstunden. Dann entsteht für unser Gehirn ein Zustand chronischer Überreizung, ohne sichtbaren Reiz. Es fehlt also nicht an Licht – es fehlt an klugem Licht.

In der Architekturpsychologie denken wir Beleuchtung nicht nur in Lumen und Watt – sondern in kognitiver Last. Denn jede Lichtquelle ist ein Impuls. Und jeder Impuls kostet oder fördert Energie. Deswegen ist es wichtig diese Impulse klug einzusetzen.

Beleuchtung endet nicht an der Decke. Auch Bildschirme sind Lichtquellen – und ihr Einfluss auf unser Wohlbefinden, unsere Konzentration und unsere innere Uhr ist enorm. Wer heute Arbeitsräume gestaltet, muss auch diese Art von „Lichtverschmutzung" ernst nehmen – und Systeme schaffen, die dem Gehirn Pausen ermöglichen.

6.7 Human Centric Lighting – wenn Licht den Menschen miteinbezieht

In der klassischen Büroplanung wurde Licht jahrzehntelang nach Sehaufgabe gedacht: Wie viel Helligkeit brauchen wir zum Lesen, Schreiben, Präsentieren? Doch dieses Verständnis greift zu kurz. Denn Licht wirkt nicht nur auf die Augen – es wirkt auf das gesamte System Mensch. Und genau hier setzt der Ansatz des Human Centric Lighting (HCL) an. (Vandewalle et al., 2009).

Human Centric Lighting beschreibt ein Beleuchtungskonzept, das sich am biologischen, emotionalen und kognitiven Bedarf des Menschen orientiert – und nicht nur an der Beleuchtungsnorm. Es stellt den zirkadianen Rhythmus, das individuelle Wohlbefinden und die tageszeitlich wechselnden Anforderungen an Konzentration, Aktivierung oder Regeneration in den Mittelpunkt. (Vandewalle et al., 2009; Viola et al., 2008).

Wie funktioniert HCL?

HCL-Systeme setzen auf dynamische Lichtsteuerung: Das Licht verändert im Laufe des Tages seine Farbtemperatur (z. B. von kaltweißem Morgenlicht mit viel Blauanteil zu warmweißem Abendlicht mit weniger Blauanteil). Gleichzeitig passt sich die Lichtintensität an – morgens heller und aktivierend, am Nachmittag sanfter, abends beruhigend. Moderne HCL-Lösungen kombinieren dies mit individueller Steuerbarkeit: Jeder kann sein Lichtniveau anpassen – je nach Tätigkeit, Tagesform oder Stimmung. (Brown et al., 2020)

HCL bringt damit das natürliche Tageslichtgefühl zurück in den Raum – auch dann, wenn draußen keine Sonne scheint.

Warum ist das relevant?

Mehrere Studien zeigen, dass dynamisches Licht nach HCL-Prinzipien:

- Leistungsfähigkeit und Konzentration verbessern kann (Viola et al., 2008)
- Die Schlafqualität – insbesondere bei gezielter Lichtgestaltung am Abend – positiv beeinflusst (Münch et al., 2012)
- Die hormonelle Balance und Stimmung stabilisiert – mit potenziell positiven Effekten auf das Arbeitsverhalten (Gabel et al., 2013)
- Und das kognitive und emotionale Erleben fördert, was sich auf die Arbeitszufriedenheit auswirken kann (Vandewalle et al., 2009)

Auch wenn das Untersuchungsfeld nicht ausschließlich auf Büros beschränkt ist, zeigen etwa Studien aus dem Schulkontext, dass gesteuerte Lichtverhältnisse das Wohlbefinden verbessern und Müdigkeit verringern können – ein Effekt, der sich sinngemäß auch auf Arbeitswelten übertragen lässt. (Wessolowski et al., 2014).

Was heißt das für die Gestaltung?

Human Centric Lighting bedeutet nicht: überall smarte Leuchten installieren.

Es bedeutet: Licht bewusst als psychologisches Steuerungselement einsetzen.

Das kann so aussehen

* Helle, aktivierende Lichtzonen für kurze kreative Sessions oder morgendliche Meetings – denn kaltes, intensives Licht fördert Wachheit und kognitive Aktivierung (Viola et al., 2008).
* Gedimmte, warmtonige Rückzugsbereiche für fokussiertes Arbeiten oder Nachdenkphasen – denn Licht mit geringerer Intensität und warmem Spektrum wirkt beruhigend, reduziert Erregungsniveau und kann damit die mentale Fokussierung in kognitiv anspruchsvollen Aufgaben unterstützen (Baron et al., 1992).
* Lichtverläufe, die dem Körper ein Gefühl von Tagesstruktur geben – auch an dunklen Wintertagen; dabei orientiert sich die Beleuchtung an natürlichen zirkadianen Rhythmen (Cajochen et al., 2005).
* Steuerungselemente, mit denen Mitarbeitende ihr Licht individuell anpassen können – denn Autonomie bei der Lichtnutzung reduziert wahrgenommene Belastung und steigert das Wohlbefinden.

Licht ist ein Rhythmusinstrument. Und HCL sorgt dafür, dass der Tag nicht wie ein einziger Ton klingt.

Lichtgestaltung ist Raumpsychologie

Ich gehe noch einen Schritt weiter: Licht macht emotional einen Unterschied.

Kühle, gleichmäßig helle Beleuchtung kann steril wirken – oder sachlich und aktivierend, je nach Kontext. Warmtonige Lichtquellen können beruhigen, aber auch müde machen, wenn sie zur falschen Tageszeit oder in zu geringer Intensität eingesetzt werden. Das Zusammenspiel von Helligkeit, Farbtemperatur, Lichtrichtung und Lichtfarbe beeinflusst direkt unser Verhalten, unsere Stimmung und unsere soziale Dynamik (Knez & Kers, 2000).

Ein Raum mit schlechtem Licht ist nie nur ein Lichtproblem – er ist ein psychologisches Hindernis.

Was heißt das für die Gestaltung?

Tageslichtzugang priorisieren Große Fensterflächen, sichtbare Himmelsanteile und gezielte Raumzonierung nach Himmelsrichtung schaffen eine gesunde Licht-Grundlage. Wo das nicht möglich ist, helfen biodynamische Lichtsysteme, die sich an den natürlichen Tagesverlauf anpassen.

Individuelle Lichtregulierung ermöglichen Dimmbare Lichtquellen, persönliche Schreibtischleuchten oder individuell steuerbare Lichtinseln geben den Nutzenden mehr Kontrolle – und damit mehr Wohlbefinden.

Lichtzonen im Raum denken Nicht jeder Bereich braucht dieselbe Helligkeit. Fokusräume profitieren von klaren, gerichteten Lichtquellen. Kollaborative Flächen vertragen weiches, flächiges Licht. Rückzugsbereiche dürfen in warme Lichtstimmungen getaucht sein.

Licht als emotionales Gestaltungsmittel nutzen Durchdachte Lichtsetzung – etwa durch Lichtinseln, Deckenakzente oder Leuchten mit organischem Design – schafft Atmosphäre, Orientierung und emotionale Qualität.

Licht und Bindung: Ein persönlicher Gedanke

Ich erinnere mich an ein Projekt, bei dem ein zentraler Arbeitsbereich bewusst reduziert gestaltet wurde – ruhig, zurückhaltend, minimalistisch, um eine ruhige Arbeitszone zu generieren, in der man ungestört arbeiten kann. Das architektonische Konzept setzte auf kleine Oberlichter, keine direkten Fensterflächen – aus gestalterischen Gründen und mit dem Anspruch, „Atmosphäre" zu schaffen. Die Räume waren hochwertig ausgestattet, elegant, modern – fast wie aus einem Architekturmagazin.

Doch die Realität war ernüchternd: Die Mitarbeitenden mieden den Raum. Obwohl er für konzentriertes Arbeiten vorgesehen war, fühlten sich viele dort müde, unwohl, teilweise sogar gestresst. Es fehlte nicht an Ruhe – es fehlte an Energie. An Takt. An Licht. Und das, obwohl auf dem Plan alles „perfekt" war.

In Gesprächen zeigte sich: Die Räume waren gut gemeint, aber nicht verstanden worden. Niemand hatte erklärt, warum sie so gestaltet waren. Wie sie wirken sollten. Wie man sie nutzen konnte. Und warum das reduzierte Lichtkonzept überhaupt sinnvoll sein sollte. Der Change hatte zwar stattgefunden – aber ohne begleitendes Change Management. Die Mitarbeitenden wurden in eine neue Welt gesetzt – aber nicht abgeholt.

Wir haben dann reagiert: Nicht mit einem großen Umbau, sondern mit gezielten Maßnahmen. Dynamische Lichtsysteme wurden eingebaut, die im Tagesverlauf ihre Farbtemperatur wechselten. Kleine, atmosphärische Leuchten setzten visuelle Akzente. Und wir simulierten einen künstlichen Tageslichtverlauf, der dem Raum Struktur gab – biologisch wie emotional.

Aber entscheidend war etwas anderes: Wir nahmen die Menschen mit ins Boot. Es gab kurze Workshops, Informationsrunden, kleine Aha-Momente im Alltag. Wir erklärten, warum das Licht verändert wurde, wie man es individuell anpassen kann, und was das mit Leistungsfähigkeit und Wohlbefinden zu tun hat.

Und dann passierte etwas Erstaunliches: Die Mitarbeitenden kamen zurück. Der Raum wurde genutzt. Die Stimmung drehte sich.

Was vorher ästhetisch, aber leblos wirkte, wurde zu einem Ort mit Energie, Klarheit und Fokus – durch Licht, ja. Aber auch durch Kommunikation.

Workplace Change ist kein Schalter, den man einfach umlegt. Es ist ein Prozess. Und dieser Prozess braucht mehr als Architektur – er braucht Sprache, Verständnis und Beteiligung. Denn nur wer versteht, warum etwas neu ist, kann es auch annehmen. Und nutzen.

Das hat mir noch einmal gezeigt: Wir arbeiten nicht gegen unser biologisches System. Wir arbeiten mit ihm – oder eben nicht.

Ich möchte dieses Kapitel gerne mit einer Geschichte beenden:

In einem abgelegenen Dorf, eingebettet zwischen Bergen, lebte ein alter Uhrmacher. Er war bekannt für seine außergewöhnlich präzisen und schönen Zeitmesser – doch er arbeitete nur bei Tageslicht. Sobald die Sonne unterging, legte er sein Werkzeug beiseite, zündete keine Lampe an, und schloss die Werkstatt.

Eines Tages fragte ihn ein Besucher: *„Warum nutzt du kein Licht am Abend? Du könntest viel mehr schaffen."*

Der Uhrmacher antwortete ruhig: *„Ich baue Uhren, die mit dem Leben gehen. Nicht gegen es. Und das Leben beginnt mit dem Licht. Der Tag hat seinen eigenen Rhythmus – und wenn ich ihn spüre, wird jede Uhr lebendig."*

Der Besucher runzelte die Stirn. Doch als er später eine der Uhren sah, begriff er langsam: Sie war mehr als ein Messinstrument. Sie war ein Abbild des Tages – fein abgestimmt auf das, was man nicht sehen, aber spüren konnte.

Nicht die Zeit bringt uns in Bewegung – sondern das Licht.

6.8 Farbe – Psychologie in Farbtönen

Hinweis zum Kapitel Die in diesem Kapitel gezeigten Bilder dienen ausschließlich der Veranschaulichung der jeweiligen Raumwirkung. Sie sind bewusst plakativ und eindrucksvoll gewählt, um die Effekte räumlicher Gestaltung auf einen Blick deutlich zu machen. Es handelt sich dabei nicht um konkrete Designvorschläge – und auch nicht um Empfehlungen, hohe Budgets einzusetzen. Ziel ist es vielmehr, die Wirkung von Raumgestaltung sichtbar, nachvollziehbar und unmittelbar erlebbar zu machen.

Farben wirken – ob wir wollen oder nicht

Farben sind wie Sprache – nur direkter. Sie sprechen nicht über Worte, sondern über Sinneswahrnehmung, Erinnerungen und biologische Reaktionsmuster. Sie beruhigen oder beleben. Sie wecken Assoziationen, beeinflussen Entscheidungen, verändern Verhalten. Und das in Bruchteilen von Sekunden – oft unterhalb der bewussten Wahrnehmungsschwelle.

In der Architektur wirken Farben nicht wie ein Anstrich. Sie wirken wie ein Gefühl.

Ein Raum, der in kühles Blau getaucht ist, signalisiert Konzentration, Kontrolle, Und wer schon einmal in einem grell weißen Behandlungszimmer mit flackerndem Neonlicht gesessen hat, weiß: Farbe entscheidet mit darüber, ob wir uns sicher, gesehen oder ausgeliefert fühlen (vgl. Abb. 3.10).

Farben sind kein Beiwerk – sie sind Wirkung

In der Praxis begegnet mir jedoch immer wieder dasselbe Missverständnis:

Farben werden als geschmackliche Zutat betrachtet, als Accessoire, das nach dem eigentlichen Planungsprozess ausgewählt wird – oft auf Basis

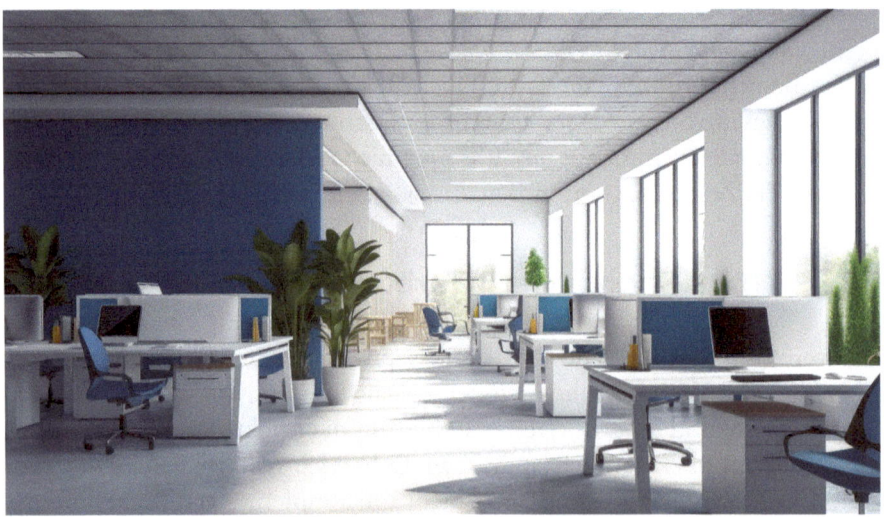

Abb. 3.10   Büro in Blau. (© Fred/stock.adobe.com)

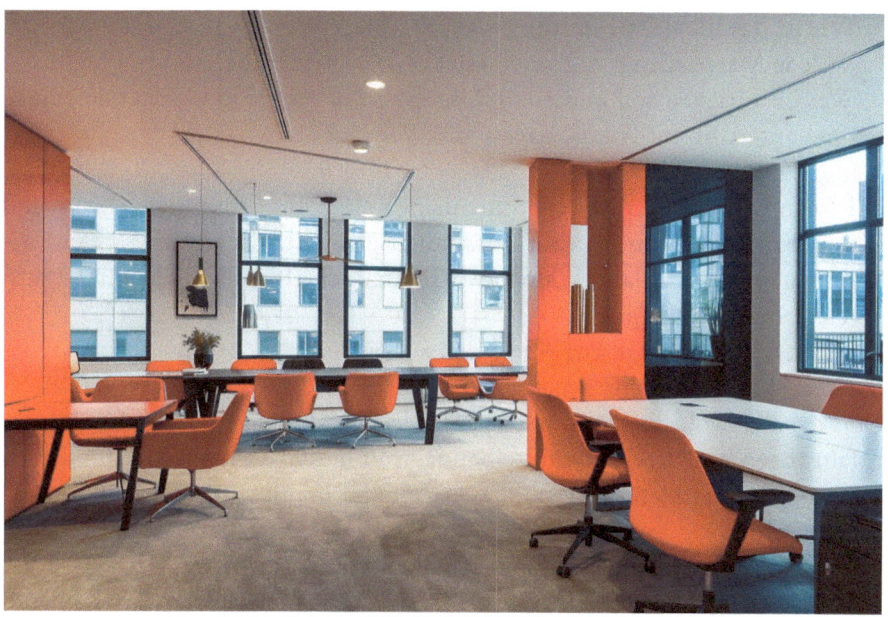

Abb. 3.11 Büro in Rot. (© Saktanong/stock.adobe.com)

persönlicher Vorlieben oder Corporate-Design-Vorgaben. Doch Farbe ist keine Spielerei, sie ist tiefgreifend, direkt und messbar.

Dass Farben weit mehr als dekorative Elemente sind, zeigt auch Tobias C. Breiner (2019) in seinem Werk zur Farb- und Formpsychologie. Er betont, dass Farbwahrnehmung im Gehirn stets als ein ganzheitlicher Prozess erfolgt – nicht objektiv, sondern emotional gefärbt. Wir sehen Farbe also nicht neutral, sondern fühlen sie – durchzogen von unserer Biografie, geprägt durch kulturelle Muster und beeinflusst von unserer aktuellen Tagesform. Eine Farbe kann Geborgenheit oder Ablehnung auslösen, Orientierung oder Reizüberflutung, Öffnung oder Rückzug (vgl. Abb. 3.11).

Warum Farben in der Architekturpsychologie so zentral sind

Im Unterschied zur klassischen Farbästhetik, die sich mit Trends, Symbolik oder Stilfragen beschäftigt, fragt die Architekturpsychologie: Wie wirken Farben im Raum – und was machen sie mit uns, wenn wir darin leben, arbeiten, entscheiden, verhandeln, entspannen?

Dabei wird Farbe nie isoliert betrachtet. Entscheidend ist der Kontext:

- Wie ist das Licht im Raum?
- Welche Materialien reflektieren oder absorbieren Farbe?
- Welche Tätigkeit soll in diesem Raum stattfinden – und was soll sie emotional unterstützen: Fokus, Kreativität, Vertrauen, Dynamik?

Farben sind immer im Zusammenhang mit Form, Raumtiefe, Licht und Material zu betrachten. Nur im Zusammenspiel entfalten sie ihre tatsächliche Wirkung – und nur dann können wir Räume schaffen, die nicht nur funktionieren, sondern berühren.

„Farben kommunizieren. Wer ihnen zuhört, gestaltet bewusst."

Dieses Kapitel möchte genau das leisten: Zuhören. Hinschauen. Verstehen. Und dabei sowohl Erkenntnisse aus der Farbpsychologie wie auch konkrete Erfahrungen aus der Praxis miteinander verbinden. Denn wer Farben klug einsetzt, gestaltet mehr als Räume – er gestaltet Haltung, Beziehung und AtmosphäreBi.

Wie Farben auf uns wirken: neurobiologisch und emotional

Farben sind keine dekorativen Nebendarsteller – sie agieren im Zentrum unserer Wahrnehmung. Noch bevor wir einen Raum als schön oder funktional bewerten, hat unser Gehirn bereits entschieden, wie wir uns darin fühlen. Das geschieht nicht auf Basis bewusster Reflexion, sondern über tief verankerte neuronale Prozesse, die in Sekundenbruchteilen ablaufen.

Farben und das Gehirn: eine stille Sprache der Biologie

Die Verarbeitung von Farbe beginnt in der Netzhaut – dort, wo spezialisierte Sehzellen (Zapfen) auf bestimmte Wellenlängen reagieren. Breiner (2019) beschreibt dies eindrucksvoll in seinem Kapitel zur physiologischen Farbwahrnehmung: Die Farbempfindung entsteht aus dem Zusammenspiel unterschiedlicher Zapfentypen, die jeweils auf kurz-, mittel- oder langwelliges Licht reagieren. Die entstehenden Signale wandern anschließend weiter in Richtung Sehrinde, wo sie mit Emotionen, Erinnerungen und Sinneseindrücken verknüpft werden. Farbverarbeitung ist damit nicht rein sensorisch, sondern zutiefst emotional – wir sehen Farben nicht nur, wir fühlen sie

Farben als emotionale Auslöser

Untersuchungen (Kurt & Osueke, 2014; Elliot & Maier, 2012) zeigen, dass bestimmte Farben konsistent mit bestimmten psychischen Zuständen und Assoziationen in Verbindung gebracht werden:

- Rot kann den Blutdruck steigern, Aufmerksamkeit lenken, aber auch Aggressionen fördern.
- Blau wird mit Ruhe, Seriosität und Konzentration assoziiert – es senkt nachweislich die Herzfrequenz.
- Gelb aktiviert das Belohnungszentrum, hebt die Stimmung, kann aber bei Überreizung auch nervös machen.
- Grün wirkt ausgleichend, regenerierend, verbindet uns mit Natur und Wachstum.

Farbe ist niemals neutral – sie ist emotional aufgeladen durch das, was wir erlebt, gelernt und kulturell verinnerlicht haben.

Warum wir Farbe „erleben" statt sie nur zu sehen

Das Zusammenspiel aus biologischer Veranlagung, kulturellem Kontext und individueller Erfahrung führt dazu, dass wir Farbe stets im Gesamtkontext erleben. Das erklärt, warum ein sattes Grün in einem Wartezimmer beruhigend wirkt, während das gleiche Grün in einem fensterlosen Konferenzraum bedrückend sein kann.

Der räumliche Zusammenhang ist wichtig für die Farbwirkung. Farben entfalten ihre Wirkung in Relation zu Licht, Form, Material und Nutzungssituation. Eine nüchterne Verwaltungszentrale in Grau- und Blautönen kann Klarheit ausstrahlen – oder auch Kälte, je nachdem, wie Licht und Möblierung abgestimmt sind.

Neurobiologische Konsequenzen: Wenn Farbe Stress reduziert – oder erzeugt

Farben aktivieren unser Nervensystem – unbewusst, aber kraftvoll. Über die sogenannte retinohypothalamische Bahn beeinflusst Licht (und damit auch Farbe) direkt unsere Hormonproduktion. So weiß man, wie schon im Buch vorher erwähnt, dass blaues Licht am Morgen die Ausschüttung von Cortisol unterstützt – wir werden wacher, fokussierter. Rotes Licht hingegen kann am Abend das Einschlafen erleichtern. (Cajochen et al., 2005)

Wer Räume plant, sollte sich dieser Wirkung bewusst sein. Zu viel „Aktivfarbe" im falschen Moment kann überreizen. Zu viel „Beruhigungsfarbe" in kreativen Arbeitsbereichen kann lähmen. Ich als Architekturpsychologin fragt daher nicht: „Welche Farbe gefällt?" – sondern: „Welche Wirkung ist gewollt?"

Farben als Kommunikationsmittel im Raum

Farben sprechen. Immer. Auch dann, wenn niemand zuhört.

Sie kommunizieren über Raumgrenzen hinweg, sie schaffen Bedeutungs-ebenen, differenzieren Funktionsbereiche, markieren Zugehörigkeit – und sie senden psychologische Signale an unser Unterbewusstsein. In der Archi-tekturpsychologie sind Farben deshalb nicht bloß atmosphärische Elemente, sondern aktive Kommunikationsmittel, die Menschen durch Räume navigie-ren und Verhalten prägen.

Farbgestaltung ist visuelle Kommunikation

Wir betonen in unseren Farbkonzepten für Arbeitswelten immer, dass, Farben ein wesentlicher Teil funktionaler Anforderungen im Arbeitsprozess sind – und dass sie weit über den visuellen Eindruck hinaus wirken. Farben helfen, Wichtiges von Unwichtigem zu unterscheiden, sie gliedern, strukturieren, machen Räume lesbar. Ob durch farbcodierte Trennwände in Open-Space-Büros, unterschiedlich eingefärbte Etagen zur besseren Orientierung oder de-zente Akzenttöne in Zonen mit hoher Interaktion – Farbe wirkt wie ein Leit-system, das nicht beschriftet werden muss.

Breiner schreibt dazu treffend: „Farben beeinflussen nicht nur die visuelle Orientierung, sondern auch die semantische Deutung des Raumes."

Farbe vermittelt Werte – etwa Seriosität, Offenheit, Kreativität oder Ruhe. In Kommunikationsräumen wie Empfangsbereichen, Co-Creation-Flächen oder Pausenzonen können warme, aktivierende Farbtöne wie Orange oder helles Gelb das Gespräch fördern und Offenheit signalisieren. In Rückzugs-zonen hingegen wirken kühle Töne wie Blau oder Salbeigrün als Einladung zur Entschleunigung.

Farbwahl = Haltung zeigen

Wer Farben einsetzt, kommuniziert auch immer Haltung: zu Menschen, zu Kultur, zu Qualität. Farben können implizit Hierarchien aufheben oder ver-stärken. Ein Sitzungssaal in warmem Holzrot und Naturtönen sendet andere Signale als einer in kühlem Stahlgrau. Eine Lounge in organischen Farbver-läufen wirkt einladend, während ein Wartebereich in übermäßigem Weiß ste-rile Distanz erzeugt.

Unsere Farbkonzepte betonen hier zu Recht: „Farbe ist unerlässliches Mittel visueller Kommunikation während des Arbeitsprozesses."

Zudem zeigen Studien, wie die von Kurt & Osueke (2014), dass Farbe nicht nur die Stimmung beeinflusst, sondern auch soziale Interaktion, Aufgabengenauigkeit und Kooperationsbereitschaft.

Kontext zählt – und Codierung muss verständlich sein

Trotzdem: Farbe allein reicht nicht. Ihre Bedeutung ist immer kontextabhängig – kulturell, räumlich, funktional. Eine Farbe, die in einem Schulflur Vertrauen vermittelt, kann in einer Rechtsanwaltskanzlei unpassend wirken. Auch „Farbe-Objekt-Angemessenheit" ist entscheidend: Gelb an einer Wand wirkt anders als Gelb auf einem Bürostuhl – und beides anders als Gelb in einem Logo.

In der Planung braucht es deshalb ein Farbkonzept, das Funktion, Emotion und Semantik miteinander verknüpft. Wie Breiner betont, entfalten Farben ihre kommunikative Kraft besonders stark dann, wenn sie mit Materialien, Licht und Raumtiefe abgestimmt werden – also im kompositorischen Kontext gedacht sind.

Ich möchte das gerne noch anhand eines Praxisbeispiels aus einem Farbkonzept für einen Kunden von uns darstellen: In einem Open-Space-Projekt wurden analoge Farbschemata eingesetzt: Eine Kombination aus Gelb, Orange und Koralle strukturierte den Co-Creation-Bereich – ein bewusster kommunikativer Impuls. Rückzugszonen erhielten beruhigende Blau-Grau-Töne, die sich visuell zurücknehmen und Orientierung im Raum geben. Zusätzlich wurde jede Funktionsebene im Gebäude über eine farblich differenzierte Leitsymbolik ergänzt – ein durchgängiges, intuitives Kommunikationssystem.

Farben im Büro – Wirkung auf Konzentration, Kreativität und Wohlbefinden

Räume sprechen durch Farben – und Arbeitsräume sprechen besonders laut.

Denn hier geht es nicht nur um Ästhetik, sondern um Leistungsfähigkeit, soziale Interaktion, emotionale Stabilität und mentale Gesundheit. Farben sind in modernen Bürowelten mehr als atmosphärische Elemente – sie sind psychologische Werkzeuge.

Konzentration braucht Ruhe – und das richtige Farbspektrum

In Zonen für konzentriertes Arbeiten wirken ruhige, kühle Farbtöne wie Blau, Salbeigrün oder gedämpftes Graustabilisierend und fokussierend. Breiner erklärt dies mit ihrer „parasympathischen Wirkung" – sie senken unbewusst die physiologische Erregung, unterstützen kognitive Prozesse und fördern Ausdaueraufgaben.

Wir gehen in unserem Farbkonzepten sogar noch einen Schritt weiter: In einem konkreten Projekt wurden modular getrennte Konzentrationszonen bewusst farblich reduziert gehalten – mit hellen Sand-, Stein- und Grautönen, die sich visuell zurücknehmen. Entscheidendes Kriterium: kein Reizüberschuss, sondern „visuelle Ruheinseln".

Farben sind hier wie Hintergrundmusik für das Gehirn: spürbar, aber nicht vordergründig.

Kreativität braucht Impuls – aber auch Klarheit

In Kreativbereichen hingegen braucht es Farbe mit Charakter: frisches Gelb, lebendiges Korallenrot, Pistazie oder Aquamarin – Farbtöne, die Assoziationen und Neugier anregen. Es ist eine Arte von „stimulierender Wirkung kurzer bis mittlerer Wellenlängen", die den Dopaminspiegel heben und Divergenzdenken fördern.

Doch auch hier gilt: Nicht alles auf einmal. In unseren Konzepten betonen wir eine gezielte, zonierte Farbsetzung statt flächendeckender Reizüberflutung – z. B. farbige Akzentstreifen an Projektboards, Stuhlfarben in „denkaktiven" Sitzungsräumen oder farblich codierte Ideenwände, die Impuls geben, ohne zu überfordern.

Kreativität braucht nicht nur bunte Farben – sondern eine klug strukturierte visuelle Bühne.

Wohlbefinden entsteht durch Balance

Farbe hat die Macht, emotionale Sicherheit zu erzeugen – oder subtilen Stress zu verursachen. Das Wohlbefinden im Büro hängt stark davon ab, ob die Farbatmosphäre das biologische Empfinden unterstützt. Warme Erdtöne, abgestimmte Lichtverläufe und natürliche Farbklänge (z. B. Oliv, Lehm, Ocker) erzeugen räumliche Geborgenheit. Diese Erkenntnis zieht sich wie ein roter

Faden durch unser Farbkonzept: Farbe soll nicht dominieren, sondern begleiten, analog zur Haltung im Unternehmen.

Noch ein spannendes Detail, es wird in Studien wie Mehta & Zhu (2009) bestätigt, dass rote Umgebungen die Genauigkeit fördern, während blaue Umgebungen Kreativität begünstigen – jedoch nur, wenn sie kontextgerecht eingesetzt sind.

Zusammengefasst und vereinfacht kann man sagen
* Konzentration → Kühle, matte Töne, visuelle Zurückhaltung
* Kreativität → Aktivierende Akzente, zoniert und dynamisch
* Wohlbefinden → Harmonische Farbhintergründe, weiche Übergänge, biophile Farbwelt

Farbe entscheidet darüber, ob ein Büro inspiriert oder ermüdet, ob es verbindet oder überfordert.

Fallbeispiele aus der Praxis

Wenn Farbe plötzlich mehr bewirkt, als man denkt

Theorie ist wichtig – aber nichts überzeugt so sehr wie gelebte Erfahrung. In diesem Abschnitt zeige ich konkrete Beispiele aus meiner Beratungspraxis, in denen Farben zu stillen Katalysatoren wurden: für bessere Kommunikation, mehr Klarheit, stärkere Identifikation oder einfach mehr Wohlgefühl im Alltag.

Doch eines haben all diese Projekte gemeinsam: Ohne professionelles Change Management wären sie so nicht möglich gewesen. Denn Farbe allein verändert nichts – Veränderung entsteht im Dialog.

In allen Projekten, die ich hier beschreibe, haben wir das Change Management aktiv mitentwickelt und begleitet – über Workshops, Formate der Partizipation, kommunikative Zwischenschritte und konkrete Erfahrungsräume. Farbe war das Medium – aber die Bewegung kam aus dem Prozess.

Beispiel 1: Wenn Farbe Zugehörigkeit erzeugt

Ein international agierendes Unternehmen mit über 400 Mitarbeitenden hatte seinen Hauptsitz in einen modernen Neubau verlagert. Alles war offen, transparent, technisch perfekt – und dennoch berichteten viele nach kurzer

Zeit, dass sie sich „nicht zugehörig" fühlten. Es sei „anonym", „kühl" – vor allem im zentralen Atrium.

Gemeinsam mit dem Führungsteam und ausgewählten Mitarbeitenden entwickelten wir in Workshops eine emotionale Übersetzung der Unternehmenskultur – in Farben, Materialien, Licht und Sprache. Wir entschieden uns für eine Palette aus Ocker, Terrakotta und warmem Grau – kombiniert mit haptischen Stoffen und Naturakzenten. Gleichzeitig wurde eine sanfte Lichtführung integriert.

Ein Jahr später, in einem Feedbackworkshop, sagte ein Teammitglied:

„Ich weiß nicht, was ihr gemacht habt, aber ich komme jetzt wirklich gerne ins Haus."

Was wir gemacht hatten? Wir hatten den Raum mit den Menschen zusammen neu zum Sprechen gebracht.

Beispiel 2: Farbe als funktionale Orientierung

In einem Open-Space-Büro für einen kreativen Dienstleister waren die Flächen modern, aber in ihrer Nutzung schwer lesbar. Niemand wusste genau, wo Rückzug möglich war, wo kreatives Arbeiten stattfinden sollte – alles verschwamm.

Hier arbeiteten wir mit gezielter Farbcodierung
- Blaugrün und Grautöne in den Fokuszonen
- Warme Töne in der Teamarbeit
- Sonnengelb in den Projektflächen
- Und Akzentfarben zur Orientierung an Wänden und Glastrennwänden

Aber entscheidend war auch hier: Wir haben diesen Prozess begleitet. Mitarbeitende wurden frühzeitig einbezogen, durften Vorschläge machen, Wände bemustern, Wirkung erleben – vor dem Umbau. Nur so konnte das neue Konzept nicht nur gestaltet, sondern auch angenommen werden.

Beispiel 3: Farbe als emotionaler Vermittler im Wandel

Ein Unternehmen, das eine tiefgreifende Kulturveränderung durchlief, stand vor der Herausforderung, einen neuen Campus als „Neuanfang" zu etablieren. Man wollte sichtbar machen: Hier beginnt etwas Neues – und das Alte wird nicht übermalt, sondern weiterentwickelt.

Wir arbeiteten mit sogenannten Übergangsfarben – einer abgestuften, fließenden Farbpalette, die sanft von einer Zone in die nächste überging. So wurde auch räumlich vermittelt: Hier darf Wandel stattfinden, ohne Brüche.

Aber auch hier war das Farbkonzept nur ein Teil. Entscheidend war, dass wir den Veränderungsprozess professionell begleitet haben – mit kommunikativen Maßnahmen, Townhalls, Führungskräftecoachings und partizipativen Dialogformaten. Farbe wurde so zum sichtbaren Symbol – aber die Veränderung kam durch Beziehung und Beteiligung.

Ich möchte das Kapitel wieder mit einer Geschichte beenden: Als der Kaffee anders schmeckte

Ein älterer Mann betritt ein kleines Café am Stadtrand. Er ist Stammgast, schweigsam, zurückhaltend. Immer der gleiche Platz, immer der gleiche Kaffee. Die Wirtin kennt ihn kaum – aber sie weiß: Er kommt jeden Dienstag um kurz nach zehn.

Eines Morgens ist der Raum anders. Die Besitzerin hat gestrichen – nicht viel, nur eine Wand. Ein mattes, warmes Grün. Zuvor war dort weiß. Neutral. Jetzt wirkt der Raum weicher, tiefer, fast wie umrahmt.

Der Mann setzt sich wie immer. Sagt nichts. Dann, nach einer Weile, hebt er den Blick, sieht sich um – und sagt leise: „Heute schmeckt der Kaffee anders."

Sie lächelt. Am nächsten Dienstag bringt er ein kleines Glas Honig mit.

„Für die Theke", sagt er. „Passt gut zu dem neuen Grün."

6.9 Natur: Die Rückverbindung zur inneren Balance

Hinweis zum Kapitel Die in diesem Kapitel gezeigten Bilder dienen ausschließlich der Veranschaulichung der jeweiligen Raumwirkung. Sie sind bewusst plakativ und eindrucksvoll gewählt, um die Effekte räumlicher Gestaltung auf einen Blick deutlich zu machen. Es handelt sich dabei nicht um konkrete Designvorschläge – und auch nicht um Empfehlungen, hohe Budgets einzusetzen. Ziel ist es vielmehr, die Wirkung von Raumgestaltung sichtbar, nachvollziehbar und unmittelbar erlebbar zu machen.

Warum wir Natur im Raum brauchen

Die Sehnsucht nach Natur ist tief in unserer menschlichen Evolution verankert. Schon lange bevor wir in Städten und Büros lebten, war unser Ner-

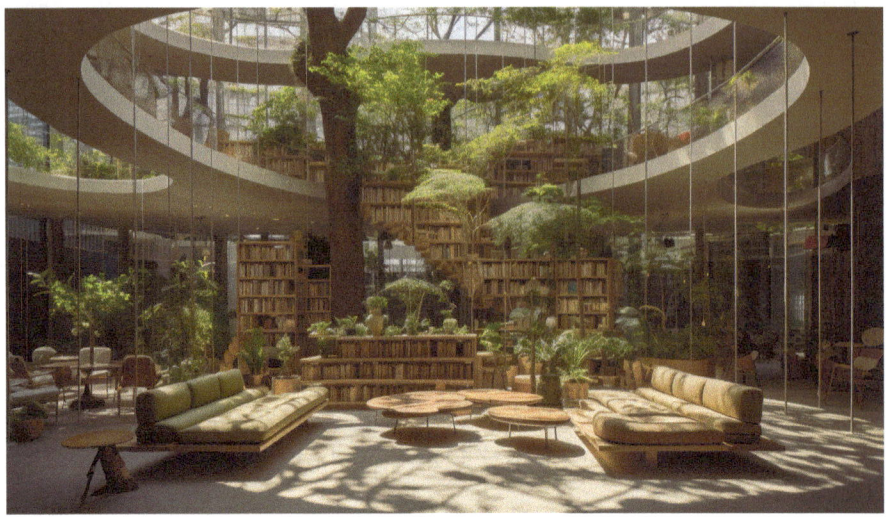

Abb. 3.12 Biophiles Design als Brücke zwischen Innenraum und Natur. (© Татьяна Креминская/stock.adobe.com)

vensystem auf natürliche Reize programmiert: auf das Rauschen der Bäume, den Anblick von Wasser, das weiche Licht eines Waldrandes oder die Weite eines Horizonts. Wenn wir heute in einem Raum sitzen, der von Natur „abgekoppelt" ist – ohne Pflanzen, ohne gutes Tageslicht, ohne Materialien, die natürliche Oberflächen nachahmen – sendet unser Körper subtile Stresssignale. Wir sind zwar „drinnen", aber innerlich auf der Suche nach „draußen" (vgl. Abb. 3.12).

Das Konzept der biophilen Gestaltung – also der bewussten Integration natürlicher Elemente in die gebaute Umwelt – nimmt genau diese menschlichen Bedürfnisse ernst. Es baut auf der „Attention Restoration Theory" (Kaplan, 1995) auf, die besagt: Natur hilft uns, kognitive Ressourcen zu regenerieren. Selbst kurze Momente mit Blick ins Grüne oder die Präsenz von Pflanzen in Innenräumen können die Aufmerksamkeit verbessern, Stress reduzieren und die Stimmung heben.

Pflanzen, Materialien und Blickachsen

Wie wirken Naturelemente konkret im Raum? Studien zeigen, dass bereits einfache Maßnahmen große Effekte haben:

- Pflanzen im Raum fördern nicht nur das Wohlbefinden, sondern steigern auch die Kreativität und Aufmerksamkeit – wie unter anderem Studien von Fjeld et al. (1998) und Lohr et al. (1996) zeigen.
- Holz, Stein und andere Naturmaterialien vermitteln Sicherheit und Stabilität – ein psychologisches Grundbedürfnis, besonders in dynamischen Arbeitsumfeldern (Rice et al., 2007).
- Blickbeziehungen nach draußen, insbesondere zu Grünflächen oder Landschaften, wirken stressmindernd – sogar dann, wenn es sich nur um ein digitales Bild oder eine Nachbildung handelt (Ulrich, 1991; Kahn et al., 2008).

Wie bereits im vorangehenden Kapitel erwähnt, unterstreichen Farben diese Beobachtungen: Farbtöne, die in natürlichen Savannenlandschaften vorkommen – etwa Wasserblau, sattes Grün und erdige Nuancen – erzeugen ein tiefes Gefühl von Sicherheit und Zugehörigkeit. Sie verankern uns emotional im Raum, erleichtern die kognitive Orientierung und schaffen eine Atmosphäre, in der wir uns intuitiv geborgen fühlen (vgl. Abb. 3.13).

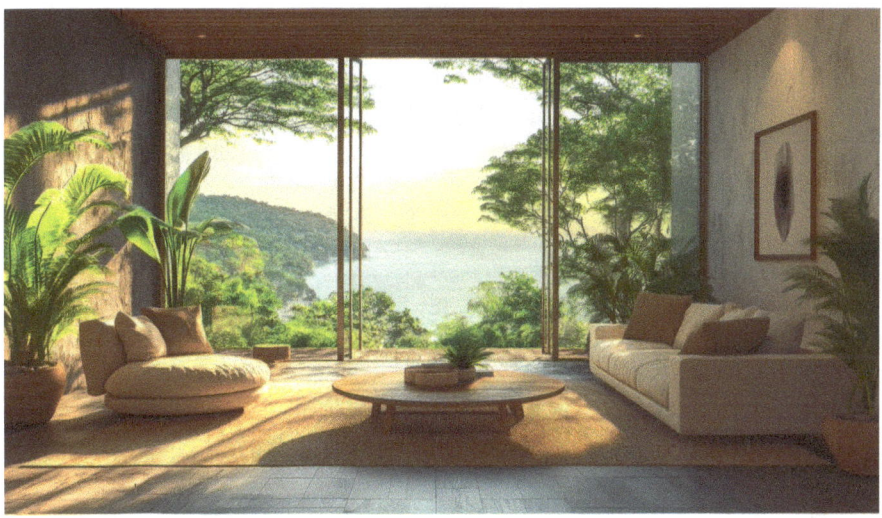

Abb. 3.13 Farbkombination mit beruhigender, naturverbundener Wirkung. (© W. Thienthongthai/stock.adobe.com)

Natur ist mehr als Deko – sie ist Funktion

In der Praxis begegnet mir immer noch sehr häufig die Annahme, Natur im Raum sei „nice to have" – ein dekoratives Extra, dass man sich leisten möchte – oder eben nicht.

Tatsächlich jedoch ist sie ein zentraler Wirkfaktor für Gesundheit, Produktivität und emotionale Stabilität. Dieser Zusammenhang wird leider immer noch stark unterschätzt. Architekturpsychologische Studien, unter anderem in skandinavischen Ländern, zeigen, dass Menschen in naturfern gestalteten Umgebungen mehr Stresshormone ausschütten, schlechter schlafen und sich weniger wohl fühlen (Küller et al., 2006; Hartig, Mang & Evans, 2003).

Abb. 3.14 zeigt, wie Natur integraler Bestandteil eines modernen Arbeitskonzepts werden kann – nicht als dekoratives Element, sondern als gesundheitsfördernde Ressource.

Das zeigt: Natur ist kein ästhetischer Luxus. Natur ist psychologische Notwendigkeit.

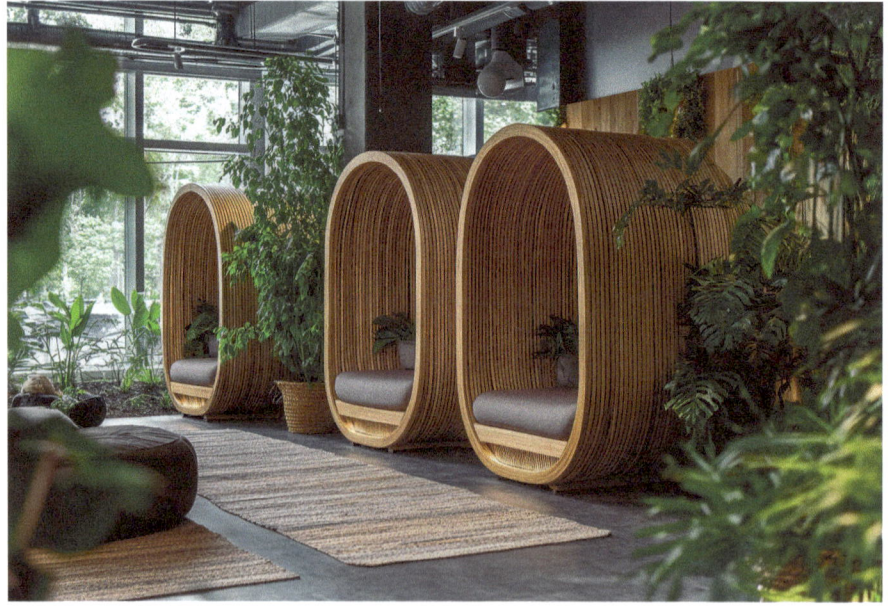

Abb. 3.14 Rückzugsnischen mit Naturelementen. (© julija/stock.adobe.com)

Das Unsichtbare sichtbar machen: Eine eigene Erfahrung

In einem unserer Projekte war das erste Feedback der Mitarbeitenden sehr eindeutig und gleichzeitig schwer greifbar: „Es fehlt etwas." – „Der Raum ist schön, aber irgendwie fühlt es sich nicht richtig an." Objektiv betrachtet schien alles gut zu sein: offene Strukturen, hochwertige Materialien, klare Linien, moderne Technik. Und doch fehlte das Entscheidende – die emotionale Verbindung. Das hört sich im ersten Moment etwas esoterisch an. Ist es aber absolut nicht.

Bei genauerem Hinsehen wurde klar: Es fehlte die Natur. Keine Pflanzen, keine natürlichen Oberflächen, kein harmonisches Lichtspiel. Der Raum funktionierte, aber er berührte nicht.

Natur sollte bei Workplace Projekten von Anfang an bewusst mitgeplant werden, damit Räume mehr sind als funktionale Hüllen. Sie müssen den Menschen Halt, Orientierung und emotionale Resonanz geben – und genau dafür sind Naturelemente unverzichtbar. Aber auch wenn in einer bestehenden Umgebung etwas fehlt, weil dieser Prozess am Anfang nicht stattgefunden hat, ist es keineswegs zu spät: Gezielte Nachjustierungen – klug gesetzte Akzente – können auch kraftvoll wirken.

In diesem Projekt setzten wir nachträglich gemeinsam mit dem Kunden wenige, aber wirkungsvolle biophile Impulse: punktuelle Begrünung, akustisch wirksame Mooswände, Lichtverläufe, die an natürliche Tageszyklen erinnern. Es waren keine großen Umbauten nötig – sondern bewusste, sorgfältige Eingriffe.

Das Ergebnis war spürbar: Die Räume wurden lebendiger, die Atmosphäre entspannter, die Energie der Teams spürbar gestärkt.

Es braucht nicht immer große Veränderungen – sondern das Wissen, wo Natur den Unterschied macht.

Tiefer eintauchen: Was biophiles Design wirklich ausmacht

Biophilic Design – der Begriff klingt beinahe poetisch. Und tatsächlich: Er beschreibt eine zutiefst menschliche Sehnsucht. Die Sehnsucht danach, inmitten unserer gebauten Umwelt nicht den Kontakt zu unserer eigenen Natur zu verlieren.

Der Begriff geht zurück auf Edward O. Wilson (1984), der in seiner Biophilia-Hypothese formulierte: Menschen besitzen eine angeborene Tendenz, sich mit anderen Lebensformen und natürlichen Prozessen zu verbinden (Wilson, 1984).

Diese Erkenntnis wurde durch zahlreiche neuropsychologische und umweltpsychologische Studien bestätigt. So zeigen etwa Ulrich (1984) sowie Berman, Jonides und Kaplan (2008), dass bereits kurze visuelle oder physische Naturkontakte zu messbaren Verbesserungen von Regeneration, Stimmung und kognitiver Leistungsfähigkeit führen.

In der Architekturpsychologie wird Biophilie heute als zentrales Prinzip für gesundheitsfördernde Gestaltung verstanden – unter anderem durch die Arbeiten von Kellert und Calabrese (2015), die das Konzept des Biophilic Design theoretisch fundiert und praxisorientiert weiterentwickelt haben. Sie betonen, dass natürliche Sinnesreize – Licht, Materialien, Ausblicke, Bewegung – unser emotionales Erleben und das physiologische Gleichgewicht unmittelbar beeinflussen.

Abb. 3.15 zeigt exemplarisch, wie eine Umgebung durch Farben, Lichtführung, Naturmaterialien und den direkten Blick ins Freie eine emotionale Ruhe und eine starke psychologische Resonanz erzeugen kann. Sie veranschaulicht exemplarisch, wie Biophilic Design nicht nur Räume verschönert, sondern unser inneres Gleichgewicht positiv beeinflusst.

Biophilic Design geht dabei weit über sichtbare Pflanzen hinaus. Es integriert Natur auf mehreren Ebenen:

Die drei Schlüsselkategorien des Biophilic Design (nach Kellert und Calabrese (2015), weiterentwickelt in unseren Konzepten von Gauer Consulting):

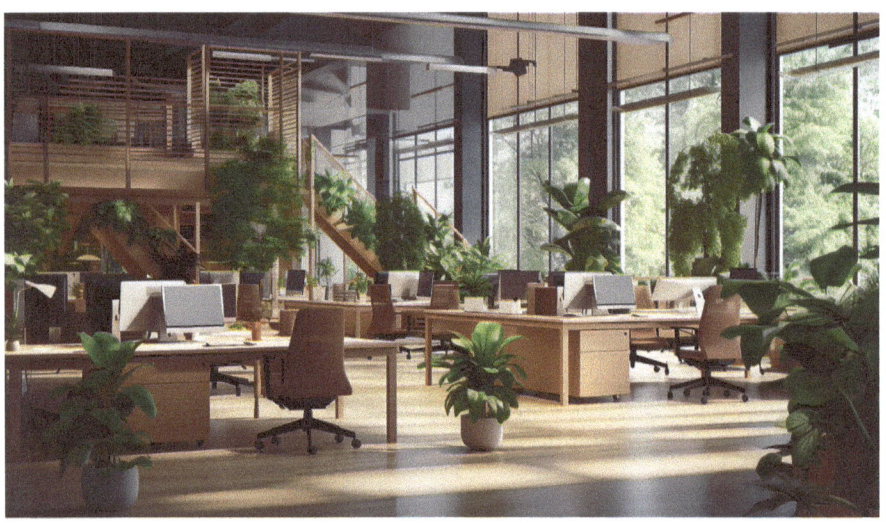

Abb. 3.15   Biophilic Design im Büro. (© TensorSpark/stock.adobe.com)

1. **Direkte Naturerfahrungen**

   – Sichtbares Tageslicht, Grünpflanzen, Wasser, natürliche Belüftung, Tiere (ich weiss, dass Tiere im Büro ein sehr heikles Thema sind, architektur-psychologisch sind sie aber wertvoll).
   → *Beispiel:* Ein Wasserlauf im Empfangsbereich, der leise plätschert und sofort beruhigt.

2. **Indirekte Naturerfahrungen**

   – Materialien, Farben, Muster und Formen, die an Natur erinnern (z. B. Holz, Stein, natürliche Texturen).
   → *Beispiel:* Stoffbezüge mit Blattmustern oder haptische Wände mit Sandsteinstruktur.

3. **Raum- und Platzbeziehungen**

   – Räume, die Perspektiven, Rückzugszonen und dynamische Bewegungsmöglichkeiten bieten – wie es in natürlichen Landschaften der Fall wäre.
   → *Beispiel:* Eine Arbeitslandschaft, die freie Sichtachsen mit kleinen, ge-schützten Nischen und/oder Vorhängen kombiniert.

Warum das funktioniert

Wie Berto (2005) und Ulrich (1984) zeigen, aktivieren natürliche Elemente unser parasympathisches Nervensystem – den Teil, der für Entspannung, Regeneration und Heilung zuständig ist. Zugleich bewirken sie eine erhöhte Ausschüttung von Dopamin und Serotonin, die „Glückshormone" (Van den Berg et al., 2003).

Diese Effekte entstehen bereits durch minimale Sinnesreize – ein Sonnen-strahl, der durch ein Blatt bricht. Ein Windhauch, der Stoffe bewegt. Oder das leise Rauschen eines Brunnens.

Kurz gesagt

Biophilic Design spricht nicht unser Auge an. Es spricht unser Nervensystem an (Kellert & Calabrese, 2015).

Die Kraft des Biophilic Design im Alltag: Weniger ist oft mehr

In meiner Arbeit sehe ich immer wieder die gleiche Dynamik: Viele Unter-nehmen glauben, biophilic Design bedeute automatisch „viel Grün" oder große Investitionen. Doch das ist ein Missverständnis.

Es geht nicht um Quantität. Es geht um Qualität.

Schon kleine, gezielt gesetzte Naturelemente können die Wahrnehmung eines gesamten Raumes verändern – vorausgesetzt, sie werden bewusst platziert und im Kontext von Licht, Akustik, Materialität und Nutzung gedacht.. Nieuwenhuis et al. (2014) zeigen, dass selbst einzelne biophile Elemente wie Pflanzen die wahrgenommene Raumqualität, das Wohlbefinden und die kognitive Leistung verbessern können.

Auch dazu ein konkretes Projektbeispiel

Bei einem anderen Projekt arbeiteten wir mit einem Kunden, der sein IT-Team in einem eher dunklen, abgelegenen Gebäudeteil unterbringen wollte. Die Flächen waren zwar funktional – aber sie wirkten beengt, schwer und wenig inspirierend. Pflanzen allein hätten hier nicht gereicht und auch auf Dauer nicht überlebt.

Deshalb entschieden wir uns für ein anderes biophiles Prinzip: **Bewegung und Licht.**

Wir integrierten

- Dynamische Lichtfelder an der Decke, die subtil den Eindruck von wandernden Sonnenstrahlen erzeugten – je nach Tageszeit und Stimmung der Teams konnte die Lichtstimmung variieren.
- Leichte, transluzente Vorhänge, die durch Luftbewegungen ein sanftes, fließendes Raumgefühl vermittelten – ähnlich dem Rascheln von Blättern im Wind.
- Gerundete, organische Wegeführungen, die die linearen Flurstrukturen aufbrachen und kleine, natürlich wirkende Pfade zwischen den Arbeitsplätzen schufen.
- Dazu ganz bewusst natürliche Materialakzente: geölte Holzoberflächen, Naturtextilien, sanfte, unregelmäßige Texturen.

Die Veränderung war verblüffend: Obwohl kaum Fläche verändert oder hinzugefügt wurde, fühlte sich der Raum plötzlich „weit" an, „lebendig", „fließend".

Die Teams berichteten, sie hätten weniger das Gefühl, „in einem Flur zu sitzen", und mehr, sich „in einer Landschaft zu bewegen". Die Stimmung und die Ideen stiegen nachweislich – gemessen an der Zahl spontaner Ideenmeetings und der Verweildauer im Raum.

Planung oder Nachjustierung – beides funktioniert

Ein häufiges Missverständnis in der Raumgestaltung ist die Annahme, dass Naturbezüge nur dann kraftvoll integriert werden können, wenn sie von Anfang an im architektonischen Entwurf eingeplant werden. Natürlich ist eine frühzeitige Berücksichtigung ideal und sehr wertvoll – weil sie es ermöglicht, Lichtachsen, Materialauswahl, Sichtbeziehungen und Aufenthaltsqualitäten von Grund auf natürlich zu gestalten.

Aber – und das ist entscheidend: Auch bestehende Räume können nachjustiert und spürbar verbessert werden.

Selbst wenn ein Gebäude bereits fertiggestellt ist, bedeutet das nicht, dass die Chance auf eine biophile Qualität vertan wäre. Im Gegenteil: Gezielt gesetzte Naturelemente – bewusst platziert, in ihrer Wirkung auf das Nervensystem und die emotionale Raumwahrnehmung verstanden – können bestehende Atmosphären transformieren.

Wichtig ist dabei die Haltung: Natur sollte nicht als dekoratives Beiwerk betrachtet werden, das irgendwo „hinzugestellt" wird. Natur ist eine psychologische Dimension von Raumqualität – so grundlegend wie Licht, Akustik oder Temperatur.

Sie spricht unser innerstes Erleben an: Sicherheit, Verbundenheit, Erholung.

Und oft sind es gerade die nachträglichen kleinen Akzente – ein geschickt gesetzter Baum im Eingangsbereich, eine weiche Lichtführung entlang der Arbeitsplätze, eine natürliche Textur an der Wand –, die in einer technisierten Umgebung das Gleichgewicht wiederherstellen.

Change Management – auch bei Natur notwendig

Wichtig war auch dabei: Wir haben diesen Prozess nicht einfach übergestülpt, sondern im Rahmen eines professionellen Change Managements begleitet. Mitarbeitende wurden einbezogen, konnten Wünsche äußern, Experimente mitgestalten und sich so Schritt für Schritt mit den Veränderungen identifizieren. Denn nur wenn der Mensch versteht, warum sich etwas verändert, kann er das Neue auch als Bereicherung empfinden – und nicht als Störung. Das gilt auch und gerade für natürliche Elemente im Raum, die manchmal subtil wirken, aber tiefgehende psychologische Reaktionen hervorrufen.

Ich persönlich finde – nach all der Erfahrung und dem Wissen dass ich über die Jahre aufgebaut habe: Ein Raum ohne Natur ist wie ein Satz ohne Pause.

Und wieder eine Geschichte zum Ende des Kapitels:

Der zweite Pavillon

Im alten Japan gab es einen Fürsten, der das Schönste und Eindrucksvollste für sich selbst errichten wollte. Er beauftragte den berühmtesten Architekten der Hauptstadt – einen Meister des Prunks. Der erste Pavillon war überwältigend: Goldene Kuppeln, lackierte Wände, Marmor, Seide, Spiegel. Ein Wunderwerk der Kunstfertigkeit. Und doch: Die Gäste gingen schnell wieder. Der Fürst selbst fühlte sich unruhig, wenn er dort verweilte. Etwas fehlte. Aber er wusste nicht, was.

Also rief er Takumi – einen Baumeister, von dem man sagte, er baue Häuser „mit dem Wind und dem Wasser".

Takumi kam. Er betrachtete den ersten Pavillon. Er verneigte sich höflich und sagte nur: „Majestät, ihr habt das Auge gesättigt. Aber ihr habt das Herz hungrig gelassen."

Der Fürst, zunächst irritiert, ließ Takumi gewähren. Takumi wählte einfache Materialien: Holz, Stein, Papier. Er richtete den neuen Pavillon nicht auf den Palast aus, sondern auf einen kleinen, fast vergessenen Bach, der durch das Anwesen floss. Er ließ Fenster entstehen, die Licht und Schatten wandern ließen. Er öffnete Durchgänge, durch die der Wind leise singen konnte.

Als der neue Pavillon fertig war, wirkte er schlicht. Kein Gold. Keine Spiegel. Kein Prunk. Zögernd trat der Fürst ein. Er hörte das Wasser. Er spürte den Wind auf der Haut. Er sah das Licht tanzen.

Und plötzlich verstand er. Es war nicht das viele, das zählte. Es war das Lebendige.

6.10 Die psychologische Kraft der Ausstattung

Hinweis zum Kapitel Die in diesem Kapitel gezeigten Bilder dienen ausschließlich der Veranschaulichung der jeweiligen Raumwirkung. Sie sind bewusst plakativ und eindrucksvoll gewählt, um die Effekte räumlicher Gestaltung auf einen Blick deutlich zu machen. Es handelt sich dabei nicht um konkrete Designvorschläge – und auch nicht um Empfehlungen, hohe Budgets einzusetzen. Ziel ist es vielmehr, die Wirkung von Raumgestaltung sichtbar, nachvollziehbar und unmittelbar erlebbar zu machen.

Möblierung als emotionales Echo

Räume wirken nicht nur über Architektur oder Farbe – sie wirken auch über das, was wir in ihnen berühren, sehen und nutzen: Möbel, Oberflächen, Textilien und Accessoires. Ausstattung ist weit mehr als bloß funktionale Ergänzung. Sie ist ein psychologisches Echo des Raumes – und kann Vertrauen, Entspannung, Anregung oder Distanz erzeugen.

Wie das Kompendium der Architekturpsychologie von Flade (2020) eindrucksvoll beschreibt, wird die Umwelt stets als gestimmter Raum erlebt: Positive Reize laden zur Annäherung ein, negative führen zu Vermeidungstendenzen. Und genau hier spielt die Wahl von Möbeln und Oberflächen eine entscheidende Rolle.

Die Raumwirkung lässt sich exemplarisch in Abb. 3.16 nachvollziehen: Eine technisch nüchtern eingerichtete Besprechungssituation zeigt, wie eine hochwertige, aber kühle Möblierung Klarheit und Seriosität transportieren kann – jedoch auch Distanz erzeugt, wenn emotional aktivierende Elemente fehlen.

Wie stark sich Ausstattung auch emotional auf Nutzer auswirken kann, zeigt Abb. 3.17 im direkten Vergleich: Der ebenfalls als Besprechungsraum genutzte Raum entfaltet durch warme Materialien, runde Formen, Naturelemente und weiche Lichtführung eine gänzlich andere Wirkung – einladend, verbindend, vertrauensstärkend. Hier wird deutlich, wie Räume durch gezielte Auswahl und Anordnung von Ausstattungselementen zu emotionalen Resonanzräumen werden.

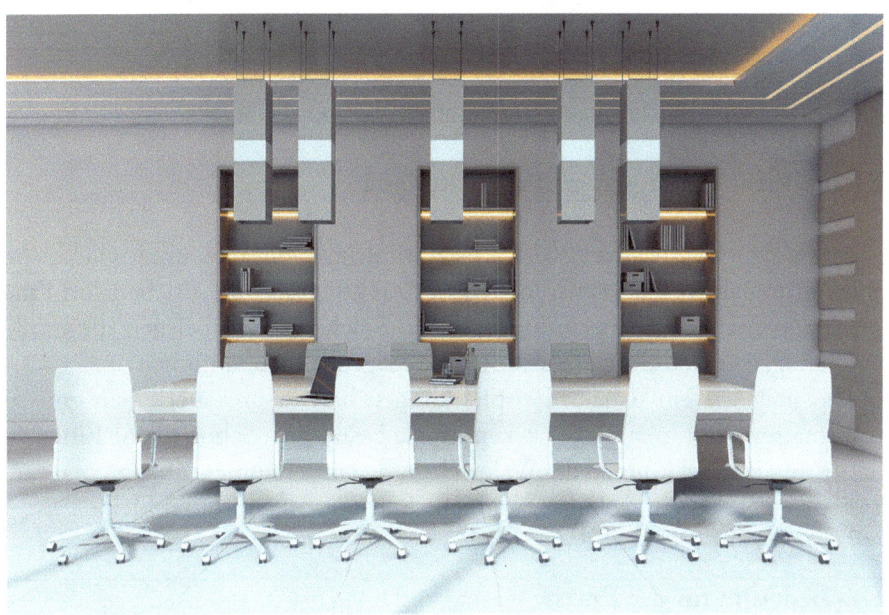

Abb. 3.16 Besprechungsraum nüchtern, weiss. (© Who is Danny/stock. adobe.com)

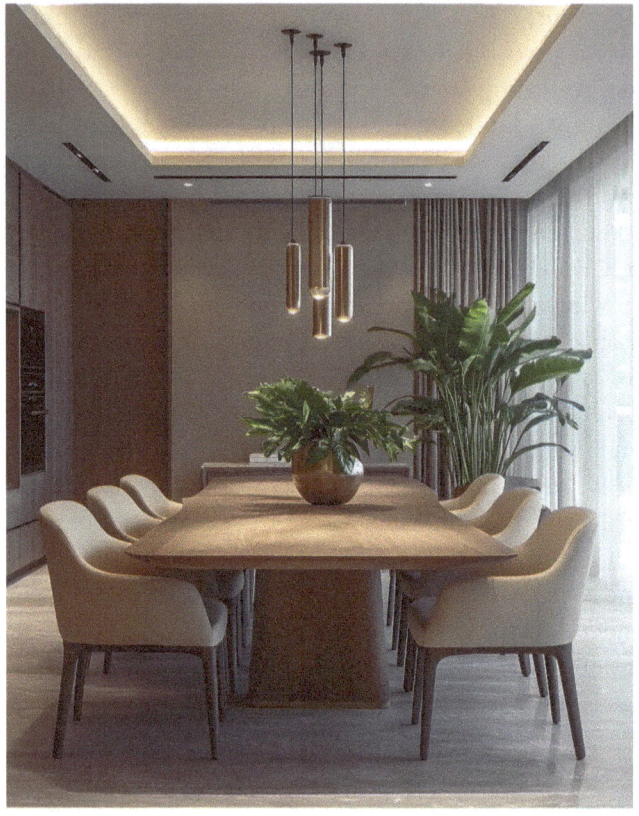

Abb. 3.17 Besprechungsraum mit Atmosphäre. (© สมควร ศิริรัศมีวงศา/stock.adobe.com)

Kleine Veränderungen, große Wirkungen

Eine Studie von Roessler (2023) belegt eindrucksvoll, dass unterschiedliche Ausstattung allein – bei sonst identischer Architektur – das Erleben von Entspannung maßgeblich beeinflussen kann. Solche Effekte belegen die große psychologische Wirkung kleinster raumbezogener Interventionen.

Das mag wie ein banales Beispiel klingen hat für uns aber einen großen Informationswert, denn diese Erkenntnisse bestätigen: Schon kleine Eingriffe in die Ausstattung können die Wahrnehmung eines Raumes fundamental verändern – selbst dann, wenn die bauliche Substanz unangetastet bleibt.

Das bedeutet für die Praxis
- Eine bewusst ausgewählte Möblierung kann Räume auch nachträglich emotional aufladen oder harmonisieren.

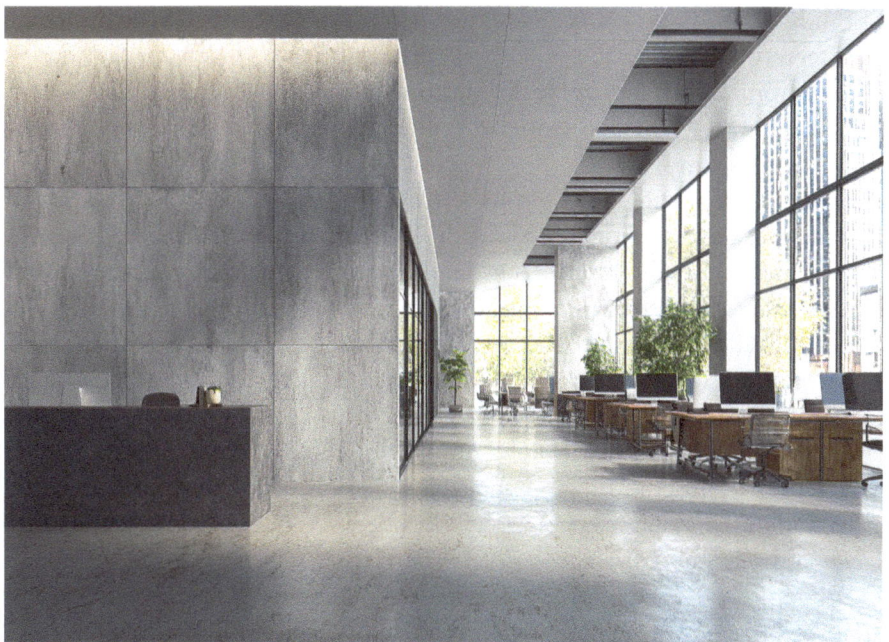

Abb. 3.18 Reduzierte Materialität – kühle Eleganz mit sachlicher Raumwirkun. (© Muhammad/stock.adobe.com)

- Materialien mit warmen, natürlichen Haptiken (wie Holz, Wolle oder Filz) fördern Nähe und Geborgenheit.
- Kühle, harte Oberflächen (wie Metall oder Glas) erzeugen eher Distanziertheit oder Neutralität – was je nach Nutzung gewollt sein kann.

Dass solche Wirkungen bereits durch subtile Unterschiede in Möblierung und Materialität entstehen, zeigt auch Abb. 3.18: Der Raum ist stilistisch reduziert, zurückhaltend möbliert und setzt auf glatte, kühle Materialien wie Glas, Metall und Steinoptik. Trotz formaler Eleganz entsteht dadurch eine sachliche, beinahe distanzierte Atmosphäre – was für bestimmte Nutzungsszenarien durchaus sinnvoll sein kann, aber zugleich verdeutlicht, wie stark Ausstattung allein die emotionale Raumwirkung prägt.

Ausstattung als psychologisches Werkzeug

Wie Flade (2020) und Roessler (2023) betonen, sind es oft die „leisen Signale" der Ausstattung, die unbewusst die Atmosphäre prägen:

- Ein Raum mit weichen, einladenden Möbeln senkt die Schwelle für soziale Interaktion.
- Eine minimalistische, kühle Ausstattung erhöht hingegen die Wahrscheinlichkeit, dass Menschen schneller ermüden oder sich distanzieren.

In meinen eigenen Projekten habe ich immer wieder erlebt, wie kraftvoll Ausstattung als psychologisches Gestaltungselement wirkt. Ein besonders eindrückliches Beispiel stammt aus der Zusammenarbeit mit einem mittelständischen Unternehmen, das gerade in einen neu gebauten, architektonisch beeindruckenden Bürokomplex umgezogen war.

Die Räume waren großzügig, offen, modern – mit viel Glas, Sichtbeton, klaren Linien. Was auf den ersten Blick hochwertig und professionell wirkte, entfaltete im Alltag jedoch nicht die gewünschte Wirkung. Schon wenige Wochen nach dem Einzug mehrten sich Rückmeldungen der Mitarbeitenden: *„Alles ist so kühl"*, *„Ich finde keinen Platz, an dem ich gerne länger bleibe"* oder *„Es wirkt so steril, fast wie ein Museum."*

Wir wurden hinzugezogen, um diesen Befund zu untersuchen – nicht architektonisch, sondern atmosphärisch. In Workshops und Interviews und Beobachtungen zeigte sich rasch: Es war nicht der Grundriss, nicht die Größe oder das Licht, das die Menschen störte. Es war die **fehlende haptische und emotionale Tiefe** in der Ausstattung.

Gemeinsam mit dem Kunden entwickelten wir gezielte, aber behutsame Interventionen:

- Wir ergänzten **loungigere Sitzbereiche**, die zur informellen Begegnung einluden – mit weichen Textilien, tieferen Polstern und abgerundeten Formen.
- Wir führten **Holzakzente** ein – nicht dominant, aber spürbar: Tischplatten, Armlehnen, Wandpaneele, die Wärme und Natürlichkeit einbrachten.
- Wir integrierten **akustisch wirksame Textilien** wie Vorhänge, Raumteiler und Deckenpaneele aus Filz, die nicht nur den Schall verbesserten, sondern durch ihre Materialität auch visuelle und emotionale „Weichheit" erzeugten.

Das Entscheidende: Es wurde keine einzige Wand versetzt.. Der Raum blieb in seiner Struktur vollständig erhalten – aber die Atmosphäre veränderte sich spürbar.

Nach einigen Wochen berichteten viele Mitarbeitende von einem veränderten Arbeitsgefühl: *„Es fühlt sich jetzt viel mehr nach unserem Ort an."*

Ausstattung bewusst planen – von Anfang an

Gerade weil Ausstattung so mächtig ist, sollte sie nicht als „später Zusatz" verstanden werden, sondern von Anfang an integraler Bestandteil der Raumkonzeption sein. Es kann das bewusste Einbeziehen von Möblierung und Materialität bereits in der Entwurfsphase helfen, den Raum nicht nur funktional, sondern auch emotional aufzuladen.

Und wenn Anpassungen im Bestand nötig sind, ist es beruhigend zu wissen: Auch eine nachträgliche Optimierung durch Ausstattung – bewusst, sensibel und psychologisch durchdacht – kann große Wirkung entfalten.

Jetzt möchte ich gerne noch eine Ebende tiefer gehen und beschreiben wie es auf uns Menschen wirkt.

6.11 Sitzhöhe ist Hierarchie – Was Möbel über Macht sagen

Möbel sprechen. Nicht in Worten, sondern in Symbolen. Und eines der deutlichsten Signale ist dabei die Sitzhöhe.

Was zunächst wie eine Nebensache wirken mag, ist in Wahrheit ein architekturpsychologischer Machtfaktor. Denn wer oben sitzt, hat Kontrolle. Wer tiefer sitzt, schaut auf – im wörtlichen wie im übertragenen Sinn.

In klassischen Führungsetagen sieht man es bis heute: Der Chefstuhl ist höher, breiter, fester. Gäste nehmen auf niedrigen, weicheren Besucherstühlen Platz. Die Rollen sind damit schon vor dem ersten Wort verteilt – durch die Möbel.Raum wird Haltung. Und Haltung wird Beziehung. Das ist per se nichts Schlechtes, wichtig ist aber die Hintergründe zu kennen und diese Elemente gezielt einzusetzen und nicht durch nicht-Wissen eine psychologische negative Nische aufzutun.

Ein Beispiel aus meiner Praxis

In einem Change-Projekt mit einem internationalen Unternehmen fiel mir genau dieser Effekt besonders auf: In einem großen Konferenzraum stand der klassische langgezogene Tisch – mit hohen Sesseln an den Stirnseiten, die unübersehbar von der Führung besetzt wurden. Die übrigen Stühle waren niedriger, schmaler, teilweise ohne Armlehnen. Formal korrekt – aber atmosphärisch schwierig.

Die Teams beschrieben die Meetings dort als „statisch", „kontrolliert", „vorsichtig". Interessanterweise hatte man das Möbelkonzept aus der alten Zentrale 1:1 übernommen – obwohl man „New Work" leben wollte.

Wir analysierten die Sitzordnungen, testeten alternative Settings – unter anderem mit durchgehend gleichen Stühlen, kreisförmigen Gesprächsinseln und flexiblen, mobilen Sitzmöglichkeiten. Das Ergebnis: Sobald sich die Sitzhöhe egalisierte und die Positionen durchlässiger wurden, veränderte sich auch die Gesprächskultur. Es wurde offener, spontaner, menschlicher.

Die Beziehung im Raum beginnt oft nicht mit dem Gesprächsinhalt. Sie beginnt bereits mit dem Stuhl.

Die Psychologie dahinter

Flade (2020) beschreibt in ihrem Kompendium der Architekturpsychologie eindrücklich, wie körperliche Orientierungsmuster unbewusst Einfluss auf unsere Haltung und Interaktion nehmen. Wer sitzt, während andere stehen, wird sich klein fühlen. Wer über andere blickt, wird sich überlegen fühlen – auch wenn das nicht bewusst intendiert ist.

Deshalb ist die Sitzhöhe nicht neutral. Sie ist ein **Raumskript**, das unser Verhalten lenkt. Wer wirklich auf Augenhöhe arbeiten will, muss genau hier beginnen.

Was heißt das für die Praxis?

- **Achte auf Gleichheit in Sitzhöhe und -komfort**, vor allem in kreativen Zonen, Feedbackrunden oder Teammeetings.
- **Vermeide „Thronsituationen"**, in denen eine Person sichtbar dominiert – außer bewusst und gezielt (z. B. in Repräsentation).
- **Verwende flexible Sitzformate** wie mobile Hocker oder modulare Polsterelemente, um Machtmuster aufzubrechen und echte Dialogräume zu schaffen.

Denn Ausstattung ist nie neutral. Sie ist Haltung – sichtbar gemacht in Möbeln, die sprechen, bevor wir es tun.

6.12 Materialehrlichkeit – Warum spürbare Echtheit Vertrauen schafft

Nicht nur die Form der Möbel spricht zu uns – auch ihr Material. Und auch hier gilt: Menschen nehmen mehr wahr, als sie bewusst registrieren.

Es macht einen Unterschied, ob eine Tischplatte aus massivem Holz besteht oder ob sie nur mit Holzoptik-Folie beschichtet ist. Ob ein Sofa mit echtem Stoff bezogen ist oder mit billigem Kunstmaterial, das sich bei längerem Sitzen unangenehm auflädt. Selbst wer es nicht analytisch benennt, spürt es intuitiv: Dieses Material ist „echt" – und dieses „tut nur so".

Was bedeutet Materialehrlichkeit?

Materialehrlichkeit meint, dass ein Material das hält, was es visuell verspricht:

* Holz fühlt sich an wie Holz – warm, lebendig, organisch.
* Metall bleibt kühl, fest, strukturiert.
* Stein vermittelt Schwere, Beständigkeit, Erdung.

Sobald Materialien „vortäuschen", geraten wir in eine unbewusste Spannung. Wir erwarten eine Haptik, die dann nicht eingelöst wird. Dieses kleine „Mismatch" irritiert uns – nicht dramatisch, aber spürbar. Und gerade in Arbeitsumgebungen, wo Vertrauen, Authentizität und soziale Bindung wichtig sind, können solche subtilen Signale die Gesamtatmosphäre beeinflussen.

Die psychologische Wirkung von Räumen ist stark von ihrer sensorischen Kongruenz abhängig: Das, was wir sehen, sollte mit dem übereinstimmen, was wir fühlen, hören, riechen. Nur dann entsteht ein kohärentes, vertrauensvolles Raumerlebnis.

Ein Beispiel aus meiner Praxis

Bei einem Projekt in einem hochmodernen Co-Working-Space wurde auf den ersten Blick alles richtig gemacht: tolle Farben, spannende Möblierung, viel Licht. Und doch: Viele Nutzer sagten mir im Interview, sie empfänden die Flächen als „kalt" oder „irgendwie unecht".

Als wir genauer hinsahen, fanden wir heraus: Nahezu alle Materialien waren „Fake". Holzoptik, Steinoptik, Pflanzen in Plastik. Was visuell Nähe, Natürlichkeit und Haptik versprach, war in Wahrheit nur Oberfläche. Wir starteten eine kleine Materialkorrektur: ein paar echte Holzelemente, kleine textile Akzente, lebendige Pflanzen – nicht viel, aber gezielt.

Das Feedback war spannend: Plötzlich wurde der Raum als „wärmer", „echter", „angenehmer" beschrieben.

Was heißt das für die Praxis?

- Setze Materialien so ein, wie sie sind – und nicht als bloße Imitation.
- Kombiniere „wilde" und „perfekte" Oberflächen, um Räumen Tiefe zu geben (z. B. raues Holz neben glattem Metall).
- Investiere lieber in kleine, echte Elemente als in große, unechte Flächen.

Denn: Wir Menschen vertrauen nicht dem, was am schönsten glänzt. Wir vertrauen dem, was sich richtig anfühlt.

6.13   Taktile Vielfalt – Warum Monotonie müde macht

Stell dir vor, du betrittst einen Raum, der perfekt durchdesignt ist: alles aus Glas, Stahl, Beton. Klare Linien, glatte Oberflächen, elegante Kühle. Beeindruckend? Ja. Aber auch ermüdend.

Denn unser Gehirn liebt nicht nur Ordnung – es liebt Reizvielfalt. Wir sind von Natur aus darauf ausgerichtet, mit einer lebendigen Umwelt zu interagieren: rau und glatt, hart und weich, warm und kühl. Diese sensorische Vielfalt aktiviert unser Nervensystem, hält es wach, aufmerksam, ausgeglichen. Monotonie hingegen – selbst wenn sie edel und stilvoll gestaltet ist – führt zu einer Art sensorischer Unterversorgung.

Es ist wichtig, dass Räume vielfältige, sich ergänzende Sinnesreize bieten. Zu wenig taktile Abwechslung erzeugt nicht Ruhe, sondern unterschwelligen Stress: Das Gehirn sucht nach Ankerpunkten, findet aber keine.

Ein Beispiel aus meiner Praxis

Ich erinnere mich an ein Projekt, bei dem ein modernes Innovationszentrum errichtet wurde. Alles war neu, sauber, minimalistisch – aber die Mit-

arbeitenden beschrieben das Gebäude als „steril", „seelenlos", „erschöpfend".
Als wir tiefer einsteigen durften, fiel uns auf: Es gab kaum Materialienvielfalt.
Alles war glatt, hart, kühl: Glaswände, Kunststoffböden, Metallstühle. Selbst
die wenigen Pflanzen standen in hochglänzenden Töpfen, die eher Dekor als
Lebendigkeit ausstrahlten.

Wir begannen, gezielt taktile Vielfalt einzubringen
- weiche Teppichzonen,
- Holzelemente mit sichtbarer Maserung,
- textile Wandbespannungen,
- kleine handwerklich gefertigte Objekte mit rauer oder weicher Haptik.

Das Ergebnis war verblüffend: Die Räume fühlten sich plötzlich „bewohn-
bar" an. Nicht, weil sie voller geworden wären – sondern weil sie den Sinnen
wieder etwas zu tun gaben.

Ein Raum ist nicht spannend, weil er leer oder voll ist. Er ist spannend,
wenn er zum Erkunden einlädt.

Was heißt das für die Praxis?

- Kombiniere verschiedene Materialien, um die Sinne anzuregen.
- Setze bewusste Kontraste: weich vs. hart, warm vs. kühl, glatt vs. rau.
- Vermeide materialmonotone Räume
- Erlaube Unperfektes, das echte Spuren, Kanten, Strukturen hat.

Denn: Ein taktil abwechslungsreicher Raum macht nicht nur neugierig –
er hält uns wach, präsent und lebendig.

6.14 Kulturelle Codes in der Ausstattung

Ausstattung ist nie nur eine Frage von Funktion oder Design. Sie transportiert
auch immer kulturelle Bedeutungen – und diese können je nach Kontext sehr
unterschiedlich gelesen werden.

Was in einem westlich-europäischen Büro als „modern" oder „innovativ"
gilt (z. B. offene Sitzlandschaften, flexible Stehtische), kann in einem asiatischen oder arabischen Kulturkreis als irritierend, respektlos oder ineffizient
empfunden werden. Ebenso gibt es große Unterschiede darin, wie Nähe, Distanz, Privatsphäre oder Status über Möbel und Räume ausgedrückt werden.

Psychologische Bedeutung von Nähe und Distanz

Wir lernen das Nähe-Distanz-Verhalten nicht nur biologisch, sondern auch kulturell (Hall, 1966).

Das bedeutet

- In nordeuropäischen Ländern werden große persönliche Distanzen und individuelle Rückzugsräume als angenehm empfunden.
- In südlichen Kulturen gilt es als normal, dass Menschen enger beieinandersitzen, körperlicher interagieren, sozialer denken.
- In asiatischen Kontexten wiederum spielen Status und Hierarchie eine viel größere Rolle in der Anordnung und Gestaltung von Sitzplätzen und Arbeitsbereichen.

Das heißt: Ausstattung spricht – aber nicht überall dieselbe Sprache.

Man muss nicht bis nach Asien reisen, um auf stark unterschiedliche kulturelle Codes zu stoßen. Schon innerhalb eines Landes, ja sogar innerhalb einer Stadt, begegnen uns extrem verschiedene Unternehmenskulturen – mit sehr unterschiedlichen Erwartungen an Räume und Ausstattung.

Ein modernes Start-up in Berlin tickt anders als eine konservative Anwaltskanzlei in Frankfurt. Ein junges Kreativbüro hat andere Vorstellungen von Möbeln, Materialien und Raumaufteilung als ein traditionsreiches Familienunternehmen. Und selbst in einem internationalen Konzern gibt es oft große Unterschiede zwischen Abteilungen: Was im Innovation Hub als „cool" gilt, wirkt in der Finanzabteilung schnell „respektlos" oder „unpassend".

Ausstattung transportiert also nicht nur Funktion und Design, sondern immer auch Werte, Hierarchien, soziale Erwartungen.

Psychologische Bedeutung von Nähe und Distanz

Unsere Wahrnehmung wird sehr stark von Nähe, Distanz und die räumliche Anordnung geprägt.Das gilt nicht nur international (z. B. Europa vs. Asien), sondern auch auf Unternehmensebene:

- Offene, gleichgestellte Settings fördern eine Kultur der Nahbarkeit und Flexibilität.
- Strukturiert-zonierte, hierarchisch klare Settings fördern Orientierung, Respekt und Statusbewusstsein.

Das heißt: Ausstattung spricht – aber sie spricht nicht überall dieselbe Sprache.

Ein Beispiel aus meiner Praxis

Besonders eindrücklich war ein Projekt mit einem großen Energiekonzern, der ein neues Headquarter bezogen hatte. Das Gebäude war vom Star-Architekten entworfen, architektonisch spektakulär, hochwertig bis ins kleinste Detail – Glas, Beton, Designer-Mobiliar, klare Linien, durchgestylte Räume. Und doch: Schon wenige Monate nach dem Einzug mehrten sich die Beschwerden der Mitarbeitenden. Sie fühlten sich unwohl, es war ihnen zu laut und die Stimmung war zurückhaltend. Es war schwer, eine emotionale Verbindung zu den Räumen herzustellen.

Als wir gerufen wurden, um das Phänomen zu analysieren habe ich sogar einen unabhänigen Akuster zur Messung der Lautstärke hinzugezogen…, es zeigte sich schnell: Es lag nicht an der Architekturqualität – sondern an der Passung zur Unternehmenskultur. Die Mitarbeitenden fanden sich in der kühlen, hochdesignten Umgebung nicht wieder. Das Unternehmen hatte eine lange Tradition, war bodenständig, praxisorientiert, stark auf Zusammenarbeit ausgerichtet. Das Gebäude dagegen wirkte elitär, distanziert, fast einschüchternd.

Gemeinsam mit dem Kunden entwickelten wir gezielte Anpassungen: mehr warmes Material, gezielt eingesetzte „weiche Zonen", Raumtrenner, kommunikative Mittelzonen, Akzente, die die Geschichte und Identität des Unternehmens sichtbar machten. Das Ergebnis: Die Mitarbeitenden konnten sich wieder mit ihrem Umfeld mehr identifizieren. Die Räume fühlten sich nicht länger fremd an – sie wurden viel mehr „ihre".

Nicht jedes Unternehmen ist für Star-Architektur gemacht. Manchmal braucht es weniger Show – und mehr Seele.

Was heißt das für die Praxis?

* Analysiere die kulturellen Erwartungen – sowohl interkulturell als auch unternehmensintern.
* Berücsichtige Nähe-Distanz-Verhalten, Statussymbole und soziale Regeln.
* Vermeide Copy-Paste-Lösungen aus anderen Projekten oder Designtrends.
* Beziehe die Kultur und Geschichte des Unternehmens aktiv in die Gestaltung ein.

Wer Ausstattung nur als Design versteht, baut an der Kultur vorbei. Wer sie als kulturelles Kommunikationsmittel begreift, baut Vertrauen.

6.15   Die Magie der Berührung: Mikrogesten im Raum

Es sind oft nicht die großen Momente, die einen Raum prägen – sondern die kleinen, stillen Berührungen, die wir fast nebenbei erleben.

Wenn jemand im Gespräch die Armlehne seines Stuhls leicht streichelt. Wenn die Hand unbewusst über eine hölzerne Tischkante fährt. Wenn wir die Fingerspitzen über einen rauen Stoff ziehen, während wir nachdenken.

Diese Mikrogesten geschehen meist ohne bewusste Absicht – doch sie haben eine wichtige sehr psychologische Funktion: Sie helfen uns, uns zu regulieren, zu verankern, uns sicher zu fühlen.

Der taktile Kontakt mit der Umgebung ist ein elementarer Teil des Raumempfindens. Berührung ist ein archaischer Beruhigungsmechanismus, den wir oft unterschätzen. Ein Raum, der uns taktile Anknüpfungspunkte bietet, wirkt nahbar, freundlich, warm. Ein Raum ohne diese Möglichkeiten – glatte, unberührbare Oberflächen, sterile Flächen, Distanz – wirkt kalt, abweisend und macht uns unsicher.

Ein Beispiel aus meiner Praxis

In einem Beratungsprojekt mit einem großen Bildungsinstitut fiel mir auf, dass sich die Teilnehmenden während Workshops immer wieder zu bestimmten Möbeln hingezogen fühlten: Holzstühle mit abgerundeten Lehnen, massive Tische mit sichtbarer Maserung, grob gewebte Stoffe auf Polstern. Die metallischen, glatten Stühle oder Kunststoffoberflächen blieben dagegen oft ungenutzt oder wurden aktiv gemieden.

Wir führten Interviews und Beobachtungen durch – und es zeigte sich, dass diese kleinen taktilen Momente ein wichtiges Element für das Wohlbefinden waren.Sie halfen, Spannungen abzubauen, Konzentration zu fördern und sogar das Zugehörigkeitsgefühl in Gruppen zu stärken.

Ein Raum spricht nicht nur zu unseren Augen. Er spricht auch zu unseren Händen.

Was heißt das für die Praxis?

- Achte darauf, dass Räume taktile Anknüpfungspunkte bieten: Holzkanten, Stoffe, Leder, Filz, Naturmaterialien.
- Vermeide komplett sterile Oberflächen, die keine Berührung einladen.
- Beobachte, wo Menschen spontan Mikrogesten zeigen – und nutze diese Hinweise für die Gestaltung.
- Nutze taktile Elemente als psychologische Anker, vor allem in Kommunikations- und Pausenbereichen.

Kleiner Exkurs – Warum Berührung sogar Stress senken kann

Berührung ist eines der ältesten Stressregulationssysteme, die wir Menschen besitzen. Schon als Babys beruhigen wir uns, indem wir an etwas nuckeln, etwas greifen, uns an eine Bezugsperson schmiegen. Diese archaischen Muster verschwinden nicht einfach, nur weil wir erwachsen werden – sie verlagern sich lediglich.

Das taktil-sensorische System bleibt zeitlebens eng mit unserem Nervensystem verbunden. Wenn wir gestresst sind, suchen wir oft instinktiv nach Berührung (Field, 2011).

- Wir trommeln mit den Fingern auf die Tischkante.
- Wir spielen mit der Kante unserer Kleidung.
- Wir berühren unsere Armbanduhr, unsere Kette, unseren Kugelschreiber.

In der Neuropsychologie spricht man hier von Selbstregulationsgesten. Sie helfen, Anspannung zu reduzieren, das vegetative Nervensystem zu beruhigen, uns unbewusst wieder in Balance zu bringen.

Ein Raum, der nichts bietet, das man berühren darf, lässt Menschen mit ihrem Stress allein.

Deshalb ist es kein Zufall, dass Menschen sich wohler fühlen in Räumen mit weichen, warmen, natürlichen Materialien – weil diese Oberflächen unbewusst signalisieren: Hier darfst du loslassen. Sterile, harte, abweisende Oberflächen dagegen halten den Körper auf Spannung.

Diese Mikrointeraktionen mit der Umgebung ist nicht oberflächlich, sondern tief verankert in unserem Wohlbefinden. Sie prägen, wie sicher, geborgen und verbunden wir uns in einem Raum fühlen.

Und wieder beenden wir das Kapitel mit einer Geschichte:

Die Geschichte vom Buddha der Berührungen

In einem Dorf standen zwei Buddha-Statuen. Die eine war perfekt: aus Gold, makellos, unberührt. Die andere war aus Holz, rau, mit glänzenden Stellen, wo Generationen ihre Hände aufgelegt hatten. Ein alter Mönch sagte leise: „Der eine Buddha ist schön. Der andere wird geliebt."

6.16   Automation – Technik, die unterstützt und angenommen wird

Automation ist heute in vielen Unternehmen ein Schlagwort: Smarte Systeme, digitale Tools, vernetzte Räume. Doch die entscheidende Frage lautet nicht: Wie viel Technik können wir einbauen? Sondern: Welche Technik brauchen wir – und wie können wir sicherstellen, dass sie von den Menschen angenommen und genutzt wird?

Zu oft erleben wir in der Praxis, dass Unternehmen aus Begeisterung für digitale Möglichkeiten Tools und Systeme einführen, die zwar auf dem Papier beeindruckend wirken, aber am Ende kaum genutzt werden. Warum? Weil Technik nur dann funktioniert, wenn sie sich strategisch an den Bedürfnissen und Gewohnheiten der Nutzern orientiert.

Das bestätigt auch die Lünendonk-Studie von 2024 zur Workplace Automation, die betont: Der größte Nutzen entsteht aus der Zusammenarbeit von Architektur, Planung, Technik, Software und Service. Systeme allein reichen nicht – es braucht ein durchdachtes Zusammenspiel und eine klare Change-Strategie, um Akzeptanz zu schaffen. Besonders betont die Studie, dass Unternehmen mit einer modernen, flexiblen Führungskultur und einer offenen Home-/Flex-Office-Kultur deutlich erfolgreicher in der Einführung solcher Technologien sind (Hohmann et al., 2024).

Das heißt in der Praxis

* Welche Tools fördern die tägliche Arbeit tatsächlich?
* Wo lassen sich Prozesse automatisieren, ohne dass sie das Vertrauen oder die Zufriedenheit der Mitarbeitenden gefährden?
* Wie bauen wir technische Systeme so ein, dass sie intuitiv genutzt werden können – nicht nur von IT-affinen Early Adopters, sondern auch von Skeptikern?

Hier kommt Change Management ins Spiel. Denn Technologie allein verändert nichts – Veränderung entsteht erst, wenn Menschen mitgenommen werden. Aus meinen Projekten weiß ich: Wenn wir Nutzer frühzeitig einbeziehen, ihre Bedürfnisse verstehen und ihnen helfen, den Nutzen neuer Systeme zu erkennen, dann entstehen Lösungen, die nicht nur installiert, sondern auch gelebt werden.

Ich erinnere mich an ein Projekt, bei dem ein hybrides Arbeitsplatzsystem mit flexiblen Buchungstools eingeführt wurde. Anfangs gab es massive Vorbehalte: Datenschutzbedenken, Angst vor Überwachung, Unsicherheit, ob das neue System nicht nur Mehrarbeit bedeutet. Wir setzten daher stark auf Kommunikation, Transparenz und begleitende Schulungen – und wir bauten gezielt Feedbackschleifen ein, um Anpassungen vorzunehmen. Das Ergebnis: Nach einem halben Jahr waren nicht nur die Auslastung der Flächen optimiert, sondern auch die Zufriedenheit der Teams gestiegen. Technologie wurde hier nicht als Kontrolle, sondern als Unterstützung erlebt.

Das zentrale Learning: Gute Automation fragt immer zuerst nach der Strategie – und nie nur nach der Technik.

Also zusammengefasst bedeutet das:

Schritt 1: Was brauchen wir wirklich?

Bevor ein Unternehmen über smarte Systeme nachdenkt, braucht es eine klare Analyse:

* Wo entstehen heute Reibungsverluste?
* Welche Prozesse lassen sich wirklich durch Automation verbessern?

- Welche Aufgaben wünschen sich die Mitarbeitenden erleichtert?
- Welche Schnittstellen zwischen Mensch, Raum und Technik sind entscheidend?

Nicht jede Lösung passt zu jedem Unternehmen. In einem agilen Start-up mag eine App-gesteuerte Meetingraumplanung sinnvoll sein. In einem internationalen Konzern mit wechselnden Teams braucht es möglicherweise robustere, zentral steuerbare Systeme. Die Technik muss zur Kultur, den Prozessen und den Menschen passen.

Schritt 2: Wie bekommen wir Akzeptanz?

Ein Automationssystem kann noch so ausgefeilt sein – wenn es nicht akzeptiert wird, bleibt es nutzlos. Akzeptanz entsteht, wenn Menschen:

- verstehen, welchen Mehrwert das System hat,
- sich sicher fühlen, es bedienen zu können,
- sich nicht entmachtet, sondern gestärkt fühlen.

Hier spielt Kommunikation eine Schlüsselrolle: Warum wird etwas eingeführt? Was bringt es dem Einzelnen? Wie sieht die Unterstützung aus, wenn etwas nicht funktioniert?

Schritt 3: Change Management als Erfolgsschlüssel

Automation ist kein reines Technikprojekt. Es ist ein Change-Projekt. Und genau hier liegt oft der Knackpunkt: Wenn Unternehmen den Change-Prozess zu eng auf die Technik ausrichten, verlieren sie die Menschen aus dem Blick.

Ein erfolgreicher Change-Prozess umfasst
- Mitarbeitende frühzeitig einbeziehen, Ängste und Wünsche ernst nehmen.
- Schulungen anbieten, die praxisnah und niedrigschwellig sind.
- Superuser oder interne Ansprechpartner definieren, die helfen können.
- Pilotphasen nutzen, um Systeme zu testen und nachzubessern.
- Feedbackschleifen einbauen, um echte Nutzungserfahrungen zu hören.

Technik ist nur dann ein Gewinn, wenn sie mit der Kultur mitwächst – und nicht einfach darüber gestülpt wird.

Automation kann enorme Potenziale freisetzen: Effizienz, Komfort, bessere Raumnutzung. Aber diese Potenziale bleiben Theorie, wenn wir den Menschen nicht mitnehmen. Nur durch eine kluge Strategie, klare Kommunikation und einen ernst gemeinten Change-Prozess wird Technik zu einem Werkzeug, das stärkt – anstatt zu einem System, das überfordert.

Der psychologische Kern von Automation

In der Architekturpsychologie betrachten wir Räume nie nur als funktionale Hüllen – sondern als aktive Mitgestalter unseres Erlebens, unseres Verhaltens, unserer Emotionen. Automation ist dabei kein rein technischer Zusatz, sondern ein psychologisches Gestaltungselement: Es entscheidet darüber, ob ein Raum als unterstützend oder kontrollierend erlebt wird, ob Menschen sich autonom oder fremdbestimmt fühlen, ob sie Vertrauen entwickeln oder innerlich auf Abwehr gehen.

Automatisierte Systeme, die subtil, anpassbar und menschenorientiert eingebunden sind, können Räume schaffen, die sich flexibel an Tagesverläufe, Tätigkeiten und Bedürfnisse anschmiegen. Sie können Stress reduzieren, Klarheit schaffen, Wohlbefinden steigern. Doch dafür müssen wir sie als Teil der psychologischen Raumqualität begreifen – nicht als isolierte Technik.

Automation wird dann zu einem architekturpsychologischen Werkzeug, wenn sie nicht nur funktioniert, sondern wenn sie Beziehungen stärkt – zwischen Raum und Mensch, zwischen Mensch und Aufgabe, zwischen Mensch und sich selbst.

Und wieder eine Geschichte zum Ende – diesmal ist sie sogar selbst erlebt:

Ein Mitarbeiter steht vor einem Hightech-Raumreservierungstool, seufzt und sagt:

„Ich brauche keinen digitalen Assistenten, der mir Kaffee vorschlägt, Duftprofile auswählt und die Jalousien steuert. Ich will nur einen Raum. Mit einem Tisch. Und vier Stühlen."

Er nimmt sein Handy, ruft die Kollegin an: „Sag mal, hast du den Raum schon belegt?" Sie: „Nee, ich hab einfach ein Post-it an die Tür geklebt." Er: „Danke. Besser als jedes Tool."

Der beste Fortschritt ist der, der sich wie eine Erleichterung anfühlt.

7   ORGANISATION – Der Output strategischer Raumgestaltung

Die Wirkung architekturpsychologisch fundierter Raumgestaltung zeigt sich auf organisationaler Ebene in klar messbaren Erfolgsfaktoren. Räume beeinflussen nicht nur das Verhalten einzelner Menschen, sondern auch die Leistungsfähigkeit und Zukunftsfähigkeit der Organisation als Ganzes (vgl. Abb. 3.19).

In diesem Kapitel werden vier zentrale Outcomes beleuchtet, die für den wirtschaftlichen Erfolg und die strategische Ausrichtung von Unternehmen entscheidend sind:

7.1   Büroauslastung – Der Wert jeder Fläche zählt

Ein zentrales Ziel moderner Arbeitswelten ist es, Fläche optimal zu nutzen – nicht nur im Sinne der Raumbelegung, sondern auch im Sinne der Funktionalität und Wertschöpfung. Architekturpsychologie hilft dabei, die reale Nutzung sichtbar zu machen, Bedarfe zu differenzieren und Räume so zu gestalten, dass sie aktiv angenommen und situativ flexibel genutzt werden.

Eine hohe Büroauslastung bedeutet nicht, dass jeder Quadratmeter immer belegt ist – sondern dass Flächen so gestaltet sind, dass sie im Alltag einen echten Mehrwert bieten, sei es für Fokusarbeit, Kollaboration oder soziale Begegnung.

Psychologische Wirkung: Räume mit klarer Funktion, emotionaler Ansprache und intuitiver Orientierung erhöhen die Aufenthaltsqualität und senken ungenutzte Flächenpotenziale.

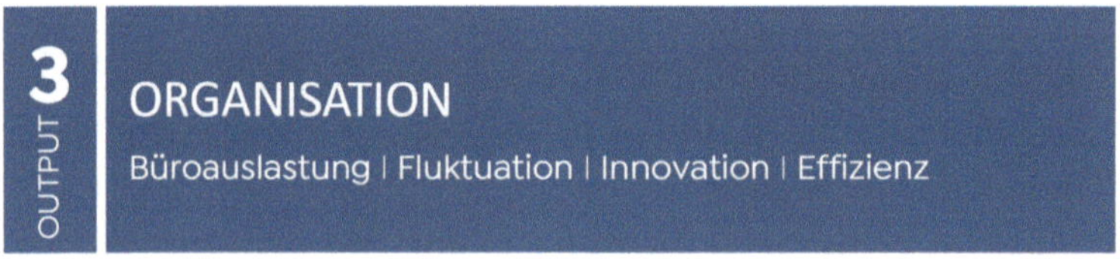

3 OUTPUT

ORGANISATION
Büroauslastung | Fluktuation | Innovation | Effizienz

Abb. 3.19 Output-Bereich Organisation – Architekturpsychologie by Gauer Consulting. (Quelle: Eigenes Modell)

7.2   Fluktuation – Räume als Bindungsfaktor

Räume sind Teil der Arbeitgebermarke. Sie verkörpern Werte, Haltung und Führungsverständnis – sichtbar und spürbar. Unternehmen, die ihre Arbeitsumgebung wertschätzend, gesundheitsförderlich und identitätsstiftend gestalten, erhöhen nicht nur die Zufriedenheit, sondern auch die emotionale Bindung ihrer Mitarbeitenden.

Das Risiko, dass Talente das Unternehmen verlassen, sinkt nachweislich, wenn sich Menschen gesehen, unterstützt und eingebunden fühlen – und genau das kann Architektur (mit-)vermitteln.

Psychologische Wirkung: Gestaltete Räume stiften Zugehörigkeit, kommunizieren Anerkennung und fördern das Commitment – zentrale Schutzfaktoren gegen ungewollte Abgänge.

7.3   Innovation – Räume als Katalysator für Neues

Kreativität braucht Resonanzräume. Innovation entsteht dort, wo Menschen sich frei austauschen können, wo unterschiedliche Perspektiven sichtbar werden und neue Denkweisen sich entfalten dürfen.

Eine innovationsfördernde Raumgestaltung bietet Mikroimpulse, räumliche Reibungszonen und Zonen der Inspiration – aber auch Rückzugsräume, in denen Ideen reifen dürfen. Sie stimuliert Offenheit, spielerisches Denken und Neugier.

Psychologische Wirkung: Architektur und Gestaltung schaffen Settings, die exploratives Verhalten fördern, Silos aufbrechen und kognitive Flexibilität begünstigen.

7.4   Effizient – Reibungsverluste reduzieren

Architekturpsychologie hilft, Prozesse sichtbar zu machen und den Raum prozesslogisch auszurichten. Intelligente Zonierungen, Wegführungen, Akustiklösungen oder Möblierungslogiken können den Alltag vereinfachen, Wege verkürzen und Informationsflüsse verbessern.

Effizienz entsteht nicht nur durch digitale Tools – sondern durch reibungsarme, logisch aufgebaute und psychologisch entlastende Umgebungen, die das Denken und Handeln unterstützen statt behindern.

Psychologische Wirkung: Gut gestaltete Räume reduzieren mentale Belastung, unterstützen Selbstorganisation und stärken das Gefühl von Kontrolle – zentrale Voraussetzungen für effizientes Arbeiten.

7.5   Fazit

Der organisationale Output architekturpsychologischer Raumgestaltung ist kein abstraktes Konzept, sondern ein handfester Erfolgsfaktor. Die Gestaltung von Arbeitsumgebungen wird zur strategischen Investition – in Leistung, Bindung, Innovationskraft und Wirtschaftlichkeit. Räume wirken. Und wer sie bewusst gestaltet, gestaltet auch den Erfolg seiner Organisation.

8   MENSCH – Der Output gelebter Raumqualität

Arbeitswelten sind dann erfolgreich, wenn sie nicht nur auf Prozesse, Flächen und Organisationen ausgerichtet sind – sondern auf die Menschen, die sie täglich nutzen. Architekturpsychologisch gedachte Räume wirken direkt auf die psychische, emotionale und soziale Realität von Mitarbeitenden (vgl. Abb. 3.20).

Dieses Kapitel zeigt, wie sich Raumgestaltung gezielt auf vier zentrale Faktoren auswirkt, die das individuelle Erleben, Handeln und Wohlbefinden im Arbeitsalltag prägen:

8.1   Gesundheit – Räume als Ressource für Stabilität

Gesundheit ist nicht allein eine Frage medizinischer Versorgung oder ergonomischer Stühle – sondern entsteht durch tägliche Mikroimpulse: durch Licht, Akustik, Luftqualität, Raumtemperatur, Haptik, Farben, Rückzugsorte oder die Möglichkeit, sich zu bewegen.

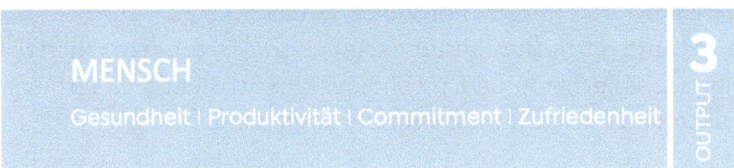

Abb. 3.20 Output-Bereich Mensch – Architekturpsychologie by Gauer Consulting. (Quelle: Eigenes Modell)

Architekturpsychologie übersetzt wissenschaftliche Erkenntnisse in konkrete Gestaltungselemente, die Stress reduzieren, Erholung ermöglichen und das mentale Immunsystem stärken.

Psychologische Wirkung: Räume mit klaren Reizprofilen, Rückzugsoptionen und Sinnesbalance fördern die Selbstregulation und senken psychosoziale Belastungen – ein zentraler Schutzfaktor in Zeiten steigender psychischer Beanspruchung.

8.2 Produktivität – Fokus durch Raumlogik

Produktivität entsteht sehr stark durch gute Bedingungen. Wer konzentriert, unterbrechungsarm und im eigenen Rhythmus arbeiten kann, liefert bessere Ergebnisse – ohne auszubrennen.

Sinnvolle und psychologisch wertvolle Raumgestaltung beeinflusst genau diese Bedingungen: durch klar zonierte Flächen, visuelle Ruhe, gute Akustik, transparente Orientierung und die Möglichkeit, zwischen Arbeitssituationen zu wechseln.

Psychologische Wirkung: Menschen sind produktiver, wenn sie in Räumen arbeiten, die ihren Tätigkeiten entsprechen, klare Struktur geben und sie nicht permanent in Alarm- oder Reizüberflutung versetzen.

8.3 Commitment – Bindung durch Wertschätzung

Mitarbeitende fühlen sich dann verbunden, wenn sie spüren, dass ihr Umfeld sie unterstützt. Architektur und Gestaltung sind sichtbare Zeichen dieser Haltung: Sie signalisieren, ob Menschen ernst genommen werden, ob ihre Bedürfnisse berücksichtigt wurden, ob sie Raum zur Entfaltung erhalten.

Ein durchdachter Arbeitsplatz sagt: „Du bist wichtig." Diese Wirkung darf nicht unterschätzt werden – gerade in hybriden Zeiten.

Psychologische Wirkung: Räume stiften emotionale Resonanz und tragen zur Identifikation mit dem Arbeitgeber bei. Wer sich räumlich wahr- und angenommen fühlt, bleibt – auch in schwierigen Zeiten.

8.4 Zufriedenheit – Atmosphäre als emotionaler Anker

Zufriedenheit ist ein komplexes, aber entscheidendes Gefühl im Arbeitskontext. Sie entsteht, wenn Raum, Aufgabe und Selbstbild in Einklang stehen. Gestaltung spielt dabei eine zentrale Rolle: Sie beeinflusst, ob Räume inspirieren oder erdrücken, ob sie Leichtigkeit oder Schwere vermitteln, ob sie motivieren oder entmutigen.

Psychologische Wirkung: Gestaltete Atmosphäre schafft Sicherheit, Selbstwirksamkeit und emotionale Stabilität – und damit genau jene Basis, die Menschen brauchen, um gerne und gut zu arbeiten.

8.5   Fazit

Der menschbezogene Output architekturpsychologischer Raumgestaltung ist tiefgreifend, aber oft unterschätzt. Dabei zeigt sich: Wer Räume baut, baut immer auch an Wahrnehmung, Gesundheit, Motivation und Bindung. Eine strategisch gedachte Gestaltung schafft Umgebungen, in denen sich Menschen nicht nur befinden – sondern entfalten können.

8.6   Doppelte Wirkung – Zwei Perspektiven, ein Ziel

Die beiden vorangegangenen Kapitel haben gezeigt, dass Raumgestaltung sowohl auf der organisationalen als auch auf der individuellen Ebene wirkt. Erst das Zusammenspiel beider Perspektiven – wirtschaftlich und menschlich – entfaltet das volle Potenzial architekturpsychologischer Gestaltung.

Warum Unternehmen eine holistische Betrachtung der Architekturpsychologie brauchen
In einer Arbeitswelt, die sich rasant wandelt, reicht es längst nicht mehr aus, Räume nur funktional, ästhetisch oder technisch zu gestalten. Unternehmen, die ihre Zukunft aktiv gestalten wollen, brauchen eine holistische Architekturpsychologie – eine Betrachtung, die weit über Möbel, Grundrisse oder Automationssysteme hinausgeht.

Das Modell der „Architekturpsychologie by Gauer", welches ich nun in diesem Kapitel beschrieben habe, baut auf vier zentralen Dimensionen auf:

- Organisation – Wie arbeiten wir zusammen? Wie steuern wir Prozesse? Welche Kultur prägt uns?
- Mensch – Was brauchen die Menschen emotional, psychologisch, sozial, um sich sicher, wohl und leistungsfähig zu fühlen?
- Architektur – Wie übersetzen wir diese Bedürfnisse in Räume, Strukturen und physische Umgebungen?

- Gestaltung – Wie nutzen wir Farben, Materialien, Akustik, Licht, Natur, Ausstattung und Technik, um diese Räume spürbar, lebendig und identitätsstiftend zu machen?

Nur wenn diese vier Dimensionen zusammengedacht werden, entsteht ein Raum, der mehr ist als ein schöner Hintergrund. Er wird zu einem aktiven Mitgestalter:

Er stärkt Beziehungen. Er fördert Identifikation. Er unterstützt Zusammenarbeit, Innovation und Wohlbefinden.

Ein holistischer Ansatz in der Architekturpsychologie bedeutet, dass Unternehmen nicht nur auf kurzfristige Effizienz schauen, sondern auf langfristige Resilienz. Nicht nur auf Quadratmeter, sondern auf Qualität der Interaktion. Nicht nur auf Technik, sondern auf psychologische Wirkung.

Wer Räume gestaltet, gestaltet immer Organisation, Mensch, Architektur und Gestaltung zugleich. Und wer hier die Balance findet, baut nicht nur Räume – er baut Zukunft.

Literatur

Allen, J. G., MacNaughton, P., Satish, U., Santanam, S., Vallarino, J., & Spengler, J. D. (2016). Associations of cognitive function scores with carbon dioxide, ventilation, and volatile organic compound exposures in office workers: A controlled exposure study of green and conventional office environments. *Environmental Health Perspectives, 124*(6), 805–812. https://doi.org/10.1289/ehp.1510037

Allen, J. J., Anderson, C. A., & Bushman, B. J. (2018). The General Aggression Model. *Current Opinion in Psychology, 19*, 75–80. https://doi.org/10.1016/j.copsyc.2017.03.034

Banbury, S. P., & Berry, D. C. (1998). Disruption of office-related tasks by speech and office noise. *British Journal of Psychology, 89*(3), 499–517. https://doi.org/10.1111/j.2044-8295.1998.tb02699.x

Baron, R. A., Rea, M. S., & Daniels, S. G. (1992). Effects of indoor lighting (illuminance and spectral distribution) on the performance of cognitive tasks and interpersonal behaviors: The potential mediating role of positive affect. *Motivation and Emotion, 16*(1), 1–33. https://doi.org/10.1007/BF00996485

Bear, M. F., Connors, B. W., & Paradiso, M. A. (2020). *Neuroscience: Exploring the Brain* (4. Aufl.). Wolters Kluwer.

Berman, M. G., Jonides, J., & Kaplan, S. (2008). The cognitive benefits of interacting with nature. *Psychological Science, 19*(12), 1207–1212. https://doi.org/10.1111/j.1467-9280.2008.02225.x

Berto, R. (2005). Exposure to restorative environments helps restore attentional capacity. *Journal of Environmental Psychology, 25*(3), 249–259.

Blesser, B., & Salter, L.-R. (2007). *Spaces Speak, Are You Listening?* MIT Press.

Brainard, G. C., et al. (2001). Action spectrum for melatonin regulation in humans: Evidence for a novel circadian photoreceptor. *The Journal of Neuroscience, 21*(16), 6405–6412. https://doi.org/10.1523/JNEUROSCI.21-16-06405.2001

Brown, T. M., Brainard, G. C., Cajochen, C., Czeisler, C. A., Hanifin, J. P., Lockley, S. W., et al. (2022). Recommendations for daytime, evening, and nighttime indoor light exposure to best support physiology, sleep, and wakefulness in healthy adults. *PLOS Biology, 20*(3), e3001571. https://doi.org/10.1371/journal.pbio.3001571

Burnard, M. D., & Kutnar, A. (2015). Wood and human stress in the built indoor environment: A review. *BioResources, 10*(3), 9339–9352.

Cabanac, M. (1971). Physiological role of pleasure. *Science, 173*(4002), 1103–1107. https://doi.org/10.1126/science.173.4002.1103

Cajochen, C. (2007). Alerting effects of light. *Sleep Medicine Reviews, 11*(6), 453–464. https://doi.org/10.1016/j.smrv.2007.07.009

Cajochen, C., Münch, M., Kobialka, S., Kräuchi, K., Steiner, R., Oelhafen, P., et al. (2005). High sensitivity of human melatonin, alertness, thermoregulation, and heart rate to short wavelength light. *The Journal of Clinical Endocrinology & Metabolism, 90*(3), 1311–1316. https://doi.org/10.1210/jc.2004-0957

Chang, A. M., Aeschbach, D., Duffy, J. F., & Czeisler, C. A. (2014). Evening use of light-emitting eReaders negatively affects sleep, circadian timing, and next-morning alertness. *Proceedings of the National Academy of Sciences, 112*(4), 1232–1237. https://doi.org/10.1073/pnas.1418490112

Chellappa, S. L., Gordijn, M. C., & Cajochen, C. (2011). Can light make us bright? Effects of light on cognition and sleep. *Progress in Brain Research, 190*, 119–133. https://doi.org/10.1016/B978-0-444-53817-8.00007-4

Dalichow, I. (2014). *Die Heilkraft ätherischer Öle: Natürlich heilend – Wohltat für Körper.* Herbig Verlagsbuchhandlung.

Edmondson, A. (1999). Psychological safety and learning behavior in work teams. *Administrative Science Quarterly, 44*(2), 350–383. https://doi.org/10.2307/2666999

Elliot, A. J., & Maier, M. A. (2012). Color-in-context theory. *Advances in Experimental Social Psychology, 45*, 61–125. https://doi.org/10.1016/B978-0-12-394286-9.00002-0

Evans, G. W., & Johnson, D. (2000). Stress and open-office noise. *Journal of Applied Psychology, 85*(5), 779–783. https://doi.org/10.1037/0021-9010.85.5.779

Field, T. (2011). Touch for socioemotional and physical well-being: A review. *Developmental Review, 30*(4), 367–383. https://doi.org/10.1016/j.dr.2011.01.001

Figueiro, M. G., et al. (2017). The impact of daytime light exposures on sleep and mood in office workers. *Sleep Health, 3*(3), 204–215. https://doi.org/10.1016/j.sleh.2017.01.005

Fjeld, T., et al. (1998). The effect of indoor foliage plants on health and discomfort symptoms among office workers. *Indoor and Built Environment, 7*(4), 204–209.

Flade, A. (2020). Kompendium der Architekturpsychologie: Zur Gestaltung gebauter Umwelten. Springer Fachmedien Wiesbaden.Fleming, R. W., Nishida, S., & Gegenfurtner, K. R. (2015). Perception of material properties. *Vision Research, 115*(Pt B), 157–162. https://doi.org/10.1016/j.visres.2015.08.006

Gabel, V., et al. (2013). Effects of artificial dawn and morning blue light on daytime cognitive performance, well-being, cortisol and melatonin levels. *Chronobiology International, 30*(8), 988–997.

Gallup. (2024). *Gallup Engagement Index Deutschland 2024*. Gallup Press.

Gifford, R. (2007). *Environmental Psychology: Principles and Practice* (4. Aufl.). Optimal Books.

Gooley, J. J., et al. (2011). Exposure to room light before bedtime suppresses melatonin onset and shortens melatonin duration in humans. *The Journal of Clinical Endocrinology & Metabolism, 96*(3), E463–E472. https://doi.org/10.1210/jc.2010-2098

Hall, E. T. (1966). *The Hidden Dimension*. Doubleday.

Hanssen, M. J. W., et al. (2015). Short-term cold acclimation improves insulin sensitivity in patients with type 2 diabetes mellitus. *Nature Medicine, 21*(8), 863–865. https://doi.org/10.1038/nm.3891

Herz, R. S. (2004). A naturalistic analysis of autobiographical memories triggered by olfactory, visual and auditory stimuli. *Chemical Senses, 29*(3), 217–224. https://doi.org/10.1093/chemse/bjh025

Herz, R. S., & Engen, T. (1996). Odor memory: Review and analysis. *Psychonomic Bulletin & Review, 3*(3), 300–313. https://doi.org/10.3758/BF03210754

Hohmann, J., Schneider, J., & Ball, T. (2024). *Workplace Automation 2024 – Digitalisierung und Automatisierung moderner Arbeitswelten*. Lünendonk & Hossenfelder GmbH.. https://www.luenendonk.de/produkte/studien/workplace-automation-2024/

Hongisto, V. (2005). A model predicting the effect of speech of varying intelligibility on work performance. *Indoor Air, 15*(6), 458–468. https://doi.org/10.1111/j.1600-0668.2005.00391.x

Jelić, A., Tieri, G., De Matteis, F., Babiloni, F., & Vecchiato, G. (2016). The Enactive Approach to Architectural Experience: A Neurophysiological Perspective on Embodiment, Motivation, and Affordances. *Frontiers in Psychology, 7*, 481. https://doi.org/10.3389/fpsyg.2016.00481

Joye, Y., & Van den Berg, A. E. (2011). Is love for nature deeply rooted in the brain? *Environment and Behavior, 43*(4), 505–519.

Kahn, P. H., et al. (2008). A plasma display window?—The shifting baseline problem in a technologically mediated natural world. *Journal of Environmental Psychology, 28*(2), 192–199.

Kaplan, S. (1995). The restorative benefits of nature: Toward an integrative framework. *Journal of Environmental Psychology, 15*(3), 169–182. https://doi.org/1 0.1016/0272-4944(95)90001-2

Kellert, S. R., & Calabrese, E. F. (2015). *The practice of biophilic design.* Terrapin Bright Green.. https://biophilicdesign.umn.edu/sites/biophilic-net-positive.umn. edu/files/2021-09/2015_Kellert%20_The_Practice_of_Biophilic_Design.pdf

Kellert, S. R., Heerwagen, J. H., & Mador, M. L. (2013). *Biophilic Design: The Theory, Science and Practice of Bringing Buildings to Life.* Wiley.

Kingma, B., & van Marken Lichtenbelt, W. (2015). Energy consumption in buildings and female thermal demand. *Nature Climate Change, 5*(12), 1054–1056. https://doi.org/10.1038/nclimate2741

Knez, I., & Kers, C. (2000). Effects of Indoor Lighting, Gender, and Age on Mood and Cognitive Performance. *Environment and Behavior, 32*(6), 817–831. https:// doi.org/10.1177/0013916500326005

Kräuchi, K., & Wirz-Justice, A. (2001). Circadian clues to sleep onset mechanisms. *Neuropsychopharmacology, 25*(5 Suppl), S92–S96. https://doi.org/10.1016/ S0893-133X(01)00315-3

Küller, R., Ballal, S., Laike, T., Mikellides, B., & Tonello, G. (2006). The impact of light and colour on psychological mood: a cross-cultural study of indoor work environments. *Ergonomics, 49*(14), 1496–1507. https://doi.org/ 10.1080/00140130600858142

Kurt, S., & Osueke, K. (2014). The effects of color on the moods of college students. *SAGE Open, 4*(1). https://doi.org/10.1177/2158244014525423

Leaman, A., & Bordass, B. (2001). Assessing building performance in use 4: The Probe occupant surveys and their implications. *Building Research & Information, 29*(2), 129–143. https://doi.org/10.1080/09613210010008045

Lehrner, J., Marwinski, G., Lehr, S., Johren, P., & Deecke, L. (2005). Ambient odors of orange and lavender reduce anxiety and improve mood in a dental office. *Physiology & Behavior, 86*(1–2), 92–95. https://doi.org/10.1016/j.physbeh.2005.06.031

Lohr, V. I., Pearson-Mims, C. H., & Goodwin, G. K. (1996). Interior plants may improve worker productivity and reduce stress in a windowless environment. *Journal of Environmental Horticulture, 14*(2), 97–100.

Lucas, R. J., et al. (2014). Measuring and using light in the melanopsin age. *Trends in Neurosciences, 37*(1), 1–9. https://doi.org/10.1016/j.tins.2013.10.004

Mehta, R., & Zhu, R. J. (2009). Blue or red? Exploring the effect of color on cognitive task performances. *Science, 323*(5918), 1226–1229. https://doi.org/10.1126/ science.1169144

Moss, M., Cook, J., Wesnes, K., & Duckett, P. (2003). Aromas of rosemary and lavender essential oils differentially affect cognition and mood in healthy adults. *International Journal of Neuroscience, 113*(1), 15–38. https://doi. org/10.1080/00207450390161903

Münch, M., et al. (2012). Wavelength-dependent effects of evening light exposure on sleep architecture and sleep EEG power density in men. *American Journal of Physiology-Regulatory, Integrative and Comparative Physiology, 290*(5), R1421–R1428. https://doi.org/10.1152/ajpregu.00478.2005

Nieuwenhuis, M., Knight, C., Postmes, T., & Haslam, S. A. (2014). The relative benefits of green versus lean office space: Three field experiments. *Journal of Experimental Psychology: Applied, 20*(3), 199–214.

Pain, R. (2001). Gender, race, age and fear in the city. *Urban Studies, 38*(5–6), 899–913. https://doi.org/10.1080/00420980120046590

Pause, B. M., Adolph, D., Prehn-Kristensen, A., & Ferstl, R. (2012). Startle response potentiation to chemosensory anxiety signals in socially anxious individuals. *International Journal of Psychophysiology, 85*(1), 135–139. https://doi.org/10.1016/j.ijpsycho.2011.06.007

Prehn-Kristensen, A., et al. (2009). Induction of Empathy by the Smell of Anxiety. *PLoS ONE, 4*(6), e5987. https://doi.org/10.1371/journal.pone.0005987

Proust, M. (2015). *Auf der Suche nach der verlorenen Zeit. Band 1: Unterwegs zu Swann* (E. Rechel-Mertens, Übers.). Suhrkamp. (Originalarbeit 1913)

Redlich, C. A., Sparer, J., & Cullen, M. R. (1997). Sick-building syndrome. *The Lancet, 349*(9057), 1013–1016. https://doi.org/10.1016/S0140-6736(96)07220-0

Rice, P. L., Kozak, R. A., Meitner, M. J., & Cohen, D. H. (2007). Appearance wood products and psychological well-being. *Wood and Fiber Science, 38*(4), 644–659.

Roessler, K. K. (2023). Architekturpsychologie an der Süddänischen Universität. In T. C. Vollmer (Hrsg.), *Architekturpsychologie Perspektiven* (S. 81–93). Springer Vieweg. https://doi.org/10.1007/978-3-658-40607-3_5

Satish, U., et al. (2012). Is CO_2 an indoor pollutant? Direct effects of low-to-moderate CO_2 concentrations on human decision-making performance. *Environmental Health Perspectives, 120*(12), 1671–1677. https://doi.org/10.1289/ehp.1104789

Swain, J. E., et al. (2007). Brain basis of early parent–infant interactions: Psychology, physiology, and in vivo functional neuroimaging studies. *Journal of Child Psychology and Psychiatry, 48*(3–4), 262–287. https://doi.org/10.1111/j.1469-7610.2006.01702.x

Van den Berg, A. E., Koole, S. L., & Van der Wulp, N. Y. (2003). Environmental preference and restoration: (How) are they related? *Journal of Environmental Psychology, 23*(2), 135–146.

van der Lans, A. A. J. J., et al. (2015). Cold acclimation recruits human brown fat and increases nonshivering thermogenesis. *Nature Medicine, 19*(5), 653–656. https://doi.org/10.1038/nm.3112

Vandewalle, G., Maquet, P., & Dijk, D. J. (2009). Light as a modulator of cognitive brain function. *Trends in Cognitive Sciences, 13*(10), 429–438. https://doi.org/10.1016/j.tics.2009.07.004

Viola, A. U., et al. (2008). Blue-enriched white light in the workplace improves self-reported alertness, performance and sleep quality. *Scandinavian Journal of Work, Environment & Health, 34*(4), 297–306. https://doi.org/10.5271/sjweh.1268

Vischer, J. C. (2005). *Space Meets Status: Designing Workplace Performance*. Routledge.

Wargocki, P., & Wyon, D. P. (2006). Influence of indoor environment on the performance of office work. In J. Clements-Croome (Hrsg.), *Creating the Productive Workplace* (2. Aufl., S. 131–154). Taylor & Francis.

Wessolowski, N., et al. (2014). The Effect of Variable Light on the Fidgetiness and Social Behavior of Pupils in School. *Journal of Environmental Psychology, 39*. https://doi.org/10.1016/j.jenvp.2014.05.001

Williams, L. E., & Bargh, J. A. (2008). Experiencing physical warmth promotes interpersonal warmth. *Science, 322*(5901), 606–607. https://doi.org/10.1126/science.1162548

Wilson, E. O. (1984). *Biophilia*. Harvard University Press.

Wolkoff, P., & Kjærgaard, S. K. (2007). The dichotomy of relative humidity on indoor air quality. *Environment International, 33*(6), 850–857. https://doi.org/10.1016/j.envint.2007.04.004

Zwicker, E., & Fastl, H. (1999). *Psychoacoustics: Facts and Models* (2. Aufl.). Springer. https://doi.org/10.1007/978-3-662-09562-1

Zwicker, E. (1982). *Psychoakustik*. Springer. https://doi.org/10.1007/978-3-642-68510-1

4

Was schiefläuft – Typische Fehler, die Unternehmen teuer zu stehen kommen

Vorwort zu Kap. 4

Manchmal scheitern Projekte nicht an mangelnder Innovation, sondern an zu wenig Verständnis. Nicht an fehlendem Budget, sondern an fehlender Tiefe. Nicht an schlechten Ideen, sondern an der fehlenden Verbindung zwischen Mensch, Raum, Organisation und Gestaltung.

In diesem Kapitel möchte ich Ihnen zeigen, warum so viele gut gemeinte Maßnahmen in der Praxis scheitern – und was Unternehmen teuer zu stehen kommt, wenn sie psychologische Faktoren ignorieren.

Es geht um Bewusstsein. Um das Erkennen der typischen Fallstricke. Um das Wissen, warum es sich lohnt, genauer hinzusehen – und warum architekturpsychologische Beratung der Schlüssel ist, wenn Räume wirklich wirken sollen.

In einer sich ständig verändernden Arbeitswelt erleben wir täglich, wie wichtig es ist, mutig alte Muster zu hinterfragen. Julia Maria Piechatzek beschreibt in ihrem Werk «Die Transformation der Arbeitswelt» sehr treffend, dass nicht der Wandel selbst gefährlich ist, sondern das Festhalten an der Logik von gestern. Unternehmen, die heute erfolgreich sein wollen, müssen nicht nur Prozesse, Tools und Strukturen anpassen – sie müssen auch verstehen, dass Arbeitsräume keine neutrale Kulisse sind, sondern aktive Mitgestalter von Kultur, Verhalten und Identität.

Genau hier liegt oft der blinde Fleck: Zu oft werden Räume rein rational, funktional oder ästhetisch geplant – ohne die emotionale Dimension der

S. Gauer, *Architekturpsychologie als Erfolgsfaktor!*, https://doi.org/10.1007/978-3-662-72370-8_4

Nutzung mitzudenken. Doch gerade die emotionale Qualität entscheidet darüber, ob Menschen Räume als inspirierend, einladend und stärkend erleben oder als kalt, überfordernd und leer. Wer diese „gefühlte Zukunft" nicht berücksichtigt, riskiert nicht nur ineffiziente Flächen, sondern auch schwindende Motivation, geringere Bindung und hohe Folgekosten.

In diesem Kapitel werfen wir deshalb einen kritischen Blick auf typische Fehler, die immer wieder passieren – Fehler, die Unternehmen teuer zu stehen kommen, weil sie genau diese komplexen Wechselwirkungen zwischen Mensch, Raum, Organisation und Gestaltung unterschätzen. Wir zeigen Ihnen, woran viele gut gemeinte Projekte scheitern, welche Muster sich in der Praxis immer wiederholen – und warum es sich lohnt, hier bewusst innezuhalten, bevor man Lösungen sucht. Denn genau an diesem Punkt beginnt die Arbeit mit unserem Architekturpsychologie Modell: dort, wo die richtigen Fragen gestellt werden müssen, bevor die richtigen Antworten gefunden werden.

1   Emotionen als blinder Fleck in der Planung

Die emotionale Dimension wird in der Planung oft unterschätzt – nicht nur in der Zukunftsforschung, sondern ebenso in der Gestaltung von Räumen und Organisationen. Der Anspruch, rein rational, faktenbasiert und methodisch vorzugehen, übersieht häufig eine zentrale Wahrheit: Am Ende sind es Menschen, die in diesen Räumen arbeiten. Ihre Erwartungen, Ängste, Hoffnungen und Gewohnheiten prägen die Wahrnehmung von Architektur mindestens so stark wie funktionale oder technische Aspekte.

Gerade in einer Zeit, in der der Mensch nach wie vor einen großen Teil seines Lebens im Arbeitsumfeld verbringt, wird der Arbeitsort zu einem emotional aufgeladenen Raum. Gefühle und Arbeitsplatz lassen sich nicht voneinander trennen – sie vermischen sich, überlagern sich, formen ein untrennbares Geflecht. Und genau hier liegt ein oft unterschätzter Kipppunkt: In Workplace-Change-Projekten entlädt sich ein großer Teil dieser Emotionen.

Die Gründe dafür sind vielfältig: Frust über Veränderungen, Angst vor dem Neuen, Unsicherheit über Rollen, Unklarheit in der Kommunikation, Überforderung durch die Geschwindigkeit des Wandels – aber auch positive Gefühle wie Freude, Neugier, Spannung oder Aufbruchsstimmung. All diese Emotionen existieren gleichzeitig, überlagern sich und müssen gemanagt werden.

Die erfolgreiche Gestaltung von Veränderungsprozessen stellt Unternehmen vor eine erhebliche Herausforderung. Es ist essenziell, dass Change Manager nicht nur über ein tiefes Verständnis der zugrunde liegenden psychologischen Mechanismen verfügen, sondern auch die fachliche Kompetenz, emotionale Stärke und notwendige Empathie mitbringen, um Veränderung wirksam und nachhaltig zu begleiten.

Bereits John P. Kotter (1995) wies darauf hin, dass mehr als 70 % aller Transformationsprozesse scheitern – meist nicht an der Strategie selbst, sondern an unzureichender Umsetzung, fehlender Kommunikation und mangelnder Verankerung der Veränderung in der Unternehmenskultur.

Auch McKinsey & Company (2002) kam zu ähnlichen Ergebnissen: In einer Analyse von 40 groß angelegten Veränderungsprojekten erreichten lediglich 42 % der Unternehmen ihre Ziele vollständig oder übertrafen sie. 58 % verfehlten ihre Vorgaben – 20 % davon sogar gravierend, indem sie nur ein Drittel oder weniger des angestrebten Nutzens realisierten. Als Hauptursachen wurden mangelnde Change-Management-Kompetenzen identifiziert, insbesondere in den Bereichen Führung, Kommunikation und Mitarbeitereinbindung.

Eine spätere Studie von McKinsey (2015) bestätigte diesen Befund: Rund 70 % der Change-Initiativen verfehlten ihre Ziele – vor allem aufgrund von Widerstand auf Mitarbeiterebene und fehlender Unterstützung durch das Top-Management.

Diese Erkenntnisse verdeutlichen, dass effektives Change Management weit mehr bedeutet als die Einführung neuer Prozesse oder Strukturen – es erfordert die Fähigkeit, Menschen sicher durch Unsicherheit und Wandel zu führen. Aus meiner Erfahrung in zahlreichen Transformationsprojekten zeigt sich immer wieder: Veränderung scheitert selten an der Idee oder Strategie – sondern häufig an fehlender psychologischer Begleitung, mangelnder Beteiligung und einer unklaren Führungsrolle im Wandel.

Auch in der Zukunftsforschung und planerischen Praxis zeigt sich eine systematische Ausblendung emotionaler Faktoren. Schäfer, Steinmüller und Zweck (2022) kritisieren in ihrem Sammelband Gefühlte Zukunft, dass Emotionen in Studien, Projektberichten und akademischen Publikationen meist „aussen vor" bleiben – obwohl sie nachweislich zentralen Einfluss auf Entscheidungen, Methodenwahl und Kommunikation haben. Die Herausgeber sprechen sogar von einer irrationalen Überbewertung der Ratio – ein Befund, der sich auch in der architektonischen Planung widerspiegelt.

Im Kontext der Architekturpsychologie bedeutet das: Wenn wir nur technische, organisatorische oder wirtschaftliche Faktoren in der Planung berücksichtigen, bleiben die emotionale Akzeptanz, die gefühlte Passung und die subjektive Wahrnehmung der Räume unsichtbar. Genau hier setze ich in meinem Buch «Führen im Zeitalter neuer Arbeitswelten» mit dem «Eisbergmodell by Gauer», siehe Abb. 4.1, an: Es zeigt, dass das, was wir in einem Raum sehen – wie Design, Möblierung oder technologische Ausstattung –

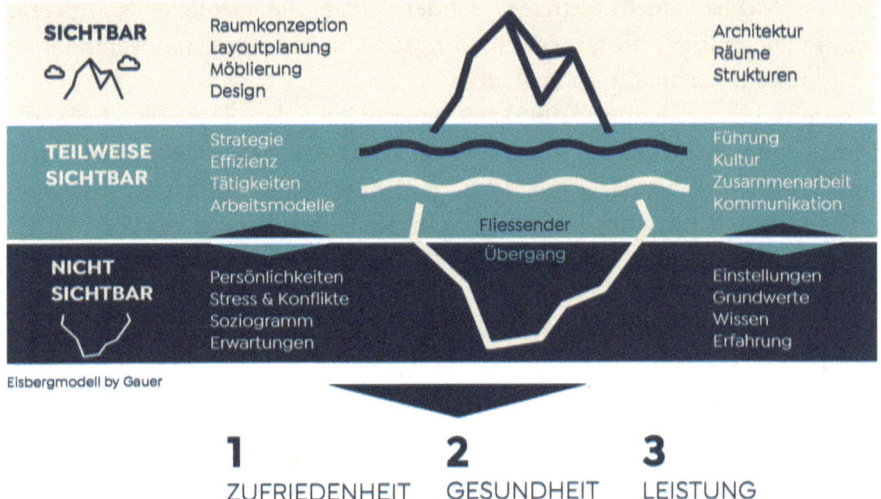

SICHTBAR
Raumkonzeption
Layoutplanung
Möblierung
Design

Architektur
Räume
Strukturen

TEILWEISE SICHTBAR
Strategie
Effizienz
Tätigkeiten
Arbeitsmodelle

Führung
Kultur
Zusammenarbeit
Kommunikation

Fliessender
Übergang

NICHT SICHTBAR
Persönlichkeiten
Stress & Konflikte
Soziogramm
Erwartungen

Einstellungen
Grundwerte
Wissen
Erfahrung

Eisbergmodell by Gauer

1 ZUFRIEDENHEIT   **2** GESUNDHEIT   **3** LEISTUNG

Abb. 4.1 Eisberg Modell by Gauer Consulting. (Quelle: Eigenes Modell)

nur die Spitze des Eisbergs ist. Darunter liegen die viel entscheidenderen, unsichtbaren Schichten: die Werte, Haltungen, Emotionen, Erfahrungen und kulturellen Prägungen der Menschen, die diesen Raum nutzen.

Diese tieferen Ebenen bestimmen maßgeblich, ob ein Raum als förderlich oder belastend wahrgenommen wird. Wenn Unternehmen versuchen, nur die sichtbare Spitze zu verändern – zum Beispiel, indem sie neue Möbel anschaffen oder hippe Tools einführen –, ohne die darunterliegenden Schichten zu berücksichtigen, entstehen genau die typischen Fehler, die so oft zu Scheitern führen. Dann wirken Räume kalt und distanziert, Technologie wird als überfordernd empfunden, und Zonen, die eigentlich zum Austausch oder zur Erholung gedacht sind, bleiben leer, weil sie sich „falsch" anfühlen.

Das Eisbergmodell macht sichtbar, was in vielen Projekten vergessen wird: dass psychologische und emotionale Faktoren nicht Beiwerk sind, sondern die Grundbedingung für erfolgreiche Gestaltung. Architekturpsychologie bedeutet, diese Dimensionen ernst zu nehmen – nicht nur mit ein paar netten Accessoires, sondern mit einem tiefen Verständnis dafür, was Räume mit Menschen machen.

Architekturpsychologie bedeutet, die emotionale Qualität und die gefühlten Zukunftsbilder der Menschen einzubeziehen – nicht nur als „weiche Faktoren", sondern als zentrales Element, um Akzeptanz, Motivation und Veränderungsbereitschaft zu fördern. Räume, die sich rational korrekt anfühlen, aber emotional falsch, bleiben leer. Räume, die sich emotional richtig anfühlen, können dagegen selbst kleine funktionale Mängel ausgleichen.

1.1 Fehlentscheidungen haben weitläufige Auswirkungen

Erfolgreiche Workplace Projekte, die Architekturpsychologie sinnvoll integrieren, haben eines gemeinsam: Sie denken den Menschen von Anfang an mit. Das bedeutet nicht, dass alle Maßnahmen perfekt geplant oder dass alle Bedürfnisse sofort erfüllt sind – es bedeutet vielmehr, dass die Projekte ein tiefes Verständnis für die Wechselwirkungen zwischen Raum, Organisation, Kultur und Emotion zeigen.

Ich habe in meiner Arbeit zahlreiche Projekte begleitet, in denen gerade diese psychologische Tiefe den Unterschied gemacht hat. Dort, wo Unternehmen verstanden haben, dass Architektur nicht nur Design, sondern auch Kommunikation, Haltung und Kultur transportiert, konnten Arbeitswelten geschaffen werden, die Identität stärken, Zufriedenheit fördern und langfristig Leistung tragen.

In der Praxis begegnen mir immer wieder Projekte, bei denen die architekturpsychologischen Faktoren ignoriert wurden – oft mit dramatischen Folgen. Hier geht es nicht um kleine Schönheitsfehler, sondern um strategische Fehlentscheidungen, die Unternehmen teuer zu stehen kommen.

Beispiel 1: Ein Unternehmen investierte enorme Summen in eine neue Bürowelt – modern, offen, mit beeindruckender Technik, stylischen Lounges, raffiniert designten Meetingzonen und einem architektonischen Prestige, das sich sehen lassen konnte. Doch nur wenige Monate nach dem Einzug standen viele Flächen halb leer. Die Mitarbeitenden mieden die offenen Bereiche, zogen sich an Randzonen zurück oder arbeiteten gleich lieber von zu Hause.

Warum? Weil am grundsätzlichen Nutzerbedürfnis vorbeigeplant wurde. Niemand hatte sich die Mühe gemacht, zu verstehen, was die Menschen wirklich brauchten, was ihnen half, was sie störte. Stattdessen flossen Budgets in technische Tools, die später keiner nutzte, in Designelemente, die zwar modern wirkten, aber keinen funktionalen Mehrwert boten, und in Spielereien, die vor allem eins waren: beeindruckend auf dem Papier. Die Führungskräfte standen hinter dem Projekt meist nur halbherzig, während sich die Geschäftsleitung nur am Rande dafür interessierte – zu sehr war man mit strategischen Themen und den großen Linien beschäftigt, als sich um die „Details" der Raumnutzung zu kümmern.

Ein oft unterschätztes Element war dabei die Projektleitung selbst: Sie wollte mit einem sichtbaren, prestigeträchtigen Output punkten. Und natürlich – ein chices Büro lässt sich herzeigen: Schaut mal, wofür wir all das Geld ausgegeben haben! Das lässt sich kommunizieren, fotografieren, feiern. Doch wenn man das Geld in die Menschen investiert – in verhaltenspsychologische Begleitung, Change-Prozesse, emotionale Integration – dann kann man diesen Erfolg nicht sofort nach außen tragen. Man muss abwarten, man muss feinfühlig nachjustieren, man muss aushalten, dass Wirkung nicht immer sofort sichtbar ist.

Das Problem: Viele der Projektleiter sind nach Abschluss des Projekts längst weg. Sie wechseln in neue Projekte, neue Firmen, neue Aufgaben. Zurück bleiben die Flächen, die Gebäude, die Bürowelten – und die Mitarbeitenden, die mit einer Realität konfrontiert sind, die sich falsch anfühlt. Die win-win-Situation, die man sich zu Beginn eingeredet hat, kippt. Aus „schaut mal, was wir alles geschaffen haben" wird „schaut mal, was nicht funktioniert".

Der bittere Kern: Falsche Planungen sind nur kurzfristig schön. Langfristig kosten sie nicht nur Geld, sondern auch Vertrauen, Energie, Motivation und Identifikation. Sie hinterlassen eine Organisation, die sich fragt, warum sie trotz aller Investitionen nicht vorankommt – und oft den eigentlichen Grund nicht erkennt: dass sie die unsichtbaren, emotionalen, psychologischen Faktoren ausgeblendet hat.

Beispiel 2: Ein weiteres Beispiel aus der Praxis: Ein großes Unternehmen wollte seine Flächen modernisieren und gleichzeitig „die DNA der Marke" sichtbar machen. Das Ergebnis: ein Office voller Corporate-Identity-Elemente – die Wände leuchteten in den Markenfarben, das Logo tauchte an allen möglichen Stellen auf, von Glastrennwänden bis hin zu Teppichmustern. Doch was als kraftvolle Markeninszenierung gedacht war, wirkte auf die Mitarbeitenden wie ein Overkill: Sie fühlten sich „zugepflastert" mit Symbolik, die ihnen im Arbeitsalltag nichts brachte.

Auch die Zonierung war ein Problem: laute Zonen, wie offene Meetingecken, lagen direkt neben Ruhezonen, was beides unbrauchbar machte. Der ausgewiesene Ruheraum wurde kaum genutzt, weil er weder akustisch noch atmosphärisch funktionierte – die Farben waren kühl und ungemütlich, das Licht hart, die Möblierung steril. Die Räume, die als kreativ und dynamisch gedacht waren, wirkten dagegen hektisch und unruhig.

Besonders kritisch war, dass das Change Management an eine interne Mitarbeiterin übertragen wurde, die gerade einen Kurs zu Change Management absolviert hatte. Dort hatte sie gelernt: „aktive Mitarbeitereinbindung ist wichtig." Doch leider fehlte ihr die Weitsicht zu verstehen, was das wirklich bedeutet. Ihre Idee der Einbindung bestand zum Beispiel darin, die Teams zwischen drei verschiedenen Teppichfarben wählen zu lassen – alle im Grünton. Auf einer oberflächlichen Ebene wurde das als Beteiligung verkauft, doch in Wahrheit hatte es keinen echten Einfluss auf die Planung. Die Mitarbeitenden wurden in Details eingebunden, aber nicht bei den grundlegenden Fragen, die wirklich zählten: Wie wollen wir arbeiten? Was brauchen wir, um produktiv und wohlfühlig zu sein?

Gleichzeitig war die Kommunikation mangelhaft. Viele wussten gar nicht, warum bestimmte Entscheidungen getroffen wurden, was sich verändern sollte oder wie sie sich in den neuen Räumen zurechtfinden sollten.

Am Ende stand ein Ergebnis, das zwar auf Fotos gut aussah, aber in der Nutzung scheiterte. Die Mitarbeitenden fühlten sich entfremdet, die Räume blieben hinter den Erwartungen zurück, und der Unmut über „verschwendete Chancen" wuchs. Das Unternehmen hatte viel Geld investiert – aber am Kern, den psychologischen und funktionalen Bedürfnissen der Nutzer:innen, war es vorbeigeplant. Und der vermeintliche Change-Prozess hatte das Problem nicht gelöst, sondern sogar verstärkt.

Beispiel 3: Ein international agierendes Unternehmen hatte sich den Traum eines neuen Headquarters erfüllt – groß, lichtdurchflutet, mit großzügigen Flächen und modernem Design. Doch schon nach kurzer Zeit stellte sich heraus: Das Büro war viel zu groß dimensioniert. Was architektonisch beeindruckend wirkte, war psychologisch eine Belastung. Die Mitarbeitenden fühlten sich verloren in den endlosen Weiten der Fläche. Neuropsychologisch betrachtet ist das ein hochrelevanter Faktor: Unser Gehirn sucht in Arbeitsumgebungen unbewusst nach Sicherheit, Halt, Orientierung. Wenn Räume zu groß, zu offen, zu unstrukturiert wirken, schaltet das Gehirn in einen subtilen Alarmmodus: Wir fühlen uns einsam, ausgesetzt, potenziell bedroht – was langfristig Stress und Erschöpfung fördert.

Hinzu kam, dass an vielen Stellen einfach nicht zu Ende gedacht wurde. Überall standen trendige Sofaecken, die auf Fotos einladend wirkten, aber in der Realität niemand nutzte. Warum? Weil niemand die Sofas vorab getestet hatte: Sie waren viel zu tief, unbequem, unpraktisch – kein Mensch konnte dort entspannt sitzen, geschweige denn konzentriert in loungiger Atmosphäre arbeiten. Die Idee war spannend, aber sie war nicht praxisnah.

Auch die Privatsphäre war ein Problem: In den offenen Bereichen standen zu viele Tische auf engem Raum. Zwar war das architektonisch elegant gelöst – mit filigranen Elementen, schicken Oberflächen und durchdachten Details. Doch funktional war es ein Desaster: Die Mitarbeitenden fühlten sich beobachtet, permanent ausgestellt, ohne Rückzugsoption.

Das Kernproblem lag darin, dass die Bedürfnisse der Menschen nicht ernst genommen wurden. Es wurde viel geplant, entworfen und investiert – aber wenig gefragt. Was brauchen die Teams wirklich? Wo fühlen sie sich wohl? Welche Zonen brauchen welche Qualität? Wie verhält sich der Mensch in gebauten Räumen? Was wirkt auf das Gehirn positiv und was stresst das Gehirn?

Das Ergebnis: ein Büro, das mehr Kraft kostete, als es spendete. Mitarbeitende, die sich durch den Tag kämpften, statt inspiriert zu arbeiten. Und ein Management, das ratlos auf die sinkende Auslastung und die schwindende Motivation blickte, ohne zu verstehen, dass der Schlüssel nicht im Design, sondern in der psychologischen Passung lag.

Diese drei Beispiele zeigen, wie vielschichtig und folgenreich Fehlentscheidungen in der Gestaltung von Arbeitswelten sein können. Sie zeigen, dass es nicht reicht, Geld in Design, Technik oder Raumkonzepte zu investieren, wenn die psychologischen Bedürfnisse der Menschen nicht mitgedacht werden.

Ob es die überdimensionierte, entmenschlichende Fläche ist, die das Gehirn in einen unterschwelligen Stressmodus versetzt; die schicken, aber unbrauchbaren Sofaecken, die nie getestet wurden; die symbolisch überladene Markenwelt, die Mitarbeitende entfremdet; oder die falsch verstandene Mitarbeitereinbindung, die auf oberflächliche Entscheidungen wie Teppichfarben reduziert wird: Am Ende führen all diese Fehler zu demselben Ergebnis.

Räume, die nicht psychologisch anschlussfähig sind, werden nicht genutzt. Technik, die die Menschen nicht mitnimmt, wird ignoriert. Veränderungsprozesse, die die emotionale Ebene ausklammern, scheitern. Und Unternehmen stehen dann oft fassungslos vor teuren Flächen und leer laufenden Tools, ohne zu verstehen, warum all ihre Investitionen verpuffen.

Genau hier setzen wir mit dem Modell der Architekturpsychologie by Gauer an: Wir zeigen, wo die unsichtbaren Hebel liegen, welche emotionalen, neuropsychologischen und kulturellen Faktoren mitgedacht werden müssen – und warum die tiefere Planungsebene entscheidend für den Erfolg ist.

Im nächsten Abschnitt schauen wir uns an, welche typischen Fehler immer wieder auftauchen – unabhängig von Branche, Budget oder Unternehmensgröße.

1.2   Typische Fehler

In meiner Arbeit mit Unternehmen habe ich über die Jahre ein wiederkehrendes Muster erkannt: Es gibt typische Fehler, die sich quer durch Branchen, Unternehmensgrößen und Projektarten ziehen – immer wieder. Diese Fehler haben eines gemeinsam: Sie entstehen, weil nur auf der sichtbaren Ebene gearbeitet wird (Design, Fläche, Budget), aber die tieferen Ebenen (Psychologie, Kultur, Nutzerbedürfnisse) ausgeblendet bleiben.

Hier die häufigsten Fehlermuster, die ich immer wieder beobachte:

Design ohne Funktionalität
Räume werden designt, um gut auszusehen – auf Fotos, in Broschüren, im Portfolio. Doch sie passen nicht zu den Nutzern.

1.3 Wenn Räume schöner aussehen, als sie funktionieren

In vielen Projekten begegnet mir derselbe Irrtum: Unternehmen investieren große Summen, um ihre Arbeitswelten „aufzuhübschen". Architekten werden beauftragt, die coolsten Designs zu entwerfen, Farben werden auf das Corporate Identity abgestimmt, Möbel von angesagten Herstellern bestellt – doch dabei wird übersehen, dass ein schöner Raum nicht automatisch ein guter Raum ist.

Das Ziel wird zu oft auf das rein Sichtbare reduziert: „Es soll gut aussehen." Räume werden als Visitenkarte verstanden, als Ausdruck von Fortschritt, als Statement nach außen. Doch in diesem Fokus auf Ästhetik verlieren die Planer aus dem Blick, dass die Räume vor allem nach innen wirken – auf die Menschen, die darin arbeiten.

Hier zeigt sich eine zentrale Lektion der Architekturpsychologie: Räume müssen aus der Nutzerperspektive heraus entwickelt werden, nicht aus der Designperspektive. Es reicht nicht, wenn ein Raum „Instagram-tauglich" ist. Er muss funktional sein – das bedeutet: Er muss die Tätigkeiten, die dort stattfinden, bestmöglich unterstützen.

Der psychologische Fehler dahinter: Die Vorstellung, dass sich Menschen einfach an die Räume anpassen. In Wahrheit ist es umgekehrt: Räume prägen das Verhalten, die Haltung, die Stimmung der Menschen. Sie müssen auf die Bedürfnisse der Nutzer:innen reagieren – nicht nur auf Designtrends.

Wer hier spart, zahlt doppelt: Durch Leerstand, durch ineffiziente Nutzung, durch Unzufriedenheit, die sich letztlich auf Leistung und Identifikation mit dem Unternehmen auswirkt.

1.4 Flache Hierarchien ohne Anpassung der Räume – Wenn Strukturen und Architektur nicht zusammenpassen

Ein häufiger Denkfehler in Unternehmen ist: „Wir verändern einfach die Organisationsform, und die Räume werden sich schon anpassen." Doch genau das passiert nicht. Architekturpsychologisch betrachtet sind Räume viel mehr als bloße Hüllen – sie sind Ausdruck von Haltung, Werten und Macht-verhältnissen.

Wenn ein Unternehmen flache Hierarchien ausruft, die Räume aber wei-terhin stark hierarchisch geprägt bleiben (z. B. durch abgetrennte Chefetagen, privilegierte Einzelbüros oder symbolische Statusflächen), entsteht eine ko-gnitive Dissonanz. Die Menschen nehmen unbewusst wahr, dass die räum-liche Botschaft der organisatorischen Botschaft widerspricht. Das schwächt Vertrauen, führt zu Frustration und untergräbt die Glaubwürdigkeit der Ver-änderung.

Noch ein wichtiger Punkt: Oft werden in Veränderungsprozessen die räum-lichen Auswirkungen völlig unterschätzt. Flache Hierarchien bedeuten nicht automatisch „alles offen". Sie erfordern eine feine Balance zwischen Nähe und Distanz, zwischen Transparenz und Diskretion. Räume müssen sowohl zu-fällige Begegnungen als auch gezielte Rückzüge ermöglichen, um echte Gleichwertigkeit zu fördern.

Viele Unternehmen investieren in neue Hierarchiestrukturen oder agile Methoden, lassen die Architektur aber unangetastet. Das ist gefährlich, weil Räume – ob gewollt oder nicht – immer mitkommunizieren. Sie beeinflussen Verhalten, Zugehörigkeit und Interaktion. Wer also wirklich flache Hierar-chien leben will, muss die Architektur von Anfang an mitdenken. Und das bedeutet auch: ausreichend Zeit und Ressourcen in die strategische Phase zu investieren, bevor mit Design oder baulichen Maßnahmen gestartet wird.

Denn: Der Mensch ist kein „weichgespülter Faktor", der sich schon anpas-sen wird – er ist der entscheidende Erfolgsfaktor. Wer die emotionale, psychologische Seite der räumlichen Wirkung ignoriert, riskiert nicht nur eine ineffektive Arbeitsumgebung, sondern auch wirtschaftliche Einbußen.

1.5   Raum ohne Zonierung oder Nutzungskonzept – Wenn alles möglich ist, aber nichts funktioniert

Auf den ersten Blick klingt es attraktiv: offene, flexible Flächen, die „alles kön-nen". Doch genau hier liegt ein häufig unterschätztes Risiko. Ohne klare Zo-nierung, ohne durchdachtes Nutzungskonzept entstehen Räume, die am Ende gar nichts richtig können.

Architekturpsychologisch betrachtet braucht der Mensch Orientierung. Das bedeutet nicht nur, sich physisch zurechtzufinden („Wo bin ich?"), son-dern auch sozial und funktional: „Was ist hier erlaubt? Was passiert hier? Wie soll ich mich hier verhalten?" Wenn Räume diese Signale nicht geben, entsteht Unsicherheit. Menschen vermeiden Bereiche, in denen sie sich beobachtet, fehl am Platz oder unwohl fühlen.

Ein gut zonierter Raum schafft klare Ankerpunkte: Hier ist Austausch gewünscht, dort ist Ruhezone. Hier darf ich telefonieren, dort ist konzentriertes Arbeiten vorgesehen. Diese Lesbarkeit ist entscheidend – gerade in komplexen, multifunktionalen Arbeitsumgebungen. Sie gibt dem Gehirn Halt, reduziert kognitive Belastung und unterstützt gezieltes Verhalten.

Fehlt diese Struktur, passiert das Gegenteil: Geräusche breiten sich ungebremst aus, Mitarbeitende suchen sich provisorische Rückzugsorte, es entstehen Konflikte zwischen unterschiedlichen Nutzungsbedürfnissen. Der Raum wird zu einem psychologischen Stolperfeld.

Und: Auch hier zeigt sich ein klassischer Fehler in Projekten – die Idee, dass man die Nutzer schon „machen lassen" kann. Natürlich brauchen Arbeitsräume Flexibilität, aber sie brauchen auch Führung. Ein gutes Nutzungskonzept kombiniert räumliche Gestaltung mit psychologischen Leitplanken, damit Flexibilität nicht in Chaos umschlägt.

Besonders gefährlich ist es, diese Phase aus Zeit- oder Kostengründen zu überspringen. Denn: Was anfangs „offen und frei" wirkt, wird später oft teuer nachjustiert – mit Umbauten, akustischen Maßnahmen, Möbelanpassungen oder sogar Nutzungsänderungen. Es lohnt sich also, hier von Anfang an in Architekturpsychologie zu investieren, um Räume nicht nur schön, sondern auch klug und wirksam zu planen.

1.6 Einführung von Technologie ohne psychologische Integration – Wenn Tools zum Stressfaktor werden

In vielen Projekten wird Technologie als Allheilmittel gesehen: digitale Whiteboards, smarte Buchungstools, vernetzte Systeme, Sensorik für Licht, Temperatur oder Auslastung. Auf dem Papier sieht das beeindruckend aus – modern, effizient, zukunftsweisend. Doch in der Realität erleben Mitarbeitende diese Technik oft ganz anders: als Barriere, Desintresse, als Frustquelle oder sogar als Bedrohung.

Warum? Weil Technologie nicht nur eine funktionale, sondern immer auch eine psychologische Dimension hat.

Aus der Architekturpsychologie wissen wir, dass Menschen ein Grundbedürfnis nach Kontrolle haben. Sie wollen verstehen, wie ihre Umgebung funktioniert. Sie wollen Einfluss nehmen können. Sie wollen sich sicher fühlen. Wenn neue Systeme plötzlich eingreifen – etwa weil Lichter sich automatisch dimmen, Türen sich ohne Berührung öffnen oder Arbeitsplätze nur noch per App buchbar sind –, kann das als Kontrollverlust wahrgenommen werden. Vor allem dann, wenn die Logik hinter der Technik nicht transparent gemacht wird.

Dazu kommt: Jedes digitale System bringt eine gewisse Komplexität mit sich. Menschen müssen lernen, wie es funktioniert. Sie müssen verstehen, welchen Mehrwert es bietet. Sie müssen sicher sein, dass sie es richtig bedienen. Passiert das nicht, wird Technologie schnell zum Stressfaktor – oder einfach ignoriert.

Hier liegt ein typischer Fehler: Unternehmen investieren viel Geld in Tools, ohne die psychologische Integration mitzudenken. Es reicht nicht, Technik zu installieren. Sie muss auch in die Kultur, die Routinen und die Kommunikationsmuster der Organisation eingebettet werden. Die Einführung neuer Systeme braucht Begleitung, Training, Anpassung. Vor allem aber: ein tiefes Verständnis dafür, was Menschen brauchen, um sich mit der Technik wohlzufühlen.

Denn Technik ist niemals nur Technik. Sie ist immer auch ein Signal: Was bedeutet das für mich? Wie verändert das meinen Arbeitsalltag? Werde ich unterstützt – oder ersetzt? Ein holistischer Ansatz verbindet hier Organisation, Gestaltung und Mensch, damit Technologie nicht nur „neu" ist, sondern auch „angenommen" wird.

1.7 Führungskräfte ohne Raumkompetenz – Wenn Leadership am Raum scheitert

Ein oft übersehener, aber entscheidender Faktor in der Architekturpsychologie ist die Rolle der Führungskräfte. Räume allein gestalten keine Kultur. Räume allein lösen keine Konflikte. Räume allein schaffen kein Vertrauen. Sie sind immer nur ein Teil des Systems – und dieses System wird maßgeblich durch Führung geprägt.

Ein typischer Fehler vieler Unternehmen: Sie investieren in beeindruckende neue Arbeitswelten, vergessen aber, die Führungskräfte darauf vorzubereiten. Da entstehen offene Bürolandschaften mit hoher Transparenz – aber die Chefs ziehen sich weiterhin ins Eckbüro zurück. Es werden Begegnungszonen geschaffen – aber Führungskräfte bleiben unsichtbar. Es gibt Zonen für Dialog und Austausch – aber kritische Gespräche finden immer noch „hinter verschlossenen Türen" statt.

Hier zeigt sich, wie wichtig Raumkompetenz im Leadership ist. Aus der Architekturpsychologie wissen wir: Räume senden Botschaften. Sie formen Verhalten. Sie prägen Erwartungen. Wenn Führungskräfte diese Botschaften nicht verstehen oder nicht gezielt nutzen, entsteht ein gefährlicher Bruch: Die Räume sprechen eine andere Sprache als die Menschen, die sie anleiten.

Es reicht nicht, Führungskräfte nur über neue Layouts, Tools oder Prozesse zu informieren. Sie müssen lernen, wie sie Räume aktiv nutzen, um ihre Leadership-Rolle zu stärken. Wie sie sich sichtbar machen. Wie sie nahbar bleiben, ohne Grenzen aufzugeben. Wie sie Räume als Werkzeug für Vertrauen, Orientierung und Motivation einsetzen.

Ohne diese Kompetenz bleibt Architektur oft nur Oberfläche. Dann wird aus einem offenen Raum kein offenes Miteinander, aus einer modernen Fläche kein moderner Führungsstil. Und am Ende fragen sich Unternehmen, warum der erhoffte Kulturwandel ausbleibt – obwohl doch alles „neu" aussieht.

1.8   Einführung neuer Arbeitswelten ohne Change Management – Wenn Räume an den Menschen vorbeigeplant werden

Es ist einer der größten – und zugleich teuersten – Fehler, die Unternehmen machen können: Sie schaffen neue Arbeitswelten, ohne die Menschen mitzunehmen, die darin arbeiten sollen.

Wir erleben es immer wieder: Da werden aufwendig gestaltete Open-Space-Büros gebaut, kreative Think Tanks eingerichtet, flexible Desk-Sharing-Modelle eingeführt – und trotzdem bleiben die Schreibtische leer, die Besprechungsräume ungenutzt, die Innovationsflächen verwaist. Warum? Weil die Menschen den Wandel nicht verstehen, nicht mittragen und nicht in ihr tägliches Verhalten integrieren.

Hier kommt das Change Management ins Spiel – und zwar nicht als „Begleitmaßnahme", sondern als zentrales Element. Aus der Architekturpsychologie wissen wir, dass Räume nicht nur physische, sondern vor allem psychologische Veränderungen auslösen. Neue Räume bedeuten neue Gewohnheiten, neue soziale Regeln, neue Bedeutungszuschreibungen. Wer diesen Wandel einfach „verordnet", riskiert Widerstand, Frust oder passiven Rückzug.

Ein gutes Change Management sorgt dafür, dass Menschen verstehen, was die neuen Räume bedeuten. Dass sie Zeit haben, sich einzufinden. Dass Unsicherheiten adressiert, Fragen geklärt und Ängste ernst genommen werden. Es geht darum, nicht nur oberflächlich „Informationen zu streuen" oder symbolische Workshops anzubieten, sondern echte Partizipation zu ermöglichen:

- Was sind unsere neuen Arbeitswelten?
- Warum machen wir das?
- Welche Arbeitsweisen sollen gefördert werden?
- Wie sieht der Mehrwert für die Teams aus?
- Welche neuen Freiheiten, welche neuen Verantwortlichkeiten ergeben sich?
- Wo gibt es Ängste oder Widerstände, die bearbeitet werden müssen?

Unternehmen, die hier zu wenig investieren, bezahlen am Ende doppelt: mit hohen Kosten für Leerstände, Umplanungen oder enttäuschte Erwartungen – und mit dem Verlust von Vertrauen, Motivation und Engagement bei ihren Mitarbeitenden.

Change Management ist damit kein „weicher Faktor", sondern ein zentraler Wirtschaftsfaktor. Denn nur, wenn Menschen den Wandel als sinnvoll, klar und unterstützend erleben, können sie ihr Verhalten anpassen – und genau das ist die Grundlage dafür, dass neue Arbeitswelten wirklich wirken.

1.9   Zuwenig Zeit für die strategische Phase – Wenn Planung zu oberflächlich bleibt

Ein weiterer Kardinalfehler, den wir in vielen Projekten beobachten, ist der Zeitdruck in der strategischen Phase. Unternehmen sind oft so darauf bedacht, sichtbare Fortschritte zu zeigen – erste Entwürfe, bunte Layouts, technische Features, Budgetfreigaben –, dass sie die vielleicht wichtigste Phase zu kurz kommen lassen: die Zeit des Nachdenkens.

Die strategische Phase ist der Moment, in dem die entscheidenden Weichen gestellt werden. Hier geht es nicht um Möbel oder Farben, nicht um Grundrisse oder digitale Tools. Hier geht es um Fragen wie:

- Was soll die neue Arbeitsumgebung erreichen?
- Welche strategischen Ziele verfolgen wir damit?
- Wie sieht unsere Organisationskultur heute aus – und wie soll sie sich entwickeln?
- Welche Arbeitsweisen wollen wir fördern, welche Zusammenarbeit?
- Was brauchen unsere Mitarbeiter, um darin erfolgreich zu sein?

Diese Fragen zu klären, braucht Zeit. Sie erfordern Dialoge, Analysen, Reflexion, vielleicht auch unbequeme Diskussionen. Doch genau hier liegt der Schlüssel: Nur wenn das Fundament stimmt, können die späteren Schritte –

Entwurf, Ausstattung, Technik, Change Management – auf einer soliden Basis aufbauen.

Wenn diese Phase überhastet wird, schleichen sich typische Fehler ein:

- Räume, die auf falschen Annahmen basieren.
- Flächen, die nicht zu den tatsächlichen Bedürfnissen passen.
- Strategien, die sich in Symbolpolitik erschöpfen, statt echten Mehrwert zu schaffen.
- Investitionen, die an den falschen Stellen gemacht werden.

Besonders kritisch ist: Oft werden die „weichen Faktoren" – also die Bedürfnisse, Erwartungen und Verhaltensweisen der Menschen – in dieser Phase als „nice to have" abgetan. Dabei zeigen sowohl die Architekturpsychologie als auch die Arbeitsforschung, dass genau diese Faktoren zu den größten Hebeln für wirtschaftlichen Erfolg gehören. Menschen sind kein Nebenschauplatz, sondern ein zentraler Wirtschaftsfaktor.

Wer sich am Anfang zu wenig Zeit nimmt, verliert am Ende Zeit, Geld und Energie – weil er nachsteuern, umplanen oder reparieren muss. Deshalb gilt: Lieber weniger schnell vorankommen, dafür mit klarem, reflektiertem Kurs.

1.10 Den Menschen und seine Bedürfnisse als „Soft Factor" unterschätzen

Ein oft übersehener, aber folgenschwerer Fehler ist die Annahme, dass die Bedürfnisse der Mitarbeitenden ein „weiches Thema" seien – nett, wenn man es berücksichtigt, aber nicht entscheidend. Architektur, Technik, Budget, Logistik: Das sind die harten, greifbaren Faktoren. Emotionale Akzeptanz, gefühlte Passung, psychologisches Wohlbefinden? Nett, aber eben soft.

Doch genau hier liegt der Denkfehler. Denn was oberflächlich als „soft" erscheint, hat in Wirklichkeit harte Auswirkungen: auf Produktivität, Innovationskraft, Gesundheit, Fluktuation, Krankheitsraten, Zusammenarbeit, Employer Branding. Unternehmen investieren oft Millionen in ihre Infrastruktur, aber sie unterschätzen, wie stark der Mensch als indirekter Wirtschaftsfaktor wirkt.

Aus der Perspektive der Architekturpsychologie betrachtet, sind Räume nicht nur funktionale Hüllen, sondern psychologische Resonanzräume. Sie lösen Gefühle aus, aktivieren unbewusste Wahrnehmungen, prägen Verhaltensmuster. Wer diese Dimension ignoriert, riskiert:

- Räume, die technisch perfekt, aber emotional kalt wirken.
- Arbeitsplätze, die rational sinnvoll, aber unbewusst belastend sind.
- Umgebungen, die von außen glänzen, aber innen nicht verbinden.

Gerade in Zeiten von Fachkräftemangel, hybriden Arbeitsmodellen und wachsender Veränderungsdynamik wird die Frage „Wie fühlen sich Menschen in unseren Räumen?" zu einem strategischen Faktor. Wer hier zu kurz denkt, läuft Gefahr, an den Symptomen zu arbeiten (z. B. mit teuren Umgestaltungen oder Tools), ohne die Ursache zu verstehen.

Der Mensch ist kein „Soft Factor". Er ist der zentrale Dreh- und Angelpunkt. Architektur ohne psychologisches Verständnis bleibt eine schöne Bühne, die aber ihr Publikum verliert.

Literatur

Gauer, S. (2024). Führen im Zeitalter neuer Arbeitswelten. Springer, Berlin, Heidelberg. https://doi.org/10.1007/978-3-662-68538-9

Kotter, J. P. (1995). Leading change: Why transformation efforts fail. *Harvard Business Review, 73*(2), 59–67.

McKinsey & Company. (2002). Helping employees embrace change. The McKinsey Quarterly, No. 4.

McKinsey & Company. (2015). Changing change management. https://www.mckinsey.com/featured-insights/leadership/changing-change-management.

Schäfer, K., Steinmüller, K., & Zweck, A. (Hrsg.). (2022). Gefühlte Zukunft: Emotionen als methodische Herausforderung für die Zukunftsforschung. Springer VS. DOI: https://doi.org/10.1007/978-3-658-35890-7.

5

Architekturpsychologie als wirtschaftlicher Faktor

Vorwort zu Kap. 5

In diesem Kapitel nehmen wir bewusst eine wirtschaftliche Perspektive ein, um die oft unsichtbaren Effekte architekturpsychologischer Raumgestaltung sichtbar und diskutierbar zu machen. Denn obwohl Räume erwiesenermaßen Verhalten, Gesundheit und Produktivität beeinflussen, wird dieser Zusammenhang bislang selten unter ökonomischen Gesichtspunkten durchdacht.

Die vorgestellten Szenarien und Beispielrechnungen erheben keinen Anspruch auf exakte betriebswirtschaftliche Kalkulation. Sie beruhen auf realistischen, aber bewusst vereinfachten Annahmen – mit dem Ziel, Wirkung sichtbar zu machen und einen Perspektivwechsel anzustoßen.

Unser Anliegen ist es, Horizonte zu erweitern. Wir möchten zeigen, dass Raumgestaltung weit mehr ist als Kostenthema und ein «Nice to have» – sie ist ein strategischer Hebel für Unternehmenserfolg. Die Berechnungen in diesem Kapitel sollen dabei helfen, Potenziale zu erkennen, Zusammenhänge zu verstehen und die wirtschaftliche Relevanz architekturpsychologischer Gestaltung erfahrbar zu machen.

1 Raum wirkt wirtschaftlicher als viele denken

In zahlreichen Unternehmen wird die Gestaltung von Arbeitsräumen noch immer als rein ästhetische Aufgabe betrachtet – häufig dem Corporate Reals Estate, dem Facility Management oder der Personalabteilung zugeordnet. Was aber fehlt, ist die vertiefte strategische Aufmerksamkeit, die dem Thema

S. Gauer, *Architekturpsychologie als Erfolgsfaktor!*, https://doi.org/10.1007/978-3-662-72370-8_5

eigentlich gebührt. Raumgestaltung wird isoliert gedacht, nicht integriert. Dabei müsste sie cross-disziplinär aufgesetzt werden – als Zusammenspiel aus Unternehmensstrategie, Organisationspsychologie, Architektur, IT- und Kulturentwicklung. Das Fehlen dieser ganzheitlichen Perspektive führt zu klassischen Fehlern: zu überfüllten Open Spaces, zu digitalen Tools ohne Rückzugsorte, zu schönen Möbeln ohne funktionale Wirkung.

Doch Räume sind weit mehr als bloße Hülle. Sie sind Handlungsträger, psychologische Stimuli und wirtschaftliche Multiplikatoren zugleich. Die Architekturpsychologie rückt genau diesen oft übersehenen Aspekt ins Zentrum: die Art und Weise, wie Räume gestaltet sind – hinsichtlich Licht, Akustik, Struktur, Orientierung oder Rückzugsmöglichkeiten – beeinflusst direkt die Gesundheit, Motivation, Leistungsfähigkeit, soziale Dynamik und Innovationskraft der Mitarbeitenden. Anders gesagt: Raumgestaltung ist ein unterschätzter, aber messbarer Wirtschaftsfaktor.

Lange Zeit galt Bürogstaltung als «weicher Faktor» – eine Frage des Geschmacks, bestenfalls als Beitrag zur Unternehmenskultur. Arbeit hatte einen anderen Stellenwert, Mitarbeitende einen anderen Stand, und die Anforderungen an die Arbeitsumgebung waren vergleichsweise gering. Der Fokus lag auf Effizienz, Hierarchie und Kontrolle – nicht auf Raumqualität, Autonomie oder psychologischer Passung.

Mit dem gesellschaftlichen Wandel – geprägt durch neue Arbeitsmodelle, digitale Tools und den Fachkräftemangel – hat sich diese Sichtweise grundlegend verändert. Die Arbeit rückt näher an das Individuum. Inspiriert durch Gedanken wie jene von Frithjof Bergmann – New Work im Sinne von sinnvoller, selbstbestimmter Arbeit – wächst das Bedürfnis nach Umgebungen, die den Menschen wirklich unterstützen. Der Mensch rückt ins Zentrum.

Gleichzeitig wurde das Büro zum Statussymbol: Unternehmen investierten Millionen in repräsentative Räume, um Talente anzuziehen – oft nach dem Vorbild von Tech-Konzernen wie Google oder Microsoft. Die Gestaltung der Arbeitswelt wurde so selbst zum wirtschaftlichen Instrument im «War for Talents».

Heute verschiebt sich der Fokus erneut – allerdings häufig in eine zu kurz gedachte Richtung: weg von Repräsentation, hin zu reiner Flächenreduktion und Auslastungsoptimierung. In vielen Projekten erleben wir, dass Unternehmen ihre Büroflächen drastisch reduziert und diese mit neuen Möbeln attraktiv gestaltet haben – in der Hoffnung, Mitarbeitende zurück ins Büro zu holen und die Auslastung zu optimieren. Doch das funktioniert nicht. Die Realität sieht oft anders aus: Mitarbeitende bleiben im Home Office oder kommen nur ungern zurück – und wenn sie es tun, treffen sie auf überfüllte Räume, mangelnde Rückzugsorte und eine erhöhte Ablenkung, die ihre Produktivität mindert.

Die entscheidende Frage für Unternehmen lautet daher nicht mehr: Wie sparen wir Fläche? Sondern: Warum sollten Mitarbeitende überhaupt ins Büro kommen – und was bieten wir ihnen, was sie zu Hause nicht haben?

Viele Unternehmen bleiben bei dieser Überlegung stehen. Sie hoffen, mit attraktiver Möblierung und weniger Fläche das Problem zu lösen. Doch diese Sichtweise greift zu kurz. Was fehlt, ist eine ganzheitliche Strategie, die sowohl psychologische Wirkmechanismen als auch wirtschaftliche Zielsetzungen integriert.

Wir gehen deshalb einen Schritt weiter.

Unser Ansatz von Gauer Consulting, verbindet wirtschaftliche, psychologische und gestalterische Perspektiven zu einer integrierten Workplace Strategy. Wir fragen:

Wie muss die Arbeitsumgebung eines Unternehmens beschaffen sein, damit sie nicht nur funktional und kosteneffizient ist, sondern aktiv den wirtschaftlichen Erfolg unterstützt?

Und daraus abgeleitet:

Wie lassen sich Räume architekturpsychologisch so gestalten, dass sie Gesundheit, Produktivität, soziale Dynamik, Future Skills und Commitment fördern – statt sie durch Lärm, Reizüberflutung oder fehlende Orientierung zu behindern?

Genau darin liegt der Kern unseres Ansatzes – und der Grund, warum wir in unseren Projekten nachweislich Wirkung erzielen.

Was heute noch nicht flächendeckend State of the Art ist, wird in Zukunft entscheidend sein für den wirtschaftlichen Erfolg von Unternehmen: Eine Arbeitswelt, die den Menschen ernst nimmt – und deshalb auch wirtschaftlich überzeugt.

1.1 Ein realer Business Case: Was Raumgestaltung spart – oder kostet

Ein Unternehmen mit 930 Mitarbeitenden und einem durchschnittlichen Bruttogehalt von 66.000 EUR plant die Einführung eines Desk-Sharing-Konzepts mit einer Ratio von 0,7. Die betroffene Multi-Space-Fläche umfasst rund 13.138 m². Zusätzlich zeigt der Flächenabgleich mit branchenüblichen Benchmarks, dass übermäßig viele büronahe Sonderzonen vorhanden sind, die nur sehr schwach ausgelastet werden.

Durch die Einführung von Desk Sharing und die Reduktion dieser büronahen Soderzonen könnten bis zu 4.998 m² Fläche eingespart werden. Bei einem marktüblichen Mietpreis von 280 EUR/m²/Jahr entspricht das einem

Einsparpotenzial von rund 1,4 Mio. EUR pro Jahr bzw. 116.573 EUR pro Monat – durch Untervermietung oder vermiedene Mietkosten.

Doch dieses wirtschaftliche Potenzial ist sensibel – und nur realisierbar, wenn die Arbeitswelt architekturpsychologisch sinnvoll gestaltet und ein professionelles Change Management implementier ist.

Bereits ein geringer Produktivitätsverlust kann die gesamten Einsparungen vollständig aufheben. Denn die jährlichen Personalkosten des Unternehmens liegen bei rund 61,4 Mio. EUR – selbst kleinste Leistungseinbussen haben hier eine enorme Wirkung.

Der Grund für diese Sensibilität liegt in der Kostenstruktur moderner Unternehmen: Personalkosten stellen meist den grössten Kostenfaktor dar, während Flächenkosten einen vergleichsweise kleinen Anteil ausmachen. Das bedeutet: Ein minimaler Rückgang der Produktivität kann wirtschaftlich deutlich schwerer wiegen als erhebliche Flächeneinsparungen.

Wenn Mitarbeitende durch architekturpsychologisch suboptimale Arbeitsumgebungen – etwa durch zu dichte Belegung, Reizüberflutung, fehlende Rückzugszonen, eine unklare Raumlogik oder ungünstig platzierte Zonen – in ihrer Konzentration oder Motivation beeinträchtigt werden, führt dies zu Produktivitätseinbussen. Auch ein nicht wirksam durchgeführtes Change Management kann zu erheblichen Motivationsverlust führen. Diese Beeinträchtigungen schlagen sich unmittelbar auf die grösste Kostenposition des Unternehmens nieder: die Personalkosten. Denn jeder Prozentpunkt an Produktivität, der nicht abgerufen wird, bedeutet letztlich ein Gehalt, das nicht in entsprechendem Wertschöpfungsbeitrag zurückfliesst.

Wie rasch sich die wirtschaftliche Balance dadurch verschieben kann, zeigt Abb. 5.1: Bereits ab einem Produktivitätsverlust von 2,3 % ist im vorliegenden Fall der Einsparvorteil vollständig neutralisiert – ein Kipppunkt, der bei Flächenreduktionen häufig nicht berücksichtigt wird.

Die Abb. 5.1 zeigt den monatlichen Gesamteffekt bei verschiedenen Produktivitätsverlusten (1–10 %) unter der Annahme gleichbleibender Flächeneinsparnisse durch Desk Sharing. Während die zusätzlichen Vermietungserlöse konstant bei 116.573 EUR pro Monat liegen (blau), steigen die durch Produktivitätsverluste verursachten Kosten (orange) linear an. Der Nettoeffekt (rot) nimmt mit jedem Prozentpunkt Produktivitätsverlust linear ab und fällt ab rund 2,3 % ins Negative – ein Kipppunkt, der zeigt: Ohne begleitende architekturpsychologische Optimierung kann eine Flächenreduktion schnell zur wirtschaftlichen Fehlentscheidung werden.

Oftmals liegt der Fokus ausschliesslich auf den eingesparten Mietkosten. Unsere Erfahrung zeigt jedoch: Gerade bei Flächenreduktionen und

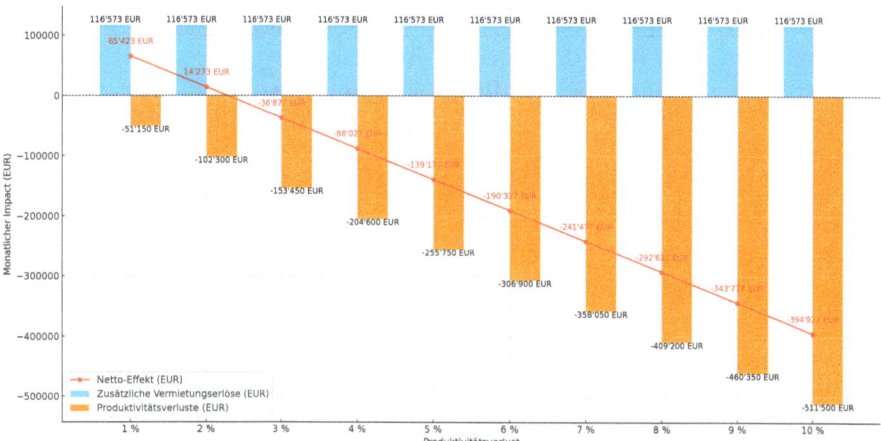

Abb. 5.1 Wirtschaftlicher Gesamteffekt bei Produktivitätsverlusten – warum reine Flächenreduktion trügen kann. (Eigene Darstellung)

verkleinerten Büroräumen wird die architekturpsychologische Qualität zum entscheidenden wirtschaftlichen Faktor. Denn durch fehlende Ausweichmöglichkeiten und engeres Zusammensein gewinnen potenzielle Störfaktoren deutlich an Gewicht – und können wirtschaftlichen Schaden verursachen.

Es ist daher entscheidend, Flächenreduktionen ganzheitlich zu denken!

1.2 Architekturpsychologie als Hebel: Raumgestaltung kann auch Gewinne auslösen

Die Wahrheit hat zwei Seiten: Eine Reduktion der Fläche führt nicht zwangsläufig zu Produktivitätseinbussen – im Gegenteil. Wenn sie architekturpsychologisch fundiert und im Einklang mit den Arbeitsweisen, organisationalen Gegebenheiten und technologischen Rahmenbedinugngen umgesetzt wird, kann sie einen deutlichen Produktivitätsschub auslösen.

Bereits ein Anstieg der Produktivität um lediglich drei Prozent führt im betrachteten Fallbeispiel zu einem zusätzlichen wirtschaftlichen Nutzen von monatlich 153.450 EUR. In Kombination mit den eingesparten Mietkosten von 116.573 EUR ergibt sich ein Nettoeffekt von über 270.000 EUR pro Monat – ein eindrucksvolles Beispiel für das wirtschaftliche Potenzial durchdachter Raumgestaltung.

Die architekturpsychologische Qualität der Arbeitsumgebung wird damit zum wirtschaftlichen Verstärker – und zum Schlüsselfaktor für den Erfolg oder Misserfolg einer Flächenreduktion. Entscheidend ist, dass Flächen nicht nur funktional angepasst, sondern gezielt auf das menschliche Verhalten und die psychologischen Anforderungen im Arbeitskontext abgestimmt werden.

Wie stark der Einfluss der Raumgestaltung ist, zeigt Abb. 5.2: Der wirtschaftliche Gesamteffekt einer Flächenreduktion hängt direkt von der Produktivitätsveränderung ab. Schon ein Rückgang um zwei bis drei Prozent kann den Einsparvorteil vollständig aufheben – ein Kipppunkt, der oft übersehen wird. Umgekehrt kann bereits eine Steigerung der Produktivität um drei bis fünf Prozent den Nettoeffekt im Vergleich zur reinen Flächeneinsparung verdoppeln oder sogar verdreifachen.

Die Grafik zeigt den monatlichen Gesamteffekt bei unterschiedlichen Produktivitätsveränderungen (−5 % bis +5 %), unter der Annahme konstant eingesparter Mietkosten durch Desk Sharing. Während die Vermietungserlöse konstant bei 116.573 EUR liegen (blau), steigen bei Produktivitätsgewinnen die wirtschaftlichen Effekte (orange) deutlich an. Bei Verlusten hingegen sinkt der Nettoeffekt (rot) linear ab – bereits ab 2,3 % Produktivitätseinbussen ist der Flächeneinsparvorteil vollständig aufgehoben.

Die architekturpsychologische Gestaltung wirkt sich damit direkt auf die oft grösste Kostenposition im Unternehmen aus: die Personalkosten. Solche Gestaltungsfragen sollten daher nicht als weiche Faktoren abgetan, sondern frühzeitig in wirtschaftliche Betrachtungen und Business Cases integriert werden. Die Erfahrung zeigt: Investitionen in eine fundierte und nutzerzentrierte Raumgestaltung zahlen sich aus. Die dafür eingesetzten Beratungskosten amortisieren sich meist bereits nach kurzer Zeit – insbesondere wenn man

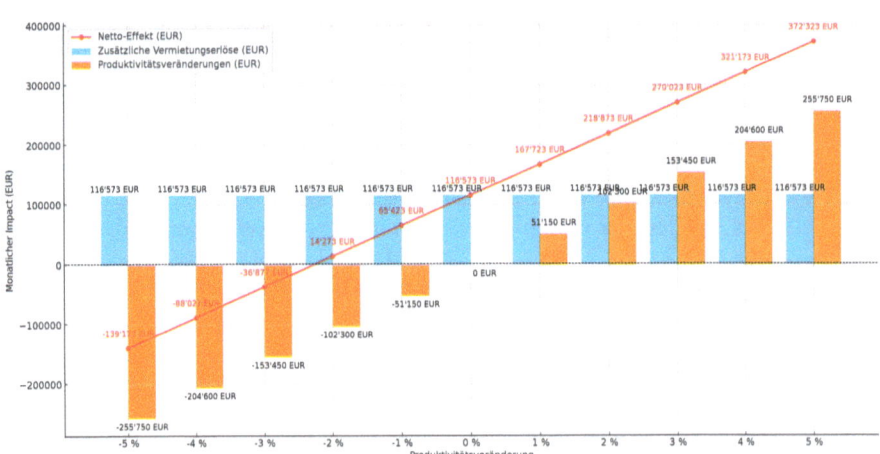

Abb. 5.2 Wirtschaftlicher Gesamteffekt einer Flächenreduktion in Abhängigkeit von Produktivitätsveränderungen. (Eigene Darstellung)

bedenkt, welchen langfristigen Einfluss eine störungsarme, anregende und klar strukturierte Arbeitsumgebung auf Motivation, Gesundheit und Leistungsfähigkeit der Mitarbeitenden hat.

1.3 Drei Perspektiven: Wirtschaftlich, sozial und ökologisch

Die Reduktion von Büroflächen ist kein eindimensionales Vorhaben. Es geht nicht nur um Effizienz oder Kosteneinsparung, sondern um die Balance dreier gleichwertiger Zielgrössen: wirtschaftlicher Gewinn, soziale Wirkung und ökologischer Nutzen.

Aus diesem Grund haben wir von Gauer Consulting das in Abb. 5.3 ersichtliche «New Work Triple Bottom Line Modell» entwickelt. Es zeigt, wie diese drei Perspektiven ineinandergreifen – und dass ein echter Power Workspace nur dort entstehen kann, wo ökonomische, soziale und ökologische Anforderungen konsequent aufeinander abgestimmt sind.

Die Grafik zeigt die drei zentralen Wirkungsdimensionen einer Flächenreduktion: wirtschaftliche Einsparpotenziale, soziale Effekte auf Zusammenarbeit und Produktivität sowie ökologische Auswirkungen durch reduzierten Energieverbrauch. Ein «Power Workspace» entsteht im Schnittpunkt dieser Dimensionen – dort, wo alle drei Zielgrössen ganzheitlich berücksichtigt und miteinander in Einklang gebracht werden.

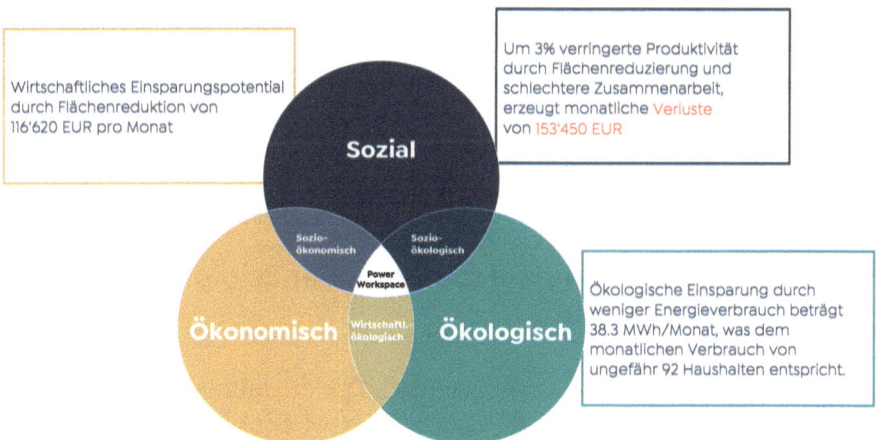

Abb. 5.3 Das New Work Triple Bottom Line Modell von Gauer Consulting – Balance zwischen Wirtschaft, Mensch und Umwelt. (Eigene Darstellung)

Ökonomisch: Flächeneinsparung als Erlösquelle

Das betrachtete Unternehmen plant die Einführung eines Desk-Sharing-Konzepts mit einer Ratio von 0,7. Dadurch könnte die Bürofläche um 4998 m² reduziert werden. Bei einem marktüblichen Mietpreis von 280 EUR/m²/Jahr ergibt sich ein jährliches Einsparpotenzial von rund 1,4 Mio. Euro, was etwa 116.620 EUR pro Monat entspricht – beispielsweise durch vermiedene Mietkosten oder Untervermietung. Dieses Potenzial ist wirtschaftlich attraktiv, sofern es langfristig tragfähig gestaltet wird.

Sozial: Der Einfluss auf die Produktivität

Gleichzeitig zeigt sich, wie sensibel dieses Einsparpotenzial ist. Bereits ein Produktivitätsverlust von nur 3 % – etwa verursacht durch Reizüberflutung, fehlende Rückzugszonen oder eine unklare Raumlogik – führt zu einem monatlichen Verlust von 153.450 EUR. Diese Zahl basiert auf einem durchschnittlichen jährlichen Bruttogehalt von 66.000 EUR bei 930 Mitarbeitenden.

Nicht die Fläche, sondern der Mensch ist der grösste Kostenfaktor – und zugleich der wichtigste Hebel. Schon kleine Störungen im Arbeitsumfeld wirken sich überproportional auf Motivation, Zusammenarbeit und Performance aus.

Ökologisch: Energieverbrauch als Wirkungsdimension

Die Reduktion von Büroflächen bringt nicht nur wirtschaftliche, sondern auch ökologische Vorteile mit sich. Weniger genutzte Fläche bedeutet weniger Energieverbrauch – und damit eine messbare Reduktion von CO_2-Emissionen. Im vorliegenden Fall sinkt der jährliche Energiebedarf um rund 460 Megawattstunden, basierend auf einer Flächenverringerung von 4998 m² und einem durchschnittlichen Energieverbrauch von 92 kWh/m².

Das entspricht einer monatlichen Einsparung von etwa 38,3 Megawattstunden – so viel wie der durchschnittliche Stromverbrauch von 92 Haushalten.

1.4 Raumgestaltung entscheidet über Erfolg oder Misserfolg

Arbeitsräume sind kein Nebenschauplatz. Sie beeinflussen Produktivität, Gesundheit, Motivation – und letztlich den wirtschaftlichen Erfolg eines Unternehmens. Wer Büroflächen reduziert, ohne Raumqualität und psychologische Wirkungen mitzudenken, riskiert teure Folgekosten. Schon geringe Produktivitätseinbussen können Einsparungen vollständig zunichtemachen.

Umgekehrt birgt eine gut gestaltete Arbeitsumgebung enormes Potenzial: Sie steigert die Leistung, spart Fläche, senkt den Energieverbrauch – und stärkt die Arbeitgeberattraktivität. Doch dieser Mehrwert entsteht nicht zufällig, sondern durch gezielte, fachkundige Planung.

Genau hier setzt die Architekturpsychologie an. Sie liefert die Grundlage für fundierte Entscheidungen und hilft, Räume zu schaffen, die wirtschaftlich effizient, menschlich wirksam und nachhaltig sind. Nicht selten entscheidet sie über das Gelingen oder Scheitern von Veränderungsprozessen.

Kurz gesagt: Wer heute in architekturpsychologisch fundierte Beratung investiert, sichert sich nicht nur Einsparpotenziale – sondern die Zukunftsfähigkeit seines Unternehmens.

1.5   Architekturpsychologische Beratung als Investition mit hoher Rendite

Ein mittelständisches Unternehmen mit 400 Mitarbeitenden entwickelt gemeinsam mit einem spezialisierten Beratungsunternehmen eine architekturpsychologisch fundierte Workplace-Strategie. Ziel ist es, die räumlichen Bedingungen gezielt an die kognitiven und emotionalen Anforderungen der Mitarbeitenden anzupassen – um Produktivität zu steigern, Stress zu reduzieren und die Arbeitszufriedenheit zu erhöhen.

Auf Basis einer fundierten Analyse werden unter anderem folgende Maßnahmen umgesetzt:

- Klare Definition von Funktionszonen (z. B. für Fokus, Kommunikation, Rückzug, Kollaboration)
- Gezielte akustische Optimierung zur Reduktion von Reizüberflutung
- Einbindung natürlicher Elemente (Pflanzen, Materialien, Tageslicht) zur Stressregulation
- Verbesserte visuelle Orientierung zur Reduktion kognitiver Belastung
- Einrichtung psychologisch wirksamer Rückzugsorte und Micro-Break-Zonen

Investition: Zwei Komponenten

1. Beratungsleistung für Strategieentwicklung, Raumwirkungsanalyse und Umsetzungsbegleitung: 150.000 EUR (einmalig)

2. Anpassung der Arbeitsumgebung (baulich-räumliche Umsetzung): 250.000 EUR (einmalig)

– Gesamtinvestition: 400.000 EUR

Wirkung: Produktivitätsgewinn mit klarer Wirtschaftlichkeit

Nach der Umsetzung zeigt sich ein klar messbarer Effekt:

Die durchschnittliche ungestörte Fokuszeit steigt laut interner Erhebung um 15 min pro Tag und Mitarbeitendem – ein Wert, der laut unserer Beratungserfahrung in vielen Unternehmen konservativ geschätzt ist.

Wirtschaftliches Potenzial

Nach der Umsetzung zeigt sich ein klarer Effekt:

Die durchschnittliche ungestörte Fokuszeit steigt laut interner Erhebung um rund 15 min pro Tag und Mitarbeitendem. Bei einem durchschnittlichen Bruttogehalt von 63.000 EUR entspricht dieser Zeitgewinn einer zusätzlichen Wertschöpfung von 1969 EUR pro Person und Jahr.

Hochgerechnet auf 400 Mitarbeitende ergibt sich ein wirtschaftlicher Mehrwert von 790.000 EUR jährlich – allein durch gewonnene Fokuszeit. Damit sind die Investitionskosten von 400.000 EUR bereits im ersten Jahr übertroffen.

In der Praxis beobachten wir häufig deutlich höhere Effekte bei der Steigerung ungestörter Arbeitszeit. Die hier angesetzten 15 min pro Tag sind bewusst konservativ gewählt – um zu zeigen, welches wirtschaftliche Potenzial bereits mit gezielten architekturpsychologischen Maßnahmen realisierbar ist.

Ergänzend zum quantifizierbaren Produktivitätsgewinn entfalten sich zahlreiche qualitative Effekte, die sich zwar nicht direkt in Euro beziffern lassen, aber entscheidend für den nachhaltigen Unternehmenserfolg sind:

- Weniger Stress und Reizüberflutung
- Reduktion krankheitsbedingter Ausfälle
- Stärkere emotionale Bindung an den Arbeitsplatz
- Mehr Innovationsbereitschaft und Motivation
- Aufwertung der Arbeitgebermarke

Fazit Architekturpsychologie ist kein «Nice to have», sondern ein strategisches Instrument. Wer Raumwirkungen versteht und gezielt gestaltet, investiert nicht nur in Effizienz – sondern in die langfristige Leistungsfähigkeit seiner Organisation.

1.6 Architekturpsychologie als strategisches Führungsinstrument

Vom wirtschaftlichen Vorteil zur Führungsaufgabe
Die wirtschaftlichen Potenziale einer psychologisch fundierten Raumgestaltung sind unbestritten – wie konkrete Business Cases eindrücklich zeigen. Doch Architekturpsychologie leistet weit mehr, als Kosten zu senken oder Produktivität zu steigern: Sie wirkt als leises, aber kraftvolles Führungsinstrument, das den organisationalen Alltag auf mehreren Ebenen beeinflusst – emotional, sozial, kulturell und strategisch.

Räume steuern Verhalten. Sie fördern oder behindern Fokus, regen Kommunikation an oder erschweren sie, erzeugen Zugehörigkeit oder Entfremdung. Wer Arbeitsumgebungen gezielt gestaltet, greift damit in zentrale Stellhebel moderner Unternehmensführung ein: Leistungsfähigkeit, Gesundheit, Zusammenhalt und Innovationskultur.

Raum als Management-Tool
Diese Wirkung entsteht nicht zufällig. Räume entfalten ihre strategische Kraft nur dann, wenn sie bewusst auf die kognitiven und emotionalen Anforderungen der Menschen ausgerichtet sind. Architekturpsychologie liefert dafür das nötige Wissen – wissenschaftlich fundiert, praktisch anwendbar und wirtschaftlich belegbar.

Ihre Effekte lassen sich heute anhand von Kennzahlen wie Produktivitätszeit, Fluktuationsrate, Krankheitsquote, Nutzungsintensität oder Teamzufriedenheit sichtbar machen – und damit in klassische Führungsinstrumente integrieren. Raumgestaltung wird so zu einem steuerbaren Faktor im Führungscockpit moderner Organisationen.

Falsche Annahmen kosten Geld – und Vertrauen

Trotz dieser Evidenz halten sich in der Praxis hartnäckig Mythen, die teuer werden können – nicht nur finanziell, sondern auch in Bezug auf Motivation und Mitarbeiterbindung:

«Zurück ins Büro steigert automatisch die Produktivität.»
Wie die aktuelle Konstanzer Homeoffice Studie (Kunze & Hampel, 2025) zeigt, reagieren viele Unternehmen in wirtschaftlich angespannten Zeiten mit einer verstärkten Präsenzpflicht – in der Annahme, so die Produktivität steigern zu können. Ein prominentes Beispiel ist der Volkswagen-Konzern, der nach einem Gewinneinbruch die Anwesenheit an mindestens drei Tagen pro Woche verpflichtend machte. Dahinter steht die verbreitete – aber kaum hinterfragte – Logik: Mehr Präsenz gleich mehr Leistung.

Die empirischen Daten zeichnen jedoch ein anderes Bild. Zwar erhebt die Studie keine objektiven Leistungskennzahlen, doch die Befragungsergebnisse liefern wichtige Hinweise: Beschäftigte in Unternehmen mit flexiblen Arbeitsmodellen berichten 2025 von einem durchschnittlich fünf Prozent höheren subjektiven Leistungsempfinden als jene mit erhöhter Präsenzpflicht. Gleichzeitig zeigen sich signifikant höhere Werte emotionaler Erschöpfung in Unternehmen mit strikter Büroanwesenheit.

Die Erkenntnis ist klar: Mehr physische Präsenz bedeutet nicht automatisch mehr Produktivität – wohl aber häufig mehr Belastung. Entscheidend ist also nicht, wo gearbeitet wird, sondern wie gut der Raum die Arbeitsweise unterstützt – psychologisch, funktional und atmosphärisch.

Es ist nicht die Präsenzpflicht, die Wirkung entfaltet – sondern die richtige Gestaltung des Raums. Architekturpsychologie liefert die nötige Grundlage, um Arbeitsumgebungen zu schaffen, die Gesundheit, Leistung und Sinnhaftigkeit gleichermaßen fördern.

«Open Space fördert Kommunikation und Innovation.»

Das Versprechen des Open Space ist weit verbreitet: offene Räume sollen spontane Kommunikation fördern, Barrieren abbauen und so Innovation beschleunigen. Doch die empirische Evidenz zeigt ein deutlich differenzierteres Bild.

Wie die Studie von Bernstein und Turban (2018) belegt, führen offene Bürokonzepte häufig nicht zu mehr direkter Zusammenarbeit, sondern zu einem Rückzug ins Digitale: In den untersuchten Unternehmen sank die Face-to-Face-Kommunikation nach der Einführung von Open-Space-Strukturen um rund 70 %, während E-Mail- und Messaging-Aktivitäten deutlich zunahmen. Die Mitarbeitenden sahen sich zwar ständig – sprachen aber seltener miteinander.

Auch andere Untersuchungen (z. B. Kratzer, 2020; Stadler, 2011) bestätigen: Lärm, fehlende Rückzugsräume und mangelnde Privatheit gehören zu den häufigsten Kritikpunkten in Open Space Büros. Viele Beschäftigte empfinden diese Umgebung nicht als geeignet für konzentriertes Arbeiten. Es entsteht eine paradoxe Situation: Räume, die Austausch ermöglichen sollen, führen stattdessen zu Rückzug, Reizüberflutung – und zu einer Kultur des «busy acting», bei der Mitarbeitende möglichst beschäftigt wirken, weil sie sich permanent beobachtet fühlen.

Zudem beeinträchtigen offene Strukturen wichtige psychologische Grundbedürfnisse – etwa Autonomie, Privatsphäre und Kontrolle über die eigene Umgebung. Das klassische «Job Characteristics Model» (Hackman & Oldham, 1980) zeigt: Diese Faktoren sind zentrale Treiber für Motivation,

Zufriedenheit und Leistung. Wenn Menschen ständig Störungen ausgesetzt sind und keine Wahlmöglichkeiten zur Verfügung stehen, sinkt die erlebte Sinnhaftigkeit – und damit auch die Leistung.

Das bedeutet nicht, dass offene Flächen grundsätzlich ungeeignet sind. Vielmehr hängt ihr Erfolg maßgeblich von einer bewussten, architektur-psychologisch fundierten Gestaltung ab: Differenzierte Zonen für Fokus, Austausch und Rückzug. Wahlfreiheit. Akustische und visuelle Entlastung. Und eine Unternehmenskultur, die Vertrauen statt Kontrolle lebt.

Open Space kann Austausch fördern – muss es aber nicht. Ohne architekturpsychologisch durchdachte Gestaltung wird das offene Büro zum Störfaktor. Nur wenn Raumkonzepte flexibel, zoniert und nutzerzentriert sind, entsteht tatsächlich Kommunikation – und mit ihr Innovation.

«Möbel schaffen Kultur.»

Ein verbreiteter Irrtum in vielen Unternehmen: Man bestellt neue Möbel – und glaubt, damit Kultur zu verändern. Sitzsäcke, Lounge-Ecken, Design-klassiker und ein Kickertisch im Eingangsbereich sollen Offenheit, Kreativität und Zusammenarbeit ausstrahlen. Doch was gut aussieht, erzeugt noch lange keine gelebte Verbundenheit, keine Werte – und vor allem keine Veränderung.

Kultur entsteht nicht durch Design – sondern durch Verhalten. Und Verhalten verändert sich nicht automatisch, nur weil Räume neu möbliert wurden. Wenn Führung, Kommunikation, Entscheidungswege und Zusammenarbeit gleich bleiben, bleiben auch die dahinterliegenden Muster bestehen – selbst im teuersten Möblierungskonzept.

In unserer Beratung sehen wir es immer wieder: Unternehmen investieren hohe Summen in (Design)-Möbel – oft in der Hoffnung, Mitarbeitende damit ins Büro zurückzuholen oder ein «Wir-Gefühl» zu erzeugen. Doch was bleibt, ist eine schön eingerichtete, aber leerstehende Arbeitswelt. Mitarbeitende kommen nicht wegen der Farbe des Sofas zurück – sie kommen, wenn der Raum stimmig ist mit der Haltung, den Aufgaben und der sozialen Realität.

Architekturpsychologie zeigt: Räume wirken nur dann kulturell, wenn sie in das soziale, psychologische und organisationale Gefüge sinnvoll eingebettet sind. Eine offene Sitzecke ohne psychologische Sicherheit wird nicht zum Dialograum. Ein Kreativtisch in einer karg geprägten Umgebung wird nicht zur Innovationsquelle. Und ein flexibel möblierter Arbeitsbereich ohne räumliche Logik wird nicht zur agilen Zone – sondern zur Verwirrfläche.

Wichtig ist dabei auch die wahrgenommene Authentizität: Wenn der Raum Kollaboration, Partizipation oder Vertrauen suggeriert – aber das

Verhalten im Unternehmen das Gegenteil zeigt, entsteht kognitive Dissonanz. Das Resultat: Frustration, Misstrauen – und manchmal sogar Zynismus.

«Technologie ersetzt Raum.»

In der Diskussion um Digitalisierung und hybride Arbeit fällt häufig ein Satz: «Wir brauchen keinen Raum mehr – wir haben doch Teams, Zoom und Miro.» Doch so plausibel dieser Gedanke auf den ersten Blick erscheinen mag – empirische Studien zeigen ein anderes Bild.

Digitale Tools entfalten ihren Nutzen nur dann, wenn sie in eine klar verständliche, sozial tragfähige und architektonisch unterstützende Raumstruktur eingebettet sind. Andernfalls entstehen Reibungsverluste, Frustration – und gesundheitliche Risiken.

Der Bericht von Meyer & Tisch (2024) zeigt: Beschäftigte, die regelmäßig technikbedingte Störungen erleben (etwa durch instabile Tools oder mangelhafte Infrastruktur), berichten signifikant höhere Burnout-Werte als jene mit verlässlicher Technik. Informationsflut, schlechte Systemintegration und technische Komplexität tragen zusätzlich zur psychischen Erschöpfung bei. Der entscheidende Faktor ist nicht nur welche Technologie eingesetzt wird – sondern wie gut sie funktioniert und wo sie eingebettet ist.

Auch die IAP-Studie (2023) zur hybriden Arbeitswelt kommt zu ähnlichen Erkenntnissen. Zwar steigt die wahrgenommene Innovationskraft in Teams, wenn digitale Tools sinnvoll genutzt werden. Doch der informelle Austausch, spontane Impulse und die Teambindung leiden, wenn keine physischen Begegnungsräume bestehen. Gerade für soziale Prozesse wie Vertrauen, Kreativität oder organisationales Lernen bleibt der Raum unersetzlich.

Die Erkenntnis daraus: Technologie ersetzt Raum nicht – sie transformiert ihn. Digitale Werkzeuge entfalten ihr Potenzial nur dann, wenn Räume Orientierung bieten, hybride Zusammenarbeit ermöglichen und mentale Infrastruktur mitdenken. Räume strukturieren Verhalten. Und wenn diese Struktur fehlt, entsteht nicht Agilität, sondern Chaos.

Architekturpsychologie kann hier Brücken bauen: zwischen Software und Raumverhalten, zwischen digitalen Tools und analogen Gewohnheiten. Sie macht sichtbar, was wirkt – und zeigt, warum die räumliche Dimension in der digitalen Transformation mitgedacht werden muss

Führung braucht Raumkompetenz

Wer Räume gestaltet, gestaltet Verhalten – und damit Kultur, Gesundheit, Produktivität und Identifikation. Architekturpsychologie ist daher keine rein gestalterische Disziplin, sondern ein Führungsinstrument mit hoher Hebelwirkung.

In einer Arbeitswelt, in der Komplexität zunimmt, hybride Modelle dominieren und der Fachkräftemangel Unternehmen herausfordert, wird Raumkompetenz zur Führungskompetenz. Es braucht ein neues Selbstverständnis: Führung ist nicht nur das Managen von Menschen, sondern auch das Gestalten ihrer Umgebungen.

Warum Raum noch immer als Kostenblock gesehen wird

Trotz aller Evidenz bleibt in vielen Unternehmen ein grundlegender Denkfehler bestehen: Raum wird primär als Kostenfaktor behandelt – nicht als strategischer Wirkfaktor.

Diese Sichtweise verkennt das Potenzial der Raumgestaltung und verhindert gezielte Investitionen in Produktivität, Gesundheit und Unternehmenskultur. Doch warum hält sich dieses Missverständnis so hartnäckig?

Der Grund liegt in der Unsichtbarkeit vieler raumpsychologischer Effekte: Sie entfalten sich indirekt, langfristig und meist spürbar – aber selten direkt messbar. Klassische Kalkulationen erfassen Quadratmeter, Mietkosten und Reinigung – aber keine Konzentrationsverluste, Frustration oder mentale Erschöpfung. Was sich nicht sofort quantifizieren lässt, fällt oft durchs Raster – und wird zu Unrecht ignoriert.

Genau hier liegt das grösste betriebswirtschaftliche Risiko: Denn was nicht ausgewiesen wird, wirkt trotzdem – und kann stillschweigend hohe Kosten verursachen. Oder im besten Fall: immense Chancen eröffnen.

Potential von Büroräumen

Die Gestaltung von Arbeitsräumen ist kein Randthema – sie ist ein zentraler Hebel für Produktivität, Gesundheit, Motivation und Wirtschaftlichkeit. Architekturpsychologie macht sichtbar, was lange übersehen wurde: Räume wirken – und diese Wirkung lässt sich gestalten, messen und gezielt für Unternehmenserfolg nutzen.

Wer nur Quadratmeter und Mietkosten sieht, verpasst das eigentliche Potenzial. Denn nicht die Fläche kostet – sondern das, was durch schlechte Räume verloren geht: Konzentration, Energie, Zugehörigkeit und Vertrauen.

Architekturpsychologie ist kein Kostenfaktor, sondern eine Investition mit Rendite. Und mehr noch: Sie ist ein strategisches Instrument, um Führung neu zu denken – über Räume.

Zitat zum Abschluss:

«Den grössten wirtschaftlichen Hebel sehen wir dort, wo andere nur einen Grundriss sehen: in der psychologischen Wirkung von Raum.»

2   Die Fallstudie: Sparen um jeden Preis? – Wenn betriebswirtschaftliche Logik an Grenzen stößt

Herr M., CEO eines technologieorientierten Dienstleistungsunternehmens mit 920 Mitarbeitenden, steht unter wachsendem Druck: Die Flächenauslastung ist mit einer durchschnittlichen Anwesenheit von unter 50 % sehr niedrig, die Mietkosten sind hoch, gleichzeitig steigen die Krankheitstage. Das Employer Branding leidet unter der rückläufigen Präsenzkultur. Die Geschäftsleitung fordert sichtbare Einsparungen – und ein deutliches Signal für mehr Zusammenarbeit vor Ort.

Herr M. folgt betriebswirtschaftlicher Logik:

„Wir reduzieren die Bürofläche um 25 %, vermieten den Überschuss weiter und erzeugen so jährlich Einnahmen von rund 1,4 Mio. EUR. Gleichzeitig senken wir die Homeoffice-Quote von 60 % auf 40 % – die Leute sollen wieder näher zusammenrücken."

Die Idee Kosten senken, Zusammenarbeit stärken – und das Unternehmen «zurück ins Büro» holen.

Die lineare Entscheidung – und ihre Folgen

In den ersten Monaten scheint der Plan aufzugehen:

Die Einnahmen aus der Weitervermietung steigen, das Büro wirkt belebter, die neue Regelung tritt in Kraft. Doch schon bald zeigen sich Brüche zwischen Erwartung und Realität.

Immer mehr Mitarbeitende empfinden die Rückkehr als Zwang. Die physische Nähe erzeugt keine echte Nähe – im Gegenteil: Die Zusammenarbeit stockt, hybride Meetings funktionieren schlecht, und Teams wirken isolierter als zuvor. Spontane Gespräche werden zur Störquelle, konzentriertes Arbeiten fällt schwer, die Stimmung kippt.

In internen Gesprächen hört Herr M. vermehrt Sätze wie:

- «Ich bin nur wegen der Vorschrift hier – nicht, weil ich hier besser arbeite.»
- «Im Homeoffice konnte ich mich wenigstens konzentrieren.»
- «Das Büro fühlt sich voll an, aber nicht richtig genutzt.»

Die Kosten der Fehlannahme

Eine Analyse sechs Monate nach Umsetzung zeigt ein unerwartetes Bild:

Zwar wurde die Büroauslastung auf 80 % erhöht, doch die Produktivität ist messbar gesunken. Störfaktoren und Ablenkungen dominieren den

Arbeitsalltag, Frustration breitet sich aus. Die Motivation ist gedämpft, das Engagement niedrig, während Krankmeldungen und Fluktuation steigen.

Die Produktivität fällt um 3 % – gemessen an den Projektdurchlaufzeiten. Bei durchschnittlichen Lohnkosten von 62.000 EUR pro Mitarbeitendem entspricht dies einem Verlust von rund 1,7 Mio. EUR jährlich – und neutralisiert damit den finanziellen Gewinn aus der Flächenvermietung von 1,4 Mio. EUR vollständig

Herr M. ist irritiert. Die Zahlen widersprechen der ursprünglich klar erscheinenden Logik der Maßnahme. Was läuft hier falsch?

2.1 Die Kehrtwende durch Architekturpsychologie

Auf Initiative des HR-Leiters wird ein auf neue Arbeitswelten spezialisiertes Beratungsunternehmen beauftragt, eine architekturpsychologisch fundierte Analyse durchzuführen. Die Problemfelder werden anhand des Vier-Dimensionen-Modells von Gauer Consulting sichtbar:

Organisation
Die Unternehmenskultur ist von Unsicherheit geprägt. Die Rückkehr ins Büro wird als Top-down-Maßnahme wahrgenommen – nicht als sinnvoll begründeter Schritt.

Die Raumstruktur fördert weder Selbstorganisation noch Kollaboration. Zudem wurden Team- und Arbeitsprozesse nicht an die neue Arbeitswelt angepasst. Die Arbeitsweisen haben sich durch die Digitalisierung verändert – die Räume nicht.

Mensch
Die Mitarbeitenden fühlen sich fremdgesteuert und nicht ernst genommen. Die Vielfalt an Persönlichkeits- und Arbeitsprofilen spiegelt sich im Büro nicht wider.

Statt mitgenommen zu werden, wurden sie lediglich informiert. Die hohe Reizdichte und fehlende Rückzugsmöglichkeiten führen auf engem Raum zu spürbaren Belastungen.

Architektur
Die Flächenlogik ist inkonsistent. Einzel- und Gruppenarbeitsplätze wechseln ohne erkennbares System, Wegeführung und Zonierung fehlen.

Hybrides Arbeiten ist technisch möglich, aber räumlich schlecht eingebunden. Vor allem Teamarbeitsplätze für interdisziplinäre Zusammenarbeit sind unterrepräsentiert.

Gestaltung
Die Atmosphäre wird als funktional und neutral erlebt. Farben, Licht und Materialien erzeugen keine Aufenthaltsqualität.

Das Design folgt zwar einer durchdachten Logik, wirkt jedoch generisch und nicht unternehmensspezifisch. Emotionale Wirkung fehlt: Die Räume unterstützen nicht, inspirieren nicht – sie berühren nicht.

2.2   Die Transformation

Statt eines Komplettumbaus entscheidet sich das Beratungsunternehmen gemeinsam mit dem Projektteam für eine gezielte Weiterentwicklung des Bestehenden.

Entlang der vier Wirkbereiche – Organisation, Mensch, Architektur und Gestaltung – wird die Arbeitswelt durch folgende Maßnahmen systematisch weiterentwickelt:

1. Funktionale Zonierung:
Die räumliche Struktur folgt nicht nur funktionalen Anforderungen, sondern orientiert sich bewusst an den emotionalen und kognitiven Bedürfnissen der Nutzer. Fokusbereiche, Rückzugszonen, offene Kommunikationsflächen und hybride Meetingräume werden klar differenziert – architektonisch, aber auch in ihrer Wahrnehmung und Nutzung.

Es entsteht kein starres Zonensystem, sondern ein durchdachtes Raumgefüge, das verschiedene Arbeitsmodi unterstützt und gleichzeitig kognitive Entlastung schafft.

Besonderes Augenmerk gilt der emotionalen Qualität der Räume:

- Rückzugszonen sind akustisch beruhigt, visuell geschützt und mit natürlichen Materialien gestaltet – sie vermitteln Sicherheit und fördern die Regeneration.
- Offene Kommunikationsbereiche aktivieren durch gezielte Lichtführung, visuelle Impulse und flexible Möblierung – ohne zu überreizen.
- Hybride Räume verbinden mediale und physische Präsenz und ermöglichen echte Interaktion – unabhängig vom Ort.

Das Ergebnis: Räume, die Vertrauen schaffen, Orientierung bieten und gleichzeitig aktivieren – und damit individuelle wie kollektive Leistungsfähigkeit stärken.

2. Atmosphärische Gestaltung
Materialwahl, Farbe, Licht und Akustik folgen einem multisensorischen Prinzip, das auf neuropsychologischer Ebene wirkt.

- **Naturmaterialien,** gedämpfte Farbtöne und weiche Textilien beruhigen das Nervensystem.
- **Sanft gelenktes Tageslicht** unterstützt den zirkadianen Rhythmus, fördert Wachheit und Energie im Tagesverlauf.
- **Akustisch entkoppelte Zonen** und Elemente für visuelle Privatsphäre reduzieren Reizüberflutung und fördern fokussiertes Arbeiten.
- **Pflanzen** verbessern die Luftqualität, wirken stimmungsaufhellend und bringen visuelle Lebendigkeit.
- **Unterschwellige Düfte** – etwa von Holz oder Kräutern – stärken das emotionale Sicherheitsgefühl.

So entsteht eine Atmosphäre, die nicht nur ästhetisch ansprechend und neuropsychologisch wirksam ist – ein Raum, der schützt, verbindet und inspiriert.

3. Architektonische Umstrukturierung
Die räumliche Gliederung wird nicht länger an Layoutlogiken ausgerichtet, sondern an den neuropsychologischen Bedürfnissen des Menschen.

- **Laute und leise Zonen** sind klar erkennbar.
- Es gibt Rückzugsräume für Konzentration und Erholung sowie offene Bereiche für soziale Interaktion – ohne Reizüberflutung.
- Lange, monotone Gänge werden vermieden, da sie unterbewusst Stress erzeugen. Stattdessen entstehen **organisch geführte Bewegungsachsen,** die Orientierung und Sicherheit vermitteln.

Die Architektur wird damit zum **Raum für Differenzierung** – zwischen Aktivierung und Entlastung, zwischen Nähe und Distanz.

4. Organisationales Change Management:
Veränderung wird nicht verordnet, sondern gemeinsam gestaltet. Workplace Change Management berücksichtigt die psychologischen Grundbedürfnisse

nach Sicherheit, Orientierung, Zugehörigkeit und Selbstwirksamkeit – und gestaltet Wandel als Einladung, nicht als Zwang.

Führungskräfte spielen dabei eine Schlüsselrolle: Sie sind emotionale Taktgeber. Ihre Haltung wirkt stärker als jede Maßnahme. Deshalb werden sie nicht nur informiert, sondern aktiv eingebunden, geschult und begleitet.

Auch die Mitarbeitenden werden gezielt beteiligt – zur richtigen Zeit, mit der passenden Tiefe und über sinnvolle Formate. Ein gutes Change Management erkennt, wann Information ausreicht – und wann echte Mitgestaltung nötig ist.

Nur so entsteht ein Veränderungsprozess, der Vertrauen schafft, Motivation stärkt und langfristig trägt.

2.3   Der Output – messbar und spürbar

Ein Jahr nach Projektabschluss zeigen sich die Erfolge deutlich – und sowohl wirtschaftlich als auch kulturell spürbar. Die Produktivität der Mitarbeitenden ist um 10 % gestiegen, was einem jährlichen Mehrwert von rund 6,4 Mio. EUR entspricht. Diese Steigerung ist vor allem auf die verbesserte Konzentrationsfähigkeit, die gezielte räumliche Unterstützung verschiedener Arbeitsmodi und die Reduktion von Störquellen zurückzuführen. Mitarbeitende können sich besser fokussieren, weil Zonen für Ruhe, Austausch und hybride Zusammenarbeit klar voneinander getrennt und nutzungsorientiert gestaltet sind.

Gleichzeitig bleibt die Flächeneinsparung in Höhe von 1,4 Mio. EUR erhalten – nun jedoch ohne Leistungsverlust, sondern im Gegenteil mit einem spürbaren Zugewinn an Effizienz. Möglich wurde das, weil die Flächen nicht nur reduziert, sondern intelligent umstrukturiert wurden: Jeder Quadratmeter erfüllt heute eine klar definierte Funktion, abgestimmt auf die tatsächlichen Arbeitsbedürfnisse.

Auch die weichen Faktoren zeigen Wirkung: Die Fluktuation ist gesunken, weil Mitarbeitende sich wieder als Teil eines sinnvollen Systems erleben. Die Mitarbeiterzufriedenheit ist signifikant gestiegen, da die neue Arbeitsumgebung psychologische Grundbedürfnisse wie Sicherheit, Orientierung, Zugehörigkeit und Selbstwirksamkeit anspricht – nicht oberflächlich, sondern spürbar im Alltag.

Die hybride Zusammenarbeit funktioniert reibungslos, weil Raumstruktur, Technologie und Teamdynamik nun aufeinander abgestimmt sind. Hybride Räume sind nicht nur technisch ausgestattet, sondern atmosphärisch und funktional so gestaltet, dass sie echte Interaktion ermöglichen, unabhängig vom jeweiligen Aufenthaltsort.

Und nicht zuletzt wird das Büro wieder als Ort der Qualität und Zusammenarbeit wahrgenommen – nicht mehr als Symbol für Kontrolle oder Präsenzpflicht, sondern als Raum, der Konzentration, Austausch und Regeneration gleichermaßen ermöglicht. Die Mitarbeitenden kommen wieder gern, weil sie spüren: Dieser Raum unterstützt mich – nicht fordert er mich nur.

Lernmoment – Architektur wirkt
Gute Arbeitswelten zahlen sich aus. Nicht nur atmosphärisch, sondern auch wirtschaftlich. Denn dort, wo neuropsychologisch gestaltete Räume menschliches Verhalten positiv beeinflussen, steigen Fokus, Zusammenarbeit und Eigenverantwortung – und damit die Produktivität. Mitarbeitende verbringen wieder mehr Zeit im Büro, weil sie echte Mehrwerte spüren: Orte der Konzentration, Begegnung und Regeneration.

Die Auslastung der Flächen verbessert sich messbar – und mit ihr der Nutzen pro Quadratmeter. Der Effekt zeigt sich vielschichtig: bessere Kommunikation, schnellere Abstimmungen, weniger Rückzug ins Homeoffice aus Frustration und eine stärkere Identifikation mit der Organisation. Diese Faktoren steigern die betriebliche Leistungsfähigkeit – nicht durch Kontrolle, sondern durch Qualität im Raum.

Der Return on Investment zeigt sich nicht erst langfristig – er beginnt in dem Moment, in dem Menschen wieder gern ins Büro kommen, produktiv sind und Räume als Ressource erleben.

Architektur wird so vom Kostenfaktor zum strategischen Wertschöpfungspartner.

Fazit von Herrn M.
«Anfangs hielten wir Raum für einen reinen Kostenfaktor – und glaubten, durch Reduktion zu sparen. Doch wir zahlten mit Produktivität, Motivation und Kultur. Erst als wir begannen, Raum bewusst und strategisch zu gestalten, wurde er zum echten Erfolgshebel.»

3   Wie Architekturpsychologie wirtschaftlich wirkt

Die Fallstudie hat eindrucksvoll gezeigt: Wer Raumgestaltung strategisch denkt, kann Produktivität, Zufriedenheit und Wirtschaftlichkeit gleichzeitig steigern. Doch wie genau wirkt Architekturpsychologie – und wie lässt sich dieser Mehrwert betriebswirtschaftlich greifbar machen?

Architekturpsychologie entfaltet ihre Wirkung auf mehreren Ebenen. Und das nicht abstrakt, sondern konkret: messbar, steuerbar und strategisch nutzbar.

3.1   Direkte ökonomische Wirkungen

1. Produktivität steigern
Der wohl unmittelbarste Effekt: Mitarbeitende in psychologisch gut gestalteten Räumen arbeiten fokussierter, schneller und fehlerfreier. Unsere breite Projekterfahrung zeigt deutlich: Lärm, visuelle Unruhe und fehlende Rückzugsorte führen selbst bei hochqualifizierten Teams zu Konzentrationsverlust und einer Zunahme von Fehlern.

Eine Verbesserung der durchschnittlichen Fokuszeit um nur 30 min pro Tag kann – bei einem durchschnittlichen Stundensatz von 30 EUR (entspricht einem Jahresgehalt von rund 60.000 EUR) – einen Mehrwert von 3300 EUR pro Jahr und Mitarbeitendem erzeugen. Hochgerechnet auf mittlere oder größere Organisationen mit 300 oder mehr Mitarbeitenden entstehen hier Millioneneffekte, die sich direkt auf die Leistungsbilanz auswirken.

2. Gesundheit erhalten, Fehlzeiten senken
Psychologisch und physiologisch ungünstig gestaltete Räume fördern Stress, Reizüberflutung, unzureichende Luftqualität, visuelle Unruhe oder das Gefühl mangelnder Kontrolle über die Umgebung. Diese Aspekte zählen zu den oft unterschätzten, aber hoch relevanten Risikofaktoren in modernen Arbeitswelten. Die Folgen: mentale Erschöpfung, emotionale Anspannung, schlechter Schlaf und psychosomatische Beschwerden – Symptome, die häufig unbemerkt bleiben, aber direkt zu steigenden Fehlzeiten und sinkender Leistungsfähigkeit führen.

Neuropsychologisch klug gestaltete Räume wirken dem präventiv entgegen. Akustische Entlastung, klar erkennbare Rückzugsorte, orientierungsgebende Strukturen und natürliche Elemente wie Pflanzen oder hoher Tageslichtanteil unterstützen das Gehirn dabei, zwischen Aktivierung und Regeneration zu wechseln. Sie vermitteln Sicherheit, reduzieren unterschwelligen Stress und stabilisieren das emotionale Gleichgewicht.

Der Effekt ist spürbar: weniger Krankheitstage, mehr verfügbare Arbeitszeit, geringere Vertretungskosten – und ein gesünderes Arbeitsklima, das nachhaltig bindet. So wird die Investition in raumpsychologische Qualität zur strategischen Gesundheitsmaßnahme – mit messbarem wirtschaftlichem Nutzen und gleichzeitig hohem ethischem Wert.

3. Miet- und Betriebskosten reduzieren
Raum kostet – insbesondere in urbanen Lagen. Doch nicht der Mietpreis selbst, sondern ungenutzte Flächen sind der versteckte Kostenblock. Mit raumpsychologisch fundierter Bedarfsanalyse und zonenorientierter Flächenverteilung können unnötige Raumreserven reduziert werden – und die Kosten sinken sofort.

Gut geplante Konzepte ermöglichen Einsparungen von 20–30 % der Bürofläche – ohne die Arbeitsqualität zu beeinträchtigen. Im Gegenteil: Die Flächen werden effizienter genutzt und besser angenommen. Diese Reduktion wirkt direkt auf die Bilanz – Monat für Monat, Jahr für Jahr.

3.2 Indirekte, aber entscheidende Wirkungen

Nicht alle wirtschaftlichen Effekte sind sofort sichtbar. Gerade die indirekten Folgen raumpsychologisch gelungener oder fehlerhafter Gestaltung wirken tief in die Substanz des Unternehmens hinein. Sie beeinflussen Menschen, Kultur und Prozesse – und zahlen sich wirtschaftlich über die Zeit aus.

1. Bindung & Retention erhöhen
Zufriedene Mitarbeitende, die sich mit ihrem Arbeitsumfeld identifizieren, bleiben länger – und das spart bares Geld. Die Kosten für die Neubesetzung einer Fachkraft liegen laut einer Studie von StepStone Deutschland GmbH (2024) durchschnittlich bei 49.500 EUR. Hohe Fluktuation ist ein erheblicher stiller Kostenfaktor.

Durch psychologisch gestaltete Räume entsteht emotionale Bindung. Wertschätzung wird räumlich erlebbar, Vertrauen wächst, Identifikation steigt. Architekturpsychologie stärkt so die Retention – und entlastet Recruiting, Onboarding und Wissenssicherung.

2. Employer Branding stärken
In einem angespannten Arbeitsmarkt ist die Arbeitsumgebung mehr als ein Hygienefaktor – sie ist ein zentrales Differenzierungsmerkmal. Unternehmen mit durchdachten, menschenzentrierten Arbeitswelten werden als modern, attraktiv und zukunftsfähig wahrgenommen.

Raum wirkt hier nach aussen wie nach innen: Bewerber erleben Haltung – nicht nur Versprechen. So stärkt Raumgestaltung die Arbeitgebermarke und erhöht die Chance, passende Talente zu gewinnen – schneller und langfristiger.

3. Technologie nutzbar machen
Digitale Tools entfalten nur dann ihr Potenzial, wenn sie in passende Raumkonzepte eingebettet sind – etwa in intuitiv gestaltete Zonen für hybrides
Arbeiten. Ohne räumliche Integration scheitert Technik oft an Akzeptanz-
problemen, Frust und Reibungsverlusten.

Architekturpsychologie und gut durchgeführtes Change Management sichert den ROI von IT-Investitionen ab – indem sie Technologieverhalten
räumlich mitdenkt.

3.3   Strategische Wirkung auf Unternehmenskultur und Transformation

Räume sind keine neutrale Kulisse. Sie beeinflussen Verhalten, Kommunikation und Wahrnehmung. Ob Kultur gelebt, Wissen geteilt oder Führung au-
thentisch erlebt wird, entscheidet sich auch an der räumlichen Gestaltung.

Architekturpsychologie und vor allem unser entwickeltes cross-disziplinäres
Modell, macht diese oft unsichtbaren Zusammenhänge sichtbar – und damit
gestaltbar. So wird Raumgestaltung zum Hebel der Transformation: Sie stärkt
Selbstorganisation, Vertrauen und Innovationskraft. Und sie wirkt als Sensor
für organisationale Reife.

Die Frage ist heute nicht mehr, ob Architekturpsychologie wirtschaftlich
wirkt – sondern wie strategisch sie eingesetzt wird.

Die Wirkung architekturpsychologischer Gestaltung lässt sich messen – auf
verschiedenen Ebenen, mit spürbaren Effekten. Doch wie wirken sich unterschiedliche Entscheidungen in der Praxis konkret aus? Was passiert, wenn
Unternehmen gar nichts verändern? Wenn sie nur Trends folgen? Oder wenn
sie Raum als strategischen Wirkfaktor begreifen und ganzheitlich gestalten?

Das nächste Kapitel zeigt drei reale Denk- und Entscheidungswege im direkten Vergleich – und macht sichtbar, wie unterschiedlich Unternehmen
wirtschaftlich abschneiden, je nachdem, welchen Weg sie wählen.

4   Der Business Case: Drei Wege, drei Realitäten

Drei Szenarien im direkten Vergleich zeigen, wie unterschiedlich Unternehmen wirtschaftlich abschneiden – je nachdem, ob sie Büroräume als reinen
Kostenblock, als unveränderlichen Status quo oder als strategischen Wirkfaktor verstehen.

Während das Unterkapitel 1 die Wirkung architekturpsychologischer Gestaltung aufzeigt, geht dieses einen Schritt weiter: Es vergleicht drei typische Entscheidungswege, wie sie in Unternehmen tagtäglich getroffen – oder unterlassen – werden. Die Unterschiede sind nicht nur kulturell oder atmosphärisch spürbar, sondern lassen sich auch betriebswirtschaftlich beziffern

4.1 Ausgangslage: Der räumliche Status quo im Unternehmen

Das betrachtete Unternehmen ist historisch gewachsen – sowohl organisatorisch als auch räumlich. Die Büroflächen sind kleinteilig strukturiert, dominiert von Einzelbüros, fix zugeordneten Arbeitsplätzen und funktional geprägten Zonen. Diese Struktur war lange sinnvoll – in einer Zeit, in der Arbeitsprozesse linear, abteilungsbasiert und stärker auf individuelle Arbeitsweise ausgerichtet waren.

Doch diese Realität hat sich überholt: Die meisten Mitarbeitenden arbeiten heute kollaborativer, projektbezogener und hybrider. Die Anforderungen an Kommunikation, Flexibilität und selbstorganisiertes Arbeiten sind deutlich gestiegen. Doch die Räume haben diesen Wandel nicht mitvollzogen: Es fehlen Rückzugszonen, kollaborative Bereiche, hybride Infrastrukturen und räumliche Orientierung.

Die Folge: Die Arbeitsumgebung passt nicht mehr zur Arbeitsweise. Der Produktivitätsverlust ist strukturell verankert – und teuer.

4.2 Modellunternehmen: Ausgangsdaten für den Vergleich

Zur wirtschaftlichen Modellierung dient ein Unternehmen mit folgenden Rahmendaten:

* 1270 Mitarbeitende
* durchschnittliches Jahresgehalt: 62.000 EUR
* 19.500 m² Bürofläche
* Mietkosten: 280 EUR/m²/Jahr

Diese Parameter ermöglichen eine realistische Modellierung – und führen zu drei Szenarien, wie sie sich in Vorstandssitzungen, Strategiemeetings oder Change-Projekten täglich entscheiden.

Hinweis Architektonische Kosten werden in den folgenden Berechnungen bewusst ausgeklammert, da sie stark von der Gebäudesubstanz abhängen und für die strategische Vergleichbarkeit der drei Szenarien nicht entscheidend sind.

Messung der Produktivität
Produktivität wird als wirtschaftlicher Näherungswert auf Basis der Lohnkosten betrachtet. Veränderungen in der Raumqualität – etwa durch Lärm, mangelnde Rückzugsflächen oder visuelle Unruhe – beeinflussen die individuelle Leistungsfähigkeit messbar. Diese Annahme ermöglicht eine realistische ökonomische Einordnung.

4.3   Szenario 1: Weiter wie bisher – Verharren im Gewohnten

Der CEO bleibt passiv. Raum wird nicht strategisch behandelt, die Strukturen bleiben unverändert. Eine gezielte Strategie – sei es zur Flächenoptimierung oder zur kulturellen Entwicklung – existiert nicht. Mitarbeitende dürfen bis zu vier von fünf Tagen im Home Office arbeiten.

Die Folgen: Zusammenarbeit leidet, die räumliche Realität passt nicht mehr zur Arbeitsrealität. Das schlägt sich direkt in der Produktivität nieder.

* Keine Anpassung an moderne Arbeitsformen
* Geringe Zusammenarbeit, sinkende Identifikation
* Produktivitätsverlust: −10 %
* Fläche uverändert 19.500 m^2 → Miete: 5,46 Mio. EUR (19.500 × 280)

Gesamteffekt Szenario 1:

* Produktivitätsdifferenz: −10 % × 1270 Mitarbeiter × 62.000 EUR = −7,87 Mio. EUR

    – Gesamtverlust (Zeitraum 1 Jahr): −7,87 Mio. EUR

Erkenntnis Wer nicht gestaltet, verliert – schleichend, aber dauerhaft.

4.4 Szenario 2: Kosten sparen – kurzfristige Logik, langfristige Lücke

Der CFO greift ein: «Wir müssen die Bürofläche reduzieren und so Geld sparen.» Die Fläche wird um 5500 m² verkleinert, eine Desk-Sharing-Ratio von 0,85 eingeführt, um die Mietkosten zu senken. Parallel dazu wird gemeinsam mit einem auf Raumplanung spezialisierten Unternehmen ein Activity-Based-Working-Ansatz implementiert. Die Investition für die Konzeption der neuen Arbeitswelt beläuft sich auf 100.000 EUR.

Zur Sichtbarmachung des Konzepts wird das bestehende Mobiliar punktuell ersetzt – insbesondere dort, wo die alte Ausstattung nicht mehr zur modernen Arbeitsweise passt. Insgesamt werden 1,5 Mio. EUR in das Mobiliar investiert: Etwa 1080 Arbeitsplätze (1270 Mitarbeitende × 0,85 Desk-Sharing-Ratio) werden mit durchschnittlich 1000 EUR pro Arbeitsplatz ausgestattet (entspricht 1,08 Mio. EUR). Die verbleibenden 492.000 EUR fließen in die Optimierung der büronahen Sonderzonen wie Begegnungsflächen, Sitzungszimmer oder Teamarbeitsplätze.

Auch architektonische Anpassungen finden statt: Die Arbeitswelt wird offener gestaltet und Zonierungen werden überarbeitet. Diese Kosten werden in der Berechnung jedoch nicht berücksichtigt, da sie stark vom Zustand des Gebäudes abhängen und schwer pauschal zu beziffern sind – und für den direkten Vergleich der Szenarien nicht entscheidend sind.

Was hingegen fehlt, ist eine übergreifende, auf das Unternehmen und die Mitarbeitenden abgestimmte Strategie: Statt eines fundierten Vorgehens wird einem Trend gefolgt. Weder Workplace Consulting noch Change Management werden einbezogen. Die Entscheidung basiert letztlich auf einer Empfehlung eines befreundeten CEO: «Das ist voll im Trend – das machen jetzt alle.»

Gleichzeitig wird die Präsenzpflicht erhöht – in der Hoffnung, durch physische Nähe die Kommunikation zu fördern und durch die Flächenreduktion Fixkosten zu senken.

Die Hoffnung Weniger Fläche, mehr Nähe – und geringere Kosten bei gleichbleibender Leistung.

Die Realität Das Büro wirkt überfüllt. Rückzugsräume fehlen, hybride Meetings sind frustrierend, der Geräuschpegel ist hoch. Die neuen Möbel sehen modern aus – doch die zugrunde liegende Raumstruktur wurde nicht an die Bedürfnisse des Unternehmens und seiner Mitarbeitenden angepasst. Auch fehlte ein begleitendes Change Management.

Die Folge Die Einsparung durch die Flächenreduktion ist real – doch die Leistungsfähigkeit verbessert sich kaum. Denn die neue Arbeitswelt folgt pauschalen Trends statt den tatsächlichen Bedarfen der Mitarbeitenden: zu viele Personen auf zu kleiner Fläche, ohne Rückzugszonen, psychologische Passung oder funktionierende hybride Strukturen. Zudem fehlt das Verständnis für die erhöhte Präsenzpflicht – was Widerstand erzeugt, statt Produktivität zu steigern.

- Produktivitätsverlust: −5 %
- Fläche: 14.000 m^2

Gesamteffekt Szenario 2:

- Produktivitätsdifferenz: −5 % × 1270 Mitarbeiter × 62.000 EUR = − 3,94 Mio. EUR
- Flächendifferenz = 5500 m^2 × 280 EUR/m^2/Jahr = 1,54 Mio. EUR
- Investition in Mobiliar: −1,5 Mio. EUR
- Investition in Raumplanung: −100.000 EUR

  – Gesamtverlust (Zeitraum 1 Jahr): −4,00 Mio. EUR

Erkenntnis Wer Fläche reduziert und Trends folgt, ohne architekturpsychologisch zu gestalten, spart vermeintlich – in Wirklichkeit jedoch führt dieses Vorgehen schnell zu messbaren Verlusten an Produktivität, Vertrauen und Akzeptanz.

4.5   Szenario 3: Psychologisch gestalten – der strategische Hebel

Die Geschäftsleitung erkennt: Raum ist mehr als Fläche. Er ist ein Steuerungsinstrument für Verhalten, Kultur und Leistung. Gemeinsam mit einem auf neue Arbeitswelten spezialisierten Beratungsunternehmen wird ein Transformationsprojekt aufgesetzt.

Ein interdisziplinäres Team (HR, IT, Facility, CREM, Geschäftsleitung) entwickelt – unter architekturpsychologischer Begleitung und unterstützt durch Workplace Change Management – eine ganzheitliche Workplace-Strategie. Diese wird gemeinsam mit Workplace Consultants und Raumplanern definiert und umgesetzt: Fokuszonen, Rückzugsbereiche sowie

Räume für formelle und informelle Kollaboration werden bedarfsgerecht gestaltet. Lichtführung, gezielte Farbgebung zur Aktivitätsunterstützung, Akustikelemente, Naturelemente und visuelle Orientierung werden systematisch integriert.

Wie in Szenario 2 wird eine Desk-Sharing-Ratio von 0,85 eingeführt und eine auf das Unternehmen und die Mitarbeitenden abgestimmte Multi-Space-Arbeitswelt umgesetzt, die an die hybride Arbeitsweise angepasst ist.

Investitionen in das Mobiliar betragen insgesamt 1,5 Mio. EUR. Für die rund 1080 Arbeitsplätze (1270 Mitarbeitende × 0,85) werden im Durchschnitt jeweils 1000 EUR investiert – das entspricht 1,08 Mio. EUR. Die übrigen 492.000 EUR fließen in die Optimierung der büronahen Sonderzonen (Begegnungsflächen, Sitzungszimmer, Teamarbeitsplätze etc.).

Wie in Szenario 2 werden auch hier architektonische Anpassungen vorgenommen: Die Arbeitswelt wird offener gestaltet und Zonierungen werden überarbeitet. Diese Kosten werden in der Berechnung jedoch wie auch in szenario 2 nicht berücksichtigt, da sie stark vom Zustand des Gebäudes abhängen und schwer pauschal zu beziffern sind – und für den direkten Vergleich der Szenarien nicht entscheidend sind.

Im Unterschied zu Szenario 2 werden Führungskräfte und Mitarbeitende systematisch einbezogen – durch Workshops, Trainings und Dialogformate. Auch die Einführung einer erhöhten Präsenzpflicht wird kommunikativ begleitet und aktiv erklärt. So entsteht Verständnis statt Widerstand. Die Investition in Worklace Consulting und Change Management beläuft sich insgesamt auf 250.000 EUR.

Die fundierte Analyse zeigt: Die vorhandene Fläche war überdimensioniert und wirkte demotivierend – viele Bereiche waren unter- oder falsch genutzt. Leere Zonen erzeugten psychologisch gesehen eher Distanz als Nähe, Orientierungslosigkeit statt Klarheit. Auf Basis dieser Erkenntnisse wird die Fläche gezielt auf 15.500 m² reduziert – nicht aus Kostengründen, sondern als Resultat einer fundierten Bewertung von Nutzung, Wirkung und Arbeitsweise. Eine stärkere Reduktion würde Rückzugsmöglichkeiten gefährden und – wie in Szenario 2 – zu einem Produktivitätsverlust führen.

Die Folge Die Kosten und Investitionen sind hoch, aber die Produktivität steigt spürbar steigt spürbar.

- Produktivitätsgewinn: +10 %
- Fläche: 15.500 m²

Gesamteffekt Szenario 3:

- Produktivitätsdifferenz: +10 % × 1270 Mitarbeiter × 62.000 EUR = 7,87 Mio. EUR
- Flächendifferenz = 4000 m² × 280 EUR/m²/Jahr = 1,12 Mio. EUR
- Investition in Mobiliar: 1,5 Mio. EUR
- Investition in Raumplanung: 100.000 EUR
- Investition in Workplace Consulting + Change Management: 250.000 EUR

  – Gesamtgewinn (Zeitraum 1 Jahr): 7,14 Mio. EUR

Gewonnene Erkenntnis Wer Raum ganzheitlich denkt und Workplace Change professionell umsetzt, steigert nicht nur Effizienz – sondern auch Vertrauen, Identifikation, Innovationskraft und die Zukunftsfähigkeit des Unternehmens.

4.6   Fazit: Raumstrategie ist Wirtschaftsstrategie

Die drei Szenarien zeigen eindrücklich: Raum ist kein statisches Gut – er wirkt. Und die Frage ist nicht, ob, sondern wie er gestaltet wird.

- Wer ihn ignoriert, verliert – schleichend, aber dauerhaft.
- Wer Trends folgt, ohne Kontext und Kompetenz, riskiert Leistungseinbrüche und kulturellen Schaden.
- Wer Raum jedoch strategisch und psychologisch fundiert nutzt, aktiviert einen unterschätzten Hebel – für Produktivität, Bindung und unternehmerische Resilienz.

Raumgestaltung ist keine operative Nebensache – sie ist eine Führungsaufgabe.

4.7   Der direkte Vergleich wird in der folgenden Tab. 5.1 ersichtlich

Was bedeutet das für die Geschäftsleitung?
- Es reicht bei veränderten Arbeitsweisen nicht, die bestehende Flächen einfach zu belassen – obwohl nichts investiert wird, erzeugt dies Kosten.
- Es reicht auch nicht, moderne Raumtrends zu kopieren – ohne psychologisches Verständnis bleiben sie reine Kosmetik.
- Und es reicht nicht, Möbel auszutauschen – ohne strategische Strategie bleibt es Aktionismus.

Tab. 5.1 Vergleich der drei Szenarien. (Quelle: Eigene Darstellung)

Kategorie	Szenario 1	Szenario 2	Szenario 3
Produktivität	–10 %	–5%	+10 %
Desk Sharing Ratio	1	0,85	0,85
Produktivitätsdifferenz	-7,87 Mio. EUR	-3,94 Mio. EUR	7,87 Mio. EUR
Fläche	19.500 m²	14.000 m²	15.500 m²
Flächendifferenz	0	1,54 Mio. EUR	1,12 Mio. EUR
Investition in Mobiliar	0	1,5 Mio. EUR	1,5 Mio. EUR
Investition in Raumplanung	0	100.000 EUR	100.000 EUR
Investition in Workplace Consulting inkl. Change Management	0	0	250.000 EUR
Gesamtwirkung (netto, 1 Jahr)	-7,87 Mio. EUR	-4,00 Mio. EUR	7,14 Mio. EUR

Was es stattdessen braucht

Eine ganzheitliche, architekturpsychologisch begleitete Transformation, die:

- Arbeitsweisen und Raum intelligent verzahnt,
- Flächenreduktion als Wirkung und nicht als Ziel versteht,
- und den Menschen in den Mittelpunkt stellt – nicht nur die Möblierung.

Drei strategische Reflexionsfragen:

1. In welchem dieser drei Szenarien steht Ihr Unternehmen heute?
2. Was braucht es, um eine zukunftsfähige, leistungsfördernde Arbeitswelt zu schaffen?
3. Haben Sie bereits einen wirtschaftlich und psychologisch fundierten Entscheidungsrahmen für Ihre nächste Flächenanpassung?

Erweiterung: Investitionsspielraum und Break-Even-Betrachtung in der Immobilienstrategie

Ein entscheidender Vorteil dieser Modellierung: Sie schafft einen belastbaren Orientierungsrahmen für Investitionen in Immobilien. Anhand der Produktivitätsdifferenzen lassen sich potenzielle Spielräume realistisch abschätzen.

Beispiel

In Szenario 3 wird – trotz Investitionen in Mobiliar, Planung und Change Management – ein wirtschaftlicher Nettoeffekt von +7,14 Mio. EUR jährlich erzielt.

Daraus folgt

Selbst wenn zusätzlich 5 Mio. EUR in architektonische Umbaumaß-
nahmen investiert würden (z. B. für Zonierungen, technische Infrastruktur,
klimatische Verbesserungen oder bauliche Öffnungen), wäre das Unternehmen nach einem Jahr noch immer im Break-Even.

Diese Logik bietet eine neue Perspektive:

Statt sich von hohen Umbaukosten abschrecken zu lassen, können Unternehmen mithilfe solcher Modellierungen gezielt ableiten, welches Investitions-
volumen sich – gemessen an Produktivität und Flächeneffizienz – wirtschaftlich verantworten lässt.

So wird Raum nicht nur gestaltet, sondern gesteuert

Und strategische Immobilienplanung bekommt eine fundierte Entscheidungs-
grundlage – auf Basis psychologischer Wirkung und wirtschaftlicher
Rechenlogik.

Das nächste Kapitel beleuchtet jene unsichtbaren Kosten, die in keiner Bilanz auftauchen – aber täglich wirken: gesundheitlich, kulturell und wirtschaftlich. Wer sie erkennt, versteht: Die Gestaltung moderner Arbeitswelten ist
kein Soft-Faktor – sondern ein unterschätzter Schlüssel zu betriebswirtschaftlicher Resilienz.

5   Unsichtbare Kosten: Das, was in keiner Bilanz steht

Während Unterkapitel 4 die strategischen Unterschiede zwischen drei Raum-
strategien mit konkreten Zahlen belegt hat, richtet dieses Kapitel den Blick
auf eine andere Seite der Wirtschaftlichkeit – die unsichtbare. Es geht um
Verluste, die in keiner Excel-Tabelle auftauchen, um Kosten, die nicht auf
einer Mietrechnung oder in einem Investitionsbudget stehen. Sondern um
das, was unter der Oberfläche wirkt – psychologisch, kulturell, gesundheitlich.

In zahlreichen Projekten beobachten wir bei Unternehmen immer wieder
die gleichen Muster: Krankheitsraten steigen, ohne dass ein klarer Grund erkennbar ist. Teams kommunizieren schlechter, obwohl sie räumlich nah bei-
einander sitzen. Neue Tools werden eingeführt – aber kaum genutzt. All das
hat mit Raum zu tun. Und all das kostet – mehr, als man denkt.

Dieses Kapitel zeigt: Raumwirkungen müssen nicht nur gestaltet, sondern
auch verstanden werden. Denn architekturpsychologische Details entscheiden
und gerade dort, wo keine klaren Kostenstellen existieren, entstehen häufig
die größten Verluste – leise, systematisch, unterschätzt.

5.1   Die meistbeobachteten unsichtbaren Raumkosten

1. Krankheitskosten durch Raumstress
Lärm, ständige Unterbrechungen und visuelle Reizüberflutung belasten Körper und Geist – nicht sofort, aber langfristig. Der Effekt zeigt sich in steigenden Fehlzeiten, mentaler Erschöpfung und psychosomatischen Beschwerden.
Schon ein zusätzlicher Krankheitstag pro Jahr durch unoptimale architekturpsychologische Raumgestaltung erzeugt enorme Krankheistkosten
Beispielrechnung:
1 zusätzliche Krankheitstage pro Jahr × 870 Mitarbeitende × 273 EUR/Tag = 237.510 EUR jährlich
Annahme: Durchschnittliches Bruttojahregehalt von 60.000 EUR

2. Fluktuation durch fehlende emotionale Bindung
Räume senden Signale: Sind sie kalt, überfüllt oder rein funktional, fehlt die emotionale Verbindung. Gute Mitarbeitende gehen nicht wegen des Gehalts – sondern wegen mangelnder Identifikation.
Schon eine geringe Anzahl an Fluktuationen wie 2 % haben enorme wirtschaftliche Auswirkungen auf Untenrehmen.
Beispielrechnung:
2 % mehr Abgänge (bei 870 Mitarbeiter) × 15.000 EUR pro Neubesetzung = 522.000 EUR
Annahme: Durchschnittlicher Kosten für Neubesetzung von 15.000 EUR und damit bewusst tief, im Schnitt liegt der Wert nach StepStone Deutschland GmbH (2024) durchschnittlich bei 49.500 EUR.

3. Verlorene Produktivitätszeit durch schlechte Raumqualität
Wer permanent abgelenkt wird – durch Lärm, Unruhe oder ungünstige Lichtverhältnisse – verliert täglich wertvolle Fokuszeit. Diese Unterbrechungen sind oft unscheinbar, summieren sich aber zu einem massiven wirtschaftlichen Verlust.
Beispielrechnung:
−30 min Fokuszeit pro Tag × 230 Arbeitstage = ~22 verlorene Arbeitstage pro Jahr pro Person
→ Bei einem durchschnittlichen Tageswert von 273 EUR:
22 Tage × 273 EUR = 6006 EUR Produktivitätsverlust pro Mitarbeitendem jährlich
Annahme: Durchschnittliches Bruttojahregehalt von 60.000 EUR

4. Leerstandskosten – Räume, die keiner nutzt

Unattraktive, unlogische oder schlecht positionierte Flächen bleiben leer – verursachen aber weiterhin Betriebskosten.

Beispielrechnung:
2700 m^2 ungenutzte Fläche $\times$ 300 EUR/m^2 = 810.000 EUR jährlich
Annahme: 300 EUR/m^2 Kosten für Quadratmeter Bürofläche

5. Technologie, die nicht greift

Digitale Tools können Arbeitsprozesse erheblich verbessern – aber nur dann, wenn sie in einen räumlich und kulturell passenden Kontext eingebettet sind. Werden Technologien ohne Rücksicht auf Raumstrukturen, Nutzerbedürfnisse oder ein unterstützendes Change Management eingeführt, bleibt ein Großteil ihres Potenzials ungenutzt.

Es reicht nicht, Software bereitzustellen. Mitarbeitende müssen sie sinnvoll integrieren können – in Räume, die Orientierung bieten, technische Voraussetzungen erfüllen und unterschiedliche Arbeitsmodi unterstützen. Gleichzeitig braucht es begleitende Veränderungsprozesse, die die Menschen mitnehmen, statt sie zu überfordern.

Denn selbst teure Schulungsmaßnahmen verlieren an Wirkung, wenn der Raum die Nutzung nicht mitdenkt und wenn Veränderungen nicht klar kommuniziert und begleitet werden. Technologie entfaltet erst dann ihre volle Kraft, wenn Mensch, Raum und Kultur gemeinsam in die digitale Transformation einbezogen werden.

Tools allein bewirken nichts. Wenn der Raum die Nutzung nicht unterstützt – durch fehlende Struktur, Orientierung oder technisches Setup – verpufft selbst die beste Software.

Beispielrechnung:
870 Mitarbeitende $\times$ 130 EUR (Schulungskosten inkl. Lohnkosten etc.) = 113.100 EUR

6. Akustikfehler im Open Space

Akustikprobleme im Büro werden oft auf Lärm reduziert – doch auch das Gegenteil ist kritisch: Räume, die zu still, zu hallig oder sozial entkoppelt wirken, können ebenso belastend sein wie permanente Geräuschkulissen. Beides führt dazu, dass Mitarbeitende sich unwohl fühlen, unkonzentriert arbeiten oder sich sozial zurückziehen. Der mentale Energieverlust, der durch ungünstige akustische Bedingungen entsteht, bleibt oft unsichtbar – wirkt sich aber direkt auf Produktivität und Teamdynamik aus.

Schon 10 min täglicher Unproduktivität durch ungünstige Akkustik summieren sich schnell zu einer massiven Produktivitätseinbuße.

Beispielrechnung:

10 Min × 870 MA × 230 Arbeitstage = 4350 Arbeitstage × 290 EUR/
Tag = ~1,25 Mio. EUR/Jahr.

6 Architekturpsychologie als Investition in Zukunftsfähigkeit

6.1 Raum wirkt – und zwar wirtschaftlich

Dieses Buch hat gezeigt: Raum ist kein Hintergrund – er ist ein Wirkfaktor in einem komplexen und fragilen Gefüge. Anhand realer Business Cases, betriebswirtschaftlicher Modelle und psychologischer Mechanismen wurde deutlich:

- Schon geringe Änderungen in der Raumgestaltung führen zu messbaren Effekten auf Produktivität, Gesundheit und Motivation.
- Fehlentscheidungen im Umgang mit Fläche – ob aus Unwissenheit, Sparlogik oder Trendfolge – führen schnell zu Millionenverlusten.
- Die wahren Kosten entstehen dort, wo sie weniger gesehen werden: in Reibungsverlusten, Fluktuation, Krankheit und nicht gelebter Identifikation.
- Architekturpsychologie deckt diese unsichtbaren Effekte auf – und verwandelt sie in steuerbare, wirtschaftlich wirksame Hebel.

Wer heute Arbeitswelten verändert, trifft nicht nur eine gestalterische Entscheidung – sondern vielmehr eine wirtschaftliche. Es geht um mehr als Fläche. Es geht um Verhalten, Gesundheit, Energie, Fokus und Bindung. Es geht um Wertschöpfung.

Die Frage lautet nicht mehr: Was kostet die Fläche?

Sondern: Was kostet es, sie falsch zu nutzen?

Organisationen, die Raum weiterhin nur verwalten, laufen Gefahr, ihre größten Potenziale zu verspielen.

6.2 Vom Raum als Ressource zum Raum als Führungsinstrument

Die wirtschaftliche Relevanz von Raumgestaltung lässt sich belegen. Doch der Blick nach vorn zeigt: Die Architekturpsychologie entfaltet ihre Kraft, wenn sie zur Grundlage für die Gestaltung zukünftiger Arbeitswelten wird.

Die Arbeitswelt der Zukunft braucht mehr als Technik oder Effizienz. Sie braucht Räume, die emotionale Sicherheitbieten, mentale Ressourcen schützen, psychologische Bedürfnisse anerkennen und kulturelle Resonanzräume schaffen. Räume, die Technologie integrieren, statt überfordern – und die Mensch, Raum und Organisation auf einer neuen Ebene verbinden.

Im Zentrum steht dabei nicht mehr die Fläche – sondern das Erleben. Nicht nur das Design – sondern die Wirkung. Nicht die Hülle – sondern das System dahinter.

Der Ausblick ist klar: Die nächste Generation von Arbeitswelten wird nicht nur smart – sondern emotional intelligent. Und Architekturpsychologie wird zum Kompass auf diesem Weg.

Literatur

Bernstein, E. S., & Turban, S. (2018). The impact of the 'open' workspace on human collaboration. *Phil. Trans. R. Soc.* https://doi.org/10.1098/rstb.2017.0239

Hackman, J. R., & Oldham, G. R. (1980). Work redesign. Reading, MA: Addison-Wesley.

IAP Institut für Angewandte Psychologie (2023). Hybride Zusammenarbeit zwischen Produktivität und Erschöpfung: Chancen, Herausforderungen und Handlungsempfehlungen. Zürich: ZHAW Zürcher Hochschule für Angewandte Wissenschaften. https://doi.org/10.21256/zhaw-25099.

Kratzer, N.(2020): Open space. Besser machen. Eine Praxisbroschüre des Projekts PRÄGEWELT –„Präventionsorientierte Gestaltung neuer *Open-Space-Arbeitswelten*".München: ISF München.

Kunze, F., & Hampel, K. (2025). Zwischen Präsenzpflicht und Homeoffice-Euphorie: Stand des mobilen Arbeitens fünf Jahre nach der Corona-Pandemie. Ergebnisbericht April 2025. Universität Konstanz, Future of Work Lab.

Meyer, S. C., & Tisch, A. (2024). *Psychische gesundheit in der Arbeitswelt – Arbeitsweltberichterstattung: Technostress im Erwerbsleben* (baua: Bericht 2024).

Stadler, S. (2011). Open space Büros. *Eine Studie über die Machbarkeit und Umsetzungoffener Bürostrukturen.* Abschlussbericht. Düsseldorf: Hans Böckler Stiftung.

StepStone Deutschland GmbH (2024). *So halten Sie die Vakanzkosten in Ihrem Unternehmen niedrig.*. https://www.stepstone.de/e-recruiting/hr-wissen/recruiting/vakanzkosten/.

6

Zukunft der Arbeitswelten – Architekturpsychologie & Future of Work

1   Warum dieses Modell zukunftsfähig ist

Architekturpsychologie als strategischer Schlüssel

Die Arbeitswelt steht an einem Wendepunkt. Noch vor wenigen Jahren wurden Bürogebäude primär funktional geplant: Quadratmeter, Effizienz, technologische Ausstattung. Architektur galt als Mittel zum Zweck – ein schönes Gebäude, ergonomische Möbel, ein paar Design-Akzente. Doch diese Zeiten sind vorbei.

Heute erwarten Unternehmen mehr von ihren Räumen. Sie sollen nicht nur funktionieren, sondern strategisch wirken: als Begegnungsort, Ideenschmiede, Kulturträger und zunehmend als Gesundheitsfaktor. Diese Anforderungen sind hochkomplex – und genau hier wird Architekturpsychologie zum entscheidenden Hebel.

Dabei erleben wir ein paradoxes Phänomen: Trotz Investitionen in flexible Arbeitszeitmodelle, moderne Büros mit Lounge-Bereichen, Community-Zonen und Designermöbeln zeigen aktuelle Zahlen: Das Engagement sinkt, Motivation bröckelt, psychische Belastungen steigen. Die Diskrepanz zwischen Angebot und Wirkung ist offensichtlich: Alles scheint da zu sein – und doch funktioniert es nicht (Gallup, 2024; TELUS Health, 2024).

Die Ursache liegt in der Tiefe. Es wurde viel in sichtbare Faktoren investiert – in Gebäude, Technik, Benefits. Doch die emotionale, psychologische Dimension wurde oft vernachlässigt. Räume wurden als Hülle verstan-

© Der/die Autor(en), exklusiv lizenziert an Springer-Verlag GmbH, DE, ein Teil von Springer Nature 2026
S. Gauer, *Architekturpsychologie als Erfolgsfaktor!*,
https://doi.org/10.1007/978-3-662-72370-8_6

den, nicht als psychologische Systeme, die Wahrnehmung, Verhalten und Gesundheit beeinflussen (Flade, 2020).

Viele Workplace-Programme dienten vor allem der Außenwirkung. Repräsentative Bauten, eindrucksvolle Empfangsbereiche und stylishe Möbel versprachen Erfolg. Doch die psychologische Wirkung blieb häufig unerforscht. Statt tief zu analysieren, wurden Standardlösungen umgesetzt. Die Folge: Büros, die gut aussehen, aber unterschwellig Stress erzeugen. Flächen, die geplant sind, aber keine Zugehörigkeit schaffen.

Architekturpsychologie setzt hier an. Sie fragt: Wie fühlt sich ein Raum wirklich an? Welche Botschaften sendet er? Welche psychologischen Grundbedürfnisse werden erfüllt? Sie macht sichtbar, was unter der Oberfläche liegt: emotionale Muster, Wahrnehmungsprozesse und Verhaltensimpulse – die wahre Grundlage für nachhaltige Wirkung.

Das von uns entwickelte Modell der Architekturpsychologie liefert nicht nur Theorie, sondern praxisnahe Ansätze. Es zeigt, wie Räume Vertrauen fördern, Kreativität freisetzen und Gesundheit unterstützen – und was dafür im Vorfeld beachtet werden muss. Nur so lässt sich die Wirkung unter der Oberfläche gezielt erschließen.

Architekturpsychologie als Antwort auf heutige Herausforderungen

Denn solange Unternehmen nur an der Oberfläche agieren, werden sich Engagement- und Gesundheitswerte kaum verbessern. Erst ein psychologisch, kulturell und strategisch durchdachter Raum entfaltet sein volles Potenzial.

Klassische Architektur konzentriert sich auf das Sichtbare: Flächen, Linien, Materialien. Architekturpsychologie hingegen fragt:

- Wie beeinflusst Raumverhalten Emotionen und Leistungsfähigkeit?
- Welche unterbewussten Signale sendet ein Raum?
- Wie fördern Räume Vertrauen, Sicherheit und Zugehörigkeit?

Diese Fragen gewinnen an Relevanz, weil sich die Rahmenbedingungen dramatisch verändern:

- Räume als strategische Assets: In Zeiten von Fachkräftemangel entscheiden erlebbare Arbeitsumgebungen über Attraktivität und Bindung.
- Psychologische Grundbedürfnisse im Zentrum: Konzentration, Kreativität und Engagement entstehen nur, wenn Bedürfnisse wie Kontrolle, Rückzug, soziale Bindung und Sinn erfüllt sind.

- Räume als Kulturträger: Architektur sendet Botschaften: Offenheit, Hierarchie, Flexibilität – all das wird durch Raumgestaltung erlebbar.
- Gesundheit als Unternehmensaufgabe: Mental Health ist kein Randthema mehr. Räume müssen aktiv zur Resilienz beitragen.

Räume sind keine Kulisse – sie sind Mitgestalter der Arbeitswelt. Sie beeinflussen Verhalten, verstärken Kultur und formen Führung. Die Architekturpsychologie verknüpft diese Dimensionen und wird zur strategischen Notwendigkeit.

Das Modell der Architekturpsychologie vereint drei zentrale Stärken:

Ganzheitlichkeit

Das Modell betrachtet Organisation, Mensch, Architektur und Gestaltung als miteinander verwobene Dimensionen. Es trennt nicht zwischen „harten" und „weichen" Faktoren, sondern verbindet sie. Das macht es so stark in einer Zeit, in der rein funktionale oder rein designorientierte Ansätze oft zu kurz greifen.

Wissenschaftlichkeit

Das Modell beruht auf gesicherten Erkenntnissen aus Neuropsychologie, Verhaltensforschung, Architekturwissenschaft und Change Management. Es vermeidet oberflächliche Trendanpassungen und bietet fundierte Orientierung – gerade in einem Markt, der oft von modischen Buzzwords getrieben ist.

Adaptivität

Was das Modell besonders stark macht, ist seine Anpassungsfähigkeit. Es bietet keine „One-size-fits-all"-Lösungen, sondern dient als flexibler Rahmen, der für unterschiedliche Organisationen, Kulturen und Herausforderungen individualisiert werden kann. Gerade angesichts der Unsicherheit, die die Arbeitswelt prägt (Hybrid Work, Digitalisierung, Fachkräftemangel, Nachhaltigkeit), wird diese Adaptivität zum entscheidenden Vorteil.

2   Räume denken heißt Zukunft gestalten

Die Gestaltung der Arbeitswelt von morgen beginnt nicht bei Quadratmetern oder Möbeln – sie beginnt bei der Erkenntnis, dass Räume mentale Infrastrukturen sind. Sie beeinflussen, wie wir denken, arbeiten, kommunizieren. Wer Raum gestaltet, gestaltet Verhalten. Und wer Verhalten gestalten will, braucht psychologisches Verständnis.

In einer Zeit wachsender Komplexität, hybrider Arbeitsmodelle und kulturellen Wandels reicht eine funktionale Raumplanung allein nicht mehr aus.

Räume müssen heute Orientierung stiften, Resonanz erzeugen und psychologische Sicherheit bieten. Die Architekturpsychologie liefert dafür das notwendige Fundament – wissenschaftlich fundiert, strategisch einsetzbar und wirtschaftlich wirksam.

Die technosoziale Arbeitswelt – Mensch und Technologie im Zusammenspiel

Unsere Arbeitswelt entwickelt sich zunehmend zu einer technosozialen Sphäre: Technologie ist längst nicht mehr nur Werkzeug, sondern ein integraler Bestandteil unseres täglichen Tuns. Mensch und Maschine bilden ein neues Kollektiv, das tiefgreifende Fragen aufwirft: Wie bewahren wir unsere Handlungsfähigkeit, wenn künstliche Intelligenz Aufgaben übernimmt? Wie bleibt die soziale Dimension der Arbeit erhalten?

Diese Zukunft verlangt von Unternehmen nicht nur technologische Aufrüstung, sondern auch emotionale und kulturelle Intelligenz. Nur wenn beides zusammengedacht wird, bleibt der Mensch im Mittelpunkt einer digital geprägten Welt.

Hybride und adaptive Arbeitsmodelle

Das Büro wandelt sich vom Pflichtort zum Mehrwert-Ort. Es wird es künftig vor allem für kreativen Austausch, Netzwerken und Innovationsarbeit genutzt. Homeoffice und Remote-Arbeit bleiben feste Bestandteile moderner Arbeitsrealitäten. Unternehmen stehen vor der Aufgabe, hybride Kulturen zu gestalten, die nicht nur technische Prozesse digitalisieren, sondern auch soziale Kohäsion in dezentralen Teams ermöglichen.

Das bedeutet: Führung muss Nähe und Vertrauen auch über Distanz herstellen – durch neue Kommunikationsrituale, emotionale Präsenz und psychologische Sicherheit. Architekturpsychologie hilft, diese Kultur räumlich erlebbar zu machen.

KI-Empowerment: Vom Tool zur Kollegin – und zur Herausforderin

Künstliche Intelligenz (KI) entwickelt sich rasant weiter: Sie automatisiert nicht mehr nur Routinetätigkeiten, sondern dringt in hochqualifizierte, wissensbasierte Arbeitsfelder vor. Damit verschiebt sich der Fokus – weg von Prozessoptimierung, hin zur Replikation komplexer Denk- und Entscheidungsprozesse.

Diese sogenannte Kognitive Transformation stellt Unternehmen vor eine mentale Disruption. Diagnostik, Problemlösung und strategische Entscheidungen – bisher Domäne menschlicher Intuition und Erfahrung – werden zunehmend von KI-Systemen übernommen oder begleitet. Das verändert die Rollenbilder und Erwartungen an Menschen im Beruf grundlegend. (World Economic Forum, 2025)

Neue Kompetenzprofile: Plastizität und Meta-Fähigkeiten

In dieser Realität reicht Fachwissen allein nicht mehr aus. Gefragt sind kognitive Plastizität und Meta-Kompetenzen: die Fähigkeit, Denkmodelle zu hinterfragen, neue Muster zuzulassen, Ambiguitäten auszuhalten. Schlüsselkompetenzen wie Selbstreflexion, Emotionsregulation, systemisches Denken und Vorstellungskraft treten in den Vordergrund.

Wer in einer KI-dominierten Arbeitswelt bestehen will, muss lernen, die Interaktion mit intelligenten Systemen nicht als Konkurrenz, sondern als Kollaboration zu gestalten. Mitarbeitende und Führungskräfte benötigen Kompetenzen, um KI-Systeme anzuleiten, zu kontrollieren und ethisch zu integrieren.

Sinn als neues Effizienzkriterium

Je mehr Maschinen effiziente Aufgaben übernehmen, desto mehr verschiebt sich der menschliche Fokus auf Sinn, Werte, Empathie und Verantwortung. Unternehmen, die gezielt in diese „Unique Human Assets" investieren, stärken nicht nur ihre Zukunftsfähigkeit – sie differenzieren sich in einem Markt, der zunehmend von Automatisierung geprägt ist. (World Economic Forum, 2025)

Von Angst zu Gestaltungskraft

Die Kognitive Transformation ist längst keine Zukunftsmusik mehr – sie findet statt. Viele Mitarbeitende reagieren mit Verunsicherung, da vertraute Strukturen und Rollenbilder wegbrechen. Jetzt ist es Aufgabe von Führung und Organisationsentwicklung, psychologische Sicherheit zu schaffen. Veränderung muss als Entwicklungschance verstanden und gestaltet werden – nicht als Bedrohung.

Genau hier setzt die Architekturpsychologie an: Sie gestaltet Räume, die emotionale Sicherheit bieten, Wandel unterstützen und mentale Verarbeitung ermöglichen. Denn nur so gelingt es, die Potenziale von KI zu entfalten, ohne den Menschen zu verlieren.

3   Transformation beginnt innen – nicht außen

Die Zukunft der Arbeit ist längst Realität. Doch der Umgang damit ist oft rückwärtsgewandt. In vielen Unternehmen sind Desk Sharing, hybride Modelle oder digitale Tools längst eingeführt. Und doch wirkt die Gestaltung von Räumen oft wie ein nachträglicher Reparaturversuch – operativ, statt strategisch. Was ich in vielen Projekten beobachte: Es fehlt nicht an Technologie, sondern an psychologischer Passung. Es fehlen nicht Tools, sondern Tiefe.

Wenn Flächenreduktion zur Maßnahme wird, ohne die emotionale Wirkung mitzudenken, sparen wir vielleicht kurzfristig Kosten – aber verlieren langfristig Halt, Orientierung und Engagement. Räume, die nicht mit dem Erleben von Menschen resonieren, erzeugen nicht nur Stress. Sie wirken subtil – und dennoch spürbar: in Rückzug, in Resignation, in innerer Kündigung.

Die stille Verschiebung: Future Skills sind innere Prozesse
Das Weltwirtschaftsforum spricht von Resilienz, Empathie, Kreativität und Selbstbewusstsein als Schlüsselkompetenzen der Zukunft. Was mich dabei fasziniert: All diese Kompetenzen sind psychologischer Natur. Sie entstehen nicht durch Trainingsmodule, sondern durch Erfahrungsräume. Sie wurzeln nicht in Technik, sondern in Identität, emotionaler Regulation und mentaler Klarheit (World Economic Forum, 2025).

Wenn wir über die Arbeitswelt von morgen sprechen, geht es längst nicht mehr darum, ob psychologische Fähigkeiten entscheidend sind – sondern wie stark sie die Leistungsfähigkeit von Teams und Organisationen prägen. Über 60 % der Arbeitgeber weltweit erwarten, dass Kompetenzen wie Resilienz, Selbstbewusstsein und Kreativität künftig noch an Bedeutung gewinnen. Doch wie entstehen diese Fähigkeiten eigentlich? (World Economic Forum, 2025).

In meiner Arbeit erlebe ich immer wieder: Diese sogenannten „Future Skills" sind keine standardisierten Tools, die man über Trainingsmodule vermittelt. Sie sind vielmehr das Ergebnis innerer Prozesse. Sie entwickeln sich dort, wo Menschen sich selbst reflektieren, wo sie emotionale Stabilität aufbauen, mentale Klarheit gewinnen und ein stimmiges Selbstbild formen.

Ein Beispiel aus einem internationalen Projekt: Das Unternehmen hatte moderne Innovationsflächen geschaffen – mit agilen Arbeitszonen, inspirierenden Designkonzepten und smarten Technologien. Doch der erhoffte kreative Schub blieb aus. Erst als wir uns auf die psychologischen Grundlagen konzentrierten – etwa durch gezielte Rückzugsorte, Räume für mentale Entlastung und kultivierte Feedbackformate – zeigte sich, wie sehr das Denken durch Sicherheit und innere Ordnung beeinflusst wird.

Denn Fähigkeiten wie Empathie oder kreative Problemlösung entstehen nicht in Stress und Überforderung. Sie brauchen Raum, Struktur und emotionale Resonanz. Sie sind verwurzelt in dem, was ich als „innere Ökonomie" beschreibe: Selbstwahrnehmung, Imagination, Erinnerung und Selbststeuerung wirken wie mentale Ressourcen, die gepflegt, geschützt und gestärkt werden müssen.

Wer hier investiert, baut nicht nur Kompetenzen auf – sondern ein stabiles Fundament für echtes Zukunftspotenzial.

Psychologische Kompetenzen entstehen nicht im Workshop

Resilienz ist keine Methode, die man „installiert". Sie ist ein innerer Zustand, der entsteht, wenn Menschen sich selbst spüren dürfen. Wenn sie sich in ihrem Arbeitsumfeld als Mensch wahrgenommen fühlen. Wenn es Raum gibt für Rückzug, Reflexion und Reibung.

Empathie wächst dort, wo man sich als Teil eines sinnvollen Ganzen erlebt. Nicht dort, wo man ständig performen muss. Und Kreativität entfaltet sich nicht im Innovationsmeeting, sondern in Momenten, in denen das Gehirn Leerlauf hat – Raum zum Assoziieren, Erinnern, Fühlen.

Was wir brauchen, ist keine weitere Qualifikationsoffensive. Sondern einen Perspektivwechsel: Weg vom Skill-Fokus, hin zur inneren Arbeit.

Mentale Infrastruktur als Zukunftsinvestition

Die besten Erfahrungen habe ich in Projekten gemacht, in denen Unternehmen den Mut hatten, psychologische Sicherheit nicht als „Soft Topic" zu behandeln, sondern als strategische Investition.

Das beginnt bei Architekturen der Entlastung: Räume, die Rückzug ermöglichen, ohne zu isolieren. Es geht um Gestaltungsprinzipien, die Zugehörigkeit und Identifikation fördern. Und um Kulturpraktiken, die emotionale Offenheit nicht sanktionieren, sondern stärken – von Feedback-Routinen bis zu gelebter Fehlerfreundlichkeit.

Ich nenne das mentale Infrastruktur. Sie ist das Pendant zur digitalen Infrastruktur. Und sie ist ebenso entscheidend für Zukunftsfähigkeit.

Psychologische Sicherheit als Wettbewerbsfaktor

In vielen meiner Projekte zeigt sich ein wiederkehrendes Muster: Strategien sind durchdacht, Strukturen effizient, Prozesse klar. Und doch stockt die Transformation. Warum? Weil die emotionale Grundlage fehlt. Psychologische Sicherheit ist kein weiches Thema – sie ist der tragende Boden jeder Veränderung. Wo sie fehlt, entstehen unsichtbare Blockaden: Verantwortung wird vermieden, Kreativität bleibt vorsichtig, Wandel wird passiv abgewehrt.

Besonders kritisch ist, dass viele Unternehmen den Blick auf das Ergebnis richten – auf sichtbare Kompetenzen wie Flexibilität, Resilienz oder Innovationskraft – ohne sich mit den Bedingungen zu beschäftigen, die diese überhaupt erst möglich machen. Es wird erwartet, dass Menschen kreativ agieren, ohne dass ihnen innere Ruhe ermöglicht wird. Man fordert Resilienz, während Erschöpfung längst zum Normalzustand geworden ist. Und Flexibilität gilt als selbstverständlich, selbst wenn emotionale Sicherheit fehlt.

Hier kommt ein zentrales Prinzip meiner Arbeit ins Spiel: die innere Ökonomie des Menschen. Unser Denken, Fühlen und Handeln basiert auf mentalen Ressourcen – wie Energie, Erinnerung, Vorstellungskraft und emotionaler Regulation. Diese sind nicht unendlich verfügbar. Wer innerlich überlastet ist, verliert die Fähigkeit zur echten Gestaltung. Wer mental fragmentiert ist, kann sich nicht selbst steuern, geschweige denn komplexe Herausforderungen souverän bewältigen (Baumeister & Tierney, 2011).

Was wir dann beobachten, ist kein individuelles Scheitern, sondern eine kollektive Überforderung:

- Konformität ersetzt kritisches Denken.
- Zynismus tritt an die Stelle von Sinnkopplung.
- Vermeidung verdrängt Verantwortung.

Diese Muster sind kein Randphänomen. Sie sind tägliche Realität – sichtbar in steigenden Fehlzeiten, wachsender Fluktuation und einer Innovationskultur, die mehr Schein als Sein ist. Die Lösung liegt nicht in noch mehr Tools oder Trainings, sondern in einer bewussten Gestaltung psychologischer Stabilität. Denn erst, wenn innere Bedingungen stimmen, entfalten sich die Fähigkeiten, die die Zukunft verlangt.

Nicht nur Skills, sondern Bedingungen: Die neue Perspektive auf Arbeitswelten

Die zentrale Frage für zukunftsorientierte Organisationen lautet: *Welche inneren Voraussetzungen müssen gegeben sein, damit diese Kompetenzen überhaupt entstehen können?*

Ich bin fest davon überzeugt: Die Zukunft der Arbeit entscheidet sich nicht an der Oberfläche, sondern in der Tiefe – dort, wo Arbeitsumgebungen als psychologische Systeme verstanden werden. Wo Raum nicht nur als physische Struktur betrachtet wird, sondern als Resonanzfeld für Identität, emotionale Sicherheit und kulturelle Zugehörigkeit. Wo Wandel nicht als technischer Prozess gedacht wird, sondern als persönlicher Reifungsweg der Menschen, die ihn mittragen.

Dazu braucht es mehr als gutes Design oder effiziente Prozesse. Es braucht ein klares Verständnis davon, was psychologische Sicherheit in der Praxis bedeutet:

Es bedeutet, Umgebungen zu gestalten, in denen emotionale und kreative Risiken nicht sanktioniert, sondern ermöglicht werden. Es bedeutet, Strukturen zu schaffen, in denen Feedback kein notwendiges Übel ist, sondern ein aktiver Bestandteil des Miteinanders. Und es bedeutet, mentale Entlastung genauso selbstverständlich zu machen wie operative Effizienz.

In vielen Projekten erlebe ich, dass dieser Aspekt unterschätzt wird – oft mit gravierenden Folgen. Denn ohne ein stabiles psychologisches Fundament bricht selbst die beste Strategie in sich zusammen. In einer Welt, die zunehmend von Unsicherheit und Komplexität geprägt ist, ist es nicht der technologische Vorsprung, der entscheidet, sondern die Fähigkeit, ein belastbares emotionales Gefüge zu schaffen.

Architektur, Verhalten und Kultur müssen nicht nur koexistieren – sie müssen auf ein gemeinsames psychologisches Verständnis ausgerichtet sein. Dort, wo das gelingt, entstehen keine Wohlfühloasen, sondern echte Zukunftsräume: Räume, die Menschen stärken, Potenziale entfalten und Wandel tragen können.

Wenn Unternehmen diesen Schritt bewusst gehen, entsteht mehr als ein neues Arbeitsumfeld – es entsteht ein neuer Umgang mit dem Menschen in der Arbeit: strategisch durchdacht, emotional fundiert und nachhaltig wirksam.

4 Raum als Führungsinstrument: Die stille Steuerungskraft

Räume wirken immer – ob bewusst gestaltet oder nicht. Sie beeinflussen unser Verhalten, unsere Gespräche und unsere Entscheidungen. Die Architekturpsychologie macht diese oft unsichtbare Steuerungskraft sichtbar und nutzbar.

Räume regulieren Nähe und Distanz, fördern Konzentration oder Interaktion, signalisieren Status oder Augenhöhe. Damit werden sie zu einem

wirkungsvollen Führungsinstrument – jenseits von Prozessen, Stellenbe-
schreibungen und Organigrammen. Wer Räume strategisch gestaltet, führt
nicht laut, sondern nachhaltig.

Die zentrale Erkenntnis: Zukunftsarbeitswelten brauchen emotionale
Sicherheit, psychologisch fundierte Gestaltung und kulturelle Resonanz.
Räume sind keine neutrale Kulisse – sie sind aktiver Bestandteil von Führungs-
kultur und Organisationsentwicklung.

Stabilität im Wandel schaffen

Die Arbeitswelt von morgen steht vor einer doppelten Herausforderung:
Einerseits müssen Räume flexibel, funktional und technologisch anschlussfähig sein. Andererseits sollen sie ein Gefühl von Stabilität, Zugehörigkeit
und Identität vermitteln. Genau diese Spannung ist eine der größten architektonischen Aufgaben unserer Zeit.

Warum das so herausfordernd ist? Unsere biologischen Grundbedürfnisse
verlangen nach Stabilität, Wiedererkennbarkeit und sicherer sozialer Einbindung. Doch moderne Arbeitsrealitäten sind geprägt von Unsicherheit: neue
Prozesse, wechselnde Teams, digitale Tools, Remote Work. All das wirkt auf
unser Nervensystem – häufig überfordernd.

Räume als mentale Anker

In diesem Kontext gewinnen Räume eine neue Bedeutung: Sie fungieren als
emotionale und kognitive Anker. Räume, die Orientierung geben, Vertrauen
schaffen und Sicherheit vermitteln, wirken stabilisierend – als Gegengewicht
zur Beschleunigung der Außenwelt.

Architekturpsychologie liefert das Wissen, wie solche Räume gestaltet werden:

- Emotionale Sicherheit: Durch klare Strukturierung, intuitive Wegeführung,
  angenehme Akustik, biologisch wirksames Licht und stabilisierende
  Farbkonzepte.
- Psychologische Gestaltung: Jeder Raum sendet unbewusst Botschaften.
  Arbeitsplätze, die Offenheit, Wertschätzung und Ruhe vermitteln, stärken
  Wohlbefinden und Leistung.
- Kulturelle Resonanz: Räume, die zur DNA eines Unternehmens passen,
  fördern Identifikation und Loyalität. Mitarbeitende spüren, ob Räume nur
  „designt" oder wirklich gemeint sind.

Geteilte Verantwortung für gesunde Räume

Zukunftsorientierte Arbeitswelten entstehen nicht einseitig. Unternehmen müssen Räume schaffen, die gesundes Arbeiten ermöglichen. Gleichzeitig liegt es an Mitarbeitenden, diese aktiv zu nutzen und mitzugestalten. Dieses Wechselspiel – Verantwortung auf beiden Seiten – ist zentral für Nachhaltigkeit.

Architekturpsychologie betrachtet Räume nicht isoliert, sondern als Teil eines umfassenden Systems. Räume beeinflussen Verhalten, mentale Gesundheit und Organisationskultur. Nur wer dieses Gesamtbild erkennt, kann Räume schaffen, die echte Zukunftsfähigkeit ermöglichen.

Zukunftsarbeitswelten brauchen nicht nur technologische Innovation, sondern emotionale Intelligenz. Räume sind kein Beiwerk – sie sind Mitgestalter von Kultur und Führung und müssen als solche geplant werden.

Der Arbeitsmarkt dreht sich – beide Seiten müssen umlernen

In den letzten Jahren dominierten Begriffe wie „Fachkräftemangel", „War for Talents" oder „Arbeitnehmermarkt" die Debatten. Unternehmen überboten sich mit Benefits: Homeoffice, flexible Arbeitszeiten, moderne Büros, flache Hierarchien. Dennoch zeigen aktuelle Studien: Motivation, Bindung und psychische Gesundheit sinken weiter. Ein Paradoxon, das zum Umdenken zwingt.

Aktuelle Entwicklungen deuten zudem auf eine Verschiebung der Kräfteverhältnisse: Wirtschaftliche Unsicherheiten, geopolitische Spannungen und technologische Transformationen führen zu wachsender Vorsicht bei Neueinstellungen. Laut dem Future of Jobs Report 2025 des Weltwirtschaftsforums könnten bis 2030 rund 22 % der heutigen Arbeitsplätze strukturell verändert, geschaffen oder abgebaut werden. Der Arbeitsmarkt bleibt in Bewegung – und fordert beide Seiten. (World Economic Forum, 2025)

Unternehmen: Lernen aus der Vergangenheit

Statt mit oberflächlichen Anreizen um Talente zu werben, braucht es Substanz:

* Kulturelle Authentizität: Werte wie Vertrauen, Transparenz und Wertschätzung müssen nicht nur verkündet, sondern gelebt werden.
* Psychologische Sicherheit: Mitarbeitende brauchen das Gefühl, ihre Meinung sagen und Fehler machen zu dürfen – ohne Angst vor Sanktionen.
* Individuelle Entwicklung: Weiterbildung, Karrieremöglichkeiten und persönliche Förderung zeigen echte Wertschätzung.

Arbeitnehmende: Neue Realitäten anerkennen
Auch Mitarbeitende müssen sich anpassen:

- Flexibilität: Die Bereitschaft, sich auf neue Arbeitsformen und Strukturen einzulassen, ist zentral.
- Eigenverantwortung: Die aktive Gestaltung des eigenen Werdegangs – durch Lernen und Anpassung – wird entscheidend.
- Kooperation statt Konfrontation: Nur im Dialog entstehen tragfähige Lösungen.

Gemeinsamer Weg in die Zukunft
Die Zukunft des Arbeitsmarkts liegt in der Balance. Unternehmen und Mitarbeitende sind gemeinsam gefordert, neue Wege zu finden. Offenheit, Kommunikation und Lernbereitschaft sind entscheidend, um eine Arbeitswelt zu schaffen, die wirtschaftlich tragfähig und menschlich erfüllend ist.

5   Architekturpsychologie als Schlüssel zur Arbeitswelt von morgen – Fazit und Ausblick

Die Gestaltung der Zukunft der Arbeit ist keine Frage von Möbeln oder Modetrends. Sie ist eine strategische Aufgabe – mit psychologischer Tiefe, wirtschaftlicher Tragweite und gesellschaftlicher Verantwortung. Dieses Buch hat aufgezeigt, dass Raum mehr ist als physische Hülle: Raum ist ein aktiver Mitgestalter von Verhalten, Gesundheit, Kultur und Wertschöpfung.

Der rote Faden: Vom Denken zum Gestalten
Im Zentrum aller Kapitel steht eine fundamentale Erkenntnis: Wer Raum denkt, gestaltet Zukunft. Ob es um das individuelle Wohlbefinden, um Teamdynamik oder um unternehmerischen Erfolg geht – Raum wirkt immer mit. Architekturpsychologie macht diese Wirkung sichtbar, verstehbar und steuerbar. Sie gibt Führungskräften, Planenden und Entscheidenden ein Instrument an die Hand, mit dem nicht nur ästhetisch, sondern auch wirksam gestaltet werden kann.

Ein neues Verständnis von Arbeit und Raum
Unsere Arbeitswelt befindet sich im Umbruch. New Work, hybride Modelle, technologische Transformation und der Wandel der Werte fordern nicht nur

neue Tools, sondern vor allem neue Haltungen. Kap. 1 zeigte: Wer Arbeitsräume verändern will, muss die psychologischen Bedürfnisse der Menschen verstehen. Kap. 2 betonte, dass Räume mentale Infrastrukturen sind – sie formen, wie wir denken und interagieren. Kap. 3 führte uns in das Architekturpsychologie-Modell von Gauer Consulting ein und machte deutlich, wie Organisation, Mensch, Raumstruktur und Gestaltung zusammenwirken.

Wirtschaftlichkeit beginnt im Kopf – und im Raum
Kap. 4 offenbarte typische Fehler in der Gestaltung von Arbeitswelten – etwa den Irrglauben, dass Flächenreduktion automatisch zu Einsparungen führt. Ohne psychologisches Feingefühl können solche Maßnahmen mehr Schaden anrichten als Nutzen stiften. Kap. 5 schließlich zeigte anhand konkreter Business Cases: Architekturpsychologie ist nicht „Nice to have", sondern ein betriebswirtschaftlich relevanter Hebel. Wer in Raumqualität investiert, steigert Produktivität, senkt Fluktuation und schafft Arbeitsplätze mit echtem Mehrwert.

Vom statischen Büro zum adaptiven Möglichkeitsraum
Das Büro ist nicht tot – aber es braucht eine neue Daseinsberechtigung. Es wird zum Ort für Identität, Austausch, Innovation. Dafür braucht es adaptive, psychologisch kluge Räume, die Klarheit schaffen und gleichzeitig Offenheit ermöglichen. Räume, die hybride Arbeit nicht behindern, sondern fördern. Räume, die Vertrauen und Zugehörigkeit auch dann erzeugen, wenn Teams physisch getrennt arbeiten.

Kompetenzen der Zukunft – und Räume, die sie fördern
Die Arbeitswelt von morgen verlangt neue Fähigkeiten: Resilienz, Kreativität, Selbstreflexion. Über 60 % der Arbeitgeber weltweit erwarten, dass diese „Future Skills" entscheidend werden. Architekturpsychologie schafft die Bedingungen, in denen solche Kompetenzen gedeihen können – durch Räume, die emotionale Sicherheit, Selbstwirksamkeit und inspirierende Impulse ermöglichen (World Economic Forum, 2025).

Ein Aufruf zur Verantwortung
Die Erkenntnisse dieses Buches sind mehr als eine theoretische Übung. Sie sind ein Appell: an Unternehmen, mutiger zu denken. An Führungskräfte, Raum als Teil ihrer Führungsaufgabe zu begreifen. An Planer:innen, menschliches Verhalten als Ausgangspunkt der Gestaltung zu nehmen. An politische und gesellschaftliche Akteure, die Qualität unserer Arbeitsumgebungen zur Zukunftsfrage zu machen.

Zukunft gestalten – mit Psychologie, Strategie und Haltung
Architekturpsychologie ist kein Luxus, sondern Voraussetzung für nachhaltige Transformation. Sie schafft Räume, die Leistung ermöglichen, Gesundheit fördern und Sinn stiften. In einer Zeit, in der Technologien immer mehr Aufgaben übernehmen, wird der Mensch zum entscheidenden Erfolgsfaktor. Und dieser Mensch braucht Räume, die ihn stärken.

Wer Räume gestaltet, gestaltet Verhalten. Wer Verhalten gestalten will, braucht psychologisches Wissen. Und wer zukunftsfähige Organisationen entwickeln möchte, muss beides zusammendenken: Raum und Mensch. Genau das ist die zentrale Botschaft dieses Buches.

6   Handlungsempfehlungen: Raum neu denken

Die Erkenntnisse der Architekturpsychologie entfalten erst dann ihre volle Wirkung, wenn sie in konkrete Entscheidungen und Prozesse einfließen. Dafür braucht es mehr als neue Raumkonzepte – es braucht ein neues Denken über Raum. Und dieses beginnt bei den richtigen Fragen:

Nicht: Wie viele Quadratmeter brauchen wir?

Sondern: Wie soll sich Arbeit anfühlen – und was bedeutet das für unsere Räume?

Nicht: Welche Möbel sind im Trend?

Sondern: Welche psychologischen Grundbedürfnisse sollen in diesem Raum gestärkt werden?

Diese Haltung fordert jede Ebene im Unternehmen heraus – von der Geschäftsleitung über Workplace-Strategen bis hin zu Mitarbeitenden selbst.

Für Unternehmensleitungen: Raum ist ein strategischer Hebel – kein Nebenthema
Führung beginnt im Raum. Wer nur in Hierarchien, Zahlen und Tools denkt, verkennt das enorme Steuerungspotenzial, das in architektonischen Entscheidungen liegt. Raum wirkt – immer. Ob bewusst gestaltet oder nicht, beeinflusst er Kommunikation, Kultur und Gesundheit.

Empfehlung:

Raum als Führungsinstrument etablieren. Entscheidungen zur Flächennutzung, Ausstattung oder Standortwahl sind keine operativen Details – sie sind Ausdruck von Haltung, Werten und Zukunftsstrategie.

Architekturpsychologische Expertise integrieren. Neben HR, Finance und IT braucht es auch psychologisch fundierte Raumkompetenz im Top-Management.

Räume als Kulturträger verstehen. Unternehmenswerte wie Vertrauen, Offenheit oder Innovationskraft müssen räumlich erfahrbar werden – sonst bleiben sie bloße Absichtserklärungen.

Für Workplace-Strategen: Der Mensch ist der Ausgangspunkt – nicht das Quadratmeterziel

Workplace-Strategie darf nicht länger vom Gebäude her gedacht werden, sondern muss vom Menschen ausgehen. Raum ist nicht die Antwort auf technische Anforderungen – er ist die Antwort auf psychologische Bedürfnisse.

Empfehlung:

Psychologische Bedarfsanalysen als Basis. Arbeitsprofile, Tätigkeitsanalysen und Nutzerinterviews müssen um emotionale, kognitive und soziale Faktoren ergänzt werden.

Bewusstsein für implizite Raumwirkungen schärfen. Nicht nur Grundrisse zählen – auch Blickachsen, Raumtiefe, Farbpsychologie oder akustische Mikroklimata beeinflussen Verhalten und Gesundheit.

Hybride Modelle aktiv begleiten. Die Raumlogik des Homeoffice darf nicht in die Bürofläche übertragen werden. Es braucht neue Konzepte für Gemeinschaft, Identifikation und kreative Interaktion.

Für Mitarbeitende: Raumwahrnehmung ist ein Impulsgeber – kein Bauchgefühl

Die eigene Wahrnehmung eines Raums ist kein subjektiver Zufall, sondern eine valide Informationsquelle. Wer sich im Raum nicht wohlfühlt, arbeitet anders. Wer sich verbunden fühlt, bringt sich anders ein.

Empfehlung:

Raumfeedback kultivieren. Mitarbeitende sollten ermutigt werden, ihre Erfahrungen, Stimmungen und Impulse in die Gestaltung von Arbeitswelten einzubringen – als gleichwertiger Beitrag zur Unternehmenskultur.

Selbstwahrnehmung stärken. Wer seine Umgebung bewusst erlebt, erkennt schneller, was ihn unterstützt oder belastet – und kann gezielter kommunizieren, was es braucht.

Aktive Mitgestaltung fördern. Beteiligung beginnt nicht erst im Planungsteam, sondern in der alltäglichen Nutzung. Mitarbeitende können Räume durch kleine Handlungen, Rituale und Rückmeldungen lebendig machen.

Ein gemeinsamer Weg

Architekturpsychologie ist kein Spezialgebiet – sie ist ein kollektives Thema. Nur wenn alle Beteiligten den Raum als Mitgestalter begreifen, kann eine Arbeitswelt entstehen, die nicht nur effizient, sondern auch gesund, menschlich und zukunftsfähig ist. Die Verantwortung liegt auf vielen Schultern – und das ist eine gute Nachricht. Denn es zeigt: Jeder Raum beginnt mit einer Haltung. Und jede Veränderung mit einem gemeinsamen Verständnis.

Denn nur gemeinsam lässt sich die Arbeitswelt von morgen gestalten.

7   Zukunft ist Integration – Architekturpsychologie als verbindende Disziplin

Neue Schnittstellen & Faktoren: Die Zukunft ist interdisziplinär und psychologisch informiert

Die Arbeitswelt von morgen ist ohne enge Zusammenarbeit zwischen verschiedenen Disziplinen nicht mehr denkbar. Architekturpsychologie wird dabei zu einem verbindenden Element zwischen Architektur, Organisation, Datenanalyse, technischer Entwicklung und Change Management. Der Bedarf ist klar: Es braucht Räume, die nicht nur „gut aussehen" oder funktional sind, sondern Verhalten, Gesundheit und Unternehmensziele aktiv unterstützen.

Warum die Zukunft nur gemeinsam gestaltet werden kann

Die Herausforderungen moderner Arbeitswelten sind komplex. Kein Unternehmen kann sie mehr aus einer einzelnen Perspektive heraus meistern. Stattdessen braucht es ein Zusammenspiel unterschiedlicher Fachrichtungen.

Architekturpsychologie spielt dabei eine Schlüsselrolle: Sie sorgt dafür, dass die Perspektiven der verschiedenen Disziplinen nicht nebeneinanderstehen, sondern ineinandergreifen. Schon in der frühen Planungsphase eines Projekts müssen architektonische Konzepte mit psychologischen Bedürfnissen, kulturellen Gegebenheiten und strategischen Zielen abgeglichen werden. Nur so lassen sich Räume schaffen, die nicht nur funktional und ästhetisch überzeugen, sondern auch emotional wirken und Akzeptanz finden.

Digitale Veränderungsprozesse scheitern oft nicht an der Technik, sondern an psychologischen Hürden: fehlendes Vertrauen, Unsicherheit, Widerstände. Dasselbe gilt für architektonische Veränderungen. Auch hier entscheidet die psychologische Dimension darüber, ob ein Raum nur „da ist" – oder tatsächlich gelebt wird.

Fragen, die interdisziplinäre Teams stellen sollten:
- Wie wirken Raumstrukturen auf Wahrnehmung und Verhalten?
- Welche Bedürfnisse müssen Räume erfüllen?
- Welche Arbeitsprozesse werden wie unterstützt?
- Welche evidenzbasierten Erkenntnisse liegen vor?
- Wie begleiten wir Menschen dabei, sich mit dem Raum zu identifizieren?

Dieses Zusammenspiel schafft Arbeitswelten, die mehr sind als die Summe ihrer Teile: Orte, die verbinden, stärken und Zukunft gestalten.

Technik & Mensch: Die psychologische Integration digitaler Systeme
Technologie transformiert unsere Arbeitswelt mit rasantem Tempo. Smarte Tools, KI-Systeme und digitale Raumsteuerungen sollen Effizienz schaffen – doch viele scheitern in der Praxis, weil sie nicht psychologisch integriert sind.

Architekturpsychologie betrachtet digitale Systeme nicht isoliert, sondern als Teil einer ganzheitlichen Raum- und Arbeitserfahrung. Sie erkennt: Technik ist nur dann wirksam, wenn sie verstanden, akzeptiert und sinnvoll genutzt wird.

Dazu gehört:

- Benutzerfreundlichkeit: Systeme müssen intuitiv bedienbar sein.
- Selbstbestimmung: Menschen wollen Kontrolle über Licht, Temperatur, Akustik behalten.
- Transparenz: Was erfasst wird und warum, muss klar kommuniziert werden.

Ein zukunftsfähiger Ansatz bindet Mitarbeitende frühzeitig ein: durch Schulungen, Testphasen, Feedbackschleifen. Erst durch diese Partizipation entsteht Akzeptanz. Architekturpsychologie verknüpft hier Raum, Technik und Mensch zu einer wirksamen Einheit.

Mentale Ressourcen als Managementfaktor
Konzentration, Kreativität, Resilienz: Diese mentalen Ressourcen werden zum Erfolgsfaktor in der Arbeitswelt. Doch während viele Unternehmen in Programme zur Gesundheitsförderung investieren, wird der Raum als Ressource oft unterschätzt.

Architekturpsychologie fragt: Unterstützt der Raum mentale Erholung? Gibt es Rückzugsorte? Wird Fokus gefördert oder Reizüberflutung erzeugt?

Gestaltungselemente für mentale Stärke:
- Ruhezonen und Rückzugsmöglichkeiten
- Visuelle Klarheit und Ordnung
- Biophile Elemente
- Regulierung von Akustik und Licht

Die Erkenntnis: Unser Gehirn ist kein Dauerleistungsorgan. Räume, die überfordern, führen zu Erschöpfung, Fehlern und Frustration. Architekturpsychologie schafft Umgebungen, die Resilienz und Gesundheit aktiv fördern.

Räume als Führungstool und Verhaltenstreiber
Führung manifestiert sich nicht nur in Worten oder Prozessen, sondern auch im Raum. Räume kommunizieren: Werte, Machtverhältnisse, Erwartungen. Architekturpsychologie entschlüsselt diese stille Sprache und macht sie steuerbar.

Bewusste Raumgestaltung kann:
- Austausch durch Begegnungsorte fördern
- Eigenverantwortung durch flexible Settings unterstützen
- Rückzug und Fokus durch schützende Zonen ermöglichen

Doch auch das Gegenteil ist möglich: Kontrollierende Open Spaces oder unpassende Designs können Misstrauen säen. Deshalb muss Raumgestaltung integraler Bestandteil von Führung sein – strategisch, nicht dekorativ.

Ausblick: Von Smart Spaces zu emotional intelligenten Arbeitswelten
Architekturpsychologie ist kein „Nice-to-have". Sie ist das strategische Instrument, um eine neue Arbeitswelt zu gestalten – vernetzt, psychologisch informiert, integrativ.
Ziel muss sein: Arbeitswelten zu schaffen, die den Menschen nicht nur Raum zum Arbeiten geben, sondern Raum zum Wachsen. Die Arbeitswelt von morgen wird nicht durch Quadratmeter entschieden, sondern durch das psychologische Verstehen dessen, was Raum leisten kann.

8 Abschlusszitat

Am Ende dieses Buches steht keine einfache Anleitung, sondern ein Perspektivwechsel: Die Zukunft der Arbeit entscheidet sich nicht an der Quadratmeterzahl, sondern am psychologischen Verständnis, das in ihr steckt. Architekturpsychologie bietet uns die Möglichkeit, nicht nur Räume zu gestalten, sondern Verhalten, Kultur und Transformation gezielt zu lenken.

In einer Welt des Wandels ist es nicht genug, funktionale Lösungen zu finden. Es braucht Sinn, Haltung und ein tiefes Verständnis für das Zusammenspiel von Mensch und Raum. Wer das begreift, erkennt: Raum ist nicht die Bühne der Arbeit – er ist Mitspieler.

Die Zukunft gehört nicht den Lauten, sondern den Bewussten. Nicht den Maschinen, sondern denen, die Menschen und Technologien klug verbinden. Und nicht jenen, die schnell bauen – sondern denen, die richtig gestalten.

„Die Zukunft der Arbeit ist nicht smarter. Sie ist bewusster. Wer die Psychologie des Raums versteht, gestaltet nicht nur Räume – er gestaltet Zukunft und verbindet sich damit."
– Sandra Gauer

Literatur

Baumeister, R. F., & Tierney, J. (2011). *Willpower: Rediscovering the greatest human strength*. Penguin Press.

Flade, A. (2020). *Kompendium der Architekturpsychologie: Zur Gestaltung gebauter Umwelten*. Springer Fachmedien Wiesbaden.

Gallup. (2024). *Gallup engagement index Deutschland 2024*. Gallup Press.

Health, T. E. L. U. S. (2024). *Mental health index: Special report on physical health – Pan-Europe, September 2024*. TELUS Communications Inc.. https://go.telushealth.com/hubfs/MHI%202024/pan_europe_mhi_september_2024.pdf

Forum, W. E. (2025). *Future of jobs report*, 2025. https://www.weforum.org/publications/the-future-of-jobs-report-2025/

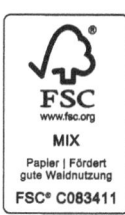

Zeitfracht Medien GmbH
Ferdinand-Jühlke-Straße 7
99095 Erfurt, Deutschland
produktsicherheit@kolibri360.de